国际儒学联合会教育系列丛书

史 记

（一）
本 纪

〔西汉〕司马迁 著

张新科 赵望秦 译注

中华典藏

全注全译本

丛书指导委员会主任
————滕文生 牟钟鉴 董金裕
总主编
————钱 逊 郭齐家
汉唐书局专家委员会审定

济南出版社 汉唐书局

图书在版编目（CIP）数据

史记 . 一 /（西汉）司马迁著；张新科，赵望秦译注 . —济南：济南出版社，2023.4
（中华典藏）
ISBN 978-7-5488-5585-9

Ⅰ . ①史… Ⅱ . ①司… ②张… ③赵… Ⅲ . ①中国历史—古代史—纪传体 ②《史记》—研究 Ⅳ . ① K204.2

中国国家版本馆 CIP 数据核字（2023）第 061311 号

出 版 人	田俊林
丛书策划	付晓丽　冀春雨
责任编辑	孙育臣
专家审读	刘志伟
装帧设计	王铭基　谭　正

出版发行	济南出版社
地　　址	济南市二环南路1号（250002）
编辑热线	0531-86131747　82926535（编辑室）
发行热线	82709072　86131701　86131729　82924885（发行部）
印　　刷	山东彩峰印刷股份有限公司
版　　次	2023 年 8 月第 1 版
印　　次	2023 年 8 月第 1 次印刷
成品尺寸	170 mm×240 mm　16开
印　　张	27
字　　数	382千
定　　价	98.00元

（济南版图书，如有印装错误，请与出版社联系调换。联系电话：0531-86131736）

总　序

中国共产党的二十大报告指出：我们必须坚定历史自信、文化自信，坚持古为今用、推陈出新，把马克思主义思想精髓同中华优秀传统文化精华贯通起来。2023年2月7日，习近平总书记在学习贯彻党的二十大精神研讨班开班式上发表重要讲话，指出：中国式现代化，深深植根于中华优秀传统文化。

中华优秀传统文化的显著特点是启发人的内心自觉，追求的是人的身与心、人与人、人与社会、人与宇宙自然的统一与和谐，表现出人的崇高的精神境界，其思想背后是中国人对天道、天命和道德人格典范的敬畏。中华经典记录了中华优秀传统文化的本和源、根和魂，是构成我们民族文化、民族智慧、民族心灵的庞大载体，是支撑我们民族生存、发展、创新的活水源头，是几千年来维护我中华民族屡经重大灾难而始终不解体的坚强纽带。中华经典是人生教育学典籍，或者说是人生的课本、教材，靠一代代中国人的诵读、解释，并在传承中发展、创造，在极深刻意义上参与塑成了中华民族的历史和生活世界。其中蕴含的天下为公、民为邦本、为政以德、革故鼎新、任人唯贤、天人合一、自强不息、厚德载物、讲信修睦、亲仁善邻等精神，是中国人民在长期生产生活中积累的宇宙观、天下观、社会观、道德观的重要体现，是地地道道的"中国式"。

济南出版社·汉唐书局以习近平新时代中国特色社会主义思想为指导，高度落实习近平总书记关于中华优秀传统文化的一系列重要论述，深度理解中华经典的根源与发展，联合国际儒学联合会组织全国中华优秀传统文化相关领域的专家学者，通过深耕细作，潜心编写，精心注译，严谨校对，专业编排，集

1

结成册，向广大读者隆重推出"中华典藏"系列丛书。本丛书包括**20种**典籍，即《论语》《孟子》《大学》《中庸》《近思录》《周易》《道德经》《诗经》《史记》《孙子兵法》《孔子家语》《三字经》《百家姓》《千字文》《千家诗》《弟子规》《龙文鞭影》《声律启蒙》《笠翁对韵》《蒙求》，除经典原文、注释、大意（译文）外，还根据每部典籍的特点，设置了知识拓展、释疑解惑等。

终身学习、终身教育已经成了这个时代的常态。中华经典是"母乳"，是最具纯正、最富营养、最有价值的终身学习资源。中华经典是整体之学，是身心之学，是素养之学，是每一个中国人在这个动荡变革时代中培养定力、安身立命的大宝典。因此，中华经典的受益者不仅仅是在校的老师和学生，还包括各级各类领导干部、工农兵学商等各行各业人员（如企业家、工厂工人、手工业者、新农村建设者、解放军官兵、科研工作者、医务工作者等），以及海外侨胞、留学生。

中华民族的祖先曾追求这样一种境界：为天地立心，为生民立命，为往圣继绝学，为万世开太平。我郑重将"中华典藏"这套普及性丛书推荐给读者，希望我们这个团队经过近十年共同奋斗所凝结的智慧，走向大众，让诵读中华经典的琅琅之声传遍祖国的大江南北，让我们每个人心中有山河，心中有宇宙，心中有父母，心中有圣贤，心中有家国天下，心中有我们中华民族的精神，心中有我们中国人的本心、本性。让我们全民为实现中华民族的伟大复兴与构建人类命运共同体凝聚智慧、贡献力量。

是为序！

郭齐家

2023年2月于北京回龙观寓所

序　言

安平秋

　　中华民族历来有尊经重史的文化传统。《史记》是"二十四史"之首，也是我们民族第一部正史，历来备受重视。生活在汉武帝时期的司马迁，秉持"究天人之际，通古今之变，成一家之言"的宗旨，以卓越的德、识、才、学，继承父志，发凡起例，创立了以人物为核心的纪传体史书体例，完成了从黄帝到汉武帝的通史叙事。

　　《史记》是一部百科全书，思想丰富，内涵深刻。它采用本纪、表、书、世家、列传五种体例，在历史记录中涵括了政治经济、思想文化、典章制度、天文地理、科学技术等广阔的内容，全面、立体地反映了社会生活的方方面面。《史记》第一次全面记录了中华民族历经艰难曲折走向统一的历史进程。《史记》通过人物传记的形式，展示众生百态，形象地描绘了分布于社会不同阶层的数以千计的历史人物，借助他们的人生经历和奋斗历程构建了中华民族刚健奋发、积极有为、自强不息的民族精神。同时，它也深刻揭示了人性中的真善美与假恶丑，给后人以多方面的警示。

　　《史记》是中国文化史上一座巍峨的丰碑。司马迁"不虚美，不隐恶"、秉笔直书的"实录"精神，成为后世史家的精神信仰；他创立的纪传体史书编纂方法，成为后世正史书写的标准样式；他雄肆奔放、高简疏荡的文章风格，代表着汉代散文的最高成就，成为唐宋以来文章家学习的典范；他卓越的叙事艺

1

术与写人技巧也被明清小说家所推崇，成为他们取资和借鉴的宝藏。作为一部文史巨著，《史记》表现出永久的魅力与生命力，成为世界文化宝库中一颗璀璨的明珠。

《史记》是中华优秀传统文化的代表。习近平总书记在2014年文艺工作座谈会的讲话中说："中华优秀传统文化是中华民族的精神命脉，是涵养社会主义核心价值观的重要源泉，也是我们在世界文化激荡中站稳脚跟的坚实根基。"《史记》所蕴含的思想观念、人文精神、道德规范是我们民族宝贵的精神财富，在当今仍然有重要的现实意义。

由于古今字音字义、句式语法等方面的差异，现代人在阅读和传承中华优秀传统文化经典时面临一定的困难。推广普及优秀传统文化是新时代知识分子需要承担的重要责任。从这个角度看，《史记》的普及推广有十分重要的意义。当前学界出版过不少《史记》普及版本。与其他版本相比，张新科、赵望秦两位先生译注的《史记》本具有鲜明的特色，即它不仅像其他全注全译本一样包括了《史记》全文、注释、大意等内容，为广大读者提供了一种新的版本，作者还充分利用其多年的学术研究心得，在每篇正文前设立"题解"，介绍该篇的内容、主旨、创作手法、特色价值等，可谓是一种阅读提要。同时正文后设置了具有一定深度的"知识拓展"，尝试对《史记》篇章中存在的疑点、难点及学术热点等进行解读、分析。这样的设置使得该书兼顾了普及性与学术性，为更广泛的读者提供方便，从而能够产生更加积极的社会意义。张新科、赵望秦两位先生是当今研究《史记》的名家、大家。他们数十年致力于《史记》的研究和普及，笔耕不辍，孜孜以求，已取得了丰硕的研究成果。他们译注的这部全注全译本，从广阔的文化视野中对《史记》做了多角度、多层面的考察，深入探寻《史记》的文化意蕴和文化价值。本书材料丰富、条目清晰，为《史记》的深入研究和普及提供了有益的参考。

《史记》是司马迁用心血铸成的历史性文化长城，是我们民族文化的不朽经典，常读常新！期望这部全注全译本的《史记》能够给读者的阅读带来有益的帮助。

2023年9月9日于北京

　　（安平秋：全国古籍整理出版规划领导小组副组长，全国高校古籍整理研究工作委员会荣誉主任，中国史记研究会名誉会长，北京大学中国古文献研究中心教授。）

导　读

张新科　赵望秦

　　司马迁（前145—？），字子长，左冯翊夏阳（今陕西韩城）人，是我国西汉时期伟大的史学家、思想家、文学家。他的巨著《史记》，是我国第一部纪传体通史，记载了从黄帝到汉武帝时期中华民族三千多年的历史，体现了中华民族的智慧和力量，展现了中华民族维护统一、积极进取、坚韧不拔、革故鼎新、忧国爱国等民族精神。司马迁以"究天人之际，通古今之变，成一家之言"（《报任少卿书》）为宗旨，突破传统，大胆创新，开辟了中国史学的新纪元，在中国文化史上树立了一座巍峨的丰碑。《史记》也是世界文化宝库中一颗璀璨的明珠，唐代以前已经传入朝鲜半岛、日本，而且产生重要影响，此后在欧美国家也得到广泛传播和研究。

　　《史记》是我国历史上一部划时代的著作。全书包括本纪、表、书、世家、列传五个部分，共一百三十篇。本纪叙述历代帝王的事迹，表是各个历史时期的大事记，书是关于天文、历法、水利、经济、军事、法律等方面的专题述评，世家主要叙述贵族王侯的历史，列传是不同类型、不同阶层人物的传记。这五个部分构成了一个完整的体系。在司马迁之前，我国虽已有了《春秋》《左传》《国语》《战国策》等不同形式的史书，但它们都未能全面记述从古到今，包括各个方面内容的历史。《史记》五个部分互相补充，互相配合，使三千年历史历历如在目前。后代的正史，都采用《史记》创立的纪传体形式，可见其影响之深远。正如清人赵翼所说："司马迁参酌古今，发凡起例，创为全史……自此例一定，历代作史者，遂不能出其范围，信史家之极则也。"（《廿二史札记》卷一） 鲁迅先生在《汉文学史纲要》中称《史记》为"史家之绝唱，无韵之《离骚》"，对《史记》在史学和文学上的地位予以高度评价。

《史记》的人物传记不是一般的历史记载，具有深刻的思想意蕴和不朽的历史价值。司马迁以"不虚美、不隐恶"的实录精神，写出了三千年历史的变化。他以自己对历史和现实的敏锐观察和深刻分析，选择人物、材料，通过不同阶层人物的活动，勾勒社会的发展，反映历史的变化。更重要的是，他通过对历史人物的记载表达自己的思想，要"究天人之际，通古今之变，成一家之言"。"究天人之际"，就是探讨"天"与"人"之间的关系。司马迁继承了古代"天人相分"的朴素唯物主义思想，把人作为历史的主体来写，讲人事，讲"时""势"，认为支配历史发展的是人而不是天，这是一种进步的社会历史观。"通古今之变"，就是要探讨古今历史发展变化的因果关系，要"原始察终，见盛观衰"（《太史公自序》），要"稽其成败兴坏之理"（《报任少卿书》）。虽然司马迁还没有完全摆脱历史循环论的影响，但从总体上看，他承认历史是发展的、变化的，"变"是其历史观的核心。所谓"成一家之言"，就是要通过《史记》，表达自己对历史的看法，表达自己的理想。他把笔墨伸向社会各类人物，上至帝王将相，下到平民百姓，甚至游侠、刺客、商人等；他还把视线投向社会的各个方面，政治、经济、文化、天文、地理、医学等。这样就立体地展示出社会的面貌，使《史记》成为一部百科全书。此外，司马迁冲决旧观念，把四夷纳入他的巨大体系之内，记载了汉族与其他民族的交往……总之，《史记》开辟了中国史学的新纪元，不愧为"史家之绝唱"！

《史记》在文学史上也具有重要地位。司马迁在历史真实基础上施展文学才华，叙事写人具有典型性、戏剧性、完整性、多样性，并且把个人的人生体验渗透在字里行间，使《史记》具有强烈的抒情性，对后代传记、散文、小说、戏曲等文学形式都产生了深远影响。司马迁的"发愤著书"理论也对中国古代文学理论思想产生了重要影响。《史记》以其独特的叙事写人艺术和语言表达方式，成为中国古代叙事文学的一座高峰，成为后代文学家学习的典范。

为了帮助读者阅读、理解《史记》，本书按照以下体例进行编写：

1. 《史记》一百三十篇，每篇前有题解，介绍该篇的主要内容和写作特点，之后是《史记》原文、注释、大意（翻译），尽量扫除读者阅读中的障碍。每篇之后有"知识拓展"，对读者阅读本篇时可能存在的疑惑问题进行分析解释，以帮助读者更好地理解原文。

2. 为方便读者全面认识《史记》百科全书的特点和在中国文化史上的价值，我们对一百三十篇原文全部进行了翻译、解读。《史记》五种体例是一个完整的系统，不能偏废任何一种体例。即使是"十表"，也能体现司马迁的史学思想，体现"古今之变"，所以我们对"十表"原文也进行了翻译（以前很少有人翻译），使全书保持体例的一致性。

3. 《史记》在流传过程中，有后人续补的情况。今本《史记》中有汉代褚少孙的补续篇章或段落，为了保持今本的整体原貌，本书对这部分内容也予以注译、解读。

4. 全书基本采用简体字，个别人名、地名则保留繁体字，避免误解。对于个别生僻字、古今异读字、通假字和多音字，适当加注汉语拼音，以帮助读者阅读原文。

目　录

篇章体例
◎ 题解
◎ 原文
◎ 注释
◎ 大意
◎ 知识拓展

1

目录

3

五帝本纪

第一

  《五帝本纪》是《史记》的开篇，是有关黄帝、颛顼（zhuān xū）、帝喾（kù）、尧、舜五位上古帝王的合传。整体来看，本篇文本可分为七个部分：前五部分依次记叙黄帝、颛顼、帝喾、尧、舜五人的事迹；第六部分总收五帝，又带叙三代；最后以"太史公曰"为结，发表评论。本篇以传世文献、实地考察和口头传说为三个材料来源，其中以传世文献为主。本篇主要是以《五帝德》《尚书》为内容框架，借助《帝系姓》构建起来的。本篇对历史的叙述中蕴含着司马迁卓越的历史观念，可谓《史记》全书的一个缩影。太史公著《五帝本纪》冠于全书，又以黄帝为始，期望通过此书拨乱反正，实现其"成一家之言"的目的。儒家经典《尚书》记事起于尧舜，而司马迁将历史向前推进了一大步——他通过相关历史的记载，将黄帝树立为民族始祖。司马迁以上古五位帝王的历史记载，为全书所述的数千年历史建立了考量国家治平的根本原则。他通过五帝的前后相承，揭示了上古帝王"天下为公"的伟大精神。在本篇中，司马迁十分推崇五帝尚让、尚德的一面。黄帝以身作则，修行德业，达到了德政对执政者自身的要求；整顿军旅，研究四时节气变化，种植五谷，安抚民众，丈量四方的土地，达到了德政对体恤百姓的政策要求。帝喾的德政，既达到了执政者仁德、威严、温和、守信等道德修养的要求，又实施了体民忧、解民急的政策，故而帝喾治理天下，"日月所照，风雨所至，莫不从服"。尧、舜更是尚德的典范。尧大公无私，未将帝位传于子，而传于有德的舜，成为禅让制的典范，被后世传为美谈。舜以德行为先导，以和谐为依归，从政之前就能很好地孝顺父母，从政后又勤勉国事，举荐十六族，流放四凶，知人善任，使人尽其能，"四海之内咸戴帝舜之功"。联系司马迁所处的秦汉专制的政治现实，尧、舜无疑是《史记》中最令人尊崇的理想帝王。本篇语言庄重整练，排句学《国语》，秀句用子书，古句、奥句仿照经书。在叙事上，详略得当，变化有致。尧、舜二纪，载录《尚书》《孟子》原文，略改字面，对文献资料的删改、缀合毫无痕迹，使全篇节节照应，处处通关，高古典质，一丝不苟。

黄帝者，少典①之子，姓公孙，名曰轩辕。生而神灵②，弱③而能言，幼而徇齐④，长而敦敏⑤，成而聪明⑥。

◎**注释**　①〔少典〕传说中有熊氏部落的首领。②〔神灵〕神奇灵敏。③〔弱〕婴儿未满七十天曰弱，此处指幼小。④〔徇齐〕疾速，指思虑敏捷。⑤〔敦敏〕敦厚而通达事理。⑥〔聪明〕指明察事理、明辨是非。聪，善听。明，善视。
◎**大意**　黄帝是少典族的后裔，姓公孙，名叫轩辕。他生来神奇灵敏，几个月便会说话，年幼时思虑敏捷，长大后敦厚而通达事理，成年后明辨是非。

轩辕之时，神农氏世衰。诸侯相侵伐，暴虐百姓，而神农氏弗能征。于是轩辕乃习用干戈，以征不享①，诸侯咸来宾从。而蚩尤最为暴，莫能伐。炎帝欲侵陵诸侯，诸侯咸归轩辕。轩辕乃修德振兵，治五气②，艺五种③，抚④万民，度四方，教熊罴貔貅䝙虎⑤，以与炎帝战于阪泉之野。三战，然后得其志。蚩尤作乱，不用⑥帝命。于是黄帝乃征师诸侯，与蚩尤战于涿鹿之野，遂禽杀蚩尤。而诸侯咸尊轩辕为天子，代神农氏，是为黄帝。天下有不顺者，黄帝从而征之，平者去之，披山通道⑦，未尝宁居。

◎**注释**　①〔享〕进贡。②〔治五气〕研究季节气候。③〔艺五种〕种植五谷。艺，种植。④〔抚〕安抚。⑤〔熊罴（pí）貔貅（pí xiū）䝙（chū）虎〕皆猛兽名。此指以这几种猛兽为图腾的各部落。⑥〔不用〕不听从。⑦〔披山通道〕开启山林，凿通道路。

◎**大意**　轩辕的时候，神农氏后世子孙衰弱。各部落之间互相侵凌讨伐，残害百姓，而神农氏无力征讨他们。于是轩辕便操练士兵，以征讨不进贡的部落首领，各部首领都来归从。只有蚩尤最为强暴，没有谁能讨伐他。炎帝想侵犯各部首领，各部首领皆归附轩辕。轩辕于是实行德政，训练军队，研究季节气候，教民种植五谷，安抚各地民众，丈量规划四方土地；并率领以熊罴、貔貅、䝙虎为图腾的各部落，与炎帝在阪泉之野展开决战。经过多次交战，他取得了最后的胜利。后来蚩尤又发动战乱，不听从黄帝的教令。于是黄帝便征调各部落的兵力，与蚩尤在涿鹿展开决战，捕杀了蚩尤。从此各部落皆尊奉轩辕为天子，以代替神农氏，这就是黄帝。天下有不归顺的人，黄帝便前去征讨，平服之后就带兵离开，开辟山林，凿通道路，未曾安逸过。

东至于海，登丸山，及岱宗。西至于空桐，登鸡头。南至于江，登熊、湘。北逐荤粥①，合符釜山，而邑于涿鹿之阿②。迁徙往来无常处，以师兵为营卫。官名皆以云命，为云师。置左右大监，监③于万国。万国和，而鬼神山川封禅与为多焉。获宝鼎，迎日推策④。举⑤风后、力牧、常先、大鸿以治民。顺天地之纪⑥，幽明之占⑦，死生之说⑧，存亡之难⑨。时播百谷草木，淳化⑩鸟兽虫蛾，旁罗⑪日月星辰水波土石金玉，劳勤心力耳目，节用水火材物。有土德之瑞⑫，故号黄帝。

◎**注释** ①〔荤粥（xūn yù）〕我国古代北方少数民族名。②〔阿（ē）〕指山下的平地。③〔监〕监督。④〔迎日推策〕用著草推算日月朔望。⑤〔举〕任用。⑥〔顺天地之纪〕顺应天地四季运行的规律。⑦〔幽明之占〕预测阴阳的变化。⑧〔死生之说〕研究养生送死的仪制。⑨〔存亡之难〕探究安危存亡的道理。⑩〔淳化〕驯养。⑪〔旁罗〕广泛观察。⑫〔有土德之瑞〕古人把金、木、水、火、土五行看成五德，以解释王朝兴衰。土德是五德之一。本句意为黄帝在位时有象征土德的瑞兆出现。

◎**大意** 黄帝向东到达大海，登上丸山及泰山。他向西到达空桐，登上鸡头山。他向南到达长江，登上熊山、湘山。他向北驱逐荤粥，在釜山召集各部落首领，验证符契，然后在涿鹿山下的平原上建造都邑。黄帝经常率领各部落迁徙，而不在一处定居，所到之处让士兵筑起营垒来自卫。他所封之官都用云命名，军队叫云师。他设置左大监和右大监，以监督各部落。各部落和睦相处，登临名山祭祀鬼神山川之事也就多了。黄帝又获得宝鼎，用著草推算日月朔望。他任用风后、力牧、常先、大鸿治理人民。他顺应天地四季运行的规律，预测阴阳的变化，研究养生送死的仪制，探究安危存亡的道理。他按季节种植百谷草木，驯养鸟兽蚕蛾，广泛地观察研究日月星辰的运行和水流土石金玉的物质性能，尽心竭力做事，节用水火木材和各类物品。他在位时有象征土德的瑞兆出现，所以称为黄帝。

黄帝二十五子，其得姓者十四人。

◎**大意** 黄帝有二十五个儿子，先后获得姓氏的有十四人。

　　黄帝居轩辕之丘，而娶于西陵之女，是为嫘祖。嫘祖为黄帝正妃，生二子，其后①皆有天下：其一曰玄嚣，是为青阳，青阳降居江水②；其二曰昌意，降居若水。昌意娶蜀山氏女，曰昌仆，生高阳，高阳有圣德焉。黄帝崩，葬桥山。其孙昌意之子高阳立，是为帝颛顼也。

◎**注释**　①〔后〕后代。②〔降居江水〕被分封到江水立国。降居，谓天子之子出为诸侯。

◎**大意**　黄帝住在轩辕丘，娶西陵氏之女为妻，她就是嫘祖。嫘祖是黄帝的正妃，生了两个儿子。他们的后代都成为天下之主：一个叫玄嚣，就是青阳，青阳被封在江水；另一个叫昌意，被封在若水。昌意娶蜀山氏女儿为妻，叫昌仆，生了高阳，高阳品行高尚。黄帝逝世后，安葬于桥山。他的孙子，也就是昌意的儿子高阳即位，这就是帝颛顼。

　　帝颛顼高阳者，黄帝之孙而昌意之子也。静渊①以有谋，疏通而知事②；养材以任地③，载时以象天④，依鬼神以制义⑤，治气以教化，洁诚以祭祀⑥。北至于幽陵，南至于交阯，西至于流沙，东至于蟠木。动静之物，大小之神，日月所照，莫不砥属⑦。

◎**注释**　①〔静渊〕深沉稳重。②〔疏通而知事〕通达而知时务。③〔养材以任地〕杂植各种作物以尽地力。④〔载时以象天〕观察天文星象以记载时令。⑤〔依鬼神以制义〕顺从鬼神的启示来制定礼仪。⑥〔洁诚以祭祀〕指通过斋戒沐浴清洁自身，诚心地祭祀天地神灵。⑦〔砥属〕归附。

◎**大意**　高阳是黄帝的孙子，也就是昌意的儿子。他镇静深沉而有谋略，通达而识时务；杂植各种作物以尽地力，观察天象变化以记载时令，顺从鬼神的启示以制定礼仪，用教化来陶冶人民的气质，斋戒沐浴来诚心地祭祀天地神灵。他往北到达幽陵，往南到达交阯，往西到达流沙，往东到达蟠木。各种动物植物，各处山岳河流之神，凡是阳光所照耀的地方，没有谁不归附他。

帝颛顼生子曰穷蝉。颛顼崩，而玄嚣之孙高辛立，是为帝喾。

◎**大意**　帝颛顼生的儿子名叫穷蝉。颛顼逝世后，玄嚣的孙子高辛登位，这就是帝喾。

帝喾高辛者，黄帝之曾孙也。高辛父曰蟜极，蟜极父曰玄嚣，玄嚣父曰黄帝。自玄嚣与蟜极皆不得在位，至高辛即帝位。高辛于颛顼为族子^①。

◎**注释**　①〔族子〕堂侄。
◎**大意**　帝喾高辛，是黄帝的曾孙。高辛的父亲叫蟜（jiǎo）极，蟜极的父亲叫玄嚣，玄嚣的父亲便是黄帝。自玄嚣到蟜极都没有登上帝位，到高辛才即帝位。高辛是颛顼的堂侄。

高辛生而神灵，自言其名。普施利物，不于其身^①。聪以知远，明以察微。顺天之义，知民之急。仁而威，惠而信，修身而天下服。取地之财而节用之，抚教万民而利诲之，历日月而迎送之^②，明鬼神而敬事之。其色郁郁，其德嶷嶷^③。其动也时，其服也士^④。帝喾溉执中而遍天下^⑤，日月所照，风雨所至，莫不从服。

◎**注释**　①〔不于其身〕不顾念自身。②〔历日月而迎送之〕根据日月运行的规律定出历法，并按时举行迎送节气的祭祀礼。③〔其色郁郁，其德嶷嶷（nì）〕郁郁，端庄静穆的样子。嶷嶷，形容道德高尚。④〔其动也时，其服也士〕他的举止适合时宜，衣着朴素如士人。⑤〔溉（gài）执中而遍天下〕治理天下像流水灌溉大地一样均匀中正，恩德遍及天下。
◎**大意**　高辛生下来就显出神灵，说出了自己的名字。他广施恩泽，普利众人，不顾念自身。他耳聪善听，能了解远方的情况，目明善察，能通晓精微的道理。他顺应上天的旨意，深知民众的急需。他仁爱而威严，宽厚而守信，洁身自好而天下归服。他从土地上获取物产而能节约使用，安抚教育民众并能因势利导，根据日月运行的规律定出历法，并按时迎送节气，了解鬼神而恭敬地侍奉他们。他神态端庄，品德高尚。他举止适合时宜，衣着朴素如同士人。帝喾治理天下像流水灌溉大地一样均匀中正，恩德遍及天下，凡日月照耀、风雨润泽的地方，没有不归附他的。

　　帝喾娶陈锋氏女，生放勋。娶娵訾氏女，生挚。帝喾崩，而挚代立。帝挚立，不善，崩，而弟放勋立，是为帝尧。

◎**大意**　帝喾娶了陈锋氏的女子，生了放勋。他娶了娵訾（jū zī）氏的女子，生了挚。帝喾逝世后，由挚继位。帝挚即位后，不能很好地治理国家，死后由其弟放勋继位，这就是帝尧。

　　帝尧者，放勋。其仁如天，其知（智）如神。就之如日，望之如云①。富而不骄，贵而不舒②。黄收纯（缁）衣③，彤车乘白马，能明驯德，以亲九族。九族既睦，便（辨）章百姓④。百姓昭明，合和万国。

◎**注释**　①〔就之如日，望之如云〕接近他像太阳一样温暖，远望他如云霞一样灿烂。就，接近。②〔舒〕松懈。③〔黄收纯（zī）衣〕收，冠名。纯，通"缁"，黑色丝织物。④〔便章百姓〕此句意为明确划分百官的职责。便章，辨别、彰明。便，通"辨"。百姓，百官。
◎**大意**　帝尧，就是放勋。他像天一样仁爱，像神一样聪明。接近他像太阳一样温暖，远望他如云霞一样灿烂。他富有而不骄纵，尊贵而不傲慢。他头戴黄帽子，身穿黑色的衣服，坐着白马拉的红车。他能够倡明自己恭顺高尚的品德，使众多的族姓亲近和睦。众多的族姓和睦以后，他又明确划分百官的职责。百官各尽其职，各地部落都和睦合作。

乃命羲、和，敬顺昊天①，数法日月星辰，敬授民时。分命羲仲，居郁夷，曰旸谷②。敬道日出，便（辨）程东作③。日中④，星鸟⑤，以殷⑥中春。其民析⑦，鸟兽字微（尾）⑧。申命羲叔，居南交。便（辨）程南为，敬致⑨。日永⑩，星火⑪以正中夏。其民因，鸟兽希革⑫。申命和仲，居西土，曰昧谷⑬。敬道日入，便（辨）程西成⑭。夜中⑮，星虚⑯，以正中秋。其民夷易⑰，鸟兽毛毨⑱。申命和叔，居北方，曰幽都。便（辨）在伏物⑲。日短⑳，星昴㉑，以正中冬。其民燠㉒，鸟兽氄毛㉓。岁三百六十六日，以闰月正四时㉔。信饬㉕百官，众功皆兴。

◎**注释** ①〔敬顺昊天〕恭敬地顺应上天的旨意。②〔旸（yáng）谷〕日出之谷。③〔敬道（dǎo）日出，便程东作〕恭敬地迎接朝阳的升起，有秩序地安排好春季的耕种。道，引导，这里有迎接之意。便程，分派，安排。便，通"辨"。程，规定日期。东作，春季的耕作。古人以东、南、西、北分别对应四季中的春、夏、秋、冬。④〔日中〕昼夜等长，即春分日。⑤〔星鸟〕指南方朱雀七宿。⑥〔殷〕判定。⑦〔析〕分散耕作。⑧〔字微〕交尾生育。字，生育。微，通"尾"，交尾，交配。⑨〔便程南为，敬致〕有秩序地安排好夏季的农事，恭敬地祭日并记下日影的长短以不违农时。南为，夏季的农事活动。⑩〔日永〕白昼时间最长，即夏至日。⑪〔星火〕指二十八宿中的心宿。⑫〔鸟兽希革〕鸟兽的羽毛变得稀疏了。⑬〔昧谷〕日落之处。⑭〔西成〕秋收工作。⑮〔夜中〕秋分日。⑯〔星虚〕指二十八宿中的虚宿。⑰〔夷易〕安逸愉快。⑱〔鸟兽毛毨（xiǎn）〕鸟兽长出了新羽毛。毨，鸟兽毛羽更生整齐貌。⑲〔便在伏物〕注意安排好收藏过冬物资的工作。⑳〔日短〕白昼最短，即冬至日。㉑〔星昴（mǎo）〕指二十八宿中的昴宿。㉒〔燠（yù）〕取暖。㉓〔鸟兽氄（rǒng）毛〕鸟兽长出了御寒的细绒毛。㉔〔以闰月正四时〕用置闰的办法调节四季时令的误差。㉕〔信饬〕告诫，整饬。

◎**大意** 尧于是命令羲氏、和氏，恭敬地顺应上天的旨意，根据日月星辰的运行规律定出历法，郑重地教导百姓耕种收割的时令。尧命羲仲住在郁夷，那地方叫**旸谷**。羲仲恭敬地迎接朝阳的升起，有秩序地安排好春季的耕种。羲仲根据春分那一天黄昏时正南方鸟星的出现，确定仲春的节候。春天民众分散耕作，鸟兽交尾生育。尧命令羲叔住在南交，让他有秩序地安排好夏季的农事，恭敬地祭日并记下日影的长短以不违农时。羲叔根据夏至那一天心宿出现在正南方，确定仲夏的节候。夏天人们仍在田间耕作，鸟兽的羽毛变得稀疏了。尧又命令和仲住在西方叫昧谷的地方，让他恭敬地礼送太阳落下去，有秩序地安排好秋收工作。和仲根据秋分那一天虚宿出现在正南方，确定仲秋的节候。秋天民众生活安逸愉快，鸟兽长出了新羽毛。尧再命令和叔住在北方叫幽都的地方，让他注意收藏过冬的物资。和叔根据冬至那一天昴宿出现在正南方，确定仲冬的节候。冬天人们入室取暖，鸟兽也长出了御寒的细绒毛。尧确定一年有三百六十六天，用置闰的办法调节四季时令的误差。尧还按时告诫百官，各种事业都欣欣向荣。

尧曰："谁可顺此事①？"放齐曰："嗣子丹朱开明。"尧曰："吁！顽凶②，不用。"尧又曰："谁可者？"谨兜曰："共工旁聚布功③，可用。"尧曰："共工善言④，其用僻⑤，似恭漫天⑥，不可。"尧又曰："嗟，四岳⑦，汤汤⑧洪水滔天，浩浩怀山襄陵，下民其忧，有能使治者？"皆曰鲧⑨可。尧曰："鲧负命毁族⑩，不可。"岳曰："异哉，试不可用而已。"尧于是听岳用鲧。九岁，功用不成⑪。

◎**注释**　①〔谁可顺此事〕谁能继承我的事业。②〔顽凶〕顽劣好争辩。③〔旁聚布功〕广泛地聚集民众开展工作。④〔善言〕巧言善辩。⑤〔用僻〕用心邪僻。⑥〔似恭漫天〕貌似恭顺，实则连天都敢欺骗。漫，骗。⑦〔四岳〕指四方部落首领。⑧〔汤汤（shāng）〕水势浩大的样子。⑨〔鲧（gǔn）〕尧臣，禹的父亲。⑩〔负命毁族〕违背教化命令，毁败同族人。⑪〔功用不成〕没有成就。

◎**大意**　尧说："谁能继承我的事业？"放齐说："你的长子丹朱通达聪明。"尧说："唉！他顽劣好争辩，不可任用。"尧又问："谁可以？"谨（huān）兜说："共工广泛地聚集民众开展工作，可以任用。"尧说："共工巧言善辩，而用心邪僻，外表好似恭顺，但内心连天都敢欺骗，不可任用。"尧又问："哎，四方部落首领啊，洪水滔天，浩浩荡荡，包围山岭，淹没高地，居于低下之地的人民十分忧愁，有谁能去治理水患？"都说鲧可以胜任。尧说："鲧违背教化命令，毁败同族人，不可任用。"四方部落首领都说："鲧不同于其他人，就让他试试吧。"尧于是听从四方部落首领的意见，让鲧治水。结果治水九年，一无所成。

尧曰："嗟！四岳：朕在位七十载，汝能庸命^①，践朕位？"岳应曰："鄙德忝帝位^②。"尧曰："悉举贵戚及疏远隐匿者^③。"众皆言于尧曰："有矜（鳏）^④在民间，曰虞舜。"尧曰："然，朕闻之。其何如？"岳曰："盲者子。父顽，母嚚^⑤，弟傲，能和以孝，烝烝治^⑥，不至奸。"尧曰："吾其试哉。"于是尧妻之二女，观其德于二女。舜饬下二女于妫汭^⑦，如妇礼。尧善之，乃使舜慎和五典，五典能从^⑧。乃遍入百官，百官时序^⑨。宾于四门，四门穆穆^⑩，诸侯远方宾客皆敬。尧使舜入山林川泽，暴风雷雨，舜行不迷。尧以为圣，召舜曰："女（汝）谋事至而言可绩^⑪，三年矣。女（汝）登帝位。"舜让于德，不怿^⑫。正月上日，舜受终于文祖^⑬。文祖者，尧大祖也。

◎**注释** ①〔庸命〕按天命行事。②〔鄙德忝（tiǎn）帝位〕鄙陋无德，恐怕辱没了帝王的职位。忝，有愧于。③〔悉举贵戚及疏远隐匿者〕推举所有亲近的贵戚及疏远隐居的人。④〔矜（guān）〕通"鳏"，无妻或丧妻的男子，这里指无妻。⑤〔嚚（yín）〕愚昧而顽固。⑥〔烝烝（zhēng）治〕以厚道治身。烝烝，宽厚貌。⑦〔舜饬下二女于妫汭（guī ruì）〕舜让尧的两个女儿放下身份住在妫水北岸。饬，安排。妫，妫水。汭，妫水北的河流。⑧〔慎和五典，五典能从〕审慎地宣扬五种伦理道德，百姓都能遵从。五典，指古代的五种伦理道德。⑨〔遍入百官，百官时序〕总领百官职事，各种职事都办得井井有条。⑩〔宾于四门，四门穆穆〕让他到明堂四方之门主持接待宾客事宜，四门的人对客人庄重和睦。⑪〔谋事至而言可绩〕考虑事情详尽周到，并且说的事情都能取得成效。⑫〔舜让于德，不怿（yì）〕让于德，谦让地说德行不够。不怿，指舜因感力不胜任而不乐。怿，乐。⑬〔舜受终于文祖〕舜在文祖庙接受尧的禅让。
◎**大意** 尧说："唉！各位首领：我在位已七十年，谁能按天命行事，继承我的职位？"首领们回答说："我们鄙陋无德，恐怕辱没了帝王的职位。"尧说："那就请你们推举所有亲近的贵戚及疏远隐居的人。"大家都对尧说："民间有个单身之人，名叫虞舜。"尧说："对，我听说过。他怎么样？"首领们说："他是一个盲人的儿子。父亲不讲德义，母亲愚昧顽固，弟弟傲慢，但是舜以孝悌之道与他们和睦相处，使他们能以厚道治身，不做坏事。"尧说："让我考验一下他吧！"于是尧把自己的两个女儿嫁给舜，从舜对待他两个女儿的行事中考察舜的德行。舜让尧的两个女儿放下身份住在妫水北岸，遵守做媳妇的礼节。尧认为舜这样做很好，于是让他审慎地宣扬五种伦理道德，百姓都能遵从。尧又让舜总领百官职事，各种职事都办得井井有条。尧让他到明堂四方之门主持接待宾客事宜，四门的人对客人庄重和睦，前来朝拜的部落首领和远方的客人都敬重他。尧使舜进入山林川泽，遇到暴风雷雨，他从不迷失方向。尧认为舜具有高超的智慧和道德，召见他说："你考虑事情详尽周到，并且说了的事情都能取得成效，已经过了三年。你继承帝位吧。"舜谦让说德行还不够，因不能胜任而不乐。正月初一，舜在文祖庙接受尧的禅让。文祖，是尧的始祖。

于是帝尧老，命舜摄行天子之政，以观天命。舜乃在璇玑玉衡①，以齐七政②。遂类于上帝，禋于六宗③，望于山川，辩（遍）于群神④。揖（辑）五瑞⑤，择吉月日，见四岳诸牧⑥，班瑞⑦。岁二月，东巡狩，至于岱宗，柴⑧，望秩于山川⑨。遂见东方君长，合时月正日⑩，同律度量衡，修五礼，五玉三帛二生一死为挚⑪，如五器⑫，卒乃复。五月，南巡狩；八月，西巡狩；十一月，北巡狩：皆如初。归，至于祖祢庙⑬，用特牛礼⑭。五岁一巡狩，群后四朝⑮。遍告以言⑯，明试以功⑰，车服以庸⑱。肇十有（又）二州⑲，决川⑳。象以典刑㉑，流宥五刑㉒，鞭作官刑㉓，扑作教刑㉔，金作赎刑㉕。眚灾过，赦㉖；怙终贼，刑㉗。钦㉘哉，钦哉，惟刑之静㉙哉！

◎注释 ①〔璇（xuán）玑玉衡〕用玉装饰的观天仪器。②〔七政〕指日月及金木水火土五星。七政运行正常，表明舜受禅合天意。③〔类于上帝，禋（yīn）于六宗〕类，祭名。禋，祭名。六宗，古代尊祀的六神。④〔望于山川，辩于群神〕遥祭名山大川，遍祭群神。望，遥祭。辩，通"遍"。⑤〔揖（jí）五瑞〕揖，同"辑"，聚集。五瑞，古代诸侯用作符信的五种玉。⑥〔四岳诸牧〕四方诸侯。⑦〔班瑞〕把收集的玉颁发下去。班，颁发。⑧〔柴〕烧柴祭天。⑨〔望秩于山川〕按次第遥祭东方名山大川。⑩〔合时月正日〕协调季节和月份，校正每日的时刻。⑪〔修五礼，五玉三帛二生一死为挚〕制定了五种礼仪，并规定诸侯用五玉三帛、卿大夫用二牲、士用死雉作为相见时所执的礼物。⑫〔如五器〕如，验证。五器，指诸侯拜会的礼物玉器。⑬〔祖祢（nǐ）庙〕祖庙和父庙。⑭〔用特牛礼〕用一头整牛作为祭品。⑮〔群后四朝〕四方诸侯四年来京师朝见一次。后，此处指诸侯。⑯〔遍告以言〕讲明治理国家的方法。⑰〔明试以功〕公开考察他们的政绩。⑱〔车服以庸〕赐给成绩突出者车骑和服饰。庸，效用、成绩。⑲〔肇十有二州〕始分天下为十二州。肇，始。⑳〔决川〕疏通河道。㉑〔象以典刑〕把正常的刑律刻在器物上。㉒〔流宥五刑〕用流放的办法从宽处理触犯五刑的人。㉓〔鞭作官刑〕官府治事用鞭刑。㉔〔扑作教刑〕学校管理用戒尺处罚。扑，戒尺。㉕〔金作赎刑〕犯轻罪的人可用金钱赎罪。㉖〔眚（shěng）灾过，赦〕对无意犯过而造成灾害的人，予以赦免。眚，过失。㉗〔怙（hù）终贼，刑〕对作恶不改的人，绳之以法。㉘〔钦〕谨慎。㉙〔静〕平稳公正。

◎**大意**　这时帝尧年老，让舜代替他执行天子的政事，以观察天意。舜便用玉装饰的观天仪器来审视天象，定准日月五星的方位。他祭祀上帝，祭祀六类神祇，遥祭名山大川，遍祭群神。他收集五种玉器符信，选择吉月吉日，召见四方诸侯，颁发收集的玉器符信。这年二月，舜前去东方巡视，一直到达泰山，烧柴祭天，按次第遥祭东方名山大川。他召见东方各诸侯，协调季节和月份，校正每日的时刻，统一音律和度量衡，制定了五种礼仪，规定诸侯用五玉三帛、卿大夫用二牲、士用死雉作为相见时所执的礼物，并验证诸侯拜会的礼物玉器，礼毕后仍还给他们。五月，他到南方视察；八月，到西方视察；十一月，到北方视察：都像开始视察东方一样。舜回来后，到祖庙和文庙里祭祀，用一头整牛作为祭品。舜每五年到各地巡视一次，四方诸侯四年来京师朝见一次。舜向每位诸侯讲明治理国家的方法，公开考察他们的政绩，赐给成绩突出者车骑和服饰。舜开始分天下为十二州，疏通河道。他把正常的刑律刻在器物上，用流放的办法从宽处理触犯五刑的人，官府治事用鞭刑，学校管理用戒尺处罚，犯轻罪的人可用金钱赎罪。他对无意犯过而造成灾害的人，予以赦免；对作恶不改的人，绳之以法。谨慎啊，谨慎啊，施用刑罚千万要平稳公正！

　　讙兜进言共工，尧曰不可，而试之工师①，共工果淫辟②。四岳举鲧治鸿水，尧以为不可，岳强请试之，试之而无功，故百姓不便。三苗在江淮、荆州数为乱。于是舜归而言于帝，请流共工于幽陵，以变北狄③；放讙兜④于崇山，以变南蛮；迁三苗于三危⑤，以变西戎；殛⑥鲧于羽山，以变东夷：四罪⑦而天下咸服。

◎**注释**　①〔工师〕职掌百工之官。②〔淫辟〕放纵邪僻。③〔变北狄〕改变北狄的风俗。④〔讙兜〕即讙兜。⑤〔三危〕山名。⑥〔殛（jí）〕流放。⑦〔四罪〕依法惩处四个罪人。

◎**大意**　讙兜向尧推荐共工，尧说不可重用，试用为工师，共工果然放纵邪僻。四岳推举鲧治水，尧认为不可，四岳一再请求试用，结果毫无成绩，所以百姓都认为鲧不称职。三苗在江淮流域、荆州一带多次作乱。此时舜视察归来便向尧报告，请求把共工流放到幽陵，让他改变北狄的风俗；把讙兜流放到崇山，让他改变南蛮的风俗；把三苗驱逐到三危，让他改变西戎的风俗；把鲧流放到羽山，让他改变东夷的风俗：依法惩处了这四个罪人，天下人都心悦诚服。

　　尧立七十年得舜，二十年而老，令舜摄行天子之政，荐之于天①。尧辟位②凡二十八年而崩。百姓悲哀，如丧父母。三年，四方莫举乐，以思尧。尧知子丹朱之不肖③，不足授天下，于是乃权授舜。授舜，则天下得其利而丹朱病④；授丹朱，则天下病而丹朱得其利。尧曰"终不以天下之病而利一人"，而卒授舜以天下。尧崩，三年之丧毕，舜让辟丹朱于南河之南⑤。诸侯朝觐者不之丹朱而之舜，狱讼者不之丹朱而之舜，讴歌者不讴歌丹朱而讴歌舜。舜曰："天也夫！"而后之中国⑥践天子位焉，是为帝舜。

◎**注释**　①〔荐之于天〕向上天推荐舜。②〔辟位〕退位。③〔不肖〕不贤。④〔病〕受害，痛苦。⑤〔舜让辟丹朱于南河之南〕舜让位给丹朱，而自己躲到南河的南岸。⑥〔中国〕国之中心，即都城。

◎**大意** 尧在位七十年而得到舜，二十年后退位，令舜执行天子之职，并向上天推荐舜。尧退位后二十八年去世。百姓悲伤哀痛，像是父母去世一样。三年内，四方无人奏乐，以表示对尧的哀思。当初尧深知儿子丹朱不贤，不能把天下大权交给他，于是采取权宜之计让位给舜。让位给舜，天下人受益而丹朱痛苦；传位给丹朱，天下人受害而丹朱获利。尧说"绝对不能使天下人受害而让一人得利"，最终把天下传给了舜。尧去世后，三年丧期结束，舜让位给丹朱，而自己躲到南河的南岸。朝拜的诸侯不到丹朱那里却来朝见舜，打官司的人不去找丹朱而去找舜，歌功颂德的人不歌颂丹朱而歌颂舜。舜说："这是天意吧！"他于是前往都城登上天子位，这便是帝舜。

虞舜者，名曰重华。重华父曰瞽叟①，瞽叟父曰桥牛，桥牛父曰句望，句望父曰敬康，敬康父曰穷蝉，穷蝉父曰帝颛顼，颛顼父曰昌意：以至舜七世矣。自从穷蝉以至帝舜，皆微为庶人②。

◎**注释** ①〔瞽（gǔ）叟〕有眼疾的老头。②〔皆微为庶人〕都是地位卑微的百姓。

◎**大意** 虞舜，名叫重华。重华的父亲叫瞽叟，瞽叟的父亲名叫桥牛，桥牛的父亲名叫句望，句望的父亲名叫敬康，敬康的父亲名叫穷蝉，穷蝉的父亲就是帝颛顼，颛顼的父亲名叫昌意：到舜已经七代了。从穷蝉到舜，都是地位卑微的百姓。

舜父瞽叟盲，而舜母死，瞽叟更娶妻而生象，象傲。瞽叟爱后妻子，常欲杀舜，舜避逃；及有小过，则受罪。顺事①父及后母与弟，日以笃谨②，匪有懈③。

◎**注释** ①〔顺事〕恭顺地侍奉。②〔笃谨〕诚恳谨慎。③〔匪有懈〕从不懈怠。

◎**大意** 舜的父亲瞽叟眼睛瞎了，舜的母亲死后，瞽叟又娶妻生了个儿子名叫象，象为人傲慢。瞽叟偏爱后妻的儿子，常想杀死舜，舜都逃过了；遇到自己有小过失，舜便接受处罚。他恭顺地侍奉父亲、后母和弟弟，每天都诚恳谨慎，从不懈怠。

舜，冀州之人也。舜耕历山，渔雷泽，陶河滨，作什器①于寿丘，就时于负夏②。舜父瞽叟顽③，母嚚，弟象傲，皆欲杀舜。舜顺适不失子道④，兄弟孝慈。欲杀，不可得；即求，尝（常）在侧。

◎**注释**　①〔什（shí）器〕生活用品。②〔就时于负夏〕在负夏经商。就时，指把握时机谋利，即经商。③〔顽〕凶暴。④〔舜顺适不失子道〕舜顺从而不失为子之道。

◎**大意**　舜，是冀州人。他曾在历山耕地，在雷泽捕鱼，在黄河岸边制作陶器，在寿丘制作生活用品，在负夏经商。他的父亲瞽叟凶暴，后母愚顽，弟弟象为人傲慢，都想杀死他。舜顺从而不失为子之道，对弟弟尽兄长之道，对父母尽孝道。他们想要杀他，怎么也抓不着他；如果有事找他，他又常常在身边。

舜年二十以孝闻。三十而帝尧问可用者，四岳咸荐虞舜，曰可。于是尧乃以二女妻舜以观其内①，使九男与处以观其外②。舜居妫汭，内行弥谨③。尧二女不敢以贵骄事舜亲戚，甚有妇道。尧九男皆益笃④。舜耕历山，历山之人皆让畔⑤；渔雷泽，雷泽上人皆让居⑥；陶河滨，河滨器皆不苦（盬）窳⑦。一年而所居成聚，二年成邑，三年成都。尧乃赐舜缔衣与琴，为筑仓廪，予牛羊。瞽叟尚复欲杀之，使舜上涂廪⑧，瞽叟从下纵火焚廪。舜乃以两笠自扞而下⑨，去，得不死。后瞽叟又使舜穿井，舜穿井为匿空旁出⑩。舜既入深，瞽叟与象共下土实井，舜从匿空出，去。瞽叟、象喜，以舜为已死。象曰："本谋者象。"象与其父母分，于是曰："舜妻尧二女与琴，象取之；牛羊仓廪，予父母。"象乃止舜宫居，鼓其琴。舜往见之。象鄂（愕）不怿⑪，曰："我思舜正郁陶⑫！"舜曰："然，尔其庶⑬矣！"舜复事瞽叟，爱弟弥谨⑭。于是尧乃

试舜五典百官⑮，皆治。

◎**注释** ①〔观其内〕观察他怎样治家。②〔观其外〕观察他怎样处世。③〔内行弥谨〕在家里行为认真不苟。④〔益笃〕更加诚实厚道。⑤〔让畔〕谦让田地边界。⑥〔让居〕谦让居住的地方。⑦〔苦窳（gǔ yǔ）〕粗制滥造。苦，通"盬"，不坚固。窳，粗劣。⑧〔涂廪〕用泥涂抹粮仓屋顶。⑨〔以两笠自扞（hàn）而下〕用两顶斗笠护住身体往下跳。扞，防护。⑩〔为匿空旁出〕在井壁上打了一个可以藏身和升出的支洞。⑪〔鄂不怿〕愕然不快。⑫〔郁陶〕愁闷苦痛。⑬〔庶〕庶几，差不多。⑭〔弥谨〕更加仔细小心。⑮〔试舜五典百官〕试用舜推行五教，治理百官。

◎**大意** 舜二十岁以孝闻名。舜三十岁时，尧问任用谁治理天下，四岳都推荐舜，说他可以。于是尧把两个女儿嫁给舜，来观察他怎样治家；又派了九个儿子与舜相处，以观察他怎样处世。舜居住在妫水北岸，在家里行为认真不苟。尧的两个女儿不敢因为身份高贵而骄横地对待舜的家人，遵守做媳妇的礼节。尧的九个儿子也都更加诚实厚道。舜在历山耕种，历山的人都互让田地边界；在雷泽捕鱼，雷泽周围的人都互让居住的地方；在黄河岸边制作陶器，生产的陶器没有粗制滥造的。他居住的地方一年间成了村落，两年成了集镇，三年成为都市。尧于是赐给舜细葛做的衣服和琴，而且给他修筑粮仓，赐予他牛羊。瞽叟还是想杀死舜，他让舜用泥涂抹粮仓屋顶，自己却在下面纵火烧仓。舜拿着两顶斗笠护持自己往下跳，逃走了，没被烧死。后来瞽叟又让舜打井，舜在井壁上打了一个可以藏身和升出的支洞。舜凿到深处以后，瞽叟与象一起倒土填井，舜从藏身的支洞走出，脱了险。瞽叟和象很高兴，以为舜已死。象说："出主意的是我。"象和他的父母瓜分舜的财物，这时象说："舜的妻子和琴，由我收取；牛羊和仓廪，分给父母。"于是象在舜的屋中住下，弹着舜的琴。舜前去见他，象愕然不快，说："我想念你正想得愁闷苦痛！"舜说："这样的话，你就差不多像个弟弟了！"舜以后侍奉瞽叟、友爱弟弟更加仔细小心。于是尧便试用舜推行五教，治理百官，舜都做得很好。

昔高阳氏有才子①八人，世得其利，谓之"八恺"。高辛氏有才子八

人，世谓之"八元"。此十六族者，世济其美，不陨其名②。至于尧，尧未能举。舜举八恺，使主后土③，以揆百事④，莫不时序。举八元，使布五教⑤于四方，父义，母慈，兄友，弟恭，子孝，内平外成⑥。

◎**注释** ①〔才子〕德才兼备的人。②〔世济其美，不陨其名〕世世代代都能发扬他们的美德，没有损伤过他们的声誉。③〔主后土〕掌管农业。④〔揆百事〕规划安排各种事务。⑤〔布五教〕传布五伦之教。⑥〔内平外成〕家内和睦，邻里融洽。

◎**大意** 从前高阳氏有八位才德兼备的人，世人得其利，把他们叫作"八恺"。高辛氏有八位德才兼备的人，世人称作"八元"。这十六个家族，世世代代都能发扬他们的美德，没有损伤过他们的声誉。到尧的时候，尧没有起用他们。舜任用八恺，让他们掌管农业，他们计划安排各种事务，都井井有条。舜任用八元，让他们到四方传布五伦之教，使父亲威严，母亲慈爱，哥哥友善，弟弟恭敬，儿子孝顺，家内和睦，邻里融洽。

昔帝鸿氏有不才子，掩义隐贼①，好行凶慝②，天下谓之浑沌。少暤氏有不才子，毁信恶忠，崇饰恶言，天下谓之穷奇。颛顼氏有不才子，不可教训，不知话言③，天下谓之梼杌④。此三族世忧之。至于尧，尧未能去。缙云氏有不才子，贪于饮食，冒于货贿，天下谓之饕餮。天下恶之，比之三凶。舜宾于四门，乃流四凶族，迁于四裔，以御螭魅⑤，于是四门辟⑥，言毋⑦凶人也。

◎**注释** ①〔掩义隐贼〕毁弃道义而包庇奸邪。②〔好行凶慝（tè）〕好做凶暴邪恶之事。慝，邪恶。③〔不可教训，不知话言〕不可教导训诫，不懂什么是对他有益的善言。④〔梼杌（táo wù）〕传说中远古时期的恶人。⑤〔以御螭（chī）魅〕用以抵挡作恶之人。螭魅，传说中害人的怪物，这里指恶人。⑥〔辟〕畅通无阻。⑦〔毋〕无，没有。

◎**大意** 从前帝鸿氏有个不成材的后代，毁弃道义而包庇奸邪，好做凶暴邪恶之事，天下人叫他浑沌。少暤氏有个不成材的后代，毁坏信义而憎恶忠直，宣扬粉饰各种恶言恶语，天下人叫他穷奇。颛顼氏有个不成材的后代，不可教训，不懂什么是对他有益的善言，天下人叫他梼杌。对于这三个家族，世人感到忧虑。在尧的时代，尧没能除掉他们。缙云氏有个不成材的后代，沉溺酒食，贪爱财物，天下人叫他饕餮。天下人讨厌他，把他和上面的三凶同等看待。舜在四门主持接待宾客时，便流放了这四个凶恶的家族，把他们迁到四方边远之地，用以抵挡作恶之人。于是四门畅通无阻，再没有恶人了。

　　舜入于大麓，烈风雷雨不迷，尧乃知舜之足授天下。尧老，使舜摄行天子政，巡狩。舜得举，用事二十年，而尧使摄政。摄政八年而尧崩。三年丧毕，让丹朱，天下归舜。而禹、皋陶、契、后稷、伯夷、夔、龙、垂、益、彭祖自尧时而皆举用①，未有分职②。于是舜乃至于文祖，谋于四岳，辟四门，明通四方耳目，命十二牧论帝德，行厚德，远佞人，则蛮夷率服。舜谓四岳曰："有能奋庸美尧之事者③，使居官相事④？"皆曰："伯禹为司空，可美帝功。"舜曰："嗟，然！禹，汝平水土，维是勉哉。"禹拜稽首，让于稷、契与皋陶。舜曰："然，往矣。"舜曰："弃，黎民始饥，汝后稷⑤，播时百谷。"舜曰："契，百姓不亲，五品不驯⑥，汝为司徒，而敬敷⑦五教，在宽。"舜曰："皋陶，蛮夷猾夏⑧，寇贼奸轨（宄）⑨，汝作士，五刑有服，五服三就⑩；五流有度，五度三居⑪：维明能信⑫。"舜曰："谁能驯予工⑬？"皆曰垂可。于是以垂为共工。舜曰："谁能驯予上下草木鸟兽？"皆曰益可。于是以益为朕虞⑭。益拜稽首，让于诸臣朱虎、熊罴。舜曰："往矣，汝谐。"遂以朱虎、熊罴为佐。舜曰："嗟！四岳，有能典朕三礼⑮？"皆曰伯夷可。舜曰："嗟！伯夷，以汝为秩宗，夙夜维敬⑯，直哉维静洁⑰。"伯夷让夔、龙。舜曰："然。以夔为典乐，教稚子，直而温，宽而栗⑱，刚而无虐⑲，简而无傲⑳；诗言意，歌长言，声依永，律和声，八音能谐，毋相夺伦，神人以和^㉑。"夔曰："於！予击石拊石，百兽率舞。"舜曰："龙，朕畏忌谗说殄伪^㉒，振惊朕众，命汝为纳言^㉓，夙夜出入朕命，惟信^㉔。"舜曰："嗟！女（汝）二十有（又）二人，敬哉，惟时相天事^㉕。"三岁一考功^㉖，三考绌陟^㉗，远近众功咸兴。分北^㉘三苗。

◎ **注释**　①〔举用〕被推举任事。②〔未有分职〕没有分配专门的职守。③〔有能奋庸美尧之事者〕有谁能奋力光大尧的事业。奋庸，意为努力建立功业。美，指发扬光大。④〔使居官相事〕让他担任官职辅佐我办事。相，佐助。⑤〔后稷〕主管农业。后，此处指主管。稷，代指农事。⑥〔五品不驯〕父母兄弟子女间关系不融洽。五品，即五伦。驯，顺，融洽。⑦〔敬敷〕认真施行。⑧〔猾夏〕扰乱华夏。⑨〔寇贼奸轨〕盗贼犯法作乱。⑩〔五刑有服，五服三就〕判处五刑时要轻重适中，判刑后要在三个不同的场所执行。⑪〔五流有度，五度三居〕将流放者依罪行轻重分为五等，五种流放之人按远近流徙到三个地方。⑫〔维明能信〕只有公正严明才能叫人信服。⑬〔谁能驯予工〕谁能替我主管百工事务。⑭〔虞〕掌管山泽的官职。⑮〔三礼〕祭祀天地宗庙的典礼。⑯〔夙夜维敬〕每天早晚都要虔诚恭敬。⑰〔直哉维静洁〕只有清明才能正直。⑱〔宽而栗〕宽厚而严谨。⑲〔刚而无虐〕刚正而不暴虐。⑳〔简而无傲〕简朴而不倨傲。㉑〔毋相夺伦，神人以和〕互不干扰，这样就会使神与人和谐。㉒〔畏忌谗说殄（tiǎn）伪〕痛恨诬陷别人的坏话和残暴的行为。㉓〔纳言〕传达王命的职务。㉔〔信〕真实。㉕〔惟时相天事〕顺应天时天命来行事。㉖〔考功〕考核政绩。㉗〔绌（chù）陟〕绌，降职。陟，提升。㉘〔分北〕分离、分化。

◎ **大意**　舜进入山林，遇到暴风雷雨而不迷失方向，尧于是知道舜足以托付天下。尧老了，让舜代替他执行天子的政务，到各地视察。舜被推举，任事二十年，尧便让他代行天子之职。八年后尧逝世。服完三年之丧以后，舜让位给丹朱，但天下人都归顺于舜。禹、皋陶、契、后稷、伯夷、夔、龙、垂、益、彭祖从尧在位时就被推举任事了，但没有分配给他们专门的职守。于是舜便来到文祖庙，征求四岳的意见，并大开四门，倾听各方的意见，命令十二州的长官讨论帝王应有的品德，认为实行宽厚的政令，疏远谄媚的小人，就可使四方部族相率归服。舜对四岳说："有谁能奋力光大尧的事业，就让他担任官职辅佐我办事。"都说："伯禹担任司空，可以光大尧的事业。"舜说："啊，好！禹，你负责治理水土，希望你努力啊！"禹叩头致谢，要让给后稷、契和皋陶。舜说："众人推举你是对的，你就前去就职吧。"舜说："弃，老百姓挨饥受饿，你负责播种百谷。"舜说："契，百姓不和睦，父母兄弟子女不融洽，你去做司徒，认真施行五教，慢慢感化他们。"舜说："皋陶，蛮夷之人侵扰华夏，盗贼犯法作乱，你去担任主管刑法的长官，判处五刑时要轻重适中，判刑后要在三个不同的场所执行；将流放者依罪行轻重分为五等，五种流放之人按远近流徙到三个地方：只有公正严明才能叫人信服。"舜说："谁能替我主管百工事务？"都说垂可以。于是任命垂担任共工。舜说："谁能管理山林川泽草木鸟兽？"都说益可以。于是任命益担任掌管山泽的官职。益跪拜，要让给朱虎、熊罴等大臣。舜说："前去就任吧，你很合适。"便任命朱虎、熊罴作益的助手。舜说："啊！四位诸侯领袖，有谁能主持祭祀天地宗庙的典礼？"都说伯夷可以。舜说："啊！伯夷，命你担任主持郊庙祭祀的职务，你每天都要虔诚恭敬，只有清明才能正直。"伯夷要把职务让给夔、龙。舜说："好。我命夔主管音乐，教育贵族子弟，使他们正直而温和，宽厚而严谨，刚正而不暴虐，简朴而不倨傲；用诗来表达思想感情，用歌咏来延长诗的音节，依照歌来制定乐曲，用音律使乐曲和谐，八种乐器的声音都能和谐，互不干扰，这样就会使神与人和谐。"夔说："啊！我敲打起各种石制乐器来，大家都会跳起狩猎舞。"舜说："龙，我痛恨诬陷别人的坏话和残暴的行为，它惊扰我的人民，我命你担任传达王命的职务，每天传达我的旨意，力求真实。"舜说："啊！你们这二十二人，要严肃认真地任职，顺应天时天命来行事。"舜每三年考核一次大家的成绩，根据三次考核的情况分别给予降职或提升，无论远近，各种工作都振兴起来。又分化治理三苗部族。

此二十二人咸成厥功：皋陶为大理，平，民各伏（服）得其实①；伯夷主礼，上下咸让；垂主工师，百工致功②；益主虞，山泽辟；弃主稷，百谷时茂；契主司徒，百姓亲和；龙主宾客，远人至；十二牧行而九州莫敢辟违；唯禹之功为大，披九山，通九泽，决九河，定九州，各以其职来贡，不失厥宜③。方五千里，至于荒服。南抚交阯、北

发，西戎、析枝、渠廋、氐、羌，北山戎、发、息慎，东长、鸟夷，四海之内咸戴帝舜之功。于是禹乃兴《九招》之乐④，致异物，凤皇来翔。天下明德皆自虞帝始。

◎**注释**　①〔民各伏得其实〕民众都心悦诚服于他断狱符合实际情况。伏，通"服"。②〔百工致功〕各种工匠都做出了成绩。③〔不失厥宜〕一切都不违背当地的实际。④〔《九招》之乐〕《九招》，即《九韶》。舜时乐舞名。

◎**大意**　这二十二位大臣都做出了他们的成绩：皋陶掌管司法，判断公平，民众都心悦诚服于他断狱符合实际情况；伯夷主持礼仪，上下都互相谦让；垂掌管工匠，各种工匠都做出了成绩；益管山泽，山泽都得到开发利用；弃掌管农事，各种谷类都长得茂盛；契主管教化，百姓都亲近和睦；龙主管迎宾送客的礼仪，远方之人都前来归服；十二州的地方长官尽力办事而全国各地没有谁敢逃避违抗；禹的成就最大，他开辟九州的山岭，治理九州的湖泽，疏通九州的河流，划定九州地界，九州长官各自以其职务来朝贡，一切都不违背当地的实际。全国方圆五千里，疆域扩展到边陲的荒服。向南安抚交趾、北发之地的民众，向西安抚戎、析枝、渠廋、氐、羌等部族，向北安抚山戎、发、息慎等部族，向东安抚长、鸟夷等部族，全国上下都推崇帝舜的功德。于是禹制作《九招》乐曲，招致珍奇异物，凤凰在国都上空飞翔。天下的文明德政都从虞舜时代开始。

舜年二十以孝闻，年三十尧举之，年五十摄行天子事，年五十八尧崩，年六十一代尧践帝位。践帝位三十九年，南巡狩，崩于苍梧之野。葬于江南九疑，是为零陵。舜之践帝位，载天子旗，往朝父瞽叟，夔夔唯谨①，如子道。封弟象为诸侯。舜子商均亦不肖，舜乃豫荐禹于天。十七年而崩。三年丧毕，禹亦乃让舜子，如舜让尧子。诸侯归之，然后禹践天子位。尧子丹朱，舜子商均，皆有疆土，以奉先祀。服其服②，礼乐如之。以客见天子，天子弗臣，示不敢专③也。

◎**注释** ①〔夔夔（kuí）唯谨〕恭敬谨慎。夔夔，虔敬慎重的样子。②〔服其服〕穿着各自祖传的服饰。③〔专〕独享帝位。

◎**大意** 舜二十岁时以孝顺闻名，三十岁时被尧起用，五十岁时代理天子政务，五十八岁时尧逝世，六十一岁时接替尧登上帝位。登帝位后三十九年，舜到南方巡狩，在苍梧之野逝世。舜被葬在长江以南的九疑山，就是零陵。舜登上帝位时，车上插着天子的旗帜，前去朝见父亲瞽叟，恭敬谨慎，很合乎做儿子的礼节。他封弟弟象为诸侯。舜的儿子商均不成材，舜便预先向上天推荐禹。十七年后舜逝世。三年丧服完毕，禹让位给舜的儿子，像舜让位给尧的儿子一样。但诸侯都归附禹，然后禹登上天子位。尧的儿子丹朱、舜的儿子商均都有封地，以祭祀他们的祖先。他们穿着各自祖传的服饰，用他们祖先的礼乐。他们以宾客的身份拜见天子，禹不把他们当作臣民对待，表示自己不敢专位。

　　自黄帝至舜、禹，皆同姓而异其国号，以章明德①。故黄帝为有熊，帝颛顼为高阳，帝喾为高辛，帝尧为陶唐，帝舜为有虞。帝禹为夏后而别氏，姓姒氏。契为商，姓子氏。弃为周，姓姬氏。

◎**注释** ①〔以章明德〕以彰显光明的德行。

◎**大意** 从黄帝到舜、禹，同出一姓而国号不同，以彰显各自光明的德行。所以黄帝号有熊，帝颛顼号高阳，帝喾号高辛，帝尧号陶唐，帝舜号有虞。帝禹号夏后而另有姓氏，姓姒（sì）。契是商代的祖先，姓子。弃是周代的祖先，姓姬。

　　太史公曰：学者多称五帝，尚矣。然《尚书》独载尧以来；而百家言黄帝，其文不雅驯①，荐（搢）绅先生②难言之。孔子所传《宰予问五帝德》及《帝系姓》，儒者或不传。余尝西至空桐，北过涿鹿，东渐于海，南浮江淮矣，至长老皆各往往称黄帝、尧、舜之处，风教固殊焉，总之不离古文者③近是。予观《春秋》《国语》，其发明《五帝德》《帝系姓》章矣，顾弟弗深考④，其所表见皆不虚。《书》缺有间矣⑤，其轶乃时时见于他说。非好学深思，心知其意，固难为浅见寡闻道也⑥。余并论次⑦，择其言尤雅者，故著为本纪书首。

◎ **注释**　①〔雅驯〕典雅可信。②〔荐(jìn)绅先生〕代指士大夫。荐，通"搢"。③〔古文者〕指《春秋》《国语》《宰予问五帝德》《帝系姓》《尚书》等古书。④〔顾弟弗深考〕只是人们没有深入考察。弟，只是。⑤〔《书》缺有间矣〕《尚书》的记载已残缺多年了。有间，有一定时间。⑥〔固难为浅见寡闻道也〕本来就难以给孤陋寡闻之人陈述这些事。⑦〔论次〕研究，编排。

◎ **大意**　太史公说：学者多称述五帝，五帝的年代很久远了。而《尚书》只记载了尧以来的历史；其他各家谈到黄帝，文字不够典雅可信，士大夫难以讲解。孔子传下来的《宰予问五帝德》和《帝系姓》，有的儒生未传习过。我曾经西到空桐，北过涿鹿，东到海滨，南渡江淮，所到之处的长者常常谈论黄帝、尧、舜的事迹，不同地方风俗教化本来就有所不同，总的说来不背离古书记载的事比较接近事实。我阅读《春秋》《国语》，它们把《五帝德》《帝系姓》阐释得很明了，只是人们没有深入考察，它们的记述都不虚妄。《尚书》的记载有些早已缺失，那些散失的史料往往可以在别的著作中看到。不好学深思，心领神会，本来就难以给孤陋寡闻之人陈述这些事。我搜集编排各种资料，选择其中较典雅合理的说法加以记载，写成本纪，放在全书的开篇。

◎ **知识拓展**

　　《五帝本纪》所列五帝以黄帝为始，对之前的帝王系统则阙而不列，仅说其为"少典之子"。《史记》之前，文献中存在不少对上古帝王系统的记录：《山海经》中，东方有帝俊、帝舜、少昊、太皞几系，西方有黄帝、炎帝两大系统，南方则有伯夷、南岳、祝融几系。《庄子》中有容成氏、大庭氏、伯皇氏、中央氏、栗陆氏、骊畜氏、轩辕氏、赫胥氏、尊卢氏、祝融氏、伏羲氏、神农氏（共十二氏）。《战国策》中有包牺（伏羲）、神农、黄帝、尧、舜。《吕氏春秋》有太皞、炎帝、黄帝、少皞、颛顼。各种文献中对上古帝王系统的记录十分混乱，不限于五位帝王，即便如《战国策》《吕氏春秋》《周易》所记数量为五位，具体内容也与《史记》不同。司马迁结合传世文献、实地考察结果及口头传说，本着严肃的态度撰写史书，认为从黄帝开始的历史是真实可信的，黄帝之前的历史则年世渺邈，既没有太多传世文献，流传下来的传说也多是荒诞不经的。清代林伯桐分析认为："古来制作自黄帝而定，《礼记·祭法》曰：'黄帝正名百物。'孔疏云：'上虽有百物而未有名，黄帝为物作名，正名其体也。'然则《史记》托始自有深意（仓颉始作字，亦黄帝之史也），既以黄帝为始，故当援《大戴礼·五帝之论》为据，不容任意增损。后来胡五峰、刘道原谓'五帝当冠以伏羲、神农，而削去颛顼、帝喾'，论似近正，然非史公自黄帝始之意矣。又以秦博士'天皇地皇'之议为三皇定名，此则载在《秦始皇纪》中，而史公终不以为据者，顾欲拾其所弃以相难，不亦异乎？"林伯桐对司马迁选择从黄帝开始撰写史书的认识应该说很深刻。大量古代文献中对黄帝制作名物的记载，是《五帝本纪》以黄帝为始的重要原因。顾颉刚说："《六艺》中的《尚书》是始于尧舜的；还有《礼》家杂记的《五帝德》和《帝系姓》，虽然'儒者或不传'，究竟还为一部分的儒者所信，这两篇中的历史系统是从黄帝开始的。司马迁在他自己所立的标准之下，根据了这些材料来写史，所以他的书也起于黄帝。黄帝以前，他已在传说中知道有神农氏（《五帝本纪》）、伏羲（《自序》）、无怀氏和泰帝（《封禅书》），但他毅然以黄帝为断限，黄帝以前的一切付之不闻不问。这件事看似容易，其实甚难；我们只要看唐司马贞忍不住替他补作《三皇本纪》，就可知道他在方士和阴阳家们活动的空气之中排斥许多古帝王是怎样的有眼光与有勇气了。"顾说也有助于我们理解司马迁《史记》以黄帝为始的用心及其重大意义。

夏本纪

第二

《夏本纪》记事的核心内容是有关禹的事迹，从其远祖谱系开始，到禹将帝位禅让于益结束。禹纪讲述了禹的出生、去世及生平事迹，显得十分完整。禹之后的夏代君王则相对简略：对启、太康、中康、孔甲的某一件事有简单记载，其他夏代帝王则以"……崩……立"的形式略过，对其事件不做记录。对于夏代最后一个帝王夏桀，则记载其被商汤取代的过程。禹纪首先列禹的谱系，将禹的先祖一直追溯到黄帝。这与《五帝本纪》的相关帝位记载模式相同，其材料来源为《尚书》。禹纪的记事内容包括鲧禹治水、大禹列九州、舜与禹对话、禹代舜为天子以及禹将帝位禅让于益的事迹，其中又以鲧禹治水、大禹列九州、舜与禹对话三件事比较详细。《夏本纪》紧随《五帝本纪》之后，是"本纪"的第二篇。与《五帝本纪》以黄帝、颛顼、帝喾、尧、舜合传命名的方式不同，《夏本纪》

以朝代的方式命名，与其后的《殷本纪》《周本纪》《秦本纪》连贯成为朝代史，《夏本纪》是朝代史的第一篇。这样的命名方式标志着司马迁所认定的重大社会变迁。夏朝是司马迁所认定的中国第一个王朝，《夏本纪》的记载，蕴含着司马迁关于"朝代"内涵的思考，其重点内容是朝代如何更迭、君主怎样产生的问题，这也正是他所谓"通古今之变"所关注的核心问题。在《五帝本纪》中，司马迁记载的五帝之间虽然存在某种血缘关系，但是帝位大致通过禅让承袭。从大禹开始，禅让制度遭到破坏，"公天下"开始变为"私天下"，政权的更迭自此之后发生在家族内部。考察继任统治者不再像《五帝本纪》中那样以德与才为首要因素，血统成为考察君位最重要，甚至是唯一的因素。在对历史文献的解读中，司马迁敏锐地发现了这一重大的社会变迁，并将其通过《夏本纪》表现出来。应该说，面对这种历史的变迁，司马迁是失望的。这一方面表现在《五帝本纪》中对五帝的高度赞扬，另一方面表现在本篇以极大篇幅叙述有关大禹的事迹。大禹的一生正是对厚生爱民的注释，他治水时"劳身焦思，居外十三年，过家门不敢入"，为后世树立了一个勤政爱民的理想帝王形象。本篇另一段记载详细的内容是商汤伐桀，也进一步揭示了君主德与才的重要性。另外，本篇主要采用载录《尚书》相关文本的方式汇编而成，在文本资料的采录选择上蕴含着深刻的现实意义。如果说《禹贡》对地理的记录和税赋的划分与司马迁时代的大一统精神相统一，司马迁出于对大禹时代的憧憬和对政治的热情而全文录入的话，那么他录入《皋陶谟》《益稷》，则是因为这两篇中有关"慎身""知人""安民"等内容，对汉代的现实政治有重要的启发价值。本篇的文法重在两方面：一是叙事详略得当。"自古创业之功，莫高于大禹；而中兴之功，莫盛于少康"，所以司马迁在本篇，记载最详细的是大禹治水的内容，从启到中康的记事内容则十分简略，而对少康中兴的内容，又加以详细叙述。文本详略，自有深意。二是对文本的改写贴切得当。司马迁整合了来源不同的文献资料，稍加改写，为己所用，其改写既能尊重原始文本的记事内容，又能紧紧围绕《夏本纪》的主旨，从而建构自己的历史观念。

夏禹，名曰文命。禹之父曰鲧，鲧之父曰帝颛顼，颛顼之父曰昌意，昌意之父曰黄帝。禹者，黄帝之玄孙而帝颛顼之孙也。禹之曾大父①昌意及父鲧皆不得在帝位，为人臣。

◎**注释**　①〔曾大父〕曾祖父。
◎**大意**　夏禹，名叫文命。禹的父亲叫鲧，鲧的父亲叫颛顼帝，颛顼的父亲叫昌意，昌意的父亲叫黄帝。禹是黄帝的玄孙和颛顼的孙子。禹的曾祖父昌意和父亲鲧都没有登过帝位，给别人做臣下。

当帝尧之时，鸿水滔天，浩浩怀山襄陵①，下民其忧。尧求能治水者，群臣四岳皆曰鲧可。尧曰："鲧为人负命毁族，不可。"四岳曰："等之未有贤于鲧者，愿帝试之。"于是尧听四岳，用鲧治水。九年而水不息，功用不成。于是帝尧乃求人②，更得舜。舜登用③，摄行天子之政，巡狩。行视鲧之治水无状④，乃殛⑤鲧于羽山以死。天下皆以舜之诛为是。于是舜举鲧子禹，而使续鲧之业。

◎**注释**　①〔怀山襄陵〕（洪水）包围了山岳，漫没了丘陵。②〔求人〕寻求人才。③〔登用〕被任用。④〔无状〕没有成绩。⑤〔殛（jí）〕流放。
◎**大意**　帝尧在位之时，洪水滔滔，浩浩荡荡地包围了山岳，漫没了丘陵，老百姓陷在愁苦中。尧急于找到能治水的人，群臣四岳都说鲧可以。尧说："鲧是个违背上命、败坏同族的人，不可用。"四岳说："比较起来，没有比鲧贤能的人，希望您任用他试试。"于是尧听从四岳的意见，用鲧治水。九年过去了而洪水依旧泛滥不止，没有成功。于是帝尧就寻求人才，得到了舜。舜被任用，替尧代行治理天下之事，巡行视察诸侯所守的疆土。巡行中发现鲧治水没有成绩，便把他流放到羽山，直到他死在那里。天下人都认为舜惩罚得当。这时舜推荐鲧的儿子禹，让他继续完成鲧治水的事业。

　　尧崩，帝舜问四岳曰："有能成美尧之事者使居官？"皆曰："伯禹为司空，可成美尧之功。"舜曰："嗟，然！"命禹："女（汝）平水土，维是勉之。"禹拜稽首①，让于契、后稷、皋陶。舜曰："女（汝）其往视尔事②矣。"

◎**注释**　①〔稽（qǐ）首〕叩头。②〔尔事〕你负责的职事。
◎**大意**　尧逝世后，帝舜问四岳说："有谁能发扬光大帝尧的事业而能担任官职呢？"都说："伯禹任司空，可以光大尧的事业。"舜说："嗯，对！"命令禹说："你平治水土，努力去做吧。"禹叩头拜谢，推让给契、后稷、皋陶。舜说："你还是前去上任办事吧。"

　　禹为人敏给克勤①；其德不违，其仁可亲，其言可信；声为律，身为度，称以出②；亹亹穆穆③，为纲为纪。

◎**注释**　①〔敏给（jǐ）克勤〕聪敏勤奋。②〔声为律，身为度，称以出〕语音合于音律，举止合于法度，办事先衡量轻重再行动。③〔亹亹（wěi）穆穆〕勤勉端庄。
◎**大意**　禹为人聪敏勤奋；遵守道德，仁慈可亲，说话讲信用；语音合于音律，举止合于法度，办事先衡量轻重再行动；勤勉端庄，是为人的典范。

　　禹乃遂与益、后稷奉帝命，命诸侯百姓兴人徒以傅土①，行山表木②，定高山大川。禹伤先人父鲧功之不成受诛，乃劳身焦思③，居外十三年，过家门不敢入。薄衣食，致孝于鬼神④。卑宫室，致费于沟减（洫）⑤。陆行乘车，水行乘船，泥行乘橇，山行乘樏⑥。左准绳，右规矩⑦，载四时，以开九州，通九道，陂九泽，度九山⑧。令益予众庶稻，可种卑湿。命后稷予众庶难得之食⑨。食少，调有余相给，以均诸侯。禹乃行相⑩地宜所有以贡，及山川之便利。

◎**注释**　①〔兴人徒以傅土〕发动民力动土治水。②〔行山表木〕巡山勘测线路，立木以为标记。③〔劳身焦思〕勤劳奔走，焦苦思虑。④〔致孝于鬼神〕对祖先神明的祭祀丰厚尽礼。⑤〔致费于沟减（xù）〕把财力全用在开沟挖渠上。减，同"洫"，沟渠。⑥〔樏（jú）〕一种有铁齿的鞋子，登山时用。⑦〔左准绳，右规矩〕左手拿着测定直线的绳索，右手拿着画方圆的规矩。⑧〔以开九州，通九道，陂（bēi）九泽，度九山〕开辟了九州的土地，疏通了九州的河道，修筑了九州湖泊的堤坝，凿通了九州的大山。陂，堤防。⑨〔难得之食〕欠缺的粮食。⑩〔相（xiàng）〕考察。

◎**大意**　于是禹与益、后稷秉承帝舜之命，让诸侯百官发动民力动土治水，巡山勘测线路，并立木以为标记，测定高山大川的位置。禹为父亲鲧治水失败受到惩罚而伤心，于是勤劳奔走，焦苦思虑，在外十三年，经过自家门口都不敢进去探视。他节衣缩食，对祖先神明的祭祀却丰厚尽礼。他居处简陋，把财力全用在开沟挖渠上。他坐着车子在陆路上奔波，乘船在水上前行，坐着橇在泥沼里往来，穿着有铁齿的鞋子翻山越岭。他左手拿着测定直线的绳索，右手拿着画方圆的规矩，一年四季不违背时宜，终于开辟了九州的土地，疏通了九州的河道，修筑了九州湖泊的堤坝，凿通了九州的大山。他命益发给民众稻种，可以种植在低湿的地方。他命后稷发给民众欠缺的粮食。缺粮少食的地方，便从粮食较多的地方调配供给，使诸侯各国的粮食均衡。然后禹巡视各地，考察各地所宜生产的物品，以制定向中央交纳的贡赋，并考察各地交通运输是否便利。

禹行自冀州始。冀州：既载壶口，治梁及岐。既修太原，至于岳阳。覃怀致功①，至于衡漳。其土白壤②。赋上上错③，田中中④。常、卫既从，大陆既为⑤。鸟夷皮服⑥。夹右碣石，入于海。

◎**注释** ①〔覃怀致功〕治理覃怀的工程完毕。②〔白壤〕指盐渍之土。③〔赋上上错〕赋税整体上是第一等，间杂有第二等。错，间杂。按，《禹贡》将赋税和田地分为上上、上中、上下、中上、中中、中下、下上、下中、下下九等。④〔田中中〕田地在九州中属第五等。⑤〔大陆既为〕一片大平原形成了。⑥〔鸟夷皮服〕鸟夷之人以皮衣进贡。

◎**大意** 禹的治水活动从冀州开始。禹在冀州：治理好壶口之后，又治理梁山和岐山。修治好太原之后，又修治岳阳山。修治好覃怀之后，又修治了衡漳水一带。这里的土壤是盐渍土。缴纳的赋税整体上是第一等，间杂有第二等，田地在九州中属第五等。常水、卫水疏通了，一片大平原也形成了。鸟夷之人以皮衣进贡。冀州的贡赋绕过右边的碣石山，入海运输。

济、河维沇州：九河既道①，雷夏既泽，雍、沮会同，桑土既蚕，于是民得下丘居土。其土黑坟②，草繇木条③。田中下，赋贞④，作十有（又）三年乃同。其贡漆丝，其篚织文⑤。浮于济、漯，通于河。

◎**注释** ①〔道（dǎo）〕疏导。②〔黑坟〕褐色沃土。③〔草繇（yáo）木条〕水草茂盛，林木高大。④〔田中下，赋贞〕田地属第六等，赋税居第九位。金履祥曰："'贞'字本'下下'字。"下下，即第九等。⑤〔其篚（fěi）织文〕用竹器盛装的丝织品。篚，盛物的竹器。

◎**大意** 济水、黄河之间是沇州：境内九条河道都疏通了，雷夏蓄积成一个湖泊，雍水、沮水合流入湖，在土地上栽桑养蚕，于是人民得以从山上迁到平地居住。这里的土质色黑而肥沃，水草茂盛，林木高大。田地属第六等，赋税居第九位，治水后经营了十三年，纳贡才与其他各州相等。这里的贡物是漆和蚕丝，进贡的丝织品用竹器盛装。进贡道路经济水、漯水，直达黄河。

海、岱维青州：堣夷既略①，潍、淄既道。其土白坟，海滨广潟②，厥田斥卤③。田上下，赋中上。厥贡盐绨④，海物⑤维错，岱畎⑥丝、枲⑦、铅、松、怪石，莱夷⑧为牧，其篚檿（厜）丝⑨。浮于汶，通于济。

◎**注释** ①〔堣（yú）夷既略〕堣夷，古地名。略，治理。②〔广潟（xì）〕宽广而含盐质。潟，盐碱地。③〔斥卤〕盐碱地。④〔绨（chī）〕细葛布。⑤〔海物〕海产品。⑥〔岱畎（quǎn）〕岱，泰山。畎，山谷。⑦〔枲（xǐ）〕线麻的雄株，也泛指麻。⑧〔莱夷〕居于莱地的夷人。⑨〔其篚檿（yǎn）丝〕用竹篚盛装的柞蚕丝。檿，通"厜"，山桑，即柞树。

◎**大意** 大海与泰山之间的地区是青州：堣夷已经平治，潍水、淄水也都疏通了。这里的土是含盐质的白色土，海滨宽广而含盐质，田多盐碱。田属第三等，赋税居第四位。贡物是盐、细葛布，还有各种海产品，以及泰山山谷出产的丝、麻、铅、松木、怪石，莱夷人在这里放牧，还有用竹篚盛装的柞蚕丝。贡品由汶水船运，通往济水。

海、岱及淮维徐州：淮、沂其治，蒙、羽其艺①。艺大野既都，东原厎平②。其土赤埴坟③，草木渐包（苞）④。其田上中，赋中中。贡维土五色，羽畎夏狄⑤，峄阳孤桐，泗滨浮磬，淮夷蠙珠臮（暨）鱼⑥，其篚玄纤缟⑦。浮于淮、泗，通于河。

◎**注释** ①〔艺〕种植庄稼。②〔厎（dǐ）平〕得以平复。③〔赤埴坟〕红色黏土。④〔包〕通"苞"，草木丛生。⑤〔夏狄〕野鸡名。⑥〔蠙（pín）珠臮（jì）鱼〕蚌珠和鱼类。蠙，蚌的别称。臮，同"暨"，和。⑦〔其篚玄纤缟〕用竹篚装盛的黑色丝绸。

◎**大意** 大海、泰山与淮水之间的地区是徐州：淮水、沂水治理完毕，蒙山、羽山开垦后也开始种植庄稼。大野泽蓄水后成为一个湖泊，东原地区得以平复。这里的土质是红色黏土，草木丛生覆盖大地。田属第二等，赋税居第五等。贡物是五色泥土、羽山谷中的野鸡、峄山南部的特产梧桐、泗水边浮石制的磬、淮夷的珠蚌和鱼类，以及用竹筐装盛的黑色丝绸。贡品从淮河、泗水船运，通向黄河。

淮、海维扬州：彭蠡既都，阳鸟所居。三江既入，震泽致定①。竹箭既布②。其草惟夭，其木惟乔，其土涂泥。田下下，赋下上上杂。贡金三品，瑶、琨、竹箭，齿、革、羽、旄，岛夷卉服③，其筐织贝④，其包橘、柚锡贡。均江海，通淮、泗。

◎**注释**　①〔震泽致定〕震泽地区获得安定。②〔竹箭既布〕箭竹密布。③〔岛夷卉服〕岛夷人穿的麻织衣服。④〔其筐织贝〕用竹筐装盛的贝锦。

◎**大意**　淮河与大海之间是扬州：彭蠡汇成了湖泊，鸿雁在那里栖居。三江被疏通流入大海，震泽地区获得安定。箭竹密布。这里野草肥嫩，树木高大，土质湿润。田属第九等，赋税居第七位或第六位。贡物是三种金属，还有美玉、宝石、竹箭，和象牙、犀皮、羽毛、旄牛尾，以及岛夷人穿的麻织衣服，还有用竹筐装盛的贝锦，有时还根据命令进贡包裹着的橘子、柚子。贡品沿大海长江，被运到淮水、泗水。

荆及衡阳维荆州：江、汉朝宗于海。九江甚中，沱、涔已道，云土、梦为治。其土涂泥。田下中，赋上下。贡羽、旄、齿、革，金三品，杶、榦、栝、柏①，砺、砥、砮、丹②，维箘簬、楛③，三国致贡其名，包匦菁茅④，其筐玄纁玑组⑤，九江入赐大龟。浮于江、沱、涔、汉，逾于雒，至于南河。

◎**注释**　①〔杶（chūn）、榦（gàn）、栝（kuò）、柏〕杶，即香椿树。榦，即柏木。栝，即桧树。②〔砺、砥、砮（nǔ）、丹〕砺，粗的磨刀石。砥，细的磨刀石。砮，可做箭镞的石头。丹，即朱砂。③〔维箘簬（jùn lù）、楛（hù）〕箘簬，竹名。楛，木名。④〔包匦（guǐ）菁茅〕包好放进匣子的菁茅。匦，匣子。菁茅，香草名。⑤〔其篚玄纁（xūn）玑组〕用竹筐装盛的紫黑色丝绸和成串的珠玉。玑，珠珠类。组，丝带。

◎**大意**　荆山与衡山之间是荆州：长江、汉水从这里奔流入海。长江中段在州中分成九道，沱水、涔水已疏通，云泽、梦泽已修治。这里的土质很湿润。田属第八等，赋税居第三位。贡物是羽毛、旄牛尾、象牙、皮革，三种金属，杶木、榦木、栝木、柏木，粗细磨石、镞石、丹砂，特别是三个诸侯国所贡的特产箘簬、楛木，以及包好放进匣子的菁茅，有时还根据命令进贡九江的大龟。贡品由长江、沱水、涔水、汉水北运，经过雒水，运到南河。

荆河惟豫州：伊、雒、瀍^①、涧既入于河，荥播既都，道荷泽，被明都。其土壤^②，下土坟垆^③。田中上，赋杂上中。贡漆、丝、缔、纻，其篚纤絮^④，锡贡磬错^⑤。浮于雒，达于河。

◎**注释**　①〔瀍（chán）〕水名，在今河南省。②〔其土壤〕这里的土质疏松细软。③〔坟垆〕坚硬的黑土。④〔其篚纤絮〕用竹筐装盛的细丝绵。⑤〔锡贡磬错〕有时根据命令进贡磨磬的砺石。

◎**大意**　荆山和黄河之间是豫州：伊水、雒水、瀍水、涧水都已流入黄河，荥播汇成湖泊，荷泽疏通了，水覆盖了明都。这里的土质疏松细软，低洼处是坚硬的黑土。田属第四等，赋税居第二位或第一位。贡物是漆、丝、细葛布、纻麻，还有用竹筐装盛的细丝绵，有时根据命令进贡磨磬的砺石。贡品由雒水运到黄河。

华阳、黑水惟梁州：汶、嶓既艺，沱、涔既道，蔡、蒙旅^①平，和夷底绩。其土青骊^②。田下上，赋下中三错^③。贡璆^④、铁、银、镂、砮、磬，熊、罴、狐、狸、织皮^⑤。西倾因桓是来，浮于潜，逾于沔，入于渭，乱^⑥于河。

◎**注释** ①〔旅〕陈列祭品而祭。此处指祭祀山神。②〔其土青骊〕这里的土呈青黑色。③〔赋下中三错〕赋税居第八位，有时居第七位或第九位。④〔璆（qiú）〕一种美玉。⑤〔织皮〕用兽毛织成的毡毯。⑥〔乱〕横渡。

◎**大意** 华山南面和黑水之间是梁州：汶山、嶓冢山都已能种植，沱水、涔水都已疏通，在蔡山、蒙山祭祀山神已告成功，和夷地区有了收益。这里的土呈青黑色。田属第七等，赋税居第八位，有时居第七位或第九位。贡物是美玉、铁、银、钢、砮石、磬，及熊、罴、狐、狸、毡毯。西倾山的贡品由桓水运出，经潜水，越过沔水，转入渭水，横渡黄河。

黑水、西河惟雍州：弱水既西，泾属渭汭。漆、沮既从，沣水所同。荆、岐已旅，终南、敦物至于鸟鼠。原隰底绩，至于都野①。三危既度②，三苗大序③。其土黄壤。田上上，赋中下。贡璆、琳、琅玕④。浮于积石，至于龙门西河，会于渭汭。织皮昆仑、析支、渠搜，西戎即序。

◎**注释** ①〔原隰（xí）底绩，至于都野〕高原和低地，直到都野泽边，都有了收益。隰，低湿的地方。底绩，取得功绩。都野，泽名。②〔度〕宅，居住。③〔序〕秩序安定。④〔琅玕（láng gān）〕似玉的美石。

◎**大意** 黑水和西河之间是雍州：弱水已经疏通西流，泾水流入渭水。漆水、沮水合流注入渭水，沣水同样流入渭水。已经开始在荆山、岐山举行祭祀，终南山、敦物山一直到鸟鼠山都已治理完毕。高原和低地都有了收益，直到都野泽边。三危地区开发后已能够居住，三苗族的秩序也安定了。这里的土质色黄而细柔。田属第一等，赋税居第六位。贡物是璆、琳、琅玕等玉石。贡品由积石山运到龙门山下的西河，汇集到渭水湾内。其中有昆仑、析支、渠搜等部族进贡的毛织品，西戎也安定和睦了。

道九山：汧及岐至于①荆山，逾于河；壶口、雷首至于太岳；砥柱、析城至于王屋；太行、常山至于碣石，入于海；西倾、朱圉、鸟

鼠至于太华；熊耳、外方、桐柏至于负尾；道②嶓冢，至于荆山；内方
至于大别；汶山之阳至于衡山，过九江，至于敷浅原。

◎**注释**　①〔至于〕到达，直通。②〔道〕取道，这里指凿通。

◎**大意**　然后循行九州各山：汧山、岐山直通荆山，越过黄河；壶口山、雷首
山直通太岳山；砥柱山、析城山直通王屋山；太行山、常山直通碣石山，伸入海
中；西倾山、朱圉山、鸟鼠山直通太华山；熊耳山、外方山、桐柏山直通负尾
山；凿通嶓冢山，直通荆山；内方山通到大别山；汶山南面直通衡山，越过九
江，到达敷浅原。

　　道九川：弱水至于合黎，余波入于流沙。道黑水，至于三危，
入于南海。道河积石，至于龙门，南至华阴，东至砥柱，又东至于盟
津，东过雒汭，至于大邳①，北过降水，至于大陆，北播为九河，同为
逆河，入于海。嶓冢道瀁②，东流为汉，又东为苍浪之水，过三澨③，
入于大别，南入于江，东汇④泽为彭蠡，东为北江，入于海。汶山道
江，东别为沱，又东至于醴，过九江，至于东陵，东迆北⑤会于汇，
东为中江，入于海。道沇水，东为济，入于河，泆（溢）为荥，东出
陶丘北，又东至于荷，又东北会于汶，又东北入于海。道淮自桐柏，
东会于泗、沂，东入于海。道渭自鸟鼠同穴，东会于沣，又东北至于
泾，东过漆沮，入于河。道雒自熊耳，东北会于涧、瀍，又东会于
伊，东北入于河。

◎**注释**　①〔大邳（pī）〕山名，在今河南省内。②〔瀁（yàng）〕古水名。③〔三
澨（shì）〕水名，在今湖北省内。④〔汇〕汇合。⑤〔迆北〕斜流往北。

◎**大意**　又巡视九州各水：弱水流至合黎，余波流进流沙泽。疏通黑水，使其流
到三危地区，再流入南海。疏通黄河，从积石山直至龙门山，南流到华山北面，
东流至砥柱山，又东流到盟津，又东流汇入雒水，流到大邳山，再北过降水，流

到大陆泽，向北分为九条河道，然后合流，名叫逆河，流入大海。从嶓冢山疏导瀁水，东流成为汉水，再东流成为苍浪水，过三澨水，流经大别山，向南流入长江，再向东汇流成彭蠡泽，又东流成为北江，流进大海。从汶山疏导长江，向东分出的支流名沱水，再东流到达醴水，过九江，到达东陵，再往东又斜流往北汇入彭蠡泽，又东流叫中江，再流入大海。疏导沇水，东流叫济水，注入黄河，河水泛滥汇成荥泽，然后东流经陶丘北面，又东流到达荷泽，又向东北汇流汶水，再向东北流入大海。从桐柏山疏导淮河，东流汇合泗水、沂水，向东流入大海。从鸟鼠同穴山疏导渭水，东流汇入沣水，再东北流入泾水，再东过漆水和沮水，流入黄河。从熊耳山疏导雒水，向东北流汇入涧水、瀍水，又东流汇入伊水，再向东北流入黄河。

于是九州攸同①，四奥既居②，九山刊旅③，九川涤原④，九泽既陂⑤，四海会同⑥。六府甚修⑦，众土交正⑧，致慎财赋，咸则三壤⑨，成赋⑩中国，赐土、姓："祗台德先，不距（拒）朕行⑪。"

◎**注释** ①〔九州攸（yōu）同〕九州同一。攸，于是，乃。②〔四奥既居〕四方的土地都已能让百姓安居。奥，可居住的地方。后作"墺"。③〔刊旅〕削木为记，以利通行。刊，削。④〔涤原〕水源通畅。⑤〔既陂〕筑起了堤防。⑥〔会同〕归服统一。⑦〔六府甚修〕六府，指金、木、水、火、土、谷六物，借指各种生产、生活资料。甚修，指各种生产、生活资料丰富流通。⑧〔交正〕订正、校正。⑨〔则三壤〕以土地肥瘠为准则。古时按土质肥瘠将耕地分为上、中、下三品，称为三壤。⑩〔成赋〕应纳的赋税。⑪〔祗台（yí）德先，不距朕行〕恭敬和悦崇尚德行，不要违背我的政令。台，喜悦，后作"怡"。距，通"拒"，违背。
◎**大意** 于是九州同一，四方已可令百姓安居，九州的名山已削木为记，以利通行，九州的河道已水源通畅，九州的湖泊已筑起了堤防，天下归服统一。各种生产、生活资料丰富流通，各地土壤根据肥瘠高下订正了等级，慎重地征取税赋，均以土地肥瘠为准则，确定九州土地应纳的赋税，赐给诸侯百官土地和姓氏："恭敬和悦崇尚德行，不要违背我的政令。"

令天子之国以外五百里甸服①：百里赋纳總②，二百里纳铚③，三百里纳秸服④，四百里粟，五百里米。甸服外五百里侯服：百里采⑤，二百里任国⑥，三百里⑦诸侯。侯服外五百里绥服⑧：三百里揆文教⑨，二百里奋武卫⑩。绥服外五百里要服⑪：三百里夷⑫，二百里蔡⑬。要服外五百里荒服⑭：三百里蛮，二百里流⑮。

◎**注释**　①〔甸服〕国都以外五百里的地域为甸服。②〔總（zǒng）〕成捆的禾秆。③〔铚（zhì）〕镰刀。此处指用镰刀割下的禾穗。④〔秸服〕秸，去了芒的禾穗。"服"字疑衍。⑤〔采〕指替天子服各种差役。⑥〔任国〕指替国家服一定的差役。任，担任。⑦〔三百里〕指二百里以外至五百里以内的地区。⑧〔绥服〕安抚的区域。绥，安。⑨〔揆（kuí）文教〕指依据情况实行中央的政令教化。揆，揣度。文教，政治教化。⑩〔奋武卫〕奋扬武威，为天子的藩卫。⑪〔要（yāo）服〕需要约束羁縻的地区。要，约束。⑫〔夷〕平。指要守平常之法。⑬〔蔡〕法。指要遵守刑法。⑭〔荒服〕替天子守边的荒远地区。⑮〔流〕安置判处流放刑的罪犯。

◎**大意**　命令天子国都以外五百里的地域为甸服：其中距离国都一百里以内的地方的赋税是缴纳成捆的禾秆，二百里内的要缴纳禾穗，三百里内的要缴纳去掉了芒的禾穗，四百里内的要缴纳谷粒，五百里内的要缴纳米粒。甸服以外五百里内的地域为侯服：距离甸服一百里的地区为采地，一百里外二百里以内是替国家服役的地区，其余三百里地封诸侯。侯服以外五百里内的地域称为绥服：其中内三百里地区推行教化，外二百里地区靠武力保护。绥服以外五百里地域为要服：其中内三百里地区住夷族，外二百里地区则安置判刑的罪犯。要服以外五百里地域为荒服：其中内三百里地区住蛮族，外二百里地区则安置判处流放刑的罪犯。

东渐①于海，西被②于流沙③，朔、南暨④：声教讫⑤于四海。于是帝⑥锡禹玄圭，以告成功于天下。天下于是太平治。

◎**注释**　①〔渐（jiān）〕入。②〔被〕延及。③〔流沙〕指流沙泽。④〔朔、南暨〕疑文字有脱讹。据上下文，本句要表达的应是北方和南方也都到达了遥远的地方。朔，北方。暨，到。⑤〔迄〕到达。⑥〔帝〕指帝舜。

◎**大意** 东方入海，西方伸展到流沙泽，北方、南方也到达了遥远的地方：四海之内都感受到声威教化。于是帝舜赐给禹黑色的玉圭，向天下宣告治水成功。天下当时被治理得很好。

皋陶作士以理民。帝舜朝①，禹、伯夷、皋陶相与②语帝前。皋陶述其谋曰："信③其道德，谋明辅和。"禹曰："然，如何？"皋陶曰："於④！慎其身修，思长，敦序⑤九族，众明⑥高翼，近可远在已⑦。"禹拜美言，曰："然。"皋陶曰："於！在知人，在安民。"禹曰："吁！皆若是，惟帝其难之。知人则智，能官人⑧；能安民则惠，黎民怀之。能知能惠，何忧乎骧兜，何迁乎有苗，何畏乎巧言善色⑨佞人？"皋陶曰："然，於！亦行有九德，亦言其有德。"乃言曰："始事事⑩，宽而栗，柔而立，愿而共（恭），治而敬，扰而毅，直而温，简而廉，刚而实，强而义，章其有常，吉哉。日宣三德，蚤（早）夜翊明有家⑪。日严振敬六德，亮⑫采⑬有国。翕⑭受普施，九德咸事，俊乂⑮在官，百吏肃谨。毋教邪淫奇谋。非其人居其官，是谓乱天事⑯。天讨有罪，五刑⑰五用哉。吾言底⑱可行乎？"禹曰："女（汝）言致可绩行。"皋陶曰："余未有知，思赞道哉。"

◎**注释** ①〔朝〕上朝。②〔相与〕相互之间。③〔信〕果真。④〔於（wū）〕叹词。⑤〔序〕顺从。⑥〔明〕指贤明的人。⑦〔近可远在已〕由近及远，完全在于从这里做起。已，兹，此。⑧〔官人〕任人为官。⑨〔善色〕和善谄媚的面色。⑩〔始事事〕是说检验一个人的品德要从他所从事的事情开始。前一个"事"是动词，从事；后一个"事"是名词，事情。⑪〔翊（yì）明有家〕翊，恭谨。家，卿大夫的家族。⑫〔亮〕辅助。⑬〔采〕事务。⑭〔翕（xī）〕聚合。⑮〔俊乂（yì）〕才德出众。⑯〔天事〕上天安排的大事，即天下大事。⑰〔五刑〕指墨、劓、刖、宫、大辟五种酷刑。⑱〔底〕必，一定。

◎**大意** 皋陶担任刑狱官治理百姓。舜帝上朝，禹、伯夷、皋陶在舜的面前相互交谈。皋陶陈述他的主张说："如果人君保有德行，那么就会谋划明朗、臣下协和。"禹说："对，怎样才能这样呢？"皋陶说："啊！严格要求自身，遇事深加思索，仁厚地团结各氏族，众多贤明人才努力辅佐，由近及远，完全在于从这里做起。"禹拜谢皋陶美好的言论，说："说得对。"皋陶说："啊！治理天下在于能知人善任，在于能安定百姓。"禹说："唉！都像这样做，恐怕帝尧也感到困难吧。能了解人可称得上明智，也就能恰当地任人为官；能安定民众可称得上仁爱，也就能得到民众的爱戴。既明智又仁爱，何必担心骧兜呢，何必放逐有苗呢，又何必畏惧那些巧言令色的小人？"皋陶说："对，唉！做事有九种美德，我说说那些美德吧。"他于是说："用所从事的事来验证，态度宽大而严谨，性情温和而又有主见，行为善良而端恭，办事有条理而认真，对上服从而坚定，待人正直而温和，行为简约而廉洁，刚强而笃定，敢为而合理，修明此九德能持之以恒，这样办事就会吉利。每日修明三德，从早到晚恭谨努力，就可以为卿大夫。每天能严肃、奋发、恭敬地修明六德，就可以辅佐天子而为诸侯。天子综合九德并加以施行，完全从事九德的实践，便可使才德出众的人担任官职，并使所有的官吏都严肃恭谨地办事，不让人们走歪门邪道。没有才德的人为官理事，就叫作乱天事。上天惩罚有罪的人，五刑要施于当受五刑的人。我的话行得通吗？"禹说："你的话实行后一定会产生实绩。"皋陶说："我没有什么才智，只是想协助治理国家。"

帝舜谓禹曰："女（汝）亦昌言①。"禹拜曰："於，予何言！予思日孳孳②。"皋陶难③禹曰："何谓孳孳？"禹曰："鸿水滔天，浩浩怀山襄陵，下民皆服④于水。予陆行乘车，水行乘舟，泥行乘橇，山行乘檋，行山刊木⑤。与益予众庶稻鲜⑥食。以决九川致四海，浚畎⑦浍⑧致之川。与稷予众庶难得之食⑨。食少，调有余补不足，徙居。众民乃定，万国为治。"皋陶曰："然，此而美也。"

◎**注释** ①〔昌言〕发表精当的言论。②〔孳孳（zī）〕即孜孜，努力不懈怠。

③〔难〕诘问。④〔服〕陷落，被包围。⑤〔刊木〕指立表为记。⑥〔鲜〕新杀的鸟兽。⑦〔畎〕田间水沟。⑧〔浍（kuài）〕田间大渠。⑨〔难得之食〕难得的五谷新种。

◎**大意** 帝舜对禹说："你也说说你的好意见。"禹作揖说："啊，我有什么可说的呢！我只不过是考虑每天怎样勤勉地工作。"皋陶诘问禹说："怎样勤勉地工作啊？"禹说："滔天的洪水，浩浩荡荡包围山岳，淹没高地，人们都在洪水中生活。我走旱路坐车，走水路坐船，走泥泞的路坐橇，走山路用鞋底有齿的檋，缘山勘察立表为记。我和益发给百姓稻谷和生鲜食物。疏通九州河道，使它们流归大海，疏通田亩的水渠，使之流向河川。我和稷一道发给百姓欠缺的粮食。缺粮少食的地方，从有余粮的地方调拨粮食来补其不足，或者迁移贫民到粮食充足的地方。民众这才安定下来，各个地区得到治理。"皋陶说："对，这是你的美德。"

禹曰："於，帝！慎乃在位，安尔止。辅德，天下大应。清意①以昭待上帝命，天其重命用休②。"帝曰："吁，臣哉，臣哉！臣作朕股肱耳目③。予欲左右④有民，女（汝）辅之。余欲观古人之象⑤，日月星辰，作文绣服色⑥，女（汝）明之。予欲闻六律、五声、八音⑦，来始滑⑧，以出入五言⑨，女（汝）听⑩。予即辟，女（汝）匡拂（弼）予⑪。女（汝）无面谀，退而谤予。敬四辅臣⑫。诸众谗嬖臣⑬，君德诚施皆清矣。"禹曰："然。帝即不时（是）⑭，布同善恶则毋功。"

◎**注释** ①〔清意〕清心正意。②〔休〕美好，幸福。③〔股肱（gōng）耳目〕比喻得力的助手。股，大腿。肱，肩至肘的手臂部分。④〔左右〕帮助。⑤〔象〕绘制在衣服上表示身份等级的图像，如日月、星辰、五彩等。⑥〔文绣服色〕绣上花纹的彩色服装。⑦〔六律、五声、八音〕六律，古代乐音标准名，指黄钟、太簇、姑洗（xiǎn）、蕤（ruí）宾、夷则、无射（yì）。五声，古乐的五声音阶，即宫、商、角（jué）、徵（zhǐ）、羽。八音，古代的八种乐器，即金、石、丝、竹、匏、土、革、木。⑧〔来始滑〕三字难以理解，疑有讹误。当从《尚书·益稷》作"在治忽",指通过音乐来考察政治上的得失。在,考察。忽,荒怠。⑨〔出入五言〕指听取各方言论意见。五言,东西南北中五方的言论,即各地民众的言论和意见。⑩〔女听〕你们要负责使我听到(各方民众的声音)。听,使动用法。⑪〔予即辟,女匡拂(bì)予〕即,若。辟,邪僻,过失。匡,纠正。拂,通"弼",辅佐。⑫〔敬四辅臣〕我敬重身旁的四位辅臣。古代天子身边有四臣,前曰疑,后曰丞,左曰辅,右曰弼。⑬〔谗嬖(bì)臣〕进谗邀宠的奸臣。嬖,宠幸。⑭〔帝即不时〕君主如果不能这样。时,通"是",此,这。

◎**大意**　禹说:"啊,帝舜!谨慎地对待您的职位,做您应做的事。有德的人辅佐您,天下就会顺应您。用诚意来宣扬和接受上天的命令,上天就会不断赐福给您。"帝舜说:"啊,好臣子啊,好臣子啊!臣子是我的得力助手。我希望身边有治理民众的人,你们来辅佐我。我想效法古人服装的彩绘,观察日月、星辰,制作有不同花纹色彩的衣服器物,你们要替我明确规定等级。我想听六律、五声、八音,用音乐来考察政治上的得失,听取全国各地民众的意见,你们负责使我听到。我如果有过失,你们要纠正、帮助我。你们不要当面颂扬讨好我,退下去就在背地里诽谤我。我敬重前后左右的大臣。那些进谗言邀宠幸的奸臣,只要君主的德行真正施行,他们就会被清除。"禹说:"是啊。君主如果不能这样,好人坏人同时任用,那么就不会有成绩。"

　　帝曰:"毋若丹朱傲,维慢游是好①,毋水行舟②,朋淫于家③,用绝其世④。予不能顺是⑤。"禹曰:"予娶涂山⑥,辛壬癸甲⑦,生启,予不子⑧,以故能成水土功。辅成五服,至于五千里,州十二师⑨,外薄⑩四海,咸建五长⑪,各道有功。苗顽不即功⑫,帝其念哉。"帝曰:"道吾德,乃女(汝)功序之也。"

◎**注释**　①〔维慢游是好〕只喜欢浪荡遨游。此句为倒装句,即"维好慢游"。②〔毋水行舟〕在无水的陆地上行船。这是说丹朱很任性。毋,无,没有。③〔朋淫于家〕成群结伙在家中放纵享乐。④〔用绝其世〕因而不能继承尧的事业。用,因而。⑤〔顺是〕顺从、容忍这样的情况。⑥〔涂山〕古部族名。⑦〔辛壬癸甲〕

古以干支记日，这里表示前后的四天。禹辛日娶妻，甲日就离家去治水。⑧〔子〕抚育。⑨〔州十二师〕禹治水置九州，舜又分九州中的冀州为冀、并、幽三州，分青州为青、营二州，共十二州。师，指在各州设立长官。⑩〔薄〕迫近。⑪〔五长〕每五个诸侯国设置一个统领，称为方伯。⑫〔不即功〕不肯接受分派的工作。

◎**大意**　帝舜说："不要像丹朱那样骄傲，只知爱好游乐，在无水的陆地上也要行船游乐，在家里也结伙放纵享乐，因而不能继承尧的事业。我们不能容忍这样的行为。"禹说："我娶涂山氏的女儿是在辛日，到了甲日就离家去治水，生下儿子启，我没有回家抚育他，因此才能平治水土。（我辅佐您）设置五服来辅卫京城，周围伸展到五千里远的地方，全国十二个州都任命了长官，京城之外一直管辖到四方边境，每五个诸侯国设置一个长官来管理，他们各自遵循职守取得功绩。南方苗民顽劣不肯接受分派的工作，请您斟酌吧。"帝舜说："能推行我的德行，是靠你的功劳才逐步做到的啊。"

皋陶于是敬禹之德，令民皆则①禹。不如言，刑从之②。舜德大明。

◎**注释**　①〔则〕效法。②〔不如言，刑从之〕不遵守命令的，就施加刑罚。
◎**大意**　皋陶因此敬重禹的功德，命令大家都以禹为榜样。对不遵守命令的，施用刑罚。舜的德政于是进一步发扬光大。

于是夔①行乐，祖考至②，群后③相让④，鸟兽翔舞，《箫韶》九成⑤，凤皇来仪⑥，百兽率舞，百官信谐⑦。帝用此作歌曰："陟天之命，维时⑧维几⑨。"乃歌曰："股肱喜⑩哉，元首起哉，百工⑪熙⑫哉！"皋陶拜手稽首扬言曰："念⑬哉，率为兴事，慎乃宪，敬哉！"乃更为歌曰："元首明哉，股肱良哉，庶事康哉⑭！"又歌曰："元首丛脞⑮哉，股肱惰哉，万事堕哉！"帝拜曰："然，往钦哉⑯！"于是天下皆宗⑰禹之明度数声乐，为山川神主。

◎**注释** ①〔夔（kuí）〕人名，舜时的乐官。②〔祖考至〕祖先和亡父的灵魂降临。考，对亡父的称呼。③〔群后〕各个诸侯国君。④〔相让〕彼此揖让，即宾主行相见礼。⑤〔《箫韶》九成〕《箫韶》，舜时乐曲名。九成，变更九次才算结束。成，终。每曲一终，必更奏另一曲。⑥〔凤皇来仪〕凤凰来舞而有容仪。⑦〔信谐〕真诚和谐。⑧〔时〕顺时。⑨〔几〕微，慎。⑩〔喜〕乐于尽忠。⑪〔百工〕百官。⑫〔熙〕兴盛。⑬〔念〕牢记教导。⑭〔庶事康哉〕众事安宁啊！⑮〔丛脞（cuǒ）〕细碎，烦琐。⑯〔往钦哉〕你们各自去努力干吧！⑰〔宗〕尊奉，推崇。

◎**大意** 这时夔奏起乐曲，祖先和亡父的灵魂降临，诸侯互相礼让，鸟兽也飞翔起舞，当《箫韶》演奏完九章时，凤凰来舞，百兽也相率起舞，百官和谐。帝舜因此作歌唱道："敬奉上天的命令，时时事事都要小心谨慎。"又唱道："大臣乐于尽忠，国君才能大有作为，百官的各种事业才能办好！"皋陶跪拜大声说："你们要牢记国君的教导，带领大家努力工作，谨慎地遵守法度，始终要严肃认真。"于是他作歌唱和道："国君英明啊，大臣才会贤能，才会众事安宁！"又唱道："国君忙于烦琐的小事，大臣便会懒惰，各种事业便会废弛！"帝舜拜谢说："对啊，你们恭谨地各司其职吧！"从此天下都遵循和采用禹所设立的法度和制作的乐曲，尊奉他为山川神灵的主宰。

帝舜荐禹于天，为嗣①。十七年而帝舜崩。三年丧毕，禹辞辟②舜之子商均于阳城。天下诸侯皆去商均而朝禹。禹于是遂即天子位，南面③朝天下，国号曰夏后，姓姒氏。

◎**注释** ①〔嗣〕继承人。②〔辞辟〕辞，辞让。辟，避。③〔南面〕天子坐北向南接受臣下朝拜。

◎**大意** 帝舜向上天推荐禹作继承人。十七年后帝舜崩逝。三年服丧完毕，禹把天子之位让给舜的儿子商均而自己退避到阳城。天下诸侯都离开商均而去朝拜禹，禹于是登上天子位，坐北面南接受天下臣民的朝拜，国号为夏后，姓姒氏。

帝禹立而举皋陶荐之，且①授政焉，而皋陶卒。封皋陶之后于英、六②，或在许③。而后举益，任之政。

◎**注释** ①〔且〕将要。②〔英、六〕古地名。英在今湖北英山境，六在今安徽六安北。③〔许〕古国名，在今河南许昌。

◎**大意** 禹帝即位后把皋陶推荐给上天，准备把政权交给他，但皋陶未及即位便去世了。禹把皋陶的后代分封在英、六两地，也有封在许国的。然后他推举益，让益担任官职处理政务。

十年，帝禹东巡狩，至于会稽①而崩。以天下授益。三年之丧毕，益让帝禹之子启，而辟居箕山②之阳。禹子启贤，天下属意③焉。及禹崩，虽授益，益之佐禹日浅，天下未洽④。故诸侯皆去益而朝启，曰"吾君帝禹之子也"。于是启遂即天子之位，是为夏后帝启。

◎**注释** ①〔会（kuài）稽〕地名，在今浙江绍兴东南。②〔箕（jī）山〕山名，在今河南登封东南。③〔属（zhǔ）意〕归心，归向。④〔洽〕融洽。

◎**大意** 过了十年，帝禹巡视东方，到会稽时崩逝。他把天下交给了益。三年服丧完毕，益把帝位让给帝禹的儿子启，自己退居在箕山南面。禹的儿子启贤明，天下人都归附于他。等到禹崩逝，尽管把天下传给了益，但由于益辅佐禹的时间不长，还没取得天下的信服。所以诸侯都离开益而去朝拜启，说："这是我的君王帝禹的儿子啊。"于是启登上天子位，就是夏后帝启。

夏后帝启，禹之子，其母涂山氏之女也。

◎**大意** 夏后帝启，是禹的儿子，他的母亲是涂山氏的女儿。

有扈氏①不服，启伐之，大战于甘②。将战，作《甘誓》③，乃召六卿申之④。启曰："嗟！六事之人⑤，予誓告女（汝）：有扈氏威侮五行⑥，怠弃三正⑦，天用⑧剿绝其命。今予维共（恭）行天之罚。左⑨不攻于左，右⑩不攻于右，女（汝）不共命。御非其马之政⑪，女（汝）不共命。用命，赏于祖⑫；不用命，僇（戮）于社⑬，予则帑（孥）僇（戮）⑭女（汝）。"遂灭有扈氏。天下咸朝。

◎**注释** ①〔有扈（hù）氏〕姒姓部族中的一个氏族，在今陕西鄠邑一带。②〔甘〕地名，在有扈国的南郊。③〔《甘誓》〕甘地战前誓词的记录，今《尚书》中存此篇。④〔乃召六卿申之〕六卿，天子六军的长官。申，申饬，告诫。⑤〔六事之人〕六卿所统属的军吏及士卒，即全体将士。⑥〔威侮五行〕想用暴力手段改变五行之规律。威侮，暴逆。⑦〔三正〕天、地、人的正道。⑧〔用〕因此。⑨〔左〕车左的士兵。⑩〔右〕车右的士兵。⑪〔非其马之政〕不能正确地驾驭车马自如作战。⑫〔祖〕指祖庙的神主。天子亲征，必携之同行。⑬〔僇于社〕僇，通"戮"。社，指社中神主，天子亲征时也携之同行。⑭〔帑（nú）僇〕即"孥戮"，或罚为奴隶，或处死。帑，通"孥"，奴隶。

◎**大意** 有扈氏不归服，启去讨伐他，在甘地大战。临战，启作《甘誓》，召集六军将领进行训诫。启说："哎！统帅六军的人们，我向你们宣布誓言：有扈氏欲用暴力改变五行的规律，抛弃天、地、人的正道，上天因此要斩绝它的国命。现在我奉行上天的惩罚。车左的士兵不从左边进攻敌人，车右的士兵不从右边进攻敌人，便是你们不执行命令。驾车的人不能自如地去作战，也是你们不执行命令。努力奉行命令的，就在祖庙里奖赏；不努力奉行命令的，就在社坛里处决，或罚为奴隶。"于是灭掉了有扈氏。天下都前来朝见。

夏后帝启崩，子帝太康立。帝太康失国①，昆弟五人，须②于雒汭③，作《五子之歌》④。

◎**注释** ①〔帝太康失国〕太康嗜田猎，不理国政，被有穷国君后羿阻挡返国，失去了帝位。②〔须〕等待。③〔雒汭〕雒水北岸。④〔《五子之歌》〕古文《尚书》篇名，是太康的五个弟弟在雒水北岸等待时，所作对太康的指责和怨恨之词。

◎**大意** 夏后帝启崩逝，儿子太康继位。帝太康失去了国家，他的五个兄弟，在雒水北岸等待他，绝望而作《五子之歌》。

太康崩，弟中康①立，是为帝中康。帝中康时，羲、和湎淫②，废时乱日③。胤④往征之，作《胤征》⑤。

◎**注释** ①〔中（zhòng）康〕即仲康。②〔羲、和湎淫〕羲、和，羲氏、和氏，主管天地四时历数的官。湎，沉迷在饮酒中。淫，过分，过度。③〔废时乱日〕搞乱了四时节令。④〔胤（yìn）〕国名。这里指胤的国君。他受仲康之命去征讨羲、和。⑤〔《胤征》〕古文《尚书》中篇名。
◎**大意** 太康崩逝后，弟弟仲康继位，这就是帝仲康。帝仲康在位时，掌管天文四时的羲氏、和氏沉湎于酒，搞乱了季节日期。胤国国君去讨伐他们，作《胤征》。

中康崩，子帝相立。帝相崩，子帝少康立。帝少康崩，子帝予立。帝予崩，子帝槐立。帝槐崩，子帝芒立。帝芒崩，子帝泄立。帝泄崩，子帝不降立。帝不降崩，弟帝扃立。帝扃崩，子帝廑立。帝廑崩，立帝不降之子孔甲，是为帝孔甲。帝孔甲立，好方鬼神①，事淫乱。夏后氏德衰，诸侯畔（叛）之。天降龙二，有雌雄，孔甲不能食②，未得豢龙氏③。陶唐④既衰，其后有刘累⑤，学扰⑥龙于豢龙氏，以事孔甲。孔甲赐之姓曰御龙氏，受豕韦⑦之后。龙一雌死，以食夏后。夏后使求，惧而迁去。

◎**注释** ①〔好方鬼神〕喜欢方术，迷信鬼神。方，指医卜星相等方术。②〔食（sì）〕饲养。③〔豢（huàn）龙氏〕有养龙技术的氏族。豢，喂养。④〔陶唐〕古邑名，在今山东定陶西北。相传尧最初居住在这里。⑤〔刘累〕诸侯名，唐尧的后代，故城在今河南偃师南。⑥〔扰〕驯养。⑦〔豕韦〕祝融氏的后代，防姓氏族。殷代武丁灭豕韦，以刘累的后裔代之。

◎**大意** 帝仲康崩逝，儿子相继位。帝相崩逝，儿子少康继位。帝少康崩逝，儿子予继位。帝予崩逝，儿子槐继位。帝槐崩逝，儿子芒继位。帝芒崩逝，儿子泄继位。帝泄崩逝，儿子不降继位。帝不降崩逝，弟弟扃继位。帝扃崩逝，儿子廑继位。帝廑崩逝，立了帝不降的儿子孔甲，这就是帝孔甲。帝孔甲即位后，喜欢方术鬼神，做事淫乱。夏后氏的道德威望从此下降，诸侯叛离。上天降下两条龙，雌雄各一，孔甲不会饲养，又找不到豢龙氏的后代。陶唐氏衰败后，后代中有一个叫刘累的，向豢龙氏学得了养龙的技术，就来给孔甲饲养这两条龙。孔甲赏赐他姓御龙氏，并把豕韦后代的封地授给他。一条雌龙死了，刘累献给夏后吃。夏后又使刘累求龙，刘累惧而逃去。

孔甲崩，子帝皋立。帝皋崩，子帝发立。帝发崩，子帝履癸立，是为桀。帝桀之时，自孔甲以来而诸侯多畔（叛）夏，桀不务德而武伤①百姓②，百姓弗堪。乃召汤而囚之夏台③，已而释之。汤修德，诸侯皆归汤，汤遂率兵以伐夏桀。桀走鸣条④，遂放而死。桀谓人曰："吾悔不遂杀汤于夏台，使至此。"汤乃践天子位，代夏朝天下。汤封夏之后，至周封于杞⑤也。

◎**注释** ①〔武伤〕用暴力伤害。②〔百姓〕指诸侯、百官。③〔夏台〕监狱名，在今河南禹州。④〔鸣条〕地名，在今山西夏县。⑤〔杞（qǐ）〕地名，在今河南杞县。

◎**大意** 孔甲崩逝，儿子帝皋继位。帝皋崩逝，儿子发继位。帝发崩逝，儿子履癸继位，这就是帝桀。帝桀在位时，从孔甲以来诸侯多已叛离夏朝，桀即位后不讲求德治而用武力伤害诸侯、百官，诸侯、百官不能忍受。桀把汤唤来囚禁在夏台，不久又释放了他。汤勤修德业，天下诸侯都归服汤，汤就率兵讨伐夏桀，桀逃到鸣条，被流放而死。桀对人说："我悔恨当初没在夏台把汤杀掉，使得我落到这种地步。"汤于是登上天子位，取代了夏朝。汤封夏朝的后代为诸侯，到了周朝，夏的后代被封于杞。

太史公曰：禹为姒姓，其后分封，用国为姓①，故有夏后氏、有扈氏、有男氏、斟寻氏、彤城氏、褒氏、费氏、杞氏、缯氏、辛氏、冥氏、斟戈氏。孔子正②夏时③，学者多传《夏小正》④云。自虞、夏⑤时，贡赋备矣⑥。或言禹会诸侯江南，计功⑦而崩，因葬焉，命曰会稽。会稽者，会计⑧也。

◎**注释**　①〔用国为姓〕禹的后代相继受封为诸侯，所以各自以国名为姓。②〔正〕校正。③〔夏时〕指记载夏朝节令、历法的文献。④〔《夏小正》〕关于夏朝节令、历法的一种文献，收在《大戴礼记》中。⑤〔虞、夏〕指舜、禹。⑥〔贡赋备矣〕贡赋的制度很完备了。⑦〔计功〕计议各个诸侯的功绩。⑧〔会计〕会集诸侯计功封爵。

◎**大意**　太史公说：禹为姒姓，他的后代被封到各处，用国号为姓，所以有夏后氏、有扈氏、有男氏、斟寻氏、彤城氏、褒氏、费氏、杞氏、缯氏、辛氏、冥氏、斟戈氏。孔子校正夏历时，学者多传《夏小正》。自舜、禹时代以来，贡赋制度就很完备了。有人说夏禹在江南大会诸侯，论功行赏时逝世，于是葬在那里，并将那里命名会稽。会稽，就是会集诸侯计功封爵之意。

◎**知识拓展**

　　《史记》的宗旨之一是"通古今之变"，这一目标的实现需要借助完整的历史梳理，在对历史的完整梳理中发现政治的兴衰，总结历史的经验教训。在《夏本纪》中，司马迁对从禹至桀的夏代帝王谱系进行了完整的编排，这种完整性表现在即使一些君王在位时间很短，并没有什么作为，能够搜集到的资料很少，司马迁依然将其载入本篇，使夏代帝王谱系完整地呈现出来。这种帝王谱系的完整编排同样表现在《殷本纪》和《周本纪》中。《史记》所载夏、商、周三代帝王世系资料很大程度上是取自《世本》。历代史籍都不怀疑夏朝的存在，然而从晚清开始，疑古学风兴起，一批学者质疑夏朝的存在。王国维通过殷墟甲骨卜辞考证认为"《史记》所述商一代世系，以卜辞证之，虽不免小有舛驳，而大致不误，可知《史记》所据之《世本》全是实录。而由殷、周世系之确实，因推想夏后氏世系之确实，此又当然之事也"。《殷本纪》所载商代帝王世系与甲骨卜辞的契合，印证了司马迁在文本生成中对客观性的追求。司马迁在利用《世本》等材料进行编排的过程中并没有对夏、商、周的帝王世系进行省略，尽可能保持了其世系的完整性。司马迁对夏朝帝王世系的整理既表达了他的历史观念，也为后世留下了难得的研究夏史的材料。

殷本纪

第三

　　殷朝最初被称为商朝，盘庚迁殷，始称殷。《殷本纪》从契开始记载，至帝纣结束，可谓系统地记录了殷王朝兴起、发展直至灭亡的完整历史。整个《殷本纪》重点记录了契、成汤、太甲和帝纣等殷代帝王，及殷五兴五衰的经过。《殷本纪》表现出来的特点，一是系统地记录了殷代帝王谱系，二是对历代帝王事迹的记录多采用《尚书》相关篇目序言。本篇在结构方式上以"兴""衰"二字为眼目，其中以殷代五兴五衰的起伏经纬全篇。本篇在叙事上较为简单，但其中有关开国帝王成汤、中兴之主盘庚，以及亡国之君殷纣的叙写较为详细。本篇从具有神话色彩的契的诞生开始记载，借契将殷民族追溯到以黄帝为始祖的谱系之中，借此完成了包含殷民族的民族大一统历史的设定。成汤纪是殷本纪正式记事的开始，也是《殷本纪》记事的重点。主要记载成汤伐桀的过程，其内容在《夏本纪》的最后有简单记载，《殷本纪》则对其进行详细记录。成汤纪主要通过《尚书》中《汤征》《汤誓》《汤诰》三篇的记载来讲述成汤一生的事迹。《殷本纪》记太甲事迹的方式主要是载录《尚书》中与太甲有关的《伊训》《肆命》《徂后》《太甲训》等篇目，但《史记》并没有录入这些篇目的具体内容，而是只列这些篇目的序言。这些序言中有记事性成分，在司马迁看来，是可信的史料。司马迁对从太甲至纣期间殷的发展过程进行了分段，并通过"殷复兴""殷复衰"等提示性话语进行了总结。这些提示性话语，当为司马迁所注。而这种对兴衰的注释可谓把握住了殷代发展的关键。纣是商代最后一个帝王，他的传记也是《殷本纪》中较为详细的一个。纣纪包含帝纣失诸侯、西伯修德、帝纣失亲族和武王伐纣四件事情。一方面记纣的无道，另一方面记载周的崛起。纣纪既是对帝纣本人的记事，也是对帝纣失国、周代殷的过程的记录。所以帝纣纪中西伯、武王事所占分量较大。此外《殷本纪》中还对太甲悔过返善、太戊不信妖而修德、武丁虚心访贤任用傅说等事迹进行了热情的歌颂。这突出地表现了司马迁对理想君道与德政仁政的追求与向往。

　　殷契，母曰简狄，有娀氏之女，为帝喾次妃。三人行浴，见玄鸟①堕其卵，简狄取吞之，因孕生契。契长而佐禹治水有功。帝舜乃命契曰："百姓②不亲，五品③不训④，汝为司徒而敬敷五教⑤，五教在宽⑥。"封于商，赐姓子氏。契兴于唐、虞、大禹之际，功业著于百姓，百姓以平⑦。

◎ **注释**　①〔玄鸟〕燕子。因燕子的羽毛是黑色的，所以称为玄鸟。玄，黑色。

②〔百姓〕百官。③〔五品〕即五伦，指父子、君臣、夫妇、长幼、朋友之间的关系。品，品秩，等级。④〔训〕顺。⑤〔敬敷五教〕敬，谨慎、小心。敷，设，施行。五教，即五伦的教育。⑥〔宽〕和缓，指慢慢地进行。⑦〔平〕安定。

◎**大意**　殷的始祖契，他的母亲叫简狄，是有娀氏的女儿，帝喾的次妃。简狄等三人外出洗澡，看见燕子生下一颗蛋，简狄取来吞下，因而怀孕生下了契。契长大后辅佐禹治理洪水有功。帝舜便命令契说："百官不相亲睦，五种人伦关系不和顺，由你担任司徒认真施行五伦教育，推行五教的方法要和缓。"并把他封在商，赐他这一族姓子。契在唐尧、虞舜、夏禹之时兴起，功绩显著，百官得以安定。

　　契卒，子昭明立。昭明卒，子相土立。相土卒，子昌若立。昌若卒，子曹圉立。曹圉卒，子冥立。冥卒，子振立。振卒，子微立。微卒，子报丁立。报丁卒，子报乙立。报乙卒，子报丙立。报丙卒，子主壬立。主壬卒，子主癸立。主癸卒，子天乙立，是为成汤。

◎**大意**　契逝世，儿子昭明继立。昭明逝世，儿子相土继立。相土逝世，儿子昌若继立。昌若逝世，儿子曹圉继立。曹圉逝世，儿子冥继立。冥逝世，儿子振继立。振逝世，儿子微继立。微逝世，儿子报丁继立。报丁逝世，儿子报乙继立。报乙逝世，儿子报丙继立。报丙逝世，儿子主壬继立。主壬逝世，儿子主癸继立。主癸逝世，儿子天乙继立，他就是成汤。

　　成汤，自契至汤八迁①。汤始居亳，从②先王③居，作《帝诰》④。

◎**注释**　①〔八迁〕殷从契至汤共十四世，曾经八次迁都。②〔从〕跟从，追随。③〔先王〕指殷的始祖帝喾。④〔《帝诰》〕《尚书》篇名，已亡佚。
◎**大意**　成汤，从契到成汤先后八次迁徙国都。成汤开始居住在亳地，这是追随先王所居之地，写下了《帝诰》篇。

汤征①诸侯。葛伯②不祀③，汤始伐之。汤曰："予有言：人视水见形，视民知治不（否）④。"伊尹曰："明哉！言能听，道乃进。君国⑤子民⑥，为善者皆在王官⑦。勉⑧哉，勉哉！"汤曰："汝不能敬命⑨，予大罚殛⑩之，无有攸⑪赦。"作《汤征》⑫。

◎**注释**　①〔征〕征伐。②〔葛伯〕葛国的国君。③〔祀〕祭祀天地祖先。④〔治不〕指政治是否清明。治，治理得好。不，同"否"。⑤〔君国〕做国君，治理国家。⑥〔子民〕以民为子，意思是抚育万民。⑦〔王官〕天子之官，朝廷的官职。⑧〔勉〕努力。⑨〔敬命〕指敬顺天命。⑩〔罚殛〕诛罚，惩罚。⑪〔攸〕用法同"所"。⑫〔《汤征》〕《尚书》篇名，已亡佚。

◎**大意**　成汤征伐诸侯。葛伯不祭祀天地祖先，成汤征伐他。成汤说："我曾经说过：人照一照水可以了解自己的形象，人君听一听民众的议论可以知道政治是否清明。"伊尹说："英明啊！能听从好的建议，道德才能进步。国君治理国家要爱护人民，把为善的人安排在朝廷做官。努力吧，努力吧！"成汤说："你们要是不敬重天命，我就要用重刑惩治，决不宽赦。"于是写下《汤征》。

伊尹名阿衡。阿衡欲奸①汤而无由②，乃为有莘氏媵臣③，负鼎俎④，以滋味说⑤汤，致⑥于王道。或曰，伊尹处士⑦，汤使人聘迎之，五反（返），然后肯往从汤，言素王⑧及九主⑨之事。汤举任以国政。伊尹去汤适⑩夏。既丑⑪有夏，复归于亳。入自北门，遇女鸠、女房，作《女鸠》《女房》⑫。

◎**注释**　①〔奸（gān）〕求见。②〔由〕道路，门径。③〔媵（yìng）臣〕古代贵族女子出嫁时陪嫁的人。④〔鼎俎〕古代烹饪的器具。鼎，用来煮东西的器具。俎，切肉用的砧板。⑤〔说〕劝说。⑥〔致〕送达，这里有进言的意思。⑦〔处士〕古代有德才而隐居不出来做官的人。⑧〔素王〕指远古帝王。⑨〔九主〕指三皇、五帝和大禹。⑩〔适〕到……去。⑪〔丑〕以……为丑，憎恶。⑫〔《女鸠》

《女房》〕《尚书》篇名，已亡佚。

◎**大意**　伊尹名叫阿衡。阿衡想求见商汤而没有门路，于是便充当有莘氏陪嫁的奴仆，带着鼎和砧板，用烹调的滋味比喻为政的方法来劝说商汤，叫汤实行王道。有人说，伊尹是一个隐士，汤派人聘请迎接他，往来五次，伊尹才答应前去跟随汤，与汤谈论远古帝王的事迹和九位君主的作为。汤推举他掌管国家政务。伊尹曾经离开汤前往夏朝。他认为夏朝政治丑恶，又回到亳。他从北门入城，遇到女鸠、女房两位贤臣，写下《女鸠》《女房》。

　　汤出，见野张网四面，祝①曰："自天下四方皆入吾网。"汤曰："嘻，尽之矣！"乃去其三面，祝曰："欲左②，左；欲右③，右。不用命④，乃入吾网。"诸侯闻之，曰："汤德至矣，及禽兽。"

◎**注释**　①〔祝〕祝祷，祷告。②〔左〕向左。③〔右〕向右。④〔用命〕从命。
◎**大意**　汤外出，看见野外有猎人四面张着罗网，猎人祈祷说："愿天下四方的鸟兽都进入我的罗网。"汤说："唉，一网打尽了！"于是叫张网的人撤去三面的网，并命他祈祷说："想往左的，就往左；想往右的，就往右。不听从命令的，就进入我的罗网。"诸侯听到这件事，说："汤的恩德达到顶点了，甚至推广到了禽兽身上。"

　　当是时，夏桀为虐政淫荒，而诸侯昆吾氏①为乱。汤乃兴师率诸侯，伊尹从汤，汤自把钺②以伐昆吾，遂伐桀。汤曰："格③女（汝）众庶④，来，女（汝）悉听朕言。匪台小子敢行举乱⑤，有夏多罪，予维闻女（汝）众言，夏氏有罪。予畏上帝，不敢不正（征）。今夏多罪，天命殛之。今女（汝）有众⑥，女（汝）曰'我君不恤我众，舍我啬（穑）事而割政⑦'。女（汝）其⑧曰'有罪，其奈何？'夏王率⑨止众力，率夺夏国。有众率怠不和⑩，曰'是日何时丧？予与女（汝）皆亡！'夏德若兹，今朕必往。尔尚（倘）⑪及予一人致天之罚，予其大理（赉）^⑫女（汝）。女（汝）毋不信，朕不食言。女（汝）不从誓言，予则帑（孥）僇（戮）女（汝），无有攸赦。"以告令师，作《汤誓》^⑬。于是汤曰"吾甚武^⑭"，号曰武王。

◎**注释** ①〔昆吾氏〕古部族名。②〔钺（yuè）〕古代兵器，类似大斧。③〔格〕来。④〔众庶〕众人。⑤〔匪台（yí）小子敢行举乱〕不是我敢于兴兵作乱。匪，非。台，我。小子，汤自称。举乱，作乱。⑥〔有众〕众人。⑦〔舍我穑事而割政〕让百姓放弃农事去打仗。穑，通"穑"，收割庄稼。割政，害民之政。⑧〔其〕或许。⑨〔率〕相率，都。这里指君臣一起。⑩〔不和〕指不与夏王合作。和，和洽。⑪〔尚〕通"倘"，如果。⑫〔理（lài）〕通"赉"，赏赐。⑬〔《汤誓》〕《尚书》篇名。⑭〔武〕勇武，能征善战。

◎**大意** 正当这个时候，夏桀以荒淫暴虐之道治国，诸侯昆吾氏作乱。汤于是发兵率领诸侯（讨伐昆吾氏），伊尹跟着他，汤亲自拿着大斧讨伐昆吾，接着又讨伐夏桀。汤说："你们众人，来，都来听我的话。不是我敢于兴兵作乱，夏桀确实作恶多端，我听说你们有抱怨的话，但夏桀有罪。我敬畏上天，不敢不去征讨。现在夏朝多有罪过，上天命我惩罚他。现在你们也许会说'我们的君王不体恤我们，让我们放弃农事去打仗'，你们也许还会说'夏桀有罪，又能拿他怎么样呢？'夏之君臣相率耗尽了民力，掠夺民众的资财。民众则相率消极怠工且不与夏桀协作，说'这个太阳何时消亡？我愿跟你一起灭亡！'夏桀的德行坏到了这个地步，现在我一定前去征伐。希望你们跟随我执行上天对夏桀的惩罚，我将重重赏赐你们。你们不要不相信，我决不自食其言。你们如果不服从誓言，我就罚你们为奴隶或者处死，决不宽赦。"汤把这些话告诉传令官，写下了《汤誓》。汤说"我很勇武"，于是称为武王。

桀败于有娀之虚（墟）^①，桀奔^②于鸣条，夏师败绩。汤遂伐三㚇^③，俘厥^④宝玉，义伯、仲伯作《典宝》^⑤。汤既胜夏，欲迁^⑥其社^⑦，不可，作《夏社》^⑧。伊尹报。于是诸侯毕服，汤乃践^⑨天子位，平定海内。

◎**注释** ①〔虚〕同"墟"，旧址。②〔奔〕奔逃。③〔三㚇（zōng）〕忠于桀的一个诸侯国，在今山东定陶。④〔厥〕其，他的，他们的。⑤〔《典宝》〕《尚书》篇名，已亡佚。⑥〔迁〕变置。⑦〔社〕社神，即土神。⑧〔《夏社》〕《尚书》篇名，已亡佚。⑨〔践〕踩、踏，引申为登临。

◎**大意** 夏桀在有娀氏的旧地被打败，他逃到鸣条，夏军溃败。汤于是讨伐三㚇国，缴获了那里的宝玉，义伯、仲伯因此作了《典宝》。汤战胜夏桀后，想改变夏人建立的社神，但不能，于是作了《夏社》。伊尹向诸侯通报夏灭汤兴。于是诸侯都归服，汤就登上天子位，平定了全国。

汤归至于泰卷陶①，中䰟②作诰。既绌（黜）③夏命，还亳，作《汤诰》④："维三月，王自至于东郊。告诸侯群后⑤：'毋不有功于民，勤⑥力乃事。予乃大罚殛女（汝），毋予怨。'曰：'古禹、皋陶久劳于外，其有功乎民，民乃有安。东为江，北为济，西为河，南为淮，四渎⑦已修，万民乃有居。后稷降播⑧，农殖百谷。三公⑨咸有功于民，故后有立。昔蚩尤与其大夫作乱百姓，帝乃弗予⑩，有状⑪。先王言不可不勉。'曰：'不道⑫，毋之⑬在国⑭，女（汝）毋我怨。'"以令诸侯。伊尹作《咸有一德》⑮，咎单作《明居》⑯。

◎**注释** ①〔泰卷陶〕地名。《索隐》认为"陶"是衍文。②〔中䰟（huǐ）〕又作"仲虺"，汤的左相。③〔绌〕通"黜"，废止，废弃。④〔《汤诰》〕《尚书》篇名。⑤〔群后〕指各诸侯国的国君。后，君主。⑥〔勤〕尽力、努力。⑦〔四渎〕指江、河、济、淮四条大河。渎，大河。⑧〔降播〕教人民播种。降，赐。⑨〔三公〕指禹、皋陶、后稷。⑩〔予〕这里指赐福，保佑。⑪〔有状〕指有这样的事例。⑫〔不道〕无道。⑬〔之〕到……去。⑭〔在国〕指各诸侯所在的国家。⑮〔《咸有一德》〕《尚书》篇名。⑯〔《明居》〕《尚书》篇名，已亡佚。

◎**大意** 汤回国到达泰卷时，仲虺作诰命。汤废除夏朝的政令后，回到亳，作《汤诰》说："三月，商王亲自到东郊。告谕诸侯国君：'你们必须多为民众做事，努力做好自己的工作。否则我要重罚你们，你们不要怨我。'又说：'古代夏禹、皋陶长期勤劳在外，对民众有功劳，人民才能安居乐业。东边开发长江，北边疏导济水，西边疏通黄河，南边治理淮河，四条大河治理好以后，万民才能安居。后稷教民播种，农民才能生产百谷。这三位前贤都有功于民，所以他们的后代才能立国。从前蚩尤跟他的臣下危害百姓，上帝就不保佑他，这有历史为证。先王的话不能不努力照办。'接着说：'如果无道，就不让你们统治国家，你们可不要怨我。'"汤用这些话告诫诸侯。伊尹作《咸有一德》，咎单作《明居》。

汤乃改正朔①，易服色②，上（尚）③白，朝会以昼④。

◎**注释** ①〔改正（zhēng）朔〕指改用新历法。正，每年的一月。朔，每月的第一天。正朔即新年的第一天。②〔易服色〕改变车马、祭祀用的牲畜、服饰等的颜色。③〔上〕同"尚"，崇尚。④〔朝会以昼〕在白天举行朝会。诸侯拜见天子为"朝"，天子接见诸侯为"会"。

◎**大意** 汤于是实行新历法，改变车马、祭祀用的牲畜、服饰等的颜色，崇尚白色，在白天举行朝会。

汤崩，太子太丁未立而卒，于是乃立太丁之弟外丙，是为帝外丙。帝外丙即位三年，崩，立外丙之弟中壬，是为帝中壬。帝中壬即位四年，崩，伊尹乃立太丁之子太甲。太甲，成汤適（嫡）长孙也，是为帝太甲。帝太甲元年，伊尹作《伊训》，作《肆命》，作《徂后》①。

◎**注释** ①〔作《伊训》，作《肆命》，作《徂后》〕《伊训》，古文《尚书》有此篇。《肆命》《徂后》，《尚书》篇名，皆亡佚。

◎**大意** 汤逝世，太子太丁尚未即位就逝世了，于是便立太丁的弟弟外丙，这就是帝外丙。帝外丙即位三年，逝世，立外丙的弟弟仲壬，这就是帝仲壬。帝仲壬即位四年，逝世，伊尹于是立太丁的儿子太甲。太甲，是成汤的嫡长孙，这就是帝太甲。帝太甲元年，伊尹作《伊训》《肆命》《徂后》。

帝太甲既立三年，不明，暴虐，不遵汤法，乱德，于是伊尹放①之于桐宫②。三年，伊尹摄③行政当国④，以朝诸侯⑤。

◎**注释**　①〔放〕流放。②〔桐宫〕商之离宫，在今河南偃师西南。③〔摄〕代理。④〔当国〕掌管国家政权。⑤〔朝诸侯〕使诸侯来朝，即接见诸侯。

◎**大意**　帝太甲即位三年后，昏乱不明，暴虐无道，不遵守汤的法制，败坏道德，于是伊尹把他放逐到桐宫。三年之中，伊尹代理国家政务，接受诸侯的朝见。

帝太甲居桐宫三年，悔过自责，反（返）①善，于是伊尹乃迎帝太甲而授之政。帝太甲修德，诸侯咸归殷，百姓以宁。伊尹嘉②之，乃作《太甲训》三篇③，褒帝太甲，称太宗。

◎**注释**　①〔反〕同"返"，归向。②〔嘉〕嘉许，赞美。③〔《太甲训》三篇〕古文《尚书》有《太甲》上、中、下三篇。

◎**大意**　帝太甲在桐宫住了三年，悔改过错并责备自己，回心向善，于是伊尹便迎接帝太甲回朝并把政权交给他。帝太甲修养德行，诸侯都归服殷朝，百姓因此得到了安宁。伊尹赞赏他，便写了《太甲训》三篇，赞扬帝太甲，尊称他为太宗。

太宗崩，子沃丁立。帝沃丁之时，伊尹卒。既葬伊尹于亳，咎单遂训①伊尹事，作《沃丁》②。

◎**注释**　①〔训〕顺，这里有根据、按照的意思。②〔《沃丁》〕《尚书》篇名，已亡佚。

◎**大意**　太宗逝世，儿子沃丁继立。帝沃丁在位时，伊尹逝世。把伊尹安葬在亳之后，咎单根据伊尹的事迹，写了《沃丁》。

沃丁崩，弟太庚立，是为帝太庚。帝太庚崩，子帝小甲立。帝小甲崩，弟雍己立，是为帝雍己。殷道衰，诸侯或①不至。

◎**注释** ①〔或〕有的，有些。

◎**大意** 沃丁逝世，弟弟太庚继立，这就是帝太庚。帝太庚逝世，儿子帝小甲继立。帝小甲逝世，弟弟雍己继立，这就是帝雍己。殷朝的政治衰败，有些诸侯就不来朝见了。

帝雍己崩，弟太戊立，是为帝太戊。帝太戊立伊陟为相。亳有祥①，桑榖②共生于朝，一暮大拱③。帝太戊惧，问伊陟。伊陟曰："臣闻妖不胜德，帝之政其有阙（缺）④与？帝其修德。"太戊从之，而祥桑枯死而去。伊陟赞言于巫咸。巫咸治王家⑤有成，作《咸艾》，作《太戊》⑥。帝太戊赞伊陟于庙，言弗臣⑦。伊陟让，作《原命》⑧。殷复兴，诸侯归之，故称中宗。

◎**注释** ①〔祥〕吉凶的征兆，这里指凶兆。②〔榖（gǔ）〕落叶乔木，又称楮树。③〔拱〕两手合围，表示树的粗细。④〔阙〕同"缺"，缺点、过失。⑤〔王家〕指朝廷、国家。⑥〔作《咸艾（yì）》，作《太戊》〕《尚书》篇名，今皆亡佚。⑦〔弗臣〕意思是不以臣下相待。⑧〔《原命》〕《尚书》篇名，今亡佚。

◎**大意** 帝雍己逝世，弟弟太戊继立，这就是帝太戊。帝太戊任命伊陟做宰相。亳都发生了凶兆，朝堂上桑树和楮树合抱而生，一夜之间长得有两手合抱那么大。帝太戊很害怕，去问伊陟。伊陟说："我听说怪异的事物敌不过好的德行，难道是您治理国家有什么失误吗？希望您修养德行。"太戊听从了他的话，怪桑树就枯死而消失了。伊陟向巫咸赞美讲述了这件事。巫咸辅佐治国很有成绩，作《咸艾》《太戊》两篇。帝太戊在宗庙里称赞伊陟，不把他当臣下看待。伊陟谦让不敢当，作《原命》篇。殷朝复兴，诸侯归服，所以尊称太戊为中宗。

中宗崩，子帝中丁立。帝中丁迁于隞。河亶甲居相。祖乙迁于邢。帝中丁崩，弟外壬立，是为帝外壬。《中丁》书阙不具。帝外壬崩，弟河亶甲立，是为帝河亶甲。河亶甲时，殷复衰。

◎**大意**　中宗逝世，儿子中丁继立。帝中丁把都城迁到隞（áo）。河亶甲定都相。祖丁又迁到邢。帝中丁逝世，弟弟外壬继立，这就是帝外壬。《中丁》所载今已亡佚不可见。帝外壬逝世，弟弟河亶甲继立，这就是帝河亶甲。河亶甲在位时，殷朝又衰败了。

河亶甲崩，子帝祖乙立。帝祖乙立，殷复兴。巫贤任职。

◎**大意**　河亶甲逝世，儿子祖乙继立。帝祖乙在位时，殷朝又兴盛起来。这时有巫贤任职。

祖乙崩，子帝祖辛立。帝祖辛崩，弟沃甲立，是为帝沃甲。帝沃甲崩，立沃甲兄祖辛之子祖丁，是为帝祖丁。帝祖丁崩，立弟沃甲之子南庚，是为帝南庚。帝南庚崩，立帝祖丁之子阳甲，是为帝阳甲。帝阳甲之时，殷衰。

◎**大意**　祖乙逝世，儿子祖辛继立。帝祖辛死后，弟弟沃甲继立，这就是帝沃甲。帝沃甲逝世，立沃甲的哥哥祖辛的儿子祖丁为君，这就是帝祖丁。帝祖丁逝世，立沃甲的儿子南庚为君，这就是帝南庚。帝南庚逝世，立帝祖丁的儿子阳甲为君，这就是帝阳甲。帝阳甲在位时，殷朝衰落。

自中丁以来，废适（嫡）而更[1]立诸弟子，弟子或争相代立，比[2]九世乱，于是诸侯莫朝。

◎**注释**　①〔更〕改。②〔比〕连续，接连。

◎**大意**　自中丁以来，废弃嫡长子继位的制度而改立诸弟兄和他们的儿子，王弟和王子有时互相争夺继承权，接连九代动乱，于是诸侯没有谁来朝见了。

　　帝阳甲崩，弟盘庚立，是为帝盘庚。帝盘庚之时，殷已都河北，盘庚渡河南，复居成汤之故居，乃五迁①，无定处。殷民咨②胥皆③怨，不欲徙。盘庚乃告谕诸侯大臣曰："昔高后④成汤与尔之先祖俱定天下，法则可修。舍而弗勉，何以成德！"乃遂涉河南，治亳，行汤之政，然后百姓由⑤宁，殷道复兴。诸侯来朝，以其遵成汤之德也。

◎**注释**　①〔五迁〕指汤至盘庚前后五次迁都。②〔咨〕嗟叹。③〔胥皆〕全都。④〔高后〕对成汤的敬称。⑤〔由〕因而。

◎**大意**　帝阳甲逝世，弟弟盘庚继立，这就是帝盘庚。帝盘庚在位时，殷朝已经迁都到黄河以北，盘庚要渡河南下，重新定居在成汤的故地，（从汤至盘庚）先后五次迁都，没有固定的地方。殷朝的民众都愁叹怨恨，不愿再迁徙。盘庚就告谕诸侯和大臣说："从前先王成汤与你们的先祖一起平定天下，他们的法则是可以遵循的。舍弃这些法则而不去努力实行，靠什么来实行德政！"于是就渡河南迁，修治亳都，遵行汤的政令，百姓从此生活安宁，殷朝又兴盛起来。诸侯前来朝见，这是盘庚遵循成汤德政的缘故。

　　帝盘庚崩，弟小辛立，是为帝小辛。帝小辛立，殷复衰。百姓思盘庚，乃作《盘庚》三篇①。帝小辛崩，弟小乙立，是为帝小乙。

◎**注释**　①〔《盘庚》三篇〕《尚书》有《盘庚》上、中、下三篇。

◎**大意**　帝盘庚逝世，弟弟小辛继立，这就是帝小辛。小辛即帝位后，殷朝重又衰落。百姓思念盘庚，就作了《盘庚》三篇。帝小辛逝世，弟弟小乙继立，这就是帝小乙。

　　帝小乙崩，子帝武丁立。帝武丁即位，思复兴殷，而未得其佐①。三年不言，政事决定于冢宰，以观国风②。武丁夜梦得圣人，名曰说。以梦所见视群臣百吏，皆非也。于是乃使百工③营求④之野，得说于傅险（岩）中。是时说为胥靡⑤，筑于傅险。见⑥于武丁，武丁曰是也⑦。得而与之语，果圣人，举以为相，殷国大治。故遂以傅险姓之⑧，号曰傅说。

◎**注释**　①〔佐〕指辅佐的大臣。②〔国风〕国家的风尚、风气。③〔百工〕这里指百官。④〔营求〕设法寻找。营，谋求。⑤〔胥靡〕刑徒。因犯法而服劳役的人。⑥〔见〕使拜见，被引荐。⑦〔是也〕就是他。"也"是语气词。⑧〔姓之〕给他姓，指用傅险作为他的姓。

◎**大意**　帝小乙逝世，儿子武丁继立。武丁即帝位后，想复兴殷朝，但没有找到辅佐的大臣。他三年不说话，政事由冢宰决定，以此来观察民情风俗。武丁夜里做梦遇到了一个圣人，名叫说。他按梦中所看到的相貌来观察各位大臣和官吏，都不能跟梦中所见的人相合。于是他就派百官到郊野去寻找，终于在傅险找到了说。这时说是刑徒，在傅险筑路。说被引见给武丁，武丁说就是他。武丁跟他交谈，发现他果然是个圣人，就提拔他为宰相，殷朝被他治理得非常好。于是就用傅险作为他的姓，称他为傅说。

　　帝武丁祭成汤，明日，有飞雉①登鼎耳而响②，武丁惧。祖己曰："王勿忧，先修政事。"祖己乃训王曰："唯天监③下典厥义④，降年⑤有永有不永，非天夭民⑥，中绝其命。民有不若⑦德，不听罪，天既附⑧命正⑨厥德，乃曰其奈何。呜呼！王嗣⑩敬民，罔非⑪天继⑫，常祀毋礼于弃道⑬。"武丁修政行德，天下咸欢，殷道复兴。

◎**注释** ①〔雉〕野鸡。②〔雊（gòu）〕野鸡叫。③〔监〕监察。④〔典厥义〕
即以厥义为典，以他们的道义为标准。典，常则、标准。⑤〔降年〕上天赐给人的寿
命。⑥〔夭民〕使人夭折。夭，夭折，短命。⑦〔若〕顺从，遵循。⑧〔附〕附着，
这里是使……附着，有降下的意思。⑨〔正〕使……正，即端正、纠正。⑩〔嗣〕
继承，继位。⑪〔罔非〕没有什么不是。⑫〔天继〕天的后代。⑬〔弃道〕不合乎
道理。

◎**大意** 帝武丁祭祀成汤，第二天，飞来一只野鸡落在鼎耳上鸣叫，武丁很害
怕。祖己说："大王不要担忧，先办好政事。"祖己于是告诫王说："上天监察
下民而以他们的道义作为标准，赐给人的寿命有长有短，不是天要使人夭折，而
是人本身的行为断送了自己的生命。有的人不遵循道德，不承认罪恶，等到上天
已经按照他的表现给了他相应的命运，才说怎么办。唉！大王应该慎重对待民
事，大家都是天的后代，祭祀有常规而不要不合乎道理。"武丁整理政务推行德
政，天下人都很高兴，殷朝国势又兴盛起来。

帝武丁崩，子帝祖庚立。祖己嘉武丁之以祥雉为德，立其庙为高
宗，遂作《高宗肜日》①及《训》②。

◎**注释** ①〔《高宗肜（róng）日》〕《尚书》篇名。肜，殷商时的祭祀名。
②〔《训》〕即《高宗之训》，《尚书》篇名，已亡佚。

◎**大意** 帝武丁逝世，儿子祖庚继立。祖己赞赏武丁以怪异的野鸡为契机推行德
政，为他立庙称作高宗，并写下《高宗肜日》和《高宗之训》。

帝祖庚崩，弟祖甲立，是为帝甲。帝甲淫乱，殷复衰。

◎**大意** 帝祖庚逝世，弟弟祖甲继立，这就是帝甲。帝甲荒淫暴乱，殷朝又
衰落了。

帝甲崩，子帝廪辛立。帝廪辛崩，弟庚丁立，是为帝庚丁。帝庚丁崩，子帝武乙立。殷复去亳，徙河北。

◎**大意**　帝甲逝世，儿子廪辛继立。帝廪辛逝世，弟弟庚丁继立，这就是帝庚丁。帝庚丁逝世，儿子武乙继立。殷朝再次离开亳，迁到黄河北岸。

帝武乙无道，为偶人①，谓之天神。与之博②，令人为行③。天神不胜，乃僇辱④之。为革囊，盛血，印（仰）而射之，命曰"射天"。武乙猎于河渭之间，暴雷，武乙震死。子帝太丁立。帝太丁崩，子帝乙立。帝乙立，殷益衰。

◎**注释**　①〔偶人〕土或木制成的人像。②〔博〕古代一种赌输赢的游戏，类似下棋。③〔为（wèi）行〕为之行，即替"天神"博棋。④〔僇辱〕侮辱。
◎**大意**　帝武乙昏庸无道，做了一个木（土）偶人，把他叫作"天神"。他跟"天神"玩博戏，命令人代"天神"走博棋。"天神"输了，就侮辱他。他又用皮革做袋子，盛了血，仰面射它，称为"射天"。武乙在黄河和渭水之间田猎，天忽然打雷，武乙被雷震死。儿子太丁继立。帝太丁逝世，儿子乙继立。乙即帝位后，殷朝更加衰弱了。

帝乙长子曰微子启，启母贱①，不得嗣。少子辛，辛母正后②，辛为嗣。帝乙崩，子辛立，是为帝辛，天下谓之纣。

◎**注释**　①〔贱〕地位低，这里指不是正后。②〔正后〕王后。
◎**大意**　帝乙的长子叫微子启。启的母亲地位低下，因此启不能继承王位。帝乙的小儿子名叫辛，辛的母亲是正后，所以辛可以继承王位。帝乙逝世，儿子辛继立，这就是帝辛，天下人称他为纣。

帝纣资①辨（辩）捷疾，闻见甚敏；材力过人，手格②猛兽；知（智）足以距（拒）谏，言足以饰非；矜③人臣以能，高天下以声，以为皆出己之下④。好酒淫⑤乐，嬖⑥于妇人。爱妲己，妲己之言是从。于是使师涓⑦作新淫声⑧，北里之舞⑨，靡靡之乐⑩。厚⑪赋税以实鹿台⑫之钱，而盈钜桥⑬之粟。益收狗马奇物，充仞⑭宫室。益广沙丘苑台，多取野兽蜚（飞）鸟置其中。慢⑮于鬼神。大冣（聚）乐戏于沙丘，以酒为池，县（悬）肉为林，使男女倮（裸）相逐其间，为长夜⑯之饮。

◎**注释**　①〔资〕资质，天生的禀赋。②〔格〕格斗，格杀。③〔矜〕夸耀。④〔出己之下〕意思是比不上自己。⑤〔淫〕过度，无节制。⑥〔嬖〕宠爱。⑦〔师涓〕乐师名。⑧〔淫声〕指与雅乐相对而言的俗乐。⑨〔北里之舞〕古代舞曲名。⑩〔靡靡之乐〕指柔弱的音乐。⑪〔厚〕加重。⑫〔鹿台〕朝歌城内的高台。⑬〔钜桥〕仓名。⑭〔充仞〕充满。⑮〔慢〕傲慢，不敬。⑯〔长夜〕通夜，通宵。

◎**大意**　帝纣天生善辩敏捷，耳目都很灵敏；他勇力过人，能徒手跟猛兽格斗；他的智慧足够用来驳斥劝谏，口才足够用来掩饰过错；他向臣下夸耀自己的才能，以名声来压倒天下，认为所有的人都不如自己。他喜欢喝酒并沉迷享乐，宠爱妇女。他尤其宠爱妲己，只听从妲己的话。他让师涓创作了新的淫俗的音乐、放荡的舞蹈、颓废的旋律。他通过加重赋税来充实鹿台储存的钱币，并充实钜桥储存的粮食。他又大量搜取狗马和奇异的玩物，塞满了宫室。他还扩建沙丘的园林楼台，捕捉大量野兽飞鸟放在园子里。他怠慢鬼神。他在沙丘聚会，表演各种乐舞游戏，用大池子盛酒，把肉悬挂成林，让男男女女赤身露体在其中相互追逐，通宵饮酒取乐。

百姓怨望①而诸侯有畔（叛）者，于是纣乃重辟刑②，有炮格之法③。以西伯昌、九侯、鄂侯为三公④。九侯有好女⑤，入之纣。九侯女不憙（喜）淫，纣怒，杀之，而醢⑥九侯。鄂侯争之强，辨之疾，并脯⑦鄂侯。西伯昌闻之，窃叹。崇侯虎知之，以告纣，纣囚西伯羑里⑧。西伯之臣闳夭之徒，求美女奇物善马以献纣，纣乃赦西伯。西伯出而献雒西之地，以请除炮格之刑。纣乃许之，赐弓矢斧钺，使得征伐，为西伯。而用费中为政。费中善谀，好利，殷人弗亲。纣又用恶来。恶来善毁谗，诸侯以此益疏。

◎**注释**　①〔怨望〕怨恨。"望"也是怨恨的意思。②〔辟刑〕刑法。③〔炮格之法〕一种酷刑，在铜柱上涂油，下加炭使热，令有罪之人行其上，辄坠炭中活活烧死。④〔三公〕辅助天子掌握军政大权的最高官员。⑤〔好女〕漂亮的女儿。⑥〔醢（hǎi）〕肉酱。这里指一种酷刑，把人剁成肉酱。⑦〔脯（fǔ）〕肉干。这里也是一种酷刑，把人制成肉干。⑧〔羑（yǒu）里〕在今河南汤阳。

◎**大意**　百姓怨恨纣而且诸侯也有背叛的，于是纣就加重刑罚，造出了炮格之刑。纣任命周君西伯昌、九侯、鄂侯为三公。九侯有个漂亮女儿，献给了纣。九侯的女儿不喜欢淫乱，纣大为恼怒，就杀了她，还把九侯剁成肉酱。鄂侯来劝阻态度强硬，跟纣争辩得很激烈，纣杀死鄂侯并把他做成了肉干。西伯昌听到后，私下叹息。崇侯虎得知后，就把这件事告诉了纣，纣把西伯囚禁在羑里。西伯的臣下闳夭等人，搜求美女奇物和好马献给纣，纣才赦免了西伯。西伯出狱后献出雒河西岸的土地，以请求废除炮格之刑。纣答应了他，赐给他弓箭斧钺，使他有权征伐不听令者，让他当西方诸侯的首领。纣任用费中主持政务。费中善于奉承，又很贪财，殷人都不亲近他。纣又任用恶来。恶来善于用谗言诋毁别人，诸侯因此跟纣更加疏远了。

西伯归，乃阴①修德行善，诸侯多叛纣而往归西伯。西伯滋大，纣由是稍失权重②。王子比干谏，弗听。商容贤者，百姓爱之，纣废之。及西伯伐饥国，灭之，纣之臣祖伊闻之而咎③周，恐，奔告纣曰："天既讫④我殷命，假人⑤元龟⑥，无敢知吉，非先王不相我后人，维王淫虐用⑦自绝，故天弃我，不有安食⑧，不虞知⑨天性，不迪⑩率典⑪。今我民罔不欲丧⑫，日'天曷不降威⑬，大命胡不至？'今王其奈何？"纣曰：
"我生不有命在天⑭乎！"祖伊反（返），日："纣不可谏矣。"西伯既
卒，周武王之东伐，至盟津，诸侯叛殷会周⑮者八百。诸侯皆日："纣
可伐矣。"武王曰："尔未知天命。"乃复归。

◎**注释**　①〔阴〕暗暗地，暗地里。②〔权重〕权力。"重"也是权力的意思。
③〔咎〕怨恨。④〔讫〕终止，绝。⑤〔假（gé）人〕至人，指能知天地吉凶的
人。假，至。⑥〔元龟〕占卜用的大龟。⑦〔用〕因。⑧〔不有安食〕意思是不能
安心吃饭。⑨〔虞知〕料知，揣度了解。⑩〔迪〕由，遵循。⑪〔率典〕法常，即
常法。⑫〔欲丧〕指想要纣灭亡。⑬〔降威〕指降下天威惩罚无道。⑭〔有命在
天〕指顺承天意而为王。⑮〔会周〕与周会合。

◎**大意**　西伯回到自己的国家，便暗中修养德行推行善政，许多诸侯背叛纣而
归附西伯。西伯更加强大，纣因此逐渐失去权势威力。王子比干劝谏纣，纣不
听。商容是一位贤人，百姓爱戴他，纣却废而不用。等到西伯讨伐饥国，灭了
它，纣的臣下祖伊听到这件事便憎恨周国，非常恐慌，跑去告诉纣说："上天
已经终止了我们殷朝的国运，无论是从先哲之人的观察来看还是用大龟占卜推
求，都不敢保证殷的前途大吉，并不是先王不帮助我们后人，是王荒淫暴虐因
而自绝于天，所以上天抛弃我们，使我们不能安稳生活，你不考虑了解上天的
性情，不遵守常法。现在我们的人民没有谁不希望殷朝灭亡，他们说：'上天
为什么不降下惩罚，天命为什么还不到来？'现在大王准备怎么办呢？"纣说：
"我生下来不是有天命在保佑吗！"祖伊回去后，说："纣已经无法劝谏了。"
西伯去世后，周武王向东征伐，到达盟津，诸侯背叛殷朝来跟周人会合的有
八百个。诸侯都说："可以讨伐纣了。"武王说："你们还不知道天命。"于是
又回去了。

纣愈淫乱不止。微子数①谏不听，乃与太师、少师谋，遂去。比干
日："为人臣者，不得不以死争（诤）②。"乃强谏纣。纣怒日："吾闻圣
人心有七窍。"剖比干，观其心。箕子惧，乃详（佯）③狂为奴，纣又囚

之。殷之太师、少师乃持其祭乐器奔周。周武王于是遂率诸侯伐纣。纣亦发兵距（拒）之牧野。甲子日④，纣兵败。纣走，入登鹿台，衣其宝玉衣，赴火而死。周武王遂斩纣头，县（悬）之白旗⑤。杀妲己。释箕子之囚，封⑥比干之墓，表⑦商容之闾⑧。封纣子武庚禄父，以续殷祀⑨，令修行盘庚之政。殷民大说（悦）。于是周武王为天子。其后世贬帝号，号为王。而封殷后为诸侯，属⑩周。

◎**注释**　①〔数（shuò）〕屡次。②〔争〕同"诤"，直谏。③〔详〕通"佯"，假装。④〔甲子日〕依周历，当是周武王即位第十三年的二月五日。⑤〔白旗〕指挥军队用的一种旗帜。⑥〔封〕在坟上添土。⑦〔表〕表彰。⑧〔闾（lú）〕古代的一种居民组织单位。⑨〔续殷祀〕承续殷的祭祀，意思就是延续殷的后代。⑩〔属〕隶属，归属。

◎**大意**　纣更加无休止地淫乱。微子屡次劝谏但纣都不听，于是微子就跟太师、少师商量，然后离开了。比干说："当臣子的，不能不冒死劝谏国君。"于是极力劝谏纣。纣生气地说："我听说圣人的心有七个孔穴。"就剖开比干的胸膛，看他的心脏。箕子很害怕，就假装发狂扮成奴隶，纣又把他囚禁起来。殷朝的太师、少师便带着祭祀时用的乐器逃往周国了。于是周武王就率领诸侯去讨伐纣王。纣也发兵在牧野抵抗。甲子那一天，纣军大败。纣逃跑，登上鹿台，穿上他的宝玉衣，投火而死。周武王便砍下纣的头，把它挂在大白旗上。杀死了妲己。释放了箕子，加土增高比干的坟墓，修治商容的故居。封纣的儿子武庚禄父，让他继承殷朝的祭祀，让他执行盘庚的政令。殷朝的民众十分高兴。于是周武王就当了天子。后代降低他们的称号，称为王。而封殷的后代为诸侯，从属于周朝。

　　周武王崩，武庚与管叔、蔡叔作乱，成王命周公诛之，而立微子于宋，以续殷后焉。

◎**大意**　周武王逝世，武庚和管叔、蔡叔发动叛乱，成王命令周公诛灭他们，而把微子封在宋国，以延续殷的后代。

太史公曰：余以《颂》①次②契之事，自成汤以来，采于《书》③《诗》④。契为子姓，其后分封，以国为姓⑤，有殷氏、来氏、宋氏、空桐氏、稚氏、北殷氏、目夷氏。孔子曰，殷路车为善，而色尚白。

◎**注释**　①〔《颂》〕指《诗经·商颂》。②〔次〕编次。③〔《书》〕指《尚书》。④〔《诗》〕指《诗经》。⑤〔姓〕上古有姓有氏。姓是一种族号，氏是姓的分支。

◎**大意**　太史公说：我根据《商颂》来叙述契的事迹，从成汤以来，采用《尚书》和《诗经》的记载。契姓子，后代分封，以国名为姓氏，有殷氏、来氏、宋氏、空桐氏、稚氏、北殷氏、目夷氏。孔子说，殷人的车子最好，颜色崇尚白色。

◎**知识拓展**

　　本篇中武丁举傅说的故事是司马迁着力讲述的一个重点，旨在倡导其尊贤仁政的思想。《殷本纪》这一故事文本从《尚书·说命序》"高宗梦得说，使百工营求诸野，得诸傅岩，作《说命》三篇"而来，然细节性内容并非《尚书》所有，司马迁肯定依据了其他文献。武丁举傅说的故事在先秦及秦汉文献中保存较多。《孟子·告子下》《庄子·大宗师》《吕氏春秋·求人篇》《离骚》中都有相关记载，然与《史记》所记文本差异较大。《墨子·尚贤下》记载此故事说："昔者傅说居于北海之州，圜土之上，衣褐带索，庸筑于傅岩之城。武丁得而举之，立为三公，使之接天下之政，而治天下之民。"顾颉刚主张武丁举荐傅说的故事是墨家"尚贤"思想的表现，当出自墨家系统，而后被诸子称引。然《墨子》虽有武丁举傅说的详细记录和傅说筑于傅险的内容，却并不言武丁梦傅说一事。《国语·楚语》中有武丁"三年默以思道"和"以梦象旁求四方之贤"而得傅说的故事内容，与《史记》十分接近，当为司马迁取材的一个重要来源。诸子中大量武丁举荐傅说的故事说明了这则故事在春秋战国时期广泛传播的状态。司马迁正是以《尚书》为依据，综合采用了诸子（包括《国语》）的内容，生成了这则故事。可以看出，司马迁在编写《史记》的时候，是综合采用多种材料，一方面进行对比考证以便筛选；另一方面也是整合各种材料，从而形成一个全新的历史文本。

周本纪

第四

《周本纪》记叙了周朝八百年的兴衰历史，包括了西周、春秋和战国三个时期。在记事内容上，本篇重在西周历史，而平王东迁之后"政由方伯"的内容，因有诸侯世家可供参看，故记事十分简略。本篇从周始祖后稷开始记载，主要记载了后稷神异的出生、成长和他在种植方面的杰出成就。后稷纪后，公刘、古公亶父等人的内容记载相对简单一些，这些传记都集中在某一事上，而不是完整的人物生平记载，可以看作后稷纪的附传。文王纪承前，先记载文王"遵后稷、公刘之业，则古公、公季之法"，显示了周积德累善下的逐渐兴盛。文王纪重点记载了文王被囚羑里和虞芮断讼两件事情。武王纪开始，司马迁先写道："武王即位……修文王绪业。"所谓的"文王绪业"当指伐纣之事，所以武王纪正文也以伐纣为核心记事内容。其后成王、康王时期"天下安宁，刑错四十余年不用"。《周本纪》成王、康王纪文本生成方式相似，记事内容相对简单，记事方式主要为缀合《尚书序》相关内容。从"共和"开始，本篇在记事方式上出现了明显变化。"召公、周公二相行政，号曰'共和'。"从"共和"开始，《史记》开始以纪年方式组织材料。其后各帝王纪亦通过编年的形式展示出来。平王东迁，历史进入了一个新的阶段，即东周。《周本纪》首先整体记录了这一阶段的历史特征："平王立，东迁于雒邑，辟戎寇。平王之时，周室衰微，诸侯强并弱，齐、楚、秦、晋始大，政由方伯。"其后的历史记录都体现了这一内容。这一时期的记事主要为简单的编年事件。在记事内容与方式上，本篇至赧王时期出现了新的变化。赧王时期记事先以"王赧时东西周分治。王赧徙都西周"介绍这个时期的整体政治背景。而赧王时期的正式记事主要取材于战国纵横家书（后被刘向整理为《战国策》）。受史料来源的限制，这一时期的文本主要以记言的形式出现。在具体文字上，《周本纪》所载内容与今本《战国策》偶有异文。司马迁以"德"字贯穿了西周历史的始终。后稷到文王的历史，展示的是周代早期君王的积德累善、因德兴邦；从厉王到幽王的历史，显示的是西周后期君王的不修厥政、失德丧邦。通过西周历史的完整展示，开国之君与亡国之主形成了强烈对比，其中所蕴含的政治经验不言自明。平王东迁之后，"赐齐桓公为伯""赐晋文公为伯""秦穆公称霸"……政治历史的主宰者由天子变为诸侯霸主，司马迁采用《左传》《战国策》的材料，通过简单编排，突出了王道衰微的历史现象。而诸侯争霸，王道衰微的背后则是战国烽烟中的百姓疾苦。所以在对战国历史资料梳理的背后，司马迁表现的是天下一统的历史发展必然趋势，与人民对天下归于统一的真切呼唤。在艺术手法上，司马迁采用了《尚书》《左传》《国语》《战国策》《诗经》《孟子》《吕氏春秋》等多种文献资料，周代八百年的煌煌历史被清晰而完整地梳理出来，叙次秩然。本篇依照历史发展的阶段性与修史的特殊思想主旨，在记事上表现出明显的详略区别：详西周而略东周；详开国与亡国之君，略其他帝王事迹。相应的语言风格也表现出明显的多样性。幽王之前的西周历史，多采用《尚书》《国语》的记载，文辞古奥典雅；平王之后多采用《春秋》史料，语言简洁明快；威烈王之后又多采用《战国策》的文献，风格汪洋恣肆。

周后稷，名弃。其母有邰氏女，曰姜原。姜原为帝喾元妃①。姜原出野②，见巨人迹③，心忻（欣）然说（悦），欲践④之，践之而身动如孕者。居期⑤而生子，以为不祥，弃之隘巷，马牛过者皆辟（避）不践；徙置之林中，适会⑥山林多人，迁之；而弃渠中冰上，飞鸟以其翼覆荐⑦之。姜原以为神，遂收养长之。初欲弃之，因名曰弃。

◎**注释**　①〔元妃〕帝王或诸侯的嫡妻。②〔野〕野外，郊野。③〔迹〕脚印。④〔践〕踏，踩。⑤〔居期〕到了日子。⑥〔适会〕正赶上。"适""会"同义。⑦〔覆荐〕覆，覆盖。荐，铺垫。

◎**大意**　周的始祖后稷，名叫弃。他的母亲是有邰氏部族的女儿，名叫姜原。姜原是帝喾的正妃。姜原外出到郊野，看见一个巨人脚印，心里欣然爱慕，想去踩它一脚，一踩就觉得身子震动像怀了孕似的。满了十月就生下一个儿子，姜原认为这孩子不吉祥，就把他扔到一个狭窄的小巷里，但马牛从他身边经过都躲开而不踩他；于是又把他扔在树林里，正赶上树林里人多，所以又挪了个地方；把他扔在渠沟的冰上，有鸟飞来用翅膀为他覆盖、铺垫。姜原觉得这太神异了，就抱回来把他养大成人。由于起初想把他扔掉，所以就给他取名弃。

弃为儿时，屹①如巨人之志。其游戏，好种树②麻、菽③，麻、菽美。及为成人，遂好耕农，相④地之宜，宜谷者稼穑⑤焉，民皆法则⑥之。帝尧闻之，举⑦弃为农师，天下得其利，有功。帝舜曰："弃，黎民⑧始饥，尔后稷⑨播时（莳）⑩百谷。"封弃于邰，号曰后稷，别姓姬氏⑪。后稷之兴，在陶唐、虞、夏之际，皆有令德⑫。

◎**注释**　①〔屹〕耸立的样子。②〔种树〕种植。③〔菽（shū）〕豆类。④〔相〕仔细察看。⑤〔稼穑〕种植和收获。⑥〔法则〕效法、仿效。⑦〔举〕举荐，提拔。⑧〔黎民〕民众，百姓。黎，众。⑨〔后稷〕古代掌管农事的官。这里是做后稷以管理农务的意思。⑩〔播时（shì）〕播种，种植。时，通"莳"，栽种。⑪〔别姓姬氏〕指让后稷另姓姬。⑫〔令德〕美德。令，美，善。

◎**大意**　弃还是小孩的时候，像大人一样有高远的志向。他做游戏，喜欢种植麻、豆，麻、豆都长得丰茂。长大成人以后，他便爱好农业生产，考察土地的特点，在适宜种植谷物的地方春种秋收，民众都效法他。尧帝知道了这件事，任命弃担任农官，天下人都因他而获利，他有功于民。舜帝说："弃，当民众挨饿时，你这个农官栽种了各种谷物。"把弃封在邰地，称作后稷，让他另姓姬。后稷的兴起，正当唐尧、虞舜、夏禹的时代，一直表现出美好的德行。

后稷卒，子不窋立。不窋末年，夏后氏政衰，去稷①不务，不窋以失其官而奔戎狄②之间。不窋卒，子鞠立。鞠卒，子公刘立。公刘虽在戎狄之间，复修后稷之业，务耕种，行③地宜，自漆、沮度渭，取材用④，行者有资，居者有畜积，民赖⑤其庆⑥。百姓怀⑦之，多徙而保归⑧焉。周道之兴自此始，故诗人歌乐思其德⑨。公刘卒，子庆节立，国⑩于豳。

◎**注释**　①〔去稷〕指废去农官。②〔戎狄〕泛指西北地区的部族。③〔行〕巡视，察看。④〔取材用〕采取山林中的木材。⑤〔赖〕依靠，仰赖。⑥〔庆〕幸福。⑦〔怀〕归向。⑧〔保归〕归附。保，依，附。⑨〔诗人歌乐思其德〕诗人，指《诗经》的作者。《诗经·大雅·公刘》歌颂了公刘的伟大业绩和高尚品德。⑩〔国〕国都。这里是建都的意思。

◎**大意**　后稷去世后，儿子不窋（zhú）即位。不窋晚年，夏朝衰败，废去农官，不重视农业生产，不窋因此丢掉官职而逃到戎狄居住的地区。不窋去世，儿子鞠即位。鞠去世，儿子公刘即位。公刘虽然住在戎狄地区，但重新研习后稷的事业，致力于耕种，察看土地的功能，从漆水、沮水渡过渭水，伐取山林中的木材。使外出的人旅途有财货，住家的人有积蓄，人民都仰赖他过上好日子。百姓怀念他，大都移居到他这里。周朝事业的兴盛是从这时开始的，所以诗人创作乐歌来歌颂他的德行。公刘去世，儿子庆节即位，在豳（bīn）建都。

庆节卒，子皇仆立。皇仆卒，子差弗立。差弗卒，子毁隃立。毁隃卒，子公非立。公非卒，子高圉立。高圉卒，子亚圉立。亚圉卒，子公叔祖类立。公叔祖类卒，子古公亶父立。古公亶父复修后稷、公刘之业，积德行义，国人皆戴①之。薰育②戎狄攻之，欲得财物，予之。已③复攻，欲得地与民。民皆怒，欲战。古公曰：“有民④立君，将以利之。今戎狄所为⑤攻战，以吾地与民。民之在我，与其在彼，何异。民欲以我故战，杀人父子而君之⑥，予不忍为。”乃与私属⑦遂去豳，渡漆、沮，逾⑧梁山，止于岐下。豳人举国扶老携弱，尽复归古公于岐下。及他旁国闻古公仁，亦多归之。于是古公乃贬⑨戎狄之俗，而营筑城郭室屋，而邑别居之⑩。作五官有司⑪。民皆歌乐之，颂其德⑫。

◎**注释**　①〔戴〕尊奉，拥护。②〔薰育〕又作“獯鬻”“荤粥”等，我国古代北方少数民族名。③〔已〕不久。④〔有民〕民众。有，古汉语名词词头，无义。⑤〔所为〕等于说“所以”，这里是表示攻战的原因或目的。⑥〔君之〕做他们的君主。⑦〔私属〕家众。⑧〔逾〕越过。⑨〔贬〕减少，损减。这里有除去的意思。⑩〔邑别居之〕设邑落分别居住。⑪〔作五官有司〕设立五种官职负责管理各种事务。作，设置。有司，官吏。《集解》引《礼记》曰：“天子之五官曰司徒、司马、司空、司土、司寇，典司五众。"⑫〔民皆歌乐之，颂其德〕指《诗经》中《周颂·天作》《鲁颂·闷宫》歌颂古公亶父的内容。

◎**大意** 庆节去世，儿子皇仆即位。皇仆去世，儿子差弗即位。差弗去世，儿子毁隃即位。毁隃去世，儿子公非即位。公非去世，儿子高圉（yǔ）即位。高圉去世，儿子亚圉即位。亚圉去世，儿子公叔祖类即位。公叔祖类去世，儿子古公亶父即位。古公亶父继承后稷、公刘的事业，积累道德施行仁义，全国人民都拥戴他。薰育、戎狄攻打他，想得到财物，古公亶父把财物送给他们。不久又来攻打，想夺取周的土地和人民。人民都很愤怒，要和他们进行战斗。古公说："民众设立君主，是要凭借君主为他们谋求福利。现在戎狄发动战争的原因，是要得到土地和人民。人民属于我，和属于他们，有什么不同呢？人民要为了我而去和他们作战，我通过牺牲人家的父亲儿子而做君主，我不忍心这么做。"于是就携家人和家臣离开豳地，渡过漆水、沮水，翻越梁山，定居在岐山脚下。豳地的人都扶老携幼，跟随古公来到岐山脚下。周围其他国家的民众听说古公仁爱，也大都来归附他。这时古公变革戎狄的习俗，建造城墙房屋，把民众分成邑落定居下来。他设立五种官职负责管理各种事务。民众都歌唱奏乐，颂扬他的德业。

古公有长子曰太伯，次曰虞仲。太姜生少子季历，季历娶太任，皆贤妇人，生昌，有圣瑞①。古公曰："我世当有兴者，其②在昌乎？"长子太伯、虞仲知古公欲立季历以传昌，乃二人亡如荆蛮③，文身④断发，以让季历。

◎**注释** ①〔圣瑞〕圣人的吉兆。②〔其〕恐怕，大概。③〔亡如荆蛮〕亡，逃走。如，往，到……去。荆蛮，指当时的楚地。④〔文身〕在身上刺了花纹。
◎**大意** 古公的长子名叫太伯，次子名叫虞仲。太姜生了个小儿子叫季历，季历娶太任，太姜和太任都是贤德的妇人，太任生姬昌，有圣王的瑞应。古公说："周族的兴盛，大概应验在姬昌身上吧？"长子太伯、次子虞仲知道古公想要立季历以传位给姬昌，于是逃到南蛮之地，像当地人那样在身上刺了花纹，剪短头发，让位给季历。

古公卒，季历立，是为公季。公季修古公遗道，笃^①于行义，诸侯顺之。

◎**注释** ①〔笃〕专一，忠诚。

◎**大意** 古公去世，季历即位，这就是公季。公季研习遵循古公的治民之道，认真地施行仁义，诸侯都归顺他。

公季卒，子昌立，是为西伯。西伯曰文王，遵后稷、公刘之业，则^①古公、公季之法，笃仁，敬老，慈少。礼下贤者^②，日中不暇食^③以待士，士以此多归之。伯夷、叔齐在孤竹，闻西伯善养老，盍往归之^④。太颠、闳夭、散宜生、鬻子、辛甲大夫之徒皆往归之。

◎**注释** ①〔则〕效法。②〔礼下贤者〕即礼贤下士。③〔不暇食〕顾不上吃饭。暇，空闲。④〔盍往归之〕一起前来归附他。

◎**大意** 公季去世，子昌即位，这就是西伯。西伯尊号为文王，他遵循后稷、公刘的事业，效法古公、公季的做法，笃行仁政，尊敬老人，慈爱晚辈。他礼贤下士，白天顾不上吃饭来接待士人，士人因为这样大多归附他。伯夷、叔齐在孤竹国，听说西伯敬重老者，一起前来归附他。太颠、闳夭、散宜生、鬻子、辛甲大夫这些人也都前来归附他。

崇侯虎谮^①西伯于殷纣曰："西伯积善累德，诸侯皆向之，将不利于帝。"帝纣乃囚西伯于羑里。闳夭之徒患之。乃求有莘氏美女，骊戎之文马^②，有熊九驷^③，他奇怪物^④，因^⑤殷嬖臣费仲而献之纣。纣大说（悦），曰："此一物足以释西伯，况其多乎！"乃赦西伯，赐之弓矢斧钺，使西伯得征伐。曰："谮西伯者，崇侯虎也。"西伯乃献雒西之地，以请纣去炮格之刑。纣许之。

◎**注释**　①〔谮（zèn）〕进谗言，说人的坏话。②〔文马〕有彩色花纹的马。③〔九驷〕三十六匹马。驷，古代一车驾四马，因称同驾一车的四马为驷。④〔他奇怪物〕其他珍奇、稀有的宝物。⑤〔因〕通过。

◎**大意**　崇侯虎向殷纣王诬陷西伯说："西伯积累善事和德行，诸侯都归附他，这样将对您不利。"帝纣便把西伯囚禁在羑（yǒu）里。闳夭等人为此担忧，便求得有莘氏的美女、骊戎的彩纹骏马、有熊氏的三十六匹好马，以及其他珍奇宝物，通过殷的宠臣费仲献给纣。纣很高兴，说："仅有莘氏的美女就足以释放西伯了，何况这么多呢！"于是赦免西伯，并赐他弓箭斧钺，使他掌有征讨大权。纣说："诬陷西伯的人，是崇侯虎。"西伯献出雒水西边的土地，以请求纣废除他的炮格之刑。纣答应了他的请求。

　　西伯阴行善，诸侯皆来决平①。于是虞、芮之人有狱②不能决，乃如周。入界，耕者皆让畔，民俗皆让长。虞、芮之人未见西伯，皆惭，相谓曰："吾所争，周人所耻③，何往为，只取辱耳。"遂还，俱让而去。诸侯闻之，曰"西伯盖④受命之君⑤"。

◎**注释**　①〔决平〕决断，评判。②〔狱〕争讼，官司。③〔耻〕以为耻。④〔盖〕大概，大约。⑤〔受命之君〕受天命的君王。意思是说将受天命为帝。

◎**大意**　西伯暗中为民做好事，诸侯都来请他判断是非曲直。当时，虞、芮两国的人因发生争端无法裁决，便来到周国。他们进入国界后，看见耕田的人都互让田界，民众都敬重礼让年长的人。虞、芮两国的人还没见到西伯，就自觉惭愧了，互相说："我们所争执的，是周人认为羞耻的事，还去干什么，只会给我们带来羞辱罢了。"于是返回，互相谦让着离开了。诸侯听到这件事，说："西伯大概是受天命的君主。"

　　明年，伐犬戎。明年，伐密须。明年，败耆国。殷之祖伊闻之，惧，以告帝纣。纣曰："不有天命乎？是何能为！"明年，伐邘①。明年，伐崇侯虎。而作丰邑，自岐下而徙都丰。明年，西伯崩，太子发立，是为武王。

◎**注释** ①〔邘（yú）〕古国名，遗址在今河南沁阳西北。

◎**大意** 第二年，西伯讨伐犬戎。下一年，讨伐密须。下一年，打败耆国。殷朝的祖伊听到这些消息，内心恐惧，便报告帝纣。纣说："不是有天命在保护我们吗？区区西伯能起什么作用！"下一年，西伯讨伐邘。下一年，讨伐崇侯虎，建立丰邑，把国都从岐下迁到丰邑。下一年，西伯逝世，太子姬发即位，这就是武王。

西伯盖即位五十年。其囚羑里，盖益《易》①之八卦②为六十四卦。诗人道西伯，盖受命之年称王而断虞芮之讼。后十年③而崩，谥④为文王。改法度，制正朔矣⑤。追尊古公为太王，公季为王季：盖王瑞自太王兴。

◎**注释** ①〔《易》〕古代占卜的书，今存《周易》，也叫《易经》。②〔八卦〕《易》中的八种基本图形，每个图形象征一种自然现象：乾（天）、坤（地）、震（雷）、兑（泽）、离（火）、巽（xùn，风）、坎（水）、艮（gèn，山）。③〔后十年〕过了十年。④〔谥〕古代在人死后按其生前事迹评定褒贬而给予的称号。⑤〔改法度，制正朔矣〕改变殷之法律制度，制定新的历法，即废除殷历，改用周历。

◎**大意** 西伯在位约五十年。他被囚禁在羑里时，曾把《易》的八卦推演为六十四卦。诗人称赞西伯，认为他是从裁断虞国和芮国的争端那年受命称王的。他过了十年逝世，谥为文王。文王在位时改革法律制度，制定了周历。追尊古公为太王，公季为王季：这大概是因为周朝的工业是从太王时开始的。

武王即位，太公望为师①，周公旦为辅②，召公、毕公之徒左右③王师，修文王绪业④。

◎**注释** ①〔太公望为师〕太公望，即吕尚，事迹详见《齐太公世家》。师，太师，周代辅佐国君的官。②〔周公旦为辅〕周公旦，周文王第四子，武王之弟。事迹详见《鲁周公世家》。辅，天子左右大臣的通称。③〔左右〕帮助，辅佐。④〔绪业〕遗业，事业。

◎**大意** 武王即位，太公望担任军师，周公旦任宰辅，召公、毕公等人辅佐武王，继承光大文王的事业。

九年，武王上祭于毕。东观兵①，至于盟津。为文王木主②，载以车，中军③。武王自称太子发，言奉文王以伐，不敢自专。乃告司马、司徒、司空、诸节④：“齐栗⑤，信⑥哉！予无知，以先祖有德，臣小子受先功，毕⑦立赏罚，以定其功。”遂兴师⑧。师尚父⑨号曰：“总⑩尔众庶，与⑪尔舟楫，后至者斩。”武王渡河，中流，白鱼跃入王舟中，武王俯取以祭。既渡，有火自上复于下，至于王屋，流为乌⑫，其色赤，其声魄⑬云。是时，诸侯不期而会盟津者八百诸侯。诸侯皆曰：“纣可伐矣。”武王曰：“女（汝）未知天命，未可也。”乃还师归。

◎**注释** ①〔观兵〕检阅军队。②〔木主〕神主，即牌位。用木做成，书死者谥号以供祭祀。古代帝王出军、巡狩或去国，载庙主及社主以行。③〔中军〕指置于军中。④〔诸节〕指接受王命的诸官吏。节，符节，古代朝廷用作凭证的信物，这里借指王命。⑤〔齐（zhāi）栗〕严肃恭敬。齐，庄重、肃敬。栗，威严，庄严。⑥〔信〕诚实，不欺。⑦〔毕〕尽，完全。⑧〔兴师〕举兵。⑨〔师尚父〕武王对吕尚的敬称。⑩〔总〕聚束，集中。⑪〔与〕操，持。⑫〔流为乌〕不断变化，最后现出乌鸦的形象。流，往来不定或运转不停。⑬〔魄〕象声词，形容鸟叫的声音。

◎**大意** 九年，武王在毕地祭祀文王。然后往东检阅军队，到达盟津。他刻制了文王的木牌神位，装在车子上，供奉在中军帐内。武王自称太子发，声称奉文王之命去讨伐，不敢独断专行。他向司马、司徒、司空和各位接受符节的军事官员宣告：“要敬谨戒惧，切实努力啊！我没有什么才能，只因为祖先品行高尚，我承袭先人的功业罢了，设立各种赏罚制度，在于保证功业。”于是发兵。师尚父号令说：“集合你们的士兵，开船划桨，迟来的杀头。”武王乘船行进在黄河中，船到中流，有条白色大鱼跳进武王的船里，武王弯腰拾起，用它祭天。渡河以后，有一团火从天而降，到了武王的屋顶时，化为一只乌鸦，颜色火红，发出"魄魄"的声音。这时，不曾预约而相会于盟津的诸侯有八百个。诸侯都说："可以讨伐纣了。"武王说："你们不了解天命，还不行啊。"便率兵回去了。

居二年，闻纣昏乱暴虐滋甚①，杀王子比干，囚箕子。太师疵、少师强抱其乐器而奔周。于是武王遍告诸侯曰："殷有重罪，不可以不毕伐②。"乃遵文王，遂率戎车③三百乘④，虎贲⑤三千人，甲士⑥四万五千人，以东伐纣。十一年十二月戊午，师毕渡盟津，诸侯咸⑦会。曰："孳孳无怠！"武王乃作《太誓》⑧，告于众庶："今殷王纣乃用其妇人之言，自绝于天，毁坏其三正⑨，离逷（逖）⑩其王父母弟，乃断弃其先祖之乐，乃为淫声⑪，用变乱正声⑫，怡说（悦）妇人。故今予发维共行天罚。勉哉夫子，不可再，不可三！"

◎**注释**　①〔滋甚〕越来越厉害。②〔毕伐〕全力讨伐。③〔戎车〕战车。④〔乘（shèng）〕古代一车四马为一乘。⑤〔虎贲（bēn）〕勇士。⑥〔甲士〕披甲之士。⑦〔咸〕皆，都。⑧〔《太誓》〕古文《尚书》篇名，《尚书》作《泰誓》。⑨〔三正〕指微子、箕子、比干三位贤臣。⑩〔离逷（tì）〕疏远。逷，同"逖"，远。⑪〔淫声〕指淫俗的音乐。⑫〔正声〕雅正的音乐。

◎**大意**　过了两年，听说纣更加昏庸暴虐，杀了王子比干，囚禁了箕子。太师疵、少师强抱着乐器逃奔周国。于是武王告诉所有的诸侯说："殷王罪不可赦，不能不尽全力讨伐他。"武王遵循文王的遗命，率领三百辆战车，三千名勇士，四万五千名身披盔甲的武士，向东讨伐纣。十一年十二月戊午日，军队全部渡过盟津，诸侯都来会合。武王说："奋发努力，不可懈怠！"武王写下《太誓》，对众人宣告："现在殷王纣竟然听信妇人的谗言，自绝于天，残害他的三位贤臣，疏远同祖父母兄弟，抛弃祖先的乐曲，制作淫靡的乐曲，以扰乱纯正的音乐，来讨好妇人。所以现在我姬发恭敬地执行上天的惩罚。努力啊勇士们，不可等待第二次，更不可等待第三次！"

二月①甲子昧爽②，武王朝至于商郊牧野，乃誓。武王左杖③黄钺④，右秉⑤白旄⑥，以麾⑦。曰："远矣西土之人⑧！"武王曰："嗟！我有（友）国冢君⑨，司徒、司马、司空，亚旅、师氏，千夫长、百夫长，及庸、蜀、羌、髳、微、纑、彭、濮人⑩，称⑪尔戈，比⑫尔干，立尔矛，予其誓。"王曰："古人有言'牝鸡⑬无晨。牝鸡之晨，惟家之索⑭'。今殷王纣维妇人言是用⑮，自弃其先祖肆祀⑯不答，昏（泯）弃⑰其家国，遗其王父母弟不用，乃维四方之多罪逋逃⑱是崇是长⑲，是信是使⑳，俾㉑暴虐于百姓，以奸轨（宄）于商国。今予发维共行天之罚。今日之事，不过六步七步，乃止齐㉒焉，夫子勉哉！不过于四伐五伐六伐七伐，乃止齐焉，勉哉夫子！尚㉓桓桓㉔，如虎如罴，如豺如离（螭）㉕，于商郊，不御克奔㉖，以役㉗西土，勉哉夫子！尔所不勉，其于尔身有戮！"誓已，诸侯兵会者车四千乘，陈师㉘牧野。

◎**注释** ①〔二月〕这是用周历，殷历为正月。②〔昧爽〕天将亮未亮之时。③〔杖〕持，拿着。④〔黄钺〕黄铜制的大斧。⑤〔秉〕持，把。⑥〔旄〕用旄牛尾放在旗杆上做装饰的旗。⑦〔麾（huī）〕挥动，指挥。⑧〔远矣西土之人〕这是慰劳的话。西土之人，指从西方来的将士。⑨〔有国冢君〕称同来伐纣的诸侯。有国，即友邦。冢君，大君，等于说首领。⑩〔及庸、蜀、羌、髳（máo）、微、纑（lú）、彭、濮人〕八国都是当时属于武王的部落。⑪〔称〕举。⑫〔比〕并列，紧靠。这里是排列整齐的意思。⑬〔牝（pìn）鸡〕雌鸡。⑭〔惟家之索〕意思是只能使家破败。索，尽，这里有破败、毁败的意思。⑮〔维妇人言是用〕只听妇人的话。⑯〔肆祀〕指对祖先的祭祀。⑰〔昏（mǐn）弃〕弃去。昏，通"泯"，蔑。⑱〔多罪逋（bū）逃〕指罪恶多端的逃犯。逋逃，逃亡。⑲〔是崇是长〕等于说"崇是长是"，抬高这些人，重视这些人。崇，高，这里是抬高的意思。长，以……为长，即重视的意思。⑳〔是信是使〕等于说"信是使是"，相信这些人，使用这些人。㉑〔俾（bǐ）〕使。㉒〔齐〕指整顿队伍，使阵列整齐。㉓〔尚〕表示命令或希望。㉔〔桓桓〕威武的样子。㉕〔离（chī）〕同"螭"，传说中一种似龙的动物。㉖〔克奔〕指能来奔投降者。㉗〔役〕助。㉘〔陈师〕摆开阵势。

◎**大意** 二月甲子的黎明，武王早早地到了商都郊外，举行誓师。武王左手拿着黄色大斧，右手握着用旄牛尾装饰的白色战旗，来指挥军队。他说："远征辛苦了，西土来的将士们！"他接着说："喂！各位诸侯，司徒、司马、司空、亚旅、师氏、千夫长、百夫长，以及庸、蜀、羌、髳、微、纑、彭、濮各国的人们，举起你们的戈，排好你们的盾牌，竖好你们的矛，我要宣誓了。"武王宣誓说："古人有句话说：'母鸡是不报晓的。母鸡报晓，家庭就会崩溃。'现在殷王纣只听妇人的话，抛弃对祖先的祭祀，不报答神恩，昏乱到不理国家大事，遗弃同祖的弟兄而不加任用，却只对天下罪恶多端而逃亡的人那般地尊崇重视，信任重用，让他们暴虐百姓，在商国犯法作乱。现在我姬发恭敬地执行上天的惩罚。有关今天作战之事，每前进六七步，就要停下来整理队伍，各位努力吧！每冲刺四次五次六次七次，就要停下来整理队伍，各位努力吧！希望大家勇武，如虎如罴，如豺如螭，在商都郊野，不要抵制杀害前来投降的人，以让他们为我们服劳役。各位努力吧！你们如果不努力，我将杀掉你们！"誓师完毕，诸侯军队结集者共有四千辆战车，都列阵在牧野。

帝纣闻武王来，亦发兵七十万人距（拒）武王。武王使师尚父与百夫致师①，以大卒②驰帝纣师。纣师虽众，皆无战之心，心欲武王亟③入。纣师皆倒兵④以战，以开⑤武王。武王驰之，纣兵皆崩畔（叛）纣。纣走，反（返）入登于鹿台之上，蒙⑥衣⑦其珠玉，自燔⑧于火而死。武王持大白旗以麾诸侯，诸侯毕拜武王，武王乃揖⑨诸侯，诸侯毕从。武王至商国⑩，商国百姓咸待于郊。于是武王使群臣告语⑪商百姓曰："上天降休⑫！"商人皆再拜稽首⑬，武王亦答拜。遂入，至纣死所。武王自射之，三发而后下车，以轻剑⑭击之，以黄钺斩纣头，县（悬）大白之旗。已而至纣之嬖妾二女，二女皆经⑮自杀。武王又射三发，击以剑，斩以玄钺，县（悬）其头小白之旗。武王已乃出复军。

◎**注释** ①〔致师〕挑战。②〔大卒〕古代军队编制。③〔亟〕急，速。④〔倒兵〕即倒戈，掉转兵器攻击自己一方。⑤〔开〕引导。⑥〔蒙〕包，裹。⑦〔衣（yì）〕穿（衣）。⑧〔燔（fán）〕焚烧。⑨〔揖〕拱手为礼。⑩〔商国〕商之国都。⑪〔告语（yù）〕对……宣告。⑫〔休〕吉庆，美善。⑬〔稽（qǐ）首〕叩头到地。古时九拜礼仪中最恭敬的一种。⑭〔轻剑〕《正义》引《周书》作"轻吕之剑"。轻吕，剑名。⑮〔经〕缢死，上吊。

◎**大意** 纣帝听说武王率兵攻来，也发兵七十万人抵御武王。武王派师尚父带领一百名勇士冲入敌阵挑战，然后用大部队杀向纣的军队。纣的士兵尽管很多，但都没有作战的决心，只是希望武王赶快攻进来。纣的士兵都倒转兵器攻击自己一方，给武王开路。武王命令追击纣军，纣兵全部溃散而背叛了纣王。纣逃走，逃回城内，登上鹿台，穿上他的宝贵玉衣，自焚而死。武王手持大白旗指挥诸侯，诸侯都拜谢武王，武王也向诸侯揖手为礼，诸侯都听从他的指挥。武王来到商的都城，商朝百官都在城外迎候他。于是武王让大臣告诉商的百官说："上天赐给大家幸福！"商朝百官都拜谢叩头，武王向他们回礼。于是进城，到了纣自焚的地方。武王亲自用箭射纣尸，连射三次然后下车，用宝剑击纣，再用铜制大斧砍下纣的头，悬挂在大白旗上。随后走到纣宠爱的两个妃子那里，两个妃子都自缢而死了。武王又射三箭，再用剑击，然后用铁制大斧斩下她们的头，悬挂在小白旗上。武王这才出城回到军中。

其明日，除道，修社及商纣宫。及期，百夫荷①罕旗②以先驱。武王弟叔振铎奉陈常车③，周公旦把大钺，毕公④把小钺，以夹⑤武王。散宜生、太颠、闳夭皆执剑以卫武王。既入，立于社南，大卒之左右毕从。毛叔郑奉明水⑥，卫康叔封布兹⑦，召公奭赞采⑧，师尚父牵牲⑨。尹佚策祝⑩曰："殷之末孙季纣，殄废⑪先王明德，侮蔑神祇⑫不祀，昏暴商邑百姓，其章（彰）显闻于天皇上帝。"于是武王再拜稽首，曰："膺⑬受大命，革⑭殷，受天明命。"武王又再拜稽首，乃出。

◎**注释** ①〔荷（hè）〕担负。②〔罕旗〕有九条飘带的旗帜。③〔奉陈常车〕奉，献。陈，陈列。常车，仪仗车。④〔毕公〕梁玉绳以为是"召公"之误。⑤〔夹〕在左右侍卫。⑥〔明水〕指明月夜里的露水。⑦〔布兹〕布，铺设。兹，草席。⑧〔赞采〕赞，奉献。采，币帛，丝织品。⑨〔牲〕供祭祀用的家畜。⑩〔策祝〕读策书祝文。⑪〔殄废〕灭绝。⑫〔神祇（qí）〕泛指神鬼。祇，地神。⑬〔膺〕受，接受。⑭〔革〕革除，废除。

◎**大意**　第二天，清除道路，整治土地神的祭坛和纣的宫室。到了规定的时间，一百名壮士打着云罕旗在前面开路。武王的弟弟叔振铎献上威仪之车，周公旦手持大钺，毕公手持小钺，站在武王左右。散宜生、太颠、闳夭都持剑保卫武王。进城后，武王站在土神祭坛南面大部队的左边，左右随从都跟在后面。毛叔郑捧着洁净之水，卫康叔封铺开席子，召公奭（shì）奉献五色的彩帛，师尚父牵祭牲。尹佚朗读策书祝文说："殷朝的末代子孙纣，毁败废弃先王的美德，侮辱神明并废除祭祀，昏乱暴虐地对待商国百姓，其罪恶昭著上天都知道了。"于是武王先后两次叩头拜谢，说："我承受改朝换代的重大天命，革除殷朝政权，一定遵从上天的命令。"武王又两次叩拜，才出去。

　　封商纣子禄父殷之余民。武王为殷初定未集①，乃使其弟管叔鲜、蔡叔度相②禄父治殷。已而命召公释箕子之囚。命毕公释百姓之囚，表③商容之闾。命南宫括散鹿台之财，发④钜桥之粟，以振（赈）贫弱萌（氓）隶⑤。命南宫括、史佚展⑥九鼎⑦保（宝）玉。命闳夭封比干之墓。命宗祝享祠⑧于军。乃罢兵西归。行狩⑨，记政事，作《武成》⑩。封诸侯，班（颁）赐⑪宗彝⑫，作《分殷之器物》⑬。武王追思先圣王，乃褒封神农之后于焦，黄帝之后于祝，帝尧之后于蓟，帝舜之后于陈，大禹之后于杞。于是封功臣谋士，而师尚父为首封⑭。封尚父于营丘，曰齐。封弟周公旦于曲阜，曰鲁。封召公奭于燕。封弟叔鲜于管，弟叔度于蔡。余各以次受封。

◎**注释**　①〔集〕和睦，安定。②〔相〕辅佐。③〔表〕称表，表彰。④〔发〕散发。⑤〔萌隶〕指民众。萌，通"氓（méng）"，外来的百姓，也泛指老百姓。隶，奴隶。⑥〔展〕展示，展览。⑦〔九鼎〕相传夏禹收天下之金铸成九鼎，象征九州。后来成了象征国家政权的传国之宝。成汤迁之于商邑，周武王迁之于雒邑。⑧〔享祠〕祭祀鬼神。⑨〔行狩〕到各诸侯国巡视。⑩〔《武成》〕古文《尚书》篇名。⑪〔班赐〕分赐。班，同"颁"，颁发。⑫〔宗彝〕宗庙里用来盛酒的礼器。⑬〔《分殷之器物》〕《尚书》篇名，已亡佚。⑭〔首封〕在分封的各诸侯王之中，位次第一。

◎**大意**　武王把殷国留存的百姓分封给商纣的儿子禄父。武王因为殷地刚平定，还没完全安定，就让他的弟弟管叔鲜、蔡叔度辅佐禄父治理殷国。不久命令召公把箕子从牢狱中释放出来。命毕公从牢狱中放出百姓，修治商容的故居。命南宫括散发鹿台的钱财和钜桥的粮食，来救济贫苦无力的百姓。命南宫括、史佚展示九鼎和宝玉。命闳夭加土增修比干的坟墓。命掌管祭祀的官员祭奠阵亡的将士。于是撤兵返回西土。他沿途巡视，记载政事，作《武成》。分封诸侯，分别赐给他们宗庙所藏宝器，作《分殷之器物》。武王追念先代的圣明帝王，于是表彰分封神农的后代到焦地，黄帝的后代到祝地，尧帝的后代到蓟地，舜帝的后代到陈地，大禹的后代到杞地。又分封功臣谋士，师尚父得到最高的封赐。封师尚父于营丘，国号齐。封周公旦于曲阜，国号鲁。封召公奭于燕，封弟弟叔鲜于管，弟弟叔度于蔡。其余的人也按等受封。

武王征①九牧之君②，登豳之阜③，以望商邑。武王至于周，自夜不寐。周公旦即④王所，曰："曷为不寐？"王曰："告女（汝）：维⑤天不飨（享）⑥殷，自发未生于今六十年，麋鹿在牧⑦，蜚鸿⑧满野。天不享殷，乃今有成。维天建殷，其登名民⑨三百六十夫⑩，不显亦不宾（摈）灭⑪，以至今。我未定⑫天保⑬，何暇寐！"王曰："定天保，依⑭天室，悉求夫恶，贬从殷王受⑮。日夜劳来⑯定我西土，我维显服⑰，及德方明。自雒汭延于伊汭，居易毋固，其有夏之居。我南望三涂，北望岳鄙⑱，顾詹（瞻）⑲有河，粤⑳詹雒、伊，毋远天室。"营㉑周居于雒邑而后去。纵马㉒于华山之阳㉓，放牛于桃林之虚㉔；偃㉕干戈，振兵释旅㉖：示天下不复用也。

◎**注释** ①〔征〕召集。②〔九牧之君〕九州的长官。③〔阜〕土山。④〔即〕走近，到。⑤〔维〕句首语气词。⑥〔飨〕同"享"，鬼神享用祭品。⑦〔牧〕郊区。⑧〔蜚鸿〕一种害虫。⑨〔名民〕贤人。⑩〔夫〕成年男子。⑪〔宾（bìn）灭〕灭除。宾，通"摈"，遗弃，排斥。⑫〔定〕确定，稳固。⑬〔天保〕皇统，国运。⑭〔依〕使服从。⑮〔贬从殷王受〕像处置殷王那样处置他。从，随，像……一样。受，即纣。⑯〔劳来（lào lài）〕勤勉努力。"劳""来"同义。⑰〔显服〕办好各种事情。显，明。服，事。⑱〔鄙〕边远之地。⑲〔顾詹〕回望。詹，通"瞻"，远望。⑳〔粤〕句首语气词，无义。㉑〔营〕度量，测量。㉒〔纵马〕放马，牧马。㉓〔阳〕山的南面。㉔〔虚〕区域，所在地。㉕〔偃〕倒下，这里是放倒、放下的意思。㉖〔振兵释旅〕整顿部队，然后解散。振，整顿。释，解散。旅，古代以士卒五百人为一旅。这里泛指军队。

◎**大意** 武王召集九州的州牧，登上豳城附近的土山，远望商朝的国都。武王回到周地，夜间不能安睡。周公旦来到武王住所，问道："为什么不能安睡呢？"武王说："告诉你：上天不享用殷朝的祭祀，从我还没出生到现在六十年间，田野荒芜，民不聊生。上天不保护殷朝，才有我们今天的功业。当上天建立殷朝时，曾任用贤人三百六十人辅佐殷朝，成绩虽不显著，但也不至于灭亡，后来竟发展到今天这种情况。我不能确定上天对周是否保佑，哪有工夫睡呢？"武王又说："我要求上天一定保佑周朝，使天下的人都依从中央，我要把恶人全部找出来，像惩罚纣那样惩罚他们。我要不分日夜地慰劳百姓，使我西土安定，我要弄清各种事情，直到周朝的德行光照四方。从雒水边上一直到伊水边，地势平坦没有险阻，这原是夏人所居之地。我南望三涂山，北望太行山，观察黄河，东望雒水、伊水，这些地方都是营建都城的好处所。"于是营建了雒邑作为周朝的陪都，然后才离开。把马放养到华山南面，把牛放养到桃林原野；把兵器收藏起来，整军班师并解散军队：向天下人表示再也不用这些了。

　　武王已克①殷，后二年，问箕子殷所以亡。箕子不忍言殷恶，以存亡国宜②告。武王亦丑③，故问以天道④。

◎**注释** ①〔克〕打败，战胜。②〔存亡国宜〕存国与亡国的事宜。宜，事宜，适宜的事。③〔丑〕感到羞惭。④〔天道〕指治理天下的道理。

◎**大意** 武王灭殷以后，经过两年，问箕子殷朝灭亡的原因。箕子不忍说殷的缺失，便把国家存亡的道理告诉武王。武王也感到难为情，转而询问治理天下的大道理。

武王病。天下未集，群公惧，穆①卜，周公乃祓②斋，自为质③，欲代武王，武王有瘳④。后而崩，太子诵代立，是为成王。

◎**注释** ①〔穆〕恭敬地。②〔祓（fú）〕古代习俗，为去灾除邪而举行仪式。③〔质〕抵押品。这里是指周公自己愿意代替武王生病。④〔瘳（chōu）〕病愈。
◎**大意** 武王生了病。当时天下还没有安定，群臣惶恐，恭敬地占卜，周公斋戒沐浴，祭祀鬼神为武王求福，愿意替代武王生病死去，武王的病好转了。后来武王崩逝，太子诵继承王位，这就是成王。

成王少，周初定天下，周公恐诸侯畔（叛）周，公乃摄行①政当国②。管叔、蔡叔群弟疑周公，与③武庚作乱，畔（叛）周。周公奉成王命，伐诛④武庚、管叔，放⑤蔡叔。以微子开⑥代殷后，国⑦于宋。颇收殷余民，以封武王少弟封为卫康叔。晋唐叔得嘉谷⑧，献之成王，成王以归（馈）⑨周公于兵所。周公受禾东土，鲁⑩天子之命。初，管、蔡畔（叛）周，周公讨之，三年而毕定，故初作《大诰》⑪，次作《微子之命》⑫，次《归禾》⑬，次《嘉禾》⑭，次《康诰》⑮《酒诰》⑯《梓材》⑰，其事在《周公》之篇⑱。周公行政七年，成王长，周公反（返）⑲政成王，北面⑳就群臣之位。

◎**注释** ①〔摄行〕代理执行。②〔当国〕主持国事。③〔与〕联合。④〔伐诛〕诛杀，杀死。⑤〔放〕流放。⑥〔开〕本为"启"，这里是避汉景帝刘启讳改作"开"。⑦〔国〕这里是立国、建国的意思。事详《宋微子世家》。⑧〔嘉谷〕奇特的谷穗（被视为祥瑞）。⑨〔归（kuì）〕通"馈"，赠送。⑩〔鲁〕嘉美，颂扬。⑪〔《大诰》〕《尚书》篇名。⑫〔《微子之命》〕古文《尚书》篇名。《集解》引孔安国曰："封命之书。"封命指封命微子代殷后。⑬〔《归禾》〕《尚书》篇名。⑭〔《嘉禾》〕《尚书》篇名。⑮〔《康诰》〕《尚书》篇名。为周公对康公的训诫之辞。⑯〔《酒诰》〕《尚书》篇名，内容是周公告诫康公以殷为鉴，戒除嗜酒之风。⑰〔《梓材》〕《尚书》篇名。⑱〔其事在《周公》之篇〕意思是这件事记载在《鲁周公世家》中。⑲〔反〕同"返"，这里是交还的意思。⑳〔北面〕古代君主面南而坐，臣子朝见君主则面北，所以谓称臣为北面。

◎**大意** 成王年少，周朝刚平定天下，周公担心诸侯背叛，便代理成王主持国家政务。管叔、蔡叔等诸弟怀疑周公，勾结武庚作乱，背叛周朝。周公奉成王之命，进行讨伐，杀了武庚、管叔，流放了蔡叔。用微子启代殷后，在宋地建立国家。广泛召集殷朝遗民，赐给武王的幼弟姬封，封他为卫康叔。晋唐叔得到一种代表祥瑞的谷子，献给成王，成王又派人送到兵营赠给周公。周公在东方接受了谷物，并宣布了成王的命令。当初，管叔、蔡叔反叛周朝，周公去讨伐他们，经过三年才完全平定了这场叛乱，所以周公开始作《大诰》，又依次作了《微子之命》《归禾》《嘉禾》《康诰》《酒诰》《梓材》等篇，这些事情记载在《鲁周公世家》中。周公主持国家政务七年，成王长大了，周公将政权交还成王，自己坐南面北退居到臣下的位置。

成王在丰，使召公复营雒邑，如①武王之意。周公复卜申②视，卒③营筑，居④九鼎焉。曰："此天下之中，四方入贡道里⑤均。"作《召诰》《洛诰》⑥。成王既迁殷遗民，周公以王命告，作《多士》《无佚》⑦。召公为保，周公为师⑧，东伐淮夷，残⑨奄，迁其君薄姑。成王自奄归，在宗周，作《多方》⑩。既绌（黜）⑪殷命，袭淮夷，归在丰，作《周官》⑫。兴正礼乐，度制于是改，而民和睦，颂声兴。成王既伐东夷，息慎来贺，王赐荣伯作《贿息慎之命》⑬。

◎**注释** ①〔如〕顺，遵从。②〔申〕重复，多次。③〔卒〕最终。④〔居〕

安放。⑤〔道里〕指路途的远近。⑥〔《召（shào）诰》《洛诰》〕《尚书》篇名。召公主持营建雒邑，周公前去视察，作《召诰》《洛诰》。⑦〔《多士》《无佚》〕《尚书》篇名。⑧〔师〕太师。⑨〔残〕伤害，毁坏。这里是消灭的意思。⑩〔《多方》〕《尚书》篇名。⑪〔绌〕通"黜"，罢黜，废除。⑫〔《周官》〕古文《尚书》篇名。⑬〔《贿息慎之命》〕《尚书》篇名，已亡佚。

◎**大意**　成王在丰镐，派召公再次营建雒邑，按照武王原先的旨意进行。周公又进行占卜，并前往勘察，终于建造完成，把九鼎安放在那里。他说："这里是天下的中心，四方进贡的里程均等。"作《召诰》《洛诰》。成王把殷的遗民迁到那里后，周公向他们宣告成王的命令，写下了《多士》《无佚》。召公担任太保，周公担任太师，向东讨伐淮夷，消灭了奄国，将其国君迁到薄姑。成王从奄国回来，在宗周写下了《多方》。成王消灭了殷朝的残余势力，袭击了淮夷，回到丰镐，写下了《周官》。从此创作并订正礼仪音乐，改革法令制度，百姓和睦，颂歌四起。成王讨伐东夷以后，息慎族前来朝贺，成王命令荣伯作《贿息慎之命》。

　　成王将崩，惧太子钊之不任①，乃命召公、毕公率诸侯以相太子而立之。成王既崩，二公率诸侯，以太子钊见于先王庙，申告以文王、武王之所以为王业之不易，务在节俭，毋多欲，以笃信临之②，作《顾命》③。太子钊遂立，是为康王。康王即位，遍告诸侯，宣告以文武之业以申之，作《康诰》④。故成康之际，天下安宁，刑错（措）⑤四十余年不用。康王命作策⑥毕公分居里⑦，成周郊⑧，作《毕命》⑨。

◎**注释**　①〔不任〕担不起，胜任不了。②〔临之〕指临朝政，治国理政。③〔《顾命》〕《尚书》篇名。④〔《康诰》〕《尚书》篇名，古文《尚书》作《康王之诰》。⑤〔错〕同"措"，放置，搁放。⑥〔策〕策书，古代帝王对臣下使用的一种文书，用以书教令。⑦〔分居里〕划分民众居住的区域。⑧〔成周郊〕划定京都郊区范围。⑨〔《毕命》〕《尚书》篇名。

◎**大意**　成王临终之际，担心太子钊不能胜任天子之职，便命召公、毕公率领诸侯辅佐太子登位。成王逝世后，召公和毕公率领诸侯，引导太子钊拜见先王庙，反复告诫他文王、武王创立王业不易，让他力求节俭，不贪欲，以诚信的态度来治理天下，写成了《顾命》。太子钊于是即位，这就是康王。康王即位，向所有诸侯宣告，用文王、武王的事业来勉励他们，写下了《康诰》。因此成王、康王之际，天下安宁，刑具搁置四十多年没有使用。康王命写作策命的毕公划分民众居住的区域，划定京都郊区范围，写下了《毕命》。

　　康王卒，子昭王瑕立。昭王之时，王道微缺[1]。昭王南巡狩不返[2]，卒于江上。其卒不赴告[3]，讳之也。立昭王子满，是为穆王。穆王即位，春秋[4]已五十矣。王道衰微，穆王闵[5]文武之道缺，乃命伯臩申诫太仆国之政，作《臩命》[6]。复宁。

◎**注释**　①〔微缺〕衰微，衰落。"微""缺"同义。②〔昭王南巡狩不返〕《正义》引《帝王世纪》云："昭王德衰，南征，济于汉，船人恶之，以胶船进王，王御船至中流，胶液船解，王及祭公俱没于水中而崩。"③〔赴告〕讣告，报丧。④〔春秋〕指年龄。⑤〔闵〕忧伤。⑥〔《臩（jiǒng）命》〕古文《尚书》篇名。
◎**大意**　康王去世，儿子昭王瑕即位。昭王在位时，王道略有缺失。昭王到南方视察未能返回，死在江中。他死后没有向诸侯报丧，是因为想掩饰这件事。昭王的儿子满即位，这就是穆王。穆王即位时，已经五十岁了。这时王道衰微，穆王哀叹文王、武王传下的王道缺失，于是命令伯臩为太仆，告诫他应该注意国家的政事，写下了《臩命》。天下再度安宁。

　　穆王将征犬戎，祭公谋父谏曰："不可。先王耀德不观兵[1]。夫兵戢[2]而时动[3]，动则威，观则玩[4]，玩则无震[5]。是故周文公之颂[6]曰：'载[7]戢干戈，载櫜[8]弓矢，我求懿德[9]，肆[10]于时[11]夏[12]，允[13]王保之。'先王之于民也，茂（懋）[14]正其德而厚其性，阜[15]其财求而利其器用，明利害之乡，以文[16]修之，使之务利而辟害，怀德而畏威，故能保世以滋大。昔我先王世后稷⑰以服事虞、夏。及夏之衰也，弃稷不务，我先王不窋用⑱失其官，而自窜⑲于戎狄之间。不敢怠业，时序⑳其德，遵修其绪㉑，修其训典㉒，朝夕恪勤㉓，守以敦笃，奉以忠信。奕世㉔载德，不忝㉕前人。至于文王、武王，昭㉖前之光明而加之以慈和，事神保民，无不欣喜。商王帝辛大恶于民，庶民不忍，䜣（欣）载（戴）武王㉗，以致戎于商牧㉘。是故先王非务武也，勤恤民隐㉙而除其害也。夫先王之制，邦内㉚甸服㉛，邦外侯服㉜，侯卫宾服㉝，夷蛮㉞要服㉟，戎翟（狄）㊱荒服。甸服者祭㊲，侯服者祀㊳，宾服者享㊴，要服者贡㊵，荒服者王㊶。日祭㊷，月祀㊸，时享㊹，岁贡㊺，终王㊻。先王之顺（训）㊼祀也，有不祭则修意㊽，有不祀则修言㊾，有不享则修文㊿，有不贡则修名○51，有不王则修德○52，序成○53而有不至则修刑。于是有刑不祭，伐不祀，征○54不享，让○55不贡，告（诰）○56不王。于是有刑罚之辟○57，有攻伐之兵，有征讨之备○58，有威让之命，有文告之辞○59。布○60令陈辞而有不至，则增修于德，无○61勤民于远。是以近无不听，远无不服。今自大毕、伯士之终○62也，犬戎氏以其职○63来王，天子○64曰'予必以不享征之，且观之兵'，无乃○65废先王之训，而王几顿○66乎？吾闻犬戎树敦○67，率○68旧德○69而守终○70纯固○71，其有以御我矣。"王遂○72征之，得四白狼四白鹿以归。自是荒服者不至。

◎**注释** ①〔观兵〕炫耀武力。②〔戢（jí）〕聚集。③〔时动〕适时出动。④〔玩〕轻视，习惯而不经心。⑤〔震〕惧怕。⑥〔周文公之颂〕指《诗经·周颂·时迈》。周文公，周公旦的谥号。⑦〔载〕句首语气词，无义。⑧〔櫜（gāo）〕古代收藏弓箭的袋子。这里是用箭袋收藏的意思。⑨〔懿（yì）德〕美德。⑩〔肆〕传布。⑪〔时〕是，此。⑫〔夏〕华夏，指中国。⑬〔允〕确实，一定。⑭〔茂〕通"懋"，勉力，尽力。⑮〔阜〕物资多。这里是使……多的意思。⑯〔文〕指礼法。⑰〔世后稷〕世代做农官。⑱〔用〕因此。⑲〔窜〕流浪。⑳〔序〕布舒、宣扬。㉑〔绪〕事业。㉒〔训典〕指教化法度。㉓〔恪勤〕恭谨而努力。㉔〔奕世〕累世。奕，累，重。㉕〔忝〕辱没，玷污。㉖〔昭〕使光大。㉗〔䜣（xīn）载武王〕高兴地拥戴武王。䜣，同“欣”。载，通“戴”。㉘〔商牧〕商都郊野，即牧野。㉙〔隐〕伤痛，痛苦。㉚〔邦内〕国都郊外四周五百里以内。㉛〔甸服〕国都郊外四周五百里的地区。服，服侍，服役，指为天子服役。㉜〔侯服〕甸服以外的五百里地区。㉝〔侯卫宾服〕意思是侯服至卫服总称宾服。㉞〔夷蛮〕古代对东方、南方少数民族的总称，东部的叫夷，南部的叫蛮。㉟〔要（yāo）服〕这里指宾服以外的五百里地区。㊱〔戎翟（dí）〕古代对西方、北方少数民族的总称。戎，指西戎。翟，同“狄”，北狄。㊲〔祭〕指供给祭祀天子祖父和父亲的祭品。㊳〔祀〕指供给祭祀天子高祖、曾祖的祭品。㊴〔享〕献，指供给祭祀天子远祖的祭品。㊵〔贡〕纳贡，指供给天子祭神的祭品。㊶〔王〕朝见天子。㊷〔日祭〕每日祭祀。㊸〔月祀〕每月祭祀。㊹〔时享〕按季贡献祭品。㊺〔岁贡〕每年纳贡。㊻〔终王〕将朝见周天子作为终身的职责。㊼〔顺〕通“训”，教诲，教导。㊽〔修意〕指检查自己的思想意念。㊾〔言〕指言语号令。㊿〔文〕指典法，法律制度。(51)〔名〕名分，名号，指上下尊卑和贡赋的等级。(52)〔德〕文德，指仁义礼乐等教化。(53)〔序成〕指以上五种依次做完了。(54)〔征〕征讨，讨伐。(55)〔让〕责备，谴责。(56)〔告〕同“诰”，谕告，指上告下。(57)〔辟〕法。(58)〔备〕指武力装备。(59)〔辞〕文书，公文。(60)〔布〕发布。(61)〔无〕不可，不要。(62)〔终〕死。(63)〔职〕职分，指“荒服者王”的职分。(64)〔天子〕这里指周穆王。(65)〔无乃〕不是，恐怕。(66)〔顿〕疲困。(67)〔树敦〕犬戎君主名。(68)〔率〕遵从。(69)〔旧德〕指祖先传下来的美好品德、风尚。(70)〔守终〕指能守其“终王”的职分。(71)〔纯固〕专一。(72)〔遂〕终于。

◎**大意**　穆王将要征讨犬戎，祭公谋父劝阻说：“不能征讨。先王显示美德而不炫耀武力。平时蓄积兵力，等需要时适时出动，一出动就有威势，炫耀武力就会随便使用，随便使用兵力就不会有威慑力。因此周公所作的颂诗说：‘收起干戈，藏好弓箭，我求美善之德，尽情歌大夏之乐，的确是只有周武王才能保有这美善之德。’先王对于老百姓，尽力使他们端正品德而使其性情醇厚，增加他们的财富并改良他们的器物，使他们懂得利益或祸害之所在，用文化德教陶冶他们，使他们专心求利而避害，感怀恩德而畏惧威势，所以先王能够世代保有天下并日益强大。从前我们的祖先世代担任农官，侍奉虞、夏。等到夏朝衰败时，废除农官而不注重农业生产，我们的祖先不窋因而失掉官职，自己逃避到戎狄居住的地区。但是他不敢荒怠农业，还是保持他的德行，继续他的事业，完善他的教化法度，早晚恭谨努力，用敦厚虔诚的态度来保持这一切，以忠诚的态度来奉行这一切。后来世代继承这种美德，没有愧对先人的地方。到了文王、武王时，发扬前代的美德，再加上他们慈爱和善，敬事神明，保护人民，使人神没有不欣喜的。商王辛罪大恶极，民众忍受不了他的统治，都高兴地拥戴武王，以致武王在商郊牧野打败商王。由此可见先王并非崇尚武事，只是尽力体恤民生并为民除害。先王的制度，国都近郊叫甸服，甸服以外叫侯服，侯服外面叫宾服，蛮夷居住的地区叫要服，戎狄居住的地区叫荒服。甸服国要参与祭祀天子的祖父、父亲，侯服国要参与祭祀天子的高祖、曾祖，宾服国要献上祭祀天子始祖的祭品，要服国要纳贡，荒服国要承认周王朝的正统。甸服国参加日祭，侯服国参加月祀，宾服国按四季献上祭品，要服国按年纳贡，荒服国终身承认周王朝的正统。先王为了推行上述祭祀制度，对不来参加日祭的人则修明自己的诚意，对不来参加月祀的人则修明自己的号令，对不献祭品的人则修明自己的教化，对不纳贡的人则修明自己的法典，对不归服周王的人则修明自己的德化，上面一切都依次做到了，还是有不来祭祀或朝贡的人，就要使用刑罚或武力。于是对不祭的依法惩治，对不祀的予以讨伐，对不享的进行征剿，对不贡的进行责备，对不归服的进行劝告。因而有刑罚的法律，有讨伐的军队，有征剿的措施，有严厉责备的命令，有劝告的文辞。在宣布号令或责备劝告以后仍有不来朝贡的人，便进一步修明自己的道德，不要使民众劳苦远征。这样就会使近处没人不听从，远方没人不归服。现在自从大毕、伯士归服后，犬戎族一直遵照他们的职责来朝见周王，您却说'我一定要按不享的罪名征伐他们，而且向他们炫耀兵力'，这不是废弃先王的教诲，破坏先王制度的做法吗？我听说犬戎的国主树敦，能够遵循祖先传下的道德并始终如一地固守，他们有抵御我们的办法。"穆王还是去征讨犬戎，只获得四只白狼和四头白鹿回来。从此以后荒服之地的人再也不来朝见了。

诸侯有不睦者，甫侯言于王，作修刑辟①。王曰："吁②，来！有国③有土④，告汝祥刑⑤。在今尔安百姓，何择非其人⑥，何敬非其刑⑦，何居非其宜与⑧？两造具备⑨，师⑩听⑪五辞⑫。五辞简信⑬，正于五刑⑭。

五刑不简，正于五罚⑮。五罚不服⑯，正于五过⑰。五过之疵⑱，官狱内狱⑲，阅实其罪，惟钧（均）其过⑳。五刑之疑有赦，五罚之疑有赦，其审克㉑之。简信有众㉒，惟讯有稽㉓。无简㉔不疑，共严㉕天威。黥辟㉖疑赦，其罚百率（锊）㉗，阅实其罪。劓辟疑赦，其罚倍洒㉘，阅实其罪。膑辟疑赦，其罚倍差㉙，阅实其罪。宫辟疑赦，其罚五百率，阅实其罪。大辟㉚疑赦，其罚千率，阅实其罪。墨罚之属千，劓罚之属千，膑罚之属五百，宫罚之属三百，大辟之罚其属二百：五刑之属三千。"命曰《甫刑》㉛。

◎**注释** ①〔刑辟〕刑法。辟，法度，法律。②〔吁〕叹词。③〔有国〕有国者，指诸侯。④〔有土〕有土者，指有采地的大臣。⑤〔祥刑〕善刑。⑥〔何择非其人〕意思是选择什么呢，不是那些贤人吗？⑦〔何敬非其刑〕应该严肃对待什么，不是刑罚吗？敬，严肃，认真。⑧〔何居非其宜与〕应该怎样处理事务呢，不是使用刑罚得当吗？居，举，这里指办事。宜，合宜，指用刑得当。⑨〔两造具备〕指原告和被告双方到齐了。⑩〔师〕士师，典狱官。⑪〔听〕治。⑫〔五辞〕旧注以为是五种审讯方法。⑬〔简信〕确凿无疑。简，诚实。信，确实。⑭〔正于五刑〕按五种刑罚判决。正，定罪。五刑，即下文的墨、劓（yì）、膑、宫、大辟。⑮〔罚〕出钱赎罪。⑯〔服〕从，这里有合适的意思。⑰〔五过〕五种过失。⑱〔疵〕毛病，弊病。⑲〔官狱内狱〕官狱，谓贵官之狱。内狱，谓中贵之狱。⑳〔阅实其罪，惟钧其过〕意思是狱官若犯了上述罪行，查实后和犯人同罪。阅，考核，核查。钧，通"均"。㉑〔审克〕审核清楚。㉒〔简信有众〕在众人中加以核实。㉓〔稽〕合，同，即与事实相符。㉔〔无简〕指没有确凿证据。㉕〔严〕尊敬，敬畏。㉖〔黥（qíng）辟〕即墨刑，刺面，涂以墨。㉗〔其罚百率（lüè）〕意思是罚钱六百两。率，同"锊"，古代重量单位，一锊为六两。㉘〔倍洒〕多倍。倍，一倍。洒，一作"蓰"，五倍。㉙〔倍差〕加一倍半多，不到两倍。㉚〔大辟〕死刑。五刑之一。㉛〔《甫刑》〕即《尚书·吕刑》。

◎**大意** 诸侯中有不亲睦的，甫侯把此事告诉了穆王，于是修治刑法。穆王说："喂，来吧！你们这些有国家有土地的人，让我告诉你们善于用刑之道。现在你们来安定百姓，不就是选择善于用刑的贤人吗，要谨慎对待的不就是刑法吗，要使案件处理恰当不就是量刑要适宜吗？诉讼双方都到齐了，法官要从五个方面考察供词。五方面都考核证实了，就依照五刑予以判决。判五刑的材料还不核实，便按五罚来定罪。如果五罚还不能使犯人心服，就再从轻照五过的规定赦免。用五过规定赦免存在的弊端是，狱官假公济私和受权势者干预而不能恰当地定罪，审判官犯了这些错误，查实后要与犯人同罪。用五刑定罪而有疑问，要从轻发落，用五罪定罪而有疑问，也要从轻发落，要认真思考，恰当量刑。断案要取信于民，一定要用事实核查口供。没有核查的案件就不要定罪，但也不要一味从轻处理，要严肃法纪，维护天威。处以黥刑有疑而要从轻发落的，罚金一百，但要在核查之后给以应得之罪。处以劓刑有疑要从轻发落的，罚金应是黥刑的多倍，在核实之后给以应得之罪。处以膑刑有疑而要从轻发落的，罚金应是劓刑的一倍多，在核实之后给以应得之罪。处以宫刑有疑而要从轻发落的，罚金五百两，在核实之后给以应得之罪。处以死刑有疑而要从轻发落的，罚款一千两，在核实之后给以应得之罪。黥刑的法律条文有一千条，劓刑的法律条文有一千条，膑刑的法律条文有五百条，宫刑的法律条文有三百条，死刑的法律条文有二百条：五刑的法律条文共三千条。"称作《甫刑》。

穆王立五十五年，崩，子共王繄扈立。共王游于泾上，密康公从，有三女奔①之。其母曰："必致②之王。夫兽三为群，人三为众，女三为粲③。王田④不取群，公⑤行不下众⑥，王御⑦不参一族⑧。夫粲，美之物也。众以美物归（馈）女（汝），而何德以堪之？王犹⑨不堪，况尔之小丑⑩乎！小丑备物，终必亡。"康公不献，一年，共王灭密。共王崩，子懿王囏立。懿王之时，王室遂衰，诗人作刺⑪。

◎**注释**　①〔奔〕这里指投奔。②〔致〕送上，献给。③〔粲（càn）〕众多。这里指美女众多。④〔田〕田猎，打猎。⑤〔公〕指诸侯。⑥〔下众〕对众人谦下。⑦〔御〕嫔妃。⑧〔不参（sān）一族〕意思是不能娶同胞三姊妹。参，三。⑨〔犹〕

尚且。⑩〔小丑〕等于说小人物。丑，类。⑪〔作刺〕作诗加以讽刺。

◎**大意**　穆王在位五十五年，崩逝，儿子共王繄（yī）扈即位。共王在泾水边游猎，密康公跟着，有三个女子投奔他。密康公的母亲说："你一定要将她们献给周共王。三兽为群，三人为众，三女为粲。天子行猎不取过多的野兽，诸侯行路不可以使众人下车致敬，王娶嫔妃不能娶同一家的三个女儿。三个女子，是美的事物。人们把美人送给你，你有什么德行享受得起娶三女的福分呢？君王还不行，何况你这样的小辈？小辈得到宝物，最终必然灭亡。"密康公不肯把她们献给周王，一年后，共王灭了密国。共王逝世，儿子懿王囏（jiān）即位。懿王在位期间，周王室衰败，诗人加以讥刺。

　　懿王崩，共王弟辟方立，是为孝王。孝王崩，诸侯复立懿王太子燮，是为夷王。

◎**大意**　懿王逝世，共王的弟弟辟方即位，这就是孝王。孝王逝世，诸侯又拥立懿王的太子燮，这就是夷王。

　　夷王崩，子厉王胡立。厉王即位三十年，好利，近荣夷公。大夫芮良夫谏厉王曰："王室其①将卑②乎？夫荣公好专③利而不知大难。夫利，百物之所生也，天地之所载也，而有专之，其害多矣。天地百物皆将取焉，何可专也？所怒④甚多，而不备大难。以是教王，王其⑤能久乎？夫王人者⑥，将导⑦利而布之上下者也。使神人百物无不得极⑧，犹日怵惕⑨惧怨之来也。故《颂》⑩曰'思文后稷，克⑪配⑫彼天，立我蒸（烝）⑬民，莫匪（非）尔极⑭'。《大雅》⑮曰'陈⑯锡⑰载⑱周'。是不布利而惧难乎，故能载周以至于今。今王学专利，其可乎？匹夫⑲专利，犹谓之盗，王而⑳行之，其归㉑鲜矣。荣公若用，周必败也。"厉王不听，卒以荣公为卿士，用事㉒。

◎**注释** ①〔其〕恐怕，大概。②〔卑〕衰微。③〔专〕独占，独享。④〔所怒〕所触怒的人。⑤〔其〕难道。⑥〔王（wàng）人者〕做人之王的人，统治天下的人。⑦〔导〕开。⑧〔极〕中正，标准，法则。⑨〔怵惕〕警惕。⑩〔《颂》〕指《诗经·周颂·思文》。⑪〔克〕能够。⑫〔配〕匹配。⑬〔蒸〕同"烝"，众，众多。⑭〔尔极〕等于说"极尔"，意思是把你当作榜样。⑮〔《大雅》〕指《诗经·大雅·文王》。⑯〔陈〕布施。⑰〔锡〕赐予。⑱〔载〕开始，开创。⑲〔匹夫〕凡夫，平民。⑳〔而〕如果。㉑〔归〕归服、归顺。㉒〔用事〕主管国事，掌权。

◎**大意** 夷王逝世，儿子厉王胡即位。厉王在位三十年，贪图财利，亲近荣夷公。大夫芮良夫劝谏厉王说："王室恐怕要衰落了吧？荣夷公喜欢垄断财利却不知道大难临头。财利本是天地万物所生所长，是自然界所有的，如果有人想独占它，就会带来很多祸患。天地万物是供大家获取的，怎么可以独占呢？他触怒的人很多，却不防备大难。还用这些来教君王，您难道还能长久统治国家吗？作为君王，应该开发财源而遍施其惠。要使神人万物各得其所，还要每天提心吊胆，唯恐招来怨恨。所以《诗经·周颂·思文》说：'追念祖先后稷，能够与天神相配，使我们民众安居立业，没有谁不以你为榜样。'《诗经·大雅·文王》说：'普遍地给民众赐福成就了周的天下。'这不正是广施财利而又畏惧灾难吗？所以能成就周朝的事业直到今天。现在您学习独占财利，这怎么可以呢？一般人独占财利，还被称作强盗，您如果这样，那么归附您的人就少了。荣夷公若得重用，周朝必定衰败。"厉王不听，还是任用荣夷公为卿士，主管国事。

王行暴虐侈傲①，国人谤②王。召公③谏曰："民不堪命矣。"王怒，得卫巫，使监谤者，以告，则杀之。其谤鲜矣，诸侯不朝④。三十四年，王益严，国人⑤莫敢言，道路以目⑥。厉王喜，告召公曰："吾能弭⑦谤矣，乃不敢言。"召公曰："是鄣⑧之也。防民之口，甚于防水。水壅⑨而溃，伤人必多，民亦如之。是故为水⑩者决⑪之使导，为民者宣⑫之使言。故天子听政，使公卿至于列士献诗⑬，瞽⑭献曲，史献书⑮，师箴，瞍赋⑯，蒙诵⑰，百工⑱谏，庶人传语⑲，近臣尽规⑳，亲戚补察㉑，瞽史教诲，耆艾修之㉒，而后王斟酌焉，是以事行而不悖。

民之有口也，犹土之有山川也，财用于是乎出；犹其有原隰衍沃㉓也，衣食于是乎生。口之宣言也，善败㉔于是乎兴。行善而备败，所以产财用衣食者也。夫民虑之于心而宣之于口，成而行之。若壅其口，其与能几何？"王不听。于是国莫敢出言，三年，乃相与畔（叛），袭厉王。厉王出奔于彘。

◎注释　①〔侈傲〕放纵骄傲。②〔谤〕指责别人的过失。③〔召公〕这里是召公奭的后代，名虎，谥穆公。④〔不朝〕不来朝觐。⑤〔国人〕国都的人。⑥〔道路以目〕是说人们在道路上相见，不敢说话，只以眼色示意。⑦〔弭〕消除。⑧〔鄣〕阻塞。⑨〔壅（yōng）〕堵塞。⑩〔为水〕治水。⑪〔决〕排除阻塞物，疏通水道。⑫〔宣〕放开。⑬〔献诗〕指采集民间讽喻朝政得失的诗歌献给国王。⑭〔瞽（gǔ）〕盲者，指乐师。⑮〔史献书〕史，太史，史官，掌记事。书，指历史文献。⑯〔师箴（zhēn），瞍（sǒu）赋〕师，太师，乐官之长。箴，箴言，规诫之言。这里是进箴言的意思。瞍，没有眼珠的盲人，为乐师。赋，指诵读公卿列士所献之诗。⑰〔蒙诵〕蒙，有眼珠的盲人，为乐师。诵，指诵读箴诫之言。⑱〔百工〕百官，众官。⑲〔传语〕指由别人把意见传给王。⑳〔规〕规劝，规谏。㉑〔亲戚补察〕亲戚，指王之同宗亲属。补察，补过误，察得失。㉒〔耆艾修之〕耆艾，老年人。古以六十为耆，五十为艾。修，告诫。㉓〔原隰衍沃〕原，高而平之地。隰，低而湿之地。衍，低平之地。沃，有水流灌溉之地。㉔〔善败〕好坏。

◎**大意**　厉王为政暴虐奢侈傲慢，国人公开指责厉王的过失。召公劝谏说："民众无法忍受你的政令了。"厉王大怒，找到一个卫国的巫师，派他监视非议君王的人，巫师报告谁指责厉王就杀掉谁。于是非议减少了，诸侯也不来朝见了。三十四年，厉王更加严厉，国人都不敢说话，路上相遇时以目光示意。厉王很得意，告诉召公说："我能消除议论，民众都不敢说话了。"召公说："这是堵塞人民的嘴啊。堵塞人民的嘴，比堵塞河流还要危险。堵塞起来的河水一旦决口，必然会伤害很多人，人民也是一样的。因此治水的人要疏通河道使水流通畅，管理人民的人要让他们畅所欲言。所以天子处理政务，让朝中大臣和一般官吏献上议论朝政的诗篇，乐官进献反映民意的乐曲，让史官进献可供借鉴的史书，乐师进献有劝谏之义的箴言，让无眼珠的盲人叙事，让有眼珠的盲人朗诵，让百工劝谏，让庶人街谈巷议，让近臣都来规劝，让亲戚补察过失，让盲乐师和史官来教诲，让元老来整理，而后由帝王斟酌，所以政事得以施行而不违背情理。人民有嘴，就像大地有山河一样，一切财富用度都从这里产出；又好像大地有高低干湿等各种地形，衣服食物从这里产生。让人开口讲话，政事的好坏得失都能反映出来。推行善政以防备衰败，正像大地出产财富衣食一样。人民在心里想而用嘴说出来，考虑成熟了就去做。如果堵塞民众的嘴巴，那么赞同你的人能有几个？"厉王不听。于是国人没有谁敢讲话，三年之后，人们一起反叛，袭击厉王。厉王逃亡到彘（zhì）。

厉王太子静匿^①召公之家，国人闻之，乃围之。召公曰："昔吾骤^②谏王，王不从，以及^③此难也。今杀王太子，王其以我为仇而怼^④怒乎？夫事君者，险而不仇怼，怨而不怒，况事王乎！"乃以其子代王太子，太子竟^⑤得脱。

◎**注释**　①〔匿〕隐藏。②〔骤〕屡次。③〔及〕赶上，招致。④〔怼（duì）〕怨恨。⑤〔竟〕最终，终于。

◎**大意**　厉王的太子静躲在召公家里，国人听说了，便包围了召公家。召公说："从前我屡次劝谏君王，君王不听从，因而遭受这场灾难。现在杀了太子，君王将认为我把他当作仇人而有怨恨之心吧？侍奉君长的人，即使在危难之中也不记仇，即使有怨气也不发泄，更何况是侍奉天子呢！"于是他用自己的儿子代替太子，太子终于得以逃脱。

召公、周公^①二相行政，号曰"共和^②"。共和十四年，厉王死于彘。太子静长于召公家，二相乃共立之为王，是为宣王。宣王即位，二相辅之，修政，法文、武、成、康之遗风，诸侯复宗^③周。十二年，鲁武公来朝。

◎**注释** ①〔周公〕指周公旦次子的后代。周公长子伯禽封于鲁，次子留京辅佐周室，世为周公。②〔共和〕周厉王被国人赶下台之后，国政由大臣召公和周公共同执掌，史称"共和"。③〔宗〕尊奉。

◎**大意** 召公、周公二位宰相共同执政，号称"共和"。共和十四年，厉王死在彘地。太子静已经在召公家长大成人，两位宰相便拥立他称王，这就是宣王。宣王即位，二位宰相辅佐他，整顿政务，效法文王、武王、成王、康王留下的法度，诸侯重新归附周王朝。十二年，鲁武公来朝见。

宣王不修籍①于千亩，虢文公谏曰不可，王弗听。三十九年，战于千亩，王师败绩②于姜氏之戎。

◎**注释** ①〔修籍（jí）〕耕种籍田。籍，籍田，帝王亲自耕种的田地。古代帝王在春耕时象征性地参加耕作，以示重农。②〔败绩〕溃败。

◎**大意** 宣王不到千亩举行籍田礼，虢（guó）文公劝谏说不能这样，宣王不听。三十九年，在千亩作战，宣王的军队被姜戎打得大败。

宣王既亡南国之师①，乃料民②于太原。仲山甫谏曰："民不可料也。"宣王不听，卒料民。

◎**注释** ①〔南国之师〕南国，南方。《集解》引韦昭曰："南国，指江、淮之间。"师，军队。②〔料民〕指清点人口，以便征兵。《集解》引韦昭曰："料，数也。"

◎**大意** 宣王丧失了南方的军队之后，便在太原清点人口以备征役。仲山甫劝谏说："人口不能由您直接加以统计啊。"宣王不听，还是对人口进行了统计。

四十六年，宣王崩，子幽王宫湦立。幽王二年，西周三川皆震。伯阳甫曰："周将亡矣。夫天地之气，不失其序①；若过②其序，民乱之③也。阳伏而不能出，阴迫④而不能蒸⑤，于是有地震。今三川实⑥

震，是阳失其所而填（镇）阴⑦也。阳失而在阴⑧，原（源）必塞；原（源）塞，国必亡。夫水土演⑨而民用也。土无所演，民乏财用，不亡何待！昔伊、雒竭而夏亡，河竭而商亡。今周德若二代⑩之季⑪矣，其川原（源）又塞，塞必竭。夫国必依山川，山崩川竭，亡国之征⑫也。川竭必山崩。若国亡不过十年，数之纪⑬也。天之所弃，不过其纪。"是岁也，三川竭，岐山崩。

◎**注释**　①〔序〕次序。②〔过〕失。③〔民乱之〕实际是说天子乱之。④〔迫〕压迫。⑤〔蒸〕升腾。⑥〔实〕句中语气词，表示肯定。⑦〔填（zhèn）阴〕为阴气所镇伏。填，通"镇"。⑧〔阳失而在阴〕指阳气失去它应处的位置而处在阴气之下。⑨〔演〕水土通气，滋润。⑩〔二代〕指夏、商二代。⑪〔季〕末世，末年。⑫〔征〕征象，征兆。⑬〔纪〕极，终。

◎**大意**　四十六年，宣王逝世，儿子幽王宫湦即位。幽王二年，西周国都和三河流域都发生地震。伯阳甫说："周朝将要灭亡了。天地之间的阴阳二气，不能失掉自然次序；如果失掉自然次序，便是人们扰乱了它。阳气伏藏在下面不能出来，阴气压迫着阳气不能上升，于是就产生了地震。现在三河流域发生地震，就是由于阳气失去它应有的位置而被阴气压在下面。阳气失去位置而在阴气下面，水源必然会堵塞；源头阻塞，国家必然灭亡。水源畅通才能生产东西让人民取用。土地不润湿，人民缺乏财物，国家怎么能不灭亡呢！从前伊水、雒水枯竭而夏亡，黄河枯竭而商亡。现在周朝的德运像夏、商的末代，水源又被堵塞，堵塞必将枯竭。建立国都必须依山傍水，山崩河枯，是亡国的征兆。河川枯竭必然会发生山崩。看来亡国不会超过十年，因为十是数的终极。上天所要抛弃的国家，不会超过十的期限。"这一年，三河枯竭，岐山崩塌了。

三年，幽王嬖爱褒姒。褒姒生子伯服，幽王欲废太子。太子母，申侯女，而为后。后幽王得褒姒，爱之，欲废申后，并去①太子宜臼，以褒姒为后，以伯服为太子。周太史伯阳读史记②曰："周亡矣。"昔自夏后氏之衰也，有二神龙止于夏帝庭（廷）而言曰："余，褒③之二君。"夏帝卜杀之与去之与止之④，莫吉⑤。卜请其漦⑥而藏之，乃吉。于是布币⑦而策告之，龙亡而漦在，椟⑧而去之。夏亡，传此器殷。殷亡，又传此器周。比⑨三代，莫敢发⑩之，至厉王之末，发而观之。漦流于庭，不可除。厉王使妇人裸而噪之。漦化为玄鼋⑪，以入王后宫⑫。后宫之童妾⑬既龀⑭而遭之，既笄⑮而孕，无夫而生子⑯，惧而弃之。宣王之时童女谣曰："檿弧⑰箕服⑱，实亡周国。"于是宣王闻之，有夫妇卖是器者，宣王使执⑲而戮之。逃于道，而见乡（向）⑳者后宫童妾所弃妖子㉑出于路者，闻其夜啼，哀㉒而收之，夫妇遂亡，奔于褒。褒人有罪，请入童妾所弃女子者于王以赎罪。弃女子出于褒，是为褒姒。当幽王三年，王之㉓后宫，见而爱之，生子伯服，竟废申后及太子，以褒姒为后，伯服为太子。太史伯阳曰："祸成矣，无可奈何！"

◎**注释** ①〔去〕废掉。②〔史记〕史书的通称，古时各国都有自己的史记。③〔褒〕当时的国名。④〔卜杀之与去之与止之〕意思是通过占卜来决定是杀掉它们，赶走它们还是留住它们。⑤〔莫吉〕没有一样是吉祥的。⑥〔漦（lí）〕涎沫。⑦〔币〕泛指用作礼物的丝织品。⑧〔椟（dú）〕木匣子。这里是用匣子装的意思。⑨〔比〕接连，连续。⑩〔发〕打开。⑪〔玄鼋（yuán）〕蜥蜴之类。鼋，也作"蚖"。⑫〔后宫〕古代帝王妃嫔所处的地方叫"后宫"。⑬〔童妾〕小女婢。⑭〔既龀（chèn）〕刚刚换完牙。龀，儿童换牙。⑮〔既笄（jī）〕成年以后。笄，古代盘头发用的簪子，这里指女子可以插笄的年龄，即成年。⑯〔子〕孩子。古代男女通称子。⑰〔檿（yǎn）弧〕山桑木制成的弓。弧，弓。⑱〔箕服〕箕木制成的箭囊。服，箭囊。⑲〔执〕捉拿，拘捕。⑳〔乡（xiàng）〕同"向"。先前。㉑〔妖子〕即夭子，婴孩。夭，初生的。㉒〔哀〕怜悯，同情。㉓〔之〕到。

◎**大意** 三年，幽王宠爱褒姒。褒姒生下儿子名叫伯服，幽王想废掉太子。太子的母亲是申侯的女儿，是幽王的王后。后来幽王得到褒姒，宠爱她，想废掉申后，并废掉太子宜臼，以褒姒为王后，以伯服为太子。周太史伯阳阅读史书说："周朝要灭亡了。"从前夏朝衰败的时候，有两条神龙来到夏帝的朝中说："我们，是褒国的两个先王。"夏帝占卜是要杀它们，赶走它们还是留下它们，结果都不吉利。又占卜把龙的唾液储藏起来，这样才吉利。于是陈列祭祀用物以简策告请神龙，龙不见了，留下了唾液，人们用匣子把唾液装起来并除掉地上的痕迹。夏朝灭亡后，这个匣子传给了殷朝。殷朝灭亡后，又传给了周朝。一连三代，没有人敢打开它。到厉王末年，打开来看。唾液流到庭中，无法除去。厉王让一群妇女裸体叫骂。唾液变成一条黑蜥蜴，爬进厉王的后宫。后宫一位七岁的侍女碰到了它，成年后就怀孕了，没有丈夫便生下了孩子，她很害怕便把孩子抛弃了。宣王的时候有小女孩唱歌谣道："山桑木做成的弓、箕木制成的箭袋，就是要灭亡周国的。"当时宣王听到这歌谣，发现一对卖桑木弓和箕木箭袋的夫妇，便派人要将他们抓住杀掉。夫妇俩跑到路上，看见先前后宫侍女丢弃在路旁的那个女孩子，听这孩子在暗夜里啼哭，觉得可怜，便收养了她。夫妇俩逃奔到褒国。后来褒国人得罪了幽王，请求把女婢抛弃的女孩子献给幽王赎罪。这个被抛弃的女子是在褒国长大的，就称为褒姒。幽王三年，幽王到后宫，见到褒姒就喜爱她，生了儿子伯服，后来终于废了申后和太子，以褒姒为后，伯服为太子。太史伯阳说："祸患已经酿成，没有办法了！"

褒姒不好笑，幽王欲其笑万方^①，故^②不笑。幽王为燧（烽）燧^③大鼓，有寇^④至则举火。诸侯悉至，至而无寇，褒姒乃大笑。幽王说（悦）之，为数举燧（烽）火^⑤。其后不信，诸侯益^⑥亦不至。

◎**注释** ①〔万方〕各种方法。②〔故〕依旧。③〔燧燧（fēng suì）〕古时遇敌人来犯，边防人员点火报警，白天烧的烟叫烽，夜里点的火叫燧。燧，同"烽"。④〔寇〕盗匪或入侵的敌人。⑤〔燧火〕泛指上文的燧燧。⑥〔益〕渐渐。
◎**大意** 褒姒不爱笑，幽王用尽各种方法想让她笑，她仍旧不笑。幽王建造烽火台并设置大鼓，有敌人来时便点燃烽火以召援兵。诸侯都率兵赶来，到了却不见敌人，褒姒这才大笑起来。幽王喜欢她笑，多次为褒姒点燃烽火。后来点火示警没人信了，诸侯也逐渐不来了。

幽王以虢石父为卿，用事，国人皆怨。石父为人佞巧^①善谀^②好利，王用之。又废申后，去太子也。申侯怒，与缯、西夷犬戎攻幽王。幽王举燧（烽）火征兵[3]，兵莫至。遂杀幽王骊山下，虏褒姒，尽取周赂[4]而去。于是诸侯乃即[5]申侯而共立故幽王太子宜臼，是为平王，以奉周祀[6]。

◎**注释**　①〔佞巧〕巧言谄媚。②〔谀〕用言语奉承，讨好。③〔征兵〕征集四方诸侯的救兵。④〔赂〕财物。⑤〔即〕接近，靠拢。⑥〔奉周祀〕继承周朝的祭祀。

◎**大意**　幽王用虢石父为卿，主持国政，国人怨恨。石父为人奸诈机巧，善于谄媚，贪图财利，幽王重用他。幽王又废掉申后，赶走太子。申侯大怒，与缯（zēng）国、西夷犬戎联合攻打幽王。幽王燃起烽火召集救兵，救兵没有前来救援。他们便把幽王杀死在骊山下，俘获了褒姒，拿走了周朝的所有财物。于是诸侯便投靠申侯而共同拥立原来的太子宜臼，这就是平王，由他继续供奉周朝的祭祀。

平王立，东迁于雒邑，辟戎寇。平王之时，周室衰微，诸侯强并弱，齐、楚、秦、晋始大，政由方伯[1]。

◎**注释**　①〔方伯〕一方诸侯的首领。

◎**大意**　平王即位后，把国都向东迁到雒邑，以躲避犬戎的侵扰。平王的时候，周王室衰败，诸侯中强大的吞并弱小的，齐、楚、秦、晋开始强大起来，政治权力由诸侯中的首领掌握。

四十九年，鲁隐公即位。

◎**大意**　四十九年，鲁隐公即位。

五十一年，平王崩，太子泄父蚤（早）死，立其子林，是为桓王。桓王，平王孙也。

◎**大意** 五十一年，平王逝世，太子泄父早死，立其子林继承王位，这就是桓王。桓王，是平王的孙子。

桓王三年，郑庄公朝，桓王不礼①。五年，郑怨，与鲁易许田。许田，天子之用事太山②田也。八年，鲁杀隐公，立桓公。十三年，伐郑，郑射伤桓王③，桓王去归。

◎**注释** ①〔不礼〕没有以礼相待。②〔用事太山〕用事，指祭祀。太山，即泰山。③〔郑射伤桓王〕事见《左传·隐公八年》，繻（rú）葛之役，郑将祝聃伤桓王肩膀。

◎**大意** 桓王三年，郑庄公来朝见，桓王不以礼相待。五年，郑国怨恨桓王，与鲁国交换许田。许田，是天子祭祀泰山的土地。八年，鲁国人杀死隐公，立桓公。十三年，桓王讨伐郑国，郑人射伤桓王，桓王败回。

二十三年，桓王崩，子庄王佗立。庄王四年，周公黑肩欲杀庄王而立王子克。辛伯告王，王杀周公。王子克奔燕。

◎**大意** 二十三年，桓王逝世，儿子庄王佗即位。庄王四年，周公黑肩想要杀掉庄王而立王子克。辛伯报告庄王，庄王杀掉周公黑肩。王子克逃亡到燕国。

十五年，庄王崩，子釐王胡齐立。釐王三年，齐桓公始霸。

◎**大意** 十五年，庄王逝世，儿子釐（xī）王胡齐即位。釐王三年，齐桓公开始称霸。

　　五年，釐王崩，子惠王阆立。惠王二年，初，庄王嬖姬姚，生子颓，颓有宠①。及惠王即位，夺其大臣园以为囿②，故大夫边伯等五人作乱，谋召燕、卫师，伐惠王。惠王奔温，已居郑之栎。立釐王弟颓为王。乐及遍舞③，郑、虢君怒。四年，郑与虢君伐杀王颓，复入④惠王。惠王十年，赐齐桓公为伯。

◎注释　①〔有宠〕受宠爱。②〔囿（yòu）〕豢养各种动物的园地。③〔乐及遍舞〕大肆歌舞，指使用不合礼制的乐舞。④〔入〕使……入，这里指送回朝廷。

◎大意　五年，釐王逝世，儿子惠王阆即位。惠王二年，当初，庄王的宠妾姚氏生下儿子颓，颓受到庄王宠爱。惠王即位后，夺取大臣的土地作为豢养动物的园地，因此大夫边伯等五人作乱，谋划召集燕、卫的军队，讨伐惠王。惠王逃奔到温，不久又迁居到郑的栎邑。边伯等立釐王的弟弟颓为王。他们大肆歌舞，郑、虢两国之君非常愤怒。四年，郑国和虢国的国君发动军队进攻杀了王颓，重新拥立惠王。惠王十年，赐齐桓公为诸侯首领。

　　二十五年，惠王崩，子襄王郑立。襄王母早死，后母曰惠后。惠后生叔带，有宠于惠王，襄王畏之。三年，叔带与戎、翟（狄）谋伐襄王，襄王欲诛叔带，叔带奔齐。齐桓公使管仲平戎于周①，使隰朋平戎于晋。王以上卿礼管仲②。管仲辞曰："臣贱有司③也，有天子之二守④国、高在。若节春秋，来承王命⑤，何以礼焉？陪臣⑥敢辞⑦。"王曰："舅氏⑧，余嘉⑨乃勋⑩，毋逆⑪朕命。"管仲卒⑫受下卿之礼而还。九年，齐桓公卒。十二年，叔带复归于周。

◎注释　①〔平戎于周〕让戎与周讲和。平，媾和，和睦，这里是讲和的意思。

②〔以上卿礼管仲〕按照上卿的礼节款待管仲。按，管仲在齐国为下卿。③〔贱有司〕微贱的臣子。④〔守〕守臣，天子任命的大臣。⑤〔若节春秋，来承王命〕节春秋，按春秋两季的季节。承王命，即朝觐。⑥〔陪臣〕古代诸侯的大夫对天子自称"陪臣"，这里是管仲自称。⑦〔辞〕辞谢。⑧〔舅氏〕管仲为周之同姓，此处周王称他为舅氏，是据齐与周的关系。周武王娶齐太公女为后，故齐、周世代为舅甥关系。⑨〔嘉〕称许、赞赏。⑩〔勋〕即上文所说的平戎之功。⑪〔逆〕不顺，违背。⑫〔卒〕最终，终于。

◎**大意**　二十五年，惠王逝世，儿子襄王郑即位。襄王的母亲早死，后母为惠后。惠后生叔带，受到惠王宠爱，襄王害怕他。三年，叔带与戎族、翟族谋划攻打襄王，襄王想杀掉叔带，叔带逃奔到齐国。齐桓公派管仲出使周，隰朋出使晋平定戎乱。襄王用上卿的礼节接待管仲。管仲辞谢说："我是个地位低下的小臣，齐国还有天子任命的守臣国子、高子在。如果他们按季节在春秋两季来朝觐，那将用什么礼节接待他们？我请求辞谢这隆重的礼节。"襄王说："你是舅父家的使臣，我嘉奖你的功勋，不要拒绝我的好意。"管仲最终接受了接待下卿的礼节，然后返回齐国。九年，齐桓公去世。十二年，叔带又回到周。

　　十三年，郑伐滑，王使游孙、伯服请滑①，郑人囚之。郑文公怨惠王之入不与厉公爵②，又怨襄王之与③卫滑，故囚伯服。王怒，将以翟（狄）伐郑。富辰谏曰："凡我周之东徙，晋、郑焉依④。子颓之乱，又郑之由⑤定，今以小怨弃之！"王不听。十五年，王降⑥翟（狄）师以伐郑。王德⑦翟（狄）人，将以其女为后。富辰谏曰："平、桓、庄、惠皆受郑劳，王弃亲亲翟（狄），不可从。"王不听。十六年，王绌（黜）⑧翟（狄）后，翟（狄）人来诛，杀谭伯。富辰曰："吾数谏不从，如是不出，王以我为怼乎？"乃以其属⑨死之⑩。

◎**注释**　①〔请滑〕为滑求情。②〔爵〕酒器。③〔与〕帮助。④〔晋、郑焉依〕等于说"依晋、郑"，依靠晋国和郑国。焉，是，之。⑤〔郑之由〕等于说"由郑"。⑥〔降〕赐予，给予。⑦〔德〕感恩。⑧〔绌〕通"黜"，废，贬退。⑨〔属〕徒属，属众。⑩〔死之〕指与翟人作战而死。

◎**大意** 十三年，郑国攻打滑国，襄王派游孙、伯服到郑国为滑国求情，郑国把他们关押起来。郑文公怨恨惠王回国即位后不把玉制的酒杯送给郑厉公，又怨恨襄王偏袒卫、滑两国，所以关押了伯服。襄王因此大怒，准备用翟人伐郑。富辰劝谏说："我们周朝东迁的时候，曾经依靠过晋、郑两国。子颓作乱，又靠郑国平定，现在能因一点怨恨就抛弃郑国吗！"襄王不听。十五年，襄王命令翟族军队讨伐郑国。襄王感激翟人，准备把翟君的女儿作为王后。富辰劝谏说："平、桓、庄、惠四王都受过郑国的好处，您抛弃亲近的郑国而亲近翟人，不能这样做。"襄王不听。十六年，襄王废黜翟后，翟族兴师问罪，杀死谭伯。富辰说："我屡次劝谏不听。如果这种情况还不出战，君王不是会认为我在怨恨他吗？"于是率领他的部下与翟人作战而死。

初，惠后欲立王子带，故以党开翟（狄）人①，翟（狄）人遂入周。襄王出奔郑，郑居王于氾。子带立为王，取（娶）襄王所绌（黜）翟（狄）后与居温②。十七年，襄王告急于晋，晋文公纳③王而诛叔带。襄王乃赐晋文公珪④鬯⑤弓矢，为伯，以河内地与晋。二十年，晋文公召襄王，襄王会之河阳、践土，诸侯毕朝，书讳曰"天王⑥狩⑦于河阳"。

◎**注释** ①〔以党开翟人〕党，党羽，亲信。开，开路。②〔与居温〕跟她住在温邑。③〔纳〕收容，接纳。④〔珪〕上尖下方的玉器。⑤〔鬯（chàng）〕祭祀用的香酒。⑥〔天王〕指周天子。⑦〔狩〕巡狩，帝王巡察诸侯或地方官治理的地方。

◎**大意** 当初，惠后想立王子带为王，所以用自己的亲信为翟人开路，翟人便进入周的国都。襄王出逃到郑国，郑国让他居住在氾邑。子带被立为王，娶襄王所废黜的翟后，一起住在温邑。十七年，襄王向晋国告急求援，晋文公送襄王回朝并杀死叔带。襄王于是赐给晋文公珪酒、弓箭，封他为诸侯首领，并把河内的土地赐给晋国。二十年，晋文公召见襄王，襄王与晋文公在河阳、践土相会，诸侯都来朝见，史书记载回避这件事，写作"天王到河阳巡视"。

二十四年，晋文公卒。

◎**大意**　二十四年，晋文公去世。

三十一年，秦穆公卒。

◎**大意**　三十一年，秦穆公去世。

三十二年，襄王崩，子顷王壬臣立。顷王六年，崩，子匡王班立。匡王六年，崩，弟瑜立，是为定王。

◎**大意**　三十二年，襄王逝世，儿子顷王壬臣即位。顷王六年，逝世，儿子匡王班即位。匡王六年，逝世，其弟瑜即位，这就是定王。

定王元年，楚庄王伐陆浑之戎①，次②雒，使人问九鼎③。王使王孙满应设以辞④，楚兵乃去。十年，楚庄王围郑，郑伯降，已而复之。十六年，楚庄王卒。

◎**注释**　①〔陆浑之戎〕戎族的一支，世居陆浑（在秦晋两国的西北），后被秦、晋二国诱而徙之伊川（今河南伊川和嵩县东北一带）。②〔次〕临时驻扎。③〔问九鼎〕问九鼎的大小轻重。九鼎象征九州。楚庄王问鼎，表现出要取代周王朝的野心。④〔应设以辞〕意思是随机应变准备辞令。
◎**大意**　定王元年，楚庄王讨伐陆浑之戎，军队驻扎在雒水边上，派人询问九鼎的大小轻重。定王派王孙满随机应变用辞令对付，楚军便离去。十年，楚庄王围攻郑国，郑伯投降，不久又恢复了郑国。十六年，楚庄王去世。

二十一年，定王崩，子简王夷立。简王十三年，晋杀其君厉公，迎子周于周，立为悼公。

◎**大意**　二十一年，定王逝世，儿子简王夷即位。简王十三年，晋国杀死他们的国君厉公，从周朝国都把公子周接回晋国，把他立为悼公。

十四年，简王崩，子灵王泄心立。灵王二十四年，齐崔杼弑①其君庄公。

◎**注释**　①〔弑〕古代史书多称子杀父、臣杀君为弑。
◎**大意**　十四年，简王逝世，儿子灵王泄心即位。灵王二十四年，齐国崔杼杀死其国君庄公。

二十七年，灵王崩，子景王贵立。景王十八年，后、太子圣①而蚤（早）卒。二十年，景王爱子朝，欲立之，会崩②，子丐之党与争立，国人立长子猛为王，子朝攻杀猛。猛为悼王。晋人攻子朝而立丐，是为敬王。

◎**注释**　①〔圣〕精明通达。②〔会崩〕正赶上景王逝世。
◎**大意**　二十七年，灵王逝世，儿子景王贵即位。景王十八年，王后、太子精明却早死。二十年，景王宠爱子朝，打算立他为太子，恰巧这时景王逝世，子丐的党徒与子朝争位，国人拥立景王的长子猛为王，子朝攻杀猛。猛被称为悼王。晋国攻打子朝而立丐，这就是敬王。

敬王元年，晋人入敬王，子朝自立，敬王不得入，居泽。四年，晋率诸侯入敬王于周，子朝为臣，十年，诸侯城周①。十六年，子朝之徒复作乱，敬王奔于晋。十七年，晋定公遂入敬王于周。

◎**注释** ①〔城周〕为周筑都城。城，筑城。
◎**大意** 敬王元年，晋人送敬王入周都，当时子朝已自立为王，敬王进不去，住在泽邑。四年，晋国率诸侯送敬王入都，子朝退居为臣，诸侯给周修建都城。十六年，子朝的党徒又一次作乱，敬王逃亡到晋国。十七年，晋定公送敬王进入周都。

三十九年，齐田常杀其君简公。

◎**大意** 三十九年，齐国的田常杀死其国君简公。

四十一年，楚灭陈。孔子卒。

◎**大意** 四十一年，楚国灭掉陈国。孔子去世。

四十二年，敬王崩，子元王仁立。元王八年，崩，子定王介立。

◎**大意** 四十二年，敬王逝世，儿子元王仁即位。元王八年，逝世，儿子定王介即位。

定王十六年，三晋①灭智伯，分有其地。

◎**注释** ①〔三晋〕指韩、赵、魏三国。
◎**大意** 定王十六年，晋国的赵、魏、韩三家灭掉智伯，分占了他的土地。

二十八年，定王崩，长子去疾立，是为哀王。哀王立三月，弟叔袭杀哀王而自立，是为思王。思王立五月，少弟嵬攻杀思王而自立，是为考王。此三王皆定王之子。

◎**大意** 二十八年，定王逝世，长子去疾即位，这就是哀王。哀王即位三个月，其弟叔袭杀哀王而自立为王，这就是思王。思王即位五个月，其小弟嵬又杀死思王而自立为王，这就是考王。这三位王都是定王的儿子。

考王十五年，崩，子威烈王午立。

◎**大意** 考王十五年，逝世，儿子威烈王午即位。

考王封其弟于河南，是为桓公，以续①周公之官职。桓公卒，子威公代立。威公卒，子惠公代立，乃封其少子于巩以奉王，号东周惠公。

◎**注释** ①〔续〕继承。
◎**大意** 考王把他的弟弟封在河南，这就是桓公，让他继承周公的官职。桓公去世，儿子威公即位。威公去世，儿子惠公即位，封他的小儿子到巩地以拱卫周王，称东周惠公。

威烈王二十三年，九鼎震。命韩、魏、赵为诸侯。

◎**大意** 威烈王二十三年，九鼎震动。周王封韩、魏、赵为诸侯。

二十四年，崩，子安王骄立。是岁盗杀楚声王。

◎**大意**　二十四年，威烈王逝世，其子安王骄即位。这一年盗贼杀了楚声王。

安王立二十六年，崩，子烈王喜立。烈王二年，周太史儋见秦献公曰："始周与秦国合而别，别五百载复合，合十七岁而霸王者^①出焉。"

◎**注释**　①〔霸王（wàng）者〕称霸称王的人。
◎**大意**　安王在位二十六年，逝世，其子烈王喜即位。烈王二年，周太史儋会见秦献公说："起初秦国是周朝的一部分，分开五百年又合在一起，合在一起十七年就会有霸王之人出现。"

十年，烈王崩，弟扁立，是为显王。显王五年，贺秦献公，献公称伯。九年，致文武胙^①于秦孝公。二十五年，秦会诸侯于周。二十六年，周致伯^②于秦孝公。三十三年，贺秦惠王。三十五年，致文武胙于秦惠王。四十四年，秦惠王称王。其后诸侯皆为王。

◎**注释**　①〔胙（zuò）〕祭祀用的肉。②〔致伯〕送给"伯"的称号。
◎**大意**　十年，烈王逝世，其弟扁即位，这就是显王。显王五年，向秦献公道贺，献公开始称方伯。九年，显王把祭祀文王、武王的祭肉给了秦孝公。二十五年，秦国在周地召集诸侯。二十六年，周王让秦孝公做诸侯首领。三十三年，向秦惠王道贺。三十五年，把祭祀文王、武王的祭肉给了秦惠王。四十四年，秦惠王称王。这以后诸侯都称王。

四十八年，显王崩，子慎靓王定立。慎靓王立六年，崩，子赧王延立。王赧时东西周分治^①。王赧徙都西周。

◎**注释** ①〔东西周分治〕周赧（nǎn）王时，周天子微弱，实际已成傀儡，周王室分为西周、东周两个小国。

◎**大意** 四十八年，显王逝世，其子慎靓王定即位。慎靓王在位六年，逝世，其子赧王延即位。赧王时东周和西周各自为政。赧王把国都迁往西周。

西周武公之共太子死，有五庶子①，毋适（嫡）立②。司马翦谓楚王曰："不如以地资③公子咎，为请太子。"左成曰："不可。周不听，是公之知（智）困④而交疏于周也。不如请周君孰欲立，以微告⑤翦，翦请令楚贺之以地。"果立公子咎为太子。

◎**注释** ①〔庶子〕非王后所生的儿子。②〔毋适立〕没有嫡子可立为太子。适，通"嫡"。③〔资〕助。④〔知（zhì）困〕主意行不通，指计谋落空。知，同"智"。⑤〔微告〕暗中告诉。微，暗中。

◎**大意** 西周武公的共太子去世，武公的五个儿子都是庶子，没有嫡子即位。司马翦对楚王说："不如用土地资助公子咎，请立他为太子。"左成说："不行。周如果不听从，那么你的计谋落空而且与周的关系会更加疏远。不如探听周君想立谁为太子，然后暗中告诉司马翦，司马翦再请求楚国用土地资助他。"周君果然立公子咎为太子。

八年，秦攻宜阳，楚救之。而楚以周为秦①故，将伐之。苏代为周说楚王曰："何以周为秦之祸也？言周之为秦甚于楚者，欲令周入秦也，故谓'周秦'也。周知其不可解，必入于秦，此为秦取周之精者②也。为王计③者，周于④秦因善之，不于秦亦言善之，以疏之于秦。周绝于秦⑤，必入于郢矣。"

◎**注释** ①〔楚以周为秦〕楚国认为周帮助秦。为，助。②〔精者〕指精妙之计。③〔计〕考虑，打算。④〔于〕为。此处有亲近、倾向之意。⑤〔绝于秦〕与秦断交。

◎**大意**　八年，秦国攻打宜阳，楚国援助宜阳。楚国因为周朝帮助秦国，准备攻打周朝。苏代为周朝劝说楚王说："凭什么说周助秦为楚祸呢？说周朝助秦超过助楚的人，是想让周朝亲近秦国，这便是人们所说的'周秦'啊。周朝知道自己得不到解救，必定会投向秦国，这是帮助秦国取得周朝的好计啊。替您考虑，周朝倾向秦国要很好地对待它，不倾向秦国也要很好地对待它，以使周朝疏远秦国。周朝与秦国断绝了关系，就一定会投向郢都（亲近楚国）。"

　　秦借道两周之间①，将以伐韩，周恐：借之，畏于韩；不借，畏于秦。史厌谓周君曰："何不令人谓韩公叔曰'秦之敢绝②周而伐韩者，信东周也。公何不与周地，发质③使之楚？'秦必疑楚不信周，是韩不伐也。又谓秦曰'韩强④与周地，将以疑周于秦⑤也，周不敢不受'。秦必无辞而令周不受，是受地于韩而听于秦。"

◎**注释**　①〔秦借道两周之间〕借道，征得别国同意后从其境内通过。两周，东周国与西周国的合称。②〔绝〕横过，穿过。③〔发质〕发，派出。质，人质。④〔强〕强行，竭力坚持。⑤〔疑周于秦〕使周被秦怀疑。

◎**大意**　秦国向东周、西周借道，准备攻打韩国，东周君害怕借道给秦国会得罪韩国，不借则会得罪秦国。史厌对东周君说："何不派人对韩公叔说'秦国敢于穿过周地来攻打韩国的原因，是相信东周。您何不送些土地给东周，并派人质到楚国呢？'这样秦国一定怀疑楚国而不相信东周君，也就不会攻打韩国了。又对秦说：'韩国硬要把土地送给东周，准备以此使秦国怀疑东周，东周君不敢不接受。'秦国一定没有理由让东周不接受韩国的土地，这样既能得到韩国的土地，又表示了听从秦国的旨意。"

　　秦召西周君，西周君恶往①，故令人谓韩王曰："秦召西周君，将以使攻王之南阳也，王何不出兵于南阳？周君将以为辞②于秦。周君不入秦，秦必不敢逾③河而攻南阳矣。"

◎**注释** ①〔恶（wù）往〕不乐意前往。②〔以为辞〕拿它作为托辞。③〔逾〕越过，渡过。

◎**大意** 秦国召见西周君，西周君不愿前往，因此派人对韩王说："秦国召见西周君，准备让他攻打大王的南阳之地，大王何不出兵南阳？这样西周君就能够以此为借口不去秦国。西周君不去秦国，秦国一定不敢越过黄河而攻打南阳了。"

东周与西周战，韩救西周。或为东周说韩王曰："西周故天子之国，多名器重宝。王案①兵毋出，可以德东周，而西周之宝必可以尽矣。"

◎**注释** ①〔案〕压住，止住。

◎**大意** 东周与西周交战，韩国援救西周。有人为东周劝说韩王说："西周原本是天子的国都，有许多名贵器物和珍宝。大王按兵不动，既可以使东周感激您，又能够使西周的珍宝尽归韩国。"

王赧谓成君①。楚围雍氏，韩征②甲与粟于东周，东周君恐，召苏代而告之。代曰："君何患于是。臣能使韩毋征甲与粟于周，又能为君得高都。"周君曰："子苟③能，请以国听子。"代见韩相国曰："楚围雍氏，期④三月也，今五月不能拔，是楚病⑤也。今相国乃征甲与粟于周，是告楚病也。"韩相国曰："善。使者已行矣。"代曰："何不与周高都？"韩相国大怒曰："吾毋征甲与粟于周亦已多矣，何故与周高都也？"代曰："与周高都，是周折而入于韩也，秦闻之必大怒忿⑥周，即不通周使，是以弊高都得完⑦周也。曷为不与？"相国曰："善。"果与周高都。

◎**注释** ①〔王赧谓成君〕王赧是名义上的周王。②〔征〕求。③〔苟〕如果。④〔期〕约期，预期。⑤〔病〕疲。⑥〔忿〕怨恨。⑦〔完〕完整的。

◎**大意** 王赧是名义上的周王。楚国围攻雍氏，韩国向东周征调甲胄和粮食，东周君害怕，召见苏代并把情况告诉了他。苏代说："您在这件事上担心什么呢。我能够让韩国不向东周征调甲胄和粮食，又能为您取得韩邑高都。"东周君说："你如果能这样，我在国事上就听你安排。"苏代见韩相国说："楚国围攻雍氏，预计三个月攻下，现在五个月了还没攻下，说明楚国损耗严重。现在您却向东周征调甲胄和粮食，这是告诉楚国你们也损耗严重。"韩相国说："好。但使者已经出发了。"苏代说："何不把高都送给东周呢？"韩相国大怒说："我不向东周征调甲胄和粮食已经足够了，为什么还要把高都送给东周呢？"苏代说："把高都送给东周，东周就会转而投靠韩国，秦国听说后一定会怨恨东周，便不会与东周交往，这样就可以用一个破败的高都换取一个完整的东周国。为什么不可以给呢？"韩相国说："好。"果然把高都送给了东周。

三十四年，苏厉谓周君曰："秦破韩、魏，扑①师武，北取赵蔺、离石者，皆白起也。是善用兵，又有天命。今又将兵出塞攻梁，梁破则周危矣。君何不令人说白起乎？曰：'楚有养由基者，善射者也。去柳叶百步而射之，百发而百中之。左右观者数千人，皆曰善射。有一夫立其旁，曰："善，可教射矣。"养由基怒，释弓扼剑②，曰："客安能教我射乎？"客曰："非吾能教子支左诎右③也。夫去柳叶百步而射之，百发而百中之，不以善息④，少焉⑤气衰力倦，弓拨⑥矢钩⑦，一发不中者，百发尽息。"今破韩、魏，扑师武，北取赵蔺、离石者，公之功多矣。今又将兵出塞，过两周，倍（背）韩，攻梁，一举不得，前功尽弃。公不如称病⑧而无出。'"

◎**注释**　①〔扑〕打败。②〔释弓扼剑〕释，放下。扼，握。③〔支左诎（qū）右〕指左手伸直撑住弓身，右手弯曲拉开弓弦。诎，弯曲。④〔以善息〕在恰到好处的时候停下来。息，停止。⑤〔少焉〕一会儿。⑥〔拨〕不正。⑦〔钩〕不直。⑧〔称病〕假称有病。

◎**大意**　三十四年，苏厉对西周君说："秦国攻破韩、魏，打败师武，向北夺取赵国的蔺邑、离石，这都是白起指挥的。此人善于用兵，又有天命保佑他。现在

他又率兵出伊阙攻打梁国，梁国被攻破那么周就危险了。您何不派人去劝说白起呢？就说：'楚国有个叫养由基的人，善于射箭。在距离柳叶百步的地方去射它，能够百发百中。左右观看的几千人，都称赞他善于射箭。有一个人站在旁边，说："好，可以教你射箭了。"养由基很生气，放下弓拿起剑，说："你怎能教我射箭呢？"那人说："我并不能教你撑着左手屈着右手（拉弓射箭）。你在距离柳叶百步远的地方射它，百发百中，如果不在恰到好处时停下来，一会儿气力衰减，拉弓不正，发箭不直，只要一箭射不中，原有的百发百中的成绩就全部勾销了。"现在将军攻破韩、魏，打败师武，向北夺得赵国的蔺、离石，您的功劳已经很多了。这次您又率兵出伊阙，经过东周、西周，背对韩国，攻打梁国，如果不能取胜，前功尽弃。您不如告病别再出征了。'"

四十二年，秦破华阳约①。马犯谓周君曰："请令梁城周。"乃谓梁王曰："周王病若死，则犯必死矣。犯请以九鼎自入于王，王受九鼎而图②犯。"梁王曰："善。"遂与之卒，言戍③周。因谓秦王曰："梁非戍周也，将伐周也。王试出兵境以观之。"秦果出兵。又谓梁王曰："周王病甚④矣，犯请后可而复之⑤。今王使卒之周，诸侯皆生心⑥，后举事且⑦不信。不若令卒为周城，以匿事端⑧。"梁王曰："善。"遂使城周。

◎**注释** ①〔秦破华阳约〕秦背弃盟约攻破华阳。②〔图〕谋，这里是保护的意思。③〔戍〕防守，守卫。④〔甚〕重。⑤〔请后可而复之〕指以后征得周王同意再答复九鼎之事。⑥〔生心〕产生疑心。⑦〔且〕将，将会。⑧〔事端〕这里指诸侯怀疑梁伐周这件事情。

◎**大意** 四十二年，秦国背弃盟约攻破魏国的华阳。马犯对西周君说："我请求让梁国来给周筑城。"于是对梁王说："周王如果病死了，我也一定会死的。我请求把周王的九鼎送给您，您拿到九鼎可要保护我。"梁王说："好。"于是给他一些士兵，说是替周防卫。马犯又趁机对秦王说："梁国并不是在替周防卫，而是要攻打周。大王出兵边境观察一下吧。"秦国果然出兵。马犯又对梁王说：

"周王病得很重了，我请求以后征得周王同意再答复九鼎之事。现在大王派兵到周，诸侯都生了疑心，以后办事将不能使人信服。不如让那些士兵给周筑城，以便平息事端。"梁王说："好。"于是让士兵给周筑城。

四十五年，周君之秦客谓周冣①曰："公不若誉②秦王之孝，因以应为太后养地③，秦王必喜，是公有秦交。交善，周君必以为公功。交恶，劝周君入秦者必有罪矣。"秦攻周，而周冣谓秦王曰："为王计者不攻周。攻周，实不足以利，声畏天下④。天下以声畏秦，必东合于齐。兵弊于周，合天下于齐，则秦不王矣。天下欲弊秦，劝王攻周。秦与天下弊⑤，则令不行矣。"

◎**注释** ①〔周冣（jù）〕周之公子。②〔誉〕称扬，赞美。③〔养地〕即食邑，供养之地。④〔声畏天下〕声，名声，声势。畏，使害怕。⑤〔秦与天下弊〕秦国中了天下人的计谋而使自己疲惫。

◎**大意** 四十五年，西周君的秦国宾客对周冣说："您不如称赞秦王的孝道，并把应地献给秦国作为太后的供养之地，秦王一定会高兴，这样您与秦国就有了交情。交情好了，西周君一定认为这是您的功劳。交情不好，那么劝西周君投靠秦国的人一定会获罪的。"秦国攻打周，周冣对秦王说："替大王谋划，还是不要攻打周。攻打周，实在没有什么好处，只不过以攻打周的声威使天下畏惧罢了。天下害怕秦的声威，一定会向东与齐联合。秦军在周遭受挫折，又使天下与齐联合，那么秦国将不能统一天下了。天下人都想让秦国疲敝，所以才劝大王攻周。秦国中了天下人的计谋而使自己疲惫，那么威令就不能通行于诸侯了。"

五十八年，三晋距（拒）秦。周令其相国之秦，以秦之轻也，还其行①。客谓相国曰："秦之轻重未可知也。秦欲知三国之情②。公不如急见秦王曰'请为王听东方之变'，秦王必重公。重公，是秦重周，周以取秦也；齐重，则固有周聚以收齐：是周常不失重国之交也。"秦信周，发兵攻三晋。

◎**注释** ①〔还其行〕意思是返归周。②〔情〕实情。

◎**大意** 五十八年，韩、赵、魏三国抵抗秦国。东周君派相国前往秦国报告，东周相国认为必被秦轻视，便中途返回。宾客对相国说："秦国是轻视周还是重视周还不确定。秦国是想知道韩、赵、魏三国的内情。您不如赶紧去见秦王说'我请求给大王探听东方各国的变动'，秦王一定会重视您。重视您，便是重视周，这样周就可以与秦维持友好关系；至于周被齐国重视，本来就有周聚取得了齐国的信任：这样周就可以经常与强国相交。"秦国信任周，发兵攻打韩、赵、魏三国。

五十九年，秦取韩阳城负黍①，西周恐，倍（背）秦，与诸侯约从②，将天下锐师③出伊阙攻秦，令秦无得通阳城。秦昭王怒，使将军摎攻西周。西周君奔秦，顿首受罪，尽献其邑三十六，口④三万。秦受其献，归其君于周。

◎**注释** ①〔负黍〕地名，在阳城西南。②〔约从〕相约合纵抗秦。从，"纵"的古字，这里指合纵，即战国时六国联合拒秦的策略。③〔锐师〕精锐部队。④〔口〕人口。

◎**大意** 五十九年，秦国攻取韩国阳城的负黍，西周恐慌，背叛秦国，与诸侯订立合纵抗秦的盟约，率领天下的精锐部队出伊阙攻打秦国，使秦不能通向阳城。秦昭王大怒，派将军摎攻打西周。西周君逃奔秦国，叩头认罪，献出全部的三十六个城邑和三万人口。秦国接受了西周君的贡献，把他送回西周。

周君王赧卒，周民遂东亡①。秦取九鼎宝器，而迁西周公于𢠖狐②。后七岁，秦庄襄王灭东周。东西周皆入于秦，周既③不祀④。

◎**注释** ①〔东亡〕向东方逃亡。②〔罶（dàn）狐〕地名。在今河南汝州。③〔既〕完结，尽。④〔不祀〕没有人主持祭祀之事。意思是周朝灭亡了。

◎**大意** 周王赧去世，周地的居民于是向东方逃亡。秦国拿走了九鼎等珍宝器物，把西周公迁往罶狐。此后第七年，秦庄襄王灭亡东周。东周、西周都被并入秦国，周朝最终灭亡了。

太史公曰：学者皆称周伐纣，居雒邑，综①其实不然。武王营之，成王使召公卜居，居九鼎焉，而周复都丰、镐。至犬戎败幽王，周乃东徙于雒邑。所谓"周公葬于毕"，毕在镐东南杜中。秦灭周。汉兴九十有余载，天子将封太山，东巡狩至河南，求②周苗裔③，封其后嘉三十里地，号曰周子南君，比④列侯，以奉其先祭祀。

◎**注释** ①〔综〕综合考察。②〔求〕访求。③〔苗裔〕后裔，后代。④〔比〕并列，与……等同。

◎**大意** 太史公说：学者都说周伐纣以后，居住在雒邑，综合考察其实际情况并非如此。武王营建雒邑，成王使召公占卜，然后将九鼎安放在那里，但周朝还是定都丰邑、镐京。直到犬戎打败幽王，周朝才把国都迁到雒邑。所谓"周公葬于毕"，毕在镐京东南的杜中。秦国灭掉周朝。汉朝建立九十多年后，天子祭祀泰山，向东巡视到达河南，寻找周朝的后代，封给周的后裔嘉三十里土地，称其为周子南君，地位与诸侯相等，让他主持对其祖先的祭祀。

◎**知识拓展**

与《殷本纪》相同，本篇开篇先追溯周民族的始祖后稷。"周后稷，名弃。其母有邰氏女，曰姜原。姜原为帝喾元妃。"这一记载当源于《帝系姓》"帝喾卜其四妃之子，而皆有天下。上妃有邰氏之女也，曰姜原氏，产后稷。" 司马迁将这一内容改写成以后稷为主语的陈述句。后稷为帝喾子的记载，将周的源头归于以黄帝为始祖的大谱系之中。这样的处理方式表明了司马迁刻意在阐明一种大一统的历史观念。传统观点认为后稷生平事迹主要源自《诗经·大雅·生民》。《诗经·大雅·生民》有"厥初生民，时维姜嫄。生民如何？克禋克祀，以弗无子。履帝武敏歆，攸介攸止，载震载夙。载生载育，时维后稷"的记载。关于后稷的出生，《周本纪》记载："姜原出野，见巨人迹，心忻然说，欲践之，践之而身动如孕者。"崔述认为该说法"是因《诗·大雅·生民》篇'履帝武'之文而附会之者"。但是"见巨人迹"的说法并非首见于《史记》，《列子·天瑞》即云："后稷生乎巨迹。"然与《生民》相比，《史记》的这一改动，极大地减弱了其中的神异色彩：从"履帝武"到"见巨人迹"，后稷感生不再与上天有任何关系。受当时的文化氛围影响，即便董仲舒《春秋繁露·三代改制质文》亦记载"后稷母姜原履天之迹而生后稷"。在这种背景下，司马迁选择摒弃神话色彩的历史叙述，具有极大的进步意义。

秦本纪

第五

　　《秦本纪》记载了秦国从先祖女修到秦王政即位的历史，主要铺写了秦的先祖及秦始皇以前的历代秦君如何发家建国，从而为秦始皇统一天下奠定基础的历史过程。整个《秦本纪》可分为秦的先祖传说文本、西周时期的秦君世系文本、春秋时期的秦君世系文本和战国时期的秦君世系文本。这四部分文本表现出不同的形式和特点，表明司马迁可能使用了来源不同的历史材料。秦的先祖传说文本重在记载从女修到非子的世系，不记载具体年月，具有明显的传说性质。在记事方面，也只涉及女修、大费、费昌、中衍、蜚廉、造父、非子生平的大事，其他内容则不涉及，记载十分简括。秦侯到秦庄公时期属于西周时期的秦君世系文本，这部分文本表现出新的特征，内容除了世系之外，还增加了秦君所立年数的记载，形式为"立……年卒"，其中穿插简单的记事。记事内容与上一部分秦先祖文本内容一样，仅限与秦有关的事。秦襄公至秦悼公时期属于春秋时期的秦君世系文本，从这一时期开始，《秦本纪》有了完整的纪年，这是区别于之前文本的最大特征。这一部分除了秦君世系之外，还增加了许多内容，主要包括两类：一是秦君的首都、营邑、子孙即位、征伐、祭祀、法律等秦国内部的记事内容。联系文公十三年"初有史以纪事"，可以推测这方面内容的撰写引用了秦国的记录。二是秦国之外的国家的记事内容，包括鲁、郑、齐、晋、周、楚、吴、陈等。而这些内容是从宁公时期开始，宁公之前的内容并不见有。这里所涉及的其他国家的记事内容，多见于《左传》。在这段文本中，秦穆公时期的记事最为详细，所占比重也最大，可视为一部相对独立的传记。战国时期的秦君世系从秦厉共公始，至秦始皇时期。这一时期内容以秦国之事为主，包括外交、战争、设县、诏令、移民、天文等，虽偶有插叙他国之事，但并不多。另外，这一部分文本中纪年更加完善，特别是秦孝公以后纪年内容趋于完整，出现了几乎连续的纪年。这一段文本虽然以昭襄王时期内容最多，但从叙事详略来看，秦孝公时期内容最为细致、丰富，可视为一部相对完整的传记。综合来看，《秦本纪》完整地记叙了秦始皇之前秦国的发展脉络，显示了秦国几代先君的奋发图强与文治武功。司马迁在其中树立了秦穆公与秦孝公两位典范君王形象。他们有一个共同的品质，就是选贤任能，这也是司马迁在本篇所倡导的理想国君该有的美德。唐代司马贞、刘知几就提出过看法，主张秦不该列于本纪，而应降为世家。这是机械地认为只有拥有帝位才能够被列入本纪，而忽视了司马迁在选择传主时出于思想方面的考虑。吕思勉说："《史记》于周自西伯，秦自庄襄以上，亦称本纪，盖沿古之《帝系》。《帝系》所以记王者先世，未必于其未王时别之为世家也。"的确，如吕思勉所言，

《周本纪》也包括了后稷至周文王之间的并未称帝的先祖，
《殷本纪》也记载了契至汤之间并未有帝位的先祖，这样来
看，《秦本纪》将秦始皇之前的秦国先君列入本纪也是合理
的，并非特例。司马迁将这些帝王的祖辈列入本纪正可以达
到"原始察终"的目的。其体现的思想正是商汤、周文王、
秦始皇之所以能够取得天下成为帝王，并非一代人的努力所
得，而是数代人共同奋斗的结果。

秦之先，帝颛顼之苗裔孙，曰女修。女修织，玄鸟①陨卵，女修吞之，生子大业。大业取（娶）少典之子，曰女华。女华生大费，与禹平水土。已成，帝锡②玄圭③。禹受曰："非予能成，亦大费为辅。"帝舜曰："咨尔费④，赞⑤禹功，其⑥赐尔皂游（旒）⑦。尔后嗣⑧将大出⑨。"乃妻之姚姓之玉女。大费拜受，佐舜调驯鸟兽，鸟兽多驯服，是为柏翳⑩。舜赐姓嬴氏。

◎**注释**　①〔玄鸟〕燕子。②〔锡〕赐，赐予。③〔玄圭〕黑色的玉圭。④〔咨尔费〕咨，叹词。尔，你。⑤〔赞〕帮助。⑥〔其〕表示劝勉。⑦〔皂游（liú）〕旌旗上的黑色飘带。皂，黑色。游，同"旒"。⑧〔后嗣〕后代。⑨〔出〕显，指昌盛。⑩〔柏翳（yì）〕即伯益。

◎**大意**　秦的先祖，是帝颛顼的后代孙女，叫女修。女修织布，燕子掉下一只蛋，女修吞下，生下儿子大业。大业娶少典族的女子，名叫女华。女华生大费，大费帮助禹平治水土。成功后，舜帝赐给禹黑色的圭。禹接受了玉圭说："不是凭我就能成功，也有赖大费的帮助。"帝舜说："大费，你帮助禹成功，赐给你黑色的旗旒。你的后世子孙将繁衍昌盛。"于是将一个姚姓的好姑娘嫁给他。大费拜受，帮助舜驯养鸟兽，鸟兽多被驯服，这就是柏翳。舜赐他姓嬴。

大费生子二人：一曰大廉，实鸟俗氏；二曰若木，实费氏。其玄孙曰费昌，子孙或在中国①，或在夷狄。费昌当夏桀之时，去夏归商，为汤御②，以败桀于鸣条。大廉玄孙曰孟戏、中衍，中衍鸟身人言。帝太戊闻而卜之使御③，吉，遂致使御而妻之。自太戊以下，中衍之后，遂世有功，以佐殷国，故嬴姓多显，遂为诸侯。

◎**注释**　①〔中国〕指中原地区。②〔御〕驾车。③〔卜之使御〕为让他们驾车这件事而进行占卜。

◎**大意**　大费生有两个儿子：一个叫大廉，即鸟俗氏；另一个叫若木，即费氏。费氏的玄孙叫费昌，他的子孙有的在中原，有的在夷狄地区。费昌在夏桀的时候，离开夏朝而投奔商朝，为成汤驾车，在鸣条打败了夏桀。大廉的玄孙叫孟戏、中衍，中衍有鸟的身体却说人话。帝太戊听说后想让他们御车，占卜吉利，于是将他们招来御车，并给他们娶了妻子。从太戊以后，中衍的后代每世都有功劳，因辅佐殷王朝，所以嬴姓多显贵，终于成为诸侯。

其玄孙曰中潏，在西戎，保西垂①。生蜚廉。蜚廉生恶来。恶来有力，蜚廉善走，父子俱以材力②事殷纣。周武王之伐纣，并杀恶来。是时蜚廉为纣石北方，还，无所报，为坛③霍太山而报，得石棺，铭④曰"帝⑤令处父⑥不与⑦殷乱，赐尔石棺以华氏⑧"。死，遂葬于霍太山。蜚廉复有子曰季胜。季胜生孟增。孟增幸⑨于周成王，是为宅皋狼。皋狼生衡父，衡父生造父。造父以善御幸于周缪王⑩，得骥、温骊、骅骝、绿耳⑪之驷，西巡狩，乐而忘归。徐偃王作乱，造父为缪王御，长驱归周，一日千里以救乱。缪王以赵城封造父，造父族由此为赵氏。自蜚廉生季胜已（以）下五世至造父，别居赵。赵衰其后也。恶来革者，蜚廉子也，蚤（早）死。有子曰女防。女防生旁皋，旁皋生太几，太几生大骆，大骆生非子。以造父之宠，皆蒙⑫赵城，姓赵氏。

◎**注释**　①〔保西垂〕保，守卫。垂，边境。②〔材力〕才能。③〔为坛〕筑祭坛。④〔铭〕刻，这里指石棺上刻着的字。⑤〔帝〕天帝。⑥〔处父（fǔ）〕蜚廉的字。⑦〔与〕参加，参与。⑧〔华氏〕使氏族显耀。华，显贵，显要。⑨〔幸〕宠幸。⑩〔周缪（mù）王〕即周穆王姬满，西周第五位君主。⑪〔骥、温骊、骅骝（huá liú）、䯄（lù）耳〕良马名。⑫〔蒙〕受，承。

◎**大意**　中衍的玄孙叫中潏，住在西戎地区，守卫西方边境。生子蜚廉。蜚廉生恶来。恶来有勇力，蜚廉善于奔跑。父子俩都以才能侍奉殷纣。周武王伐纣，同时杀了恶来。当时蜚廉在北方为纣做石椁，回来后，没有汇报对象，在霍太山筑祭坛报命封王，得到一具石棺，其铭文说："上天命令处父不参与殷朝之乱，赐给你石棺以光耀你的氏族。"蜚廉死后，就葬于霍太山。蜚廉还有一个儿子叫季胜。季胜生了孟增。孟增深受周成王宠爱，他就是宅皋狼。宅皋狼生了衡父。衡父生了造父。造父因善于驾车被周穆王赏识，周穆王得到骥、温骊、骅骝、䯄耳四匹骏马，到西方巡狩，乐而忘返。徐偃王作乱，造父为穆王赶车，长驱回周，为了平定叛乱一天行一千里。穆王把赵城封给造父，造父一族从此姓赵。从蜚廉生季胜以后，经五代到造父，另居于赵城。赵衰就是他的后代。恶来革也是蜚廉的儿子，早死。他有一个儿子叫女防。女防生旁皋，旁皋生太几，太几生大骆，大骆生非子。有赖造父的受宠，非子等人都蒙恩住在赵城，姓赵。

　　非子居犬丘，好马及畜，善养息①之。犬丘人言之周孝王，孝王召使主②马于汧渭之间，马大蕃息③。孝王欲以为大骆适（嫡）嗣④。申侯之女为大骆妻，生子成为适（嫡）。申侯乃言孝王曰："昔我先郦山之女⑤，为戎胥轩妻，生中潏，以亲故归周，保西垂，西垂以其故和睦。今我复与大骆妻⑥，生适（嫡）子成。申骆重婚⑦，西戎皆服，所以为王。王其图之。"于是孝王曰："昔伯翳为舜主畜，畜多息，故有土，赐姓嬴。今其后世亦为朕息马，朕其分土为附庸⑧。"邑之秦⑨，使复续嬴氏祀，号曰秦嬴。亦不废申侯之女子⑩为骆适（嫡）者，以和西戎。

◎**注释** ①〔息〕繁殖。②〔主〕掌管，主管。③〔蕃息〕繁殖。"蕃""息"同义。④〔適（dí）嗣〕即嫡子，正妻所生的儿子。⑤〔郦山之女〕娘家住郦山的女子。⑥〔与大骆妻〕意思是把女儿嫁给大骆为妻。⑦〔重（chóng）婚〕再次联姻。⑧〔附庸〕附属于诸侯的小国。⑨〔邑之秦〕赐他秦地作封邑。⑩〔申侯之女子〕申侯女儿的儿子。

◎**大意** 非子住在犬丘，喜欢马和其他牲畜，善于喂养它们。犬丘人将其报告给周孝王，孝王将他召来，让他在汧（qiān）水、渭水之间主持养马，马繁衍得很多。孝王想让非子做大骆的继承人。申侯的女儿是大骆的妻子，生有儿子成，是大骆的嫡子。申侯于是对孝王说："从前我的先祖在郦山居住时生的一个女儿，做了戎胥轩的妻子，生了中潏，因有亲戚的原因归顺了周，守卫西垂地区，西垂因此和睦。现在我又将女儿嫁给大骆为妻，生嫡子成。申侯与大骆再次结亲，西戎无不归服，您才得以为王。请您认真考虑一下。"于是孝王说："从前伯翳为舜掌管畜牧，牲畜繁衍得很多，所以给他封土，赐姓嬴。现在他的后代也为我养马，我封土给他，让他做附属国。"把秦地给非子作封邑，让他重新延续嬴氏的祭祀，号称秦嬴。也不废除申侯女儿的儿子做大骆的继承人，以与西戎和好。

秦嬴生秦侯。秦侯立①十年，卒。生公伯。公伯立三年，卒。生秦仲。

◎**注释** ①〔立〕在位。

◎**大意** 秦嬴生秦侯。秦侯在位十年，去世。秦侯生公伯。公伯在位三年，去世。公伯生秦仲。

秦仲立三年，周厉王无道，诸侯或叛之。西戎反王室，灭犬丘大骆之族。周宣王即位，乃以秦仲为大夫，诛①西戎。西戎杀秦仲。秦仲立二十三年，死于戎。有子五人，其长者曰庄公。周宣王乃召庄公昆弟②五人，与兵七千人，使伐西戎，破之。于是复予秦仲后，及其先大骆地犬丘并有之，为西垂大夫。

◎**注释** ①〔诛〕讨伐。②〔昆弟〕兄弟。

◎**大意** 秦仲即位第三年，周厉王无道，有的诸侯反叛他。西戎反叛周王室，灭了居住在犬丘的大骆一族。周宣王即位后，就任命秦仲为大夫，征伐西戎。西戎杀了秦仲。秦仲在位二十三年，死在了西戎。秦仲有五个儿子，长子是庄公。周宣王于是召见庄公兄弟五人，给他们士兵七千人，让他们征伐西戎，打败了西戎。于是又赏赐秦仲的后代，并将其先祖大骆的领地犬丘一起赏赐给了他们，让秦庄公担任西垂大夫。

　　庄公居其故西犬丘，生子三人，其长男世父。世父曰："戎杀我大父①仲，我非杀戎王则不敢②入邑。"遂将击戎，让其弟襄公。襄公为太子。庄公立四十四年，卒，太子襄公代③立。襄公元年，以女弟缪嬴为丰王④妻。襄公二年，戎围犬丘，世父击之，为戎人所虏。岁余，复归世父。七年春，周幽王用⑤褒姒废太子，立褒姒子为适（嫡），数欺诸侯⑥，诸侯叛之。西戎犬戎与申侯伐周，杀幽王郦山下。而秦襄公将兵救周，战甚力，有功。周避犬戎难，东徙雒邑，襄公以兵⑦送周平王。平王封襄公为诸侯，赐之岐以西之地。曰："戎无道，侵夺我岐、丰之地，秦能攻逐戎，即有其地。"与誓，封爵之⑧。襄公于是始国⑨，与诸侯通使聘享⑩之礼，乃用骊驹⑪、黄牛、羝羊⑫各三祠上帝西畤⑬。十二年，伐戎而至岐，卒。生文公。

◎**注释** ①〔大父〕祖父。②〔不敢〕不应，不能。③〔代〕接替，继任。④〔丰王〕当是指占据丰地的西戎之王。⑤〔用〕因。⑥〔数欺诸侯〕指幽王多次举烽火戏弄诸侯，取悦褒姒事。⑦〔以兵〕率兵。⑧〔封爵之〕赐给他封地，授予他爵位。⑨〔国〕指使秦成为诸侯国。⑩〔聘享〕聘问献纳。诸侯之间修好为聘，诸侯向天子献纳方物为享。⑪〔骊驹〕黑鬣赤身的小马。⑫〔羝（dī）羊〕公羊。⑬〔西畤（zhì）〕在西县筑的祭天地之处。畤，祭处，祭祀天地五帝的祭坛。

◎**大意** 庄公住在他们的故地西犬丘，生有三个儿子，他的长子是世父。世父说："西戎人杀我祖父秦仲，我不杀了戎王就不回来。"于是率兵攻打西戎，让位给他的弟弟襄公。襄公做了太子。庄公在位四十四年，死后，太子襄公即位。襄公元年，把妹妹缪嬴嫁给丰王做妻子。襄公二年，西戎围攻犬丘，世父进行反击，被戎人俘虏。一年多后，又放回了世父。襄公七年春，周幽王宠爱褒姒而废黜太子，立褒姒的儿子为太子，多次失信于诸侯，诸侯反叛他。西戎、犬戎与申侯进攻周朝，把周幽王杀死在郦山下。而秦襄公率兵救周，作战非常卖力，立下功劳。周避犬戎的威胁，都城东迁雒邑，襄公用军队护送周平王。平王封襄公为诸侯，赐给他岐山以西的土地，说："戎人无道，侵夺我们岐山、丰水地区，秦若能赶走戎人，就拥有这些土地。"与他立下盟约，赐给他封地和爵位。襄公这时才成为诸侯开始建国，与其他诸侯互通使节按礼接待，用赤色黑鬃马、黄牛、公羊各三只，在西畤祭祀上帝。十二年，襄公讨伐西戎到了岐山，去世。襄公生了文公。

文公元年，居西垂宫。三年，文公以兵七百人东猎。四年，至汧渭之会①。曰："昔周邑我先秦嬴于此，后卒获为诸侯。"乃卜居之，占曰吉，即营邑②之。十年，初为鄜畤③，用三牢④。十三年，初有史⑤以纪事，民多化者。十六年，文公以兵伐戎，戎败走。于是文公遂收周余民有之，地至岐，岐以东献之周。十九年，得陈宝⑥。二十年，法初有三族⑦之罪。二十七年，伐南山大梓，丰⑧大特⑨。四十八年，文公太子卒，赐谥为竫公。竫公之长子为太子，是文公孙也。五十年，文公卒，葬西山。竫公子立，是为宁公。

◎**注释** ①〔会〕会合处。②〔营邑〕营造城邑。③〔鄜（fū）畤〕在鄜县所筑的祭天地之处。④〔三牢〕指牛、羊、猪。牢，祭祀用的牺牲。⑤〔史〕史官。⑥〔陈宝〕传说中的宝石。⑦〔三族〕父族、母族、妻族。⑧〔丰〕丰水。⑨〔特〕公牛。
◎**大意** 文公元年，住在西垂宫。三年，文公率兵七百人向东狩猎。四年，到汧水、渭水交会之处。文公说："从前周王把这里给我们的先祖秦嬴做封邑，后来我们终于成为诸侯。"于是占卜这里是否适合居住，占辞说吉利，就在这里营筑城邑。十年，开始设立祭天地的场所。用牛、羊、猪三牲做祭礼。十三年，开始设史官记载国事，人民大都受到教化。十六年，文公率兵讨伐西戎，西戎败逃。于是文公就收拢周的遗民，将领土扩大到岐山，把岐山以东的土地献给周王朝。十九年，获得陈宝奇石。二十年，法律中开始设置诛灭三族的罪名。二十七年，砍伐南山大梓树，梓树断后，一条青色大公牛跑入丰水中。四十八年，文公的太子去世，赐谥号为竫（jìng）公。竫公的长子被立为太子，也就是文公的孙子。五十年，文公去世，葬于西山。竫公的儿子即位，这就是宁公。

宁公二年，公徙居平阳。遣兵伐荡社①。三年，与亳战，亳王奔戎，遂灭荡社。四年，鲁公子翚弑其君隐公。十二年，伐荡氏，取之。宁公生十岁立，立十二年卒，葬西山。生子三人，长男武公为太子。武公弟德公，同母，鲁姬子。生出子。宁公卒，大庶长弗忌、威垒、三父废太子而立出子为君。出子六年，三父等复共令人贼杀②出子。出子生五岁立，立六年卒。三父等乃复立故太子武公。

◎**注释** ①〔荡社〕西戎国君的城邑。②〔贼杀〕刺杀，杀害。

◎**大意** 宁公二年，迁居平阳。派兵讨伐荡社。三年，与亳（bó）交战，亳王投奔西戎，于是灭掉了荡社。四年，鲁公子翚（huī）杀死了他的国君隐公。十二年，讨伐荡氏，攻下了它。宁公十岁即位，在位十二年去世，葬于西山。宁公生下三个儿子，长子武公为太子，武公的弟弟为德公，鲁姬子是他们的母亲。另一个儿子是出子。宁公死后，太庶长弗忌、威垒、三父废太子而改立出子为国君。出子六年，三父等人又合伙派人杀了出子。出子五岁即位，在位六年而死。三父等人于是又立原太子武公为国君。

武公元年，伐彭戏氏，至于华山下，居平阳封宫。三年，诛三父等而夷三族，以其杀出子也。郑高渠眯杀其君昭公。十年，伐邽、冀戎，初县①之。十一年，初县杜、郑。灭小虢。

◎**注释** ①〔县〕置县，设立县。

◎**大意** 武公元年，讨伐彭戏氏，到达华山下，武公住在平阳封宫。三年，诛杀三父等人并灭了他们三族，因为他们杀了出子。郑国高渠眯杀了他的国君昭公。十年，讨伐邽地、冀地，开始在这里设置县邑。十一年，开始把杜、郑设为县。灭了小虢。

十三年，齐人管至父、连称等杀其君襄公而立公孙无知。晋灭霍、魏、耿。齐雍廪杀无知、管至父等而立齐桓公。齐、晋为强国。

◎**大意** 十三年，齐国人管至父、连称等杀了他们的国君襄公而拥立公孙无知。晋国灭掉霍国、魏国、耿国。齐国的雍廪杀掉公孙无知、管至父等而拥立齐桓公。齐、晋成为强国。

十九年，晋曲沃始为晋侯。齐桓公伯（霸）于鄄。

◎**大意** 十九年，晋国曲沃的武公开始做晋侯。齐桓公在鄄称霸。

二十年，武公卒，葬雍平阳。初以人从死①，从死者六十六人。有子一人，名曰白。白不立，封平阳。立其弟德公。

◎**注释** ①〔从死〕殉葬。

◎**大意** 二十年，武公去世，葬于雍邑的平阳。开始用活人殉葬，殉葬的人有六十六个。武公有一个儿子，名叫白。白没有继位，被封在平阳。立武公的弟弟德公为君。

德公元年，初居雍城大郑宫。以牺三百牢祠鄜畤。卜居雍。"后子孙饮马于河^①"。梁伯、芮伯来朝。二年，初伏^②，以狗御蛊^③。德公生三十三岁而立，立二年卒。生子三人：长子宣公，中子成公，少子穆公。长子宣公立。

◎**注释** ①〔后子孙饮（yìn）马于河〕后世子孙可以到黄河边上去饮马，暗示秦国势力将日益强盛，国土将从雍扩展到黄河。②〔初伏〕开始规定伏日，即把暑天分为三伏。③〔以狗御蛊（gǔ）〕杀狗以祛除热毒邪气。蛊，本指毒虫，这里指伤人的热毒邪气。

◎**大意** 德公元年，开始居住在雍城大郑宫。用各三百头牛、羊、猪在鄜（fū）祭祀大帝。占卜定居雍城。后代子孙得以饮马于黄河。梁伯、芮伯来朝见。二年，初创三伏节气，杀狗以祛除热毒邪气。德公三十三岁即位，在位二年去世。生了三个儿子：长子宣公，次子成公，少子穆公。长子宣公继位。

宣公元年，卫、燕伐周，出^①惠王，立王子颓。三年，郑伯、虢叔杀子颓而入^②惠王。四年，作密畤。与晋战河阳，胜之。十二年，宣公卒。生子九人，莫^③立，立其弟成公。

◎**注释** ①〔出〕使……出，即赶出的意思。②〔入〕使……入。③〔莫〕没有人，没有哪一个。

◎**大意** 宣公元年，卫国、燕国进攻周朝，赶走惠王，拥立王子颓。三年，郑伯、虢叔杀掉子颓而使惠王回朝。四年，营建密畤。与晋国在河阳交战，战胜了晋军。十二年，宣公去世。宣公生有九个儿子，都未能即位，立他的弟弟成公为君。

成公元年，梁伯、芮伯来朝。齐桓公伐山戎，次^①于孤竹。

◎**注释** ①〔次〕临时驻扎。

◎ **大意**　成公元年，梁伯、芮伯来朝见。齐桓公讨伐山戎，驻扎在孤竹。

成公立四年卒。子七人，莫立，立其弟缪公①。

◎ **注释**　①〔缪公〕即秦穆公，名任好。

◎ **大意**　成公在位四年去世。他有七个儿子，都未继位，立他的弟弟穆公为君。

缪公任好元年，自将伐茅津，胜之。四年，迎①妇于晋，晋太子申生姊也。其岁，齐桓公伐楚，至邵陵。

◎ **注释**　①〔迎〕迎亲。

◎ **大意**　穆公任好元年，亲自率兵讨伐茅津，战胜了茅津。四年，他到晋国迎娶妻子，其妻是晋国太子申生的姐姐。这一年，齐桓公讨伐楚国，到达邵陵。

五年，晋献公灭虞、虢，虏虞君与其大夫百里傒，以璧马赂①于虞故也。既虏百里傒，以为秦缪公夫人媵②于秦。百里傒亡③秦走宛，楚鄙④人执之。缪公闻百里傒贤，欲重赎之，恐楚人不与，乃使人谓楚曰：“吾媵臣百里傒在焉，请以五羖羊⑤皮赎之。”楚人遂许与之。当是时，百里傒年已七十余。缪公释⑥其囚⑦，与语国事。谢曰：“臣亡国之臣，何足问！”缪公曰：“虞君不用子⑧，故亡，非子罪也。”固问，语三日，缪公大说（悦），授之国政，号曰五羖大夫。百里傒让曰：“臣不及臣友蹇叔，蹇叔贤而世莫知。臣常（尝）游⑨困于齐而乞食铚人，蹇叔收臣。臣因而欲事齐君无知，蹇叔止臣，臣得脱齐难⑩，遂之周。周王子颓好牛，臣以养牛干⑪之。及颓欲用臣，蹇叔止臣，臣去，得不诛⑫。事虞君，蹇叔止臣。臣知虞君不用臣，臣诚私利禄爵，且留。再⑬用其言，得脱；一不用，及虞君难。是以知其贤。"于是缪公使人厚币⑭迎蹇叔，以为上大夫。

◎**注释** ①〔赂〕赠送（财物）。②〔媵（yìng）〕古代诸侯女儿出嫁时随嫁或陪嫁的人。③〔亡〕逃亡。④〔鄙〕边境。⑤〔羖（gǔ）羊〕黑色的公羊。⑥〔释〕放开，解除。⑦〔囚〕监禁。⑧〔子〕对人的尊称，相当于您，多指男子。⑨〔游〕外出求学或求官。⑩〔齐难（nàn）〕指公子无知、管至父等人叛乱之事。⑪〔干〕求，指求取禄位。⑫〔得不诛〕能不被杀掉。指在郑伯、虢叔杀王子颓迎回惠王时幸免于难。⑬〔再〕两次。⑭〔厚币〕重币，厚礼。币，用作礼物的玉、马、皮、帛等。

◎**大意** 五年，晋献公灭掉虞、虢二国，俘虏了虞君和他的大夫百里傒，这是用玉璧、良马贿赂了虞国的缘故。晋献公俘虏百里傒后，将他作为秦穆公夫人的陪嫁奴仆送到秦国。百里傒从秦国逃到宛，被楚国边地的居民抓获。穆公听说百里傒有才能，想用重价赎买他，担心楚人不肯给，就派人去对楚国人说："我的陪嫁奴仆在这里，请允许用五张黑羊皮赎他。"楚人于是答应将百里傒给了秦国。当时，百里傒已七十多岁。穆公释放了他，和他谈论国事。百里傒推辞说："我是亡国之臣，还有什么值得问的！"穆公说："虞国国君不任用您，所以才亡国，不是您的罪过。"再三向他请教，谈论了三天，穆公很高兴，把国政交给他，百里傒号称五羖大夫。百里傒谦让说："我不如我的朋友蹇叔，蹇叔的才能世人不知。我曾到齐国交游，被困在那里，向铚（zhì）地人讨饭吃，蹇叔收留了我。我因而想要为齐君无知做事，蹇叔劝阻了我，使我逃脱了齐君被杀的灾祸，然后到了周朝。周王子颓喜欢牛，我以养牛的技术求取周王任用。等到子颓想要用我时，蹇叔劝阻了我，我离开周，得以不与子颓一起遭杀害。我为虞国国君做事，蹇叔又劝阻我。我知道虞君不会重用我，但我贪恋薪俸爵位，暂且留了下来。两次听取蹇叔的话，得以脱祸；一次未听，就遇上了虞君的灾难：因此我知道他很有才能。"于是穆公派人用重金迎接蹇叔，封他为上大夫。

秋，缪公自将伐晋，战于河曲。晋骊姬作乱，太子申生死新城，重耳、夷吾出奔①。

◎**注释** ①〔出奔〕逃亡国外。

◎**大意** 秋天，穆公亲自率兵攻打晋国，在河曲交战。晋国骊姬作乱，太子申生死于新城，重耳、夷吾逃亡国外。

九年，齐桓公会①诸侯于葵丘。

◎**注释** ①〔会〕会盟，盟誓。

◎**大意** 九年，齐桓公与诸侯会盟于葵丘。

晋献公卒。立骊姬子奚齐，其臣里克杀奚齐。荀息立卓子，克又杀卓子及荀息。夷吾使人请秦，求入晋①。于是缪公许之，使百里傒将兵送夷吾。夷吾谓曰："诚得立，请割晋之河西八城与秦。"及至，已立，而使丕郑谢②秦，背约不与河西城，而杀里克。丕郑闻之，恐，因与缪公谋曰："晋人不欲夷吾，实欲重耳。今背秦约而杀里克，皆吕甥、郄芮之计也。愿君以利急召吕、郄，吕、郄至，则更入重耳，便。"缪公许之，使人与丕郑归，召吕、郄。吕、郄等疑丕郑有间③，乃言夷吾杀丕郑。丕郑子丕豹奔秦，说缪公曰："晋君无道，百姓不亲，可伐也。"缪公曰："百姓苟不便，何故能诛其大臣？能诛其大臣，此其调④也。"不听，而阴用豹⑤。

◎**注释** ①〔求入晋〕请求秦派兵送他回晋国即位。②〔谢〕道歉。③〔间〕离间，这里指诈谋。④〔调〕协调。⑤〔阴用豹〕暗中任用丕豹。

◎**大意** 晋献公去世。立骊姬的儿子奚齐为国君，他的臣下里克杀了奚齐。荀息拥立卓子，里克又杀了卓子和荀息。夷吾派人拜见秦君，请求帮助他回晋国。于是穆公答应了他，派百里傒率兵护送夷吾。夷吾对他说："如果真能即位，愿意割晋国的河西八城给秦。"夷吾回到晋国，做了国君，只派丕郑感谢秦国，违背誓约，不肯交付河西八城，并杀了里克。丕郑听说后，很害怕，于是与穆公商量说："晋人不想要夷吾，实际想要重耳。现在夷吾背弃与秦国的誓约而杀死里克，都是吕甥、郤（xì）芮的计谋。希望你诱之以利，马上将吕、郤二人召来，吕、郤二人来后，那么改送重耳回国就容易了。"穆公答应了他，派人随丕郑回国，召引吕、郤二人。吕、郤等人怀疑丕郑有阴谋，于是建议夷吾杀了丕郑。丕郑的儿子丕豹跑到秦国，对穆公说："晋君无道，百姓不喜欢他，可以讨伐他。"穆公说："百姓如果不亲附他，怎么能杀掉他的大臣呢？能处死其大臣，这说明他们的关系是协调的。"表面上不予采纳，暗地却任用丕豹。

十二年，齐管仲、隰朋死。

◎**大意** 十二年，齐国的管仲、隰（xí）朋去世。

晋旱，来请粟。丕豹说①缪公勿与，因②其饥而伐之。缪公问公孙支，支曰："饥穰更事耳③，不可不与。"问百里傒，傒曰："夷吾得罪于君，其百姓何罪？"于是用百里傒、公孙支言，卒与之粟。以船漕④车转，自雍相望至绛。

◎**注释** ①〔说〕劝说，说服。②〔因〕趁。③〔饥穰（ráng）更事耳〕穰，丰收。更事，交替出现的事。④〔漕〕水运。
◎**大意** 晋大旱，来秦求粮。丕豹劝穆公不要给，趁晋国饥荒攻打他们。穆公问公孙支，公孙支说："饥荒与丰收是交替出现的事，不可不给。"问百里傒，百里傒说："夷吾得罪了你，他的百姓有什么罪呢？"于是采纳了百里傒、公孙支的意见，终于借给晋国粮食。用船运、车输的方式运粮，从雍都到绛都络绎不绝。

十四年，秦饥，请粟于晋。晋君谋之群臣。虢射曰："因其饥伐之，可有大功。"晋君从之。十五年，兴兵将攻秦。缪公发兵，使丕豹将，自往击之。九月壬戌，与晋惠公夷吾合战于韩地。晋君弃其军①，与秦争利，还（旋）而马骘②。缪公与麾下驰追之，不能得晋君，反为晋军所围。晋击缪公，缪公伤。于是岐下食善马者三百人驰冒③晋军，晋军解围，遂脱缪公而反生得晋君。初，缪公亡④善马，岐下野人⑤共得而食之者三百余人，吏逐得，欲法之⑥。缪公曰："君子不以畜产⑦害人。吾闻食善马肉不饮酒，伤人。"乃皆赐酒而赦之。三百人者闻秦击晋，皆求从，从而见缪公窘，亦皆推锋争死⑧，以报食马之德。于是缪公虏晋君以归，令于国："齐（斋）宿⑨，吾将以晋君祠上帝。"周天子闻之，曰"晋我同姓"，为请晋君⑩。夷吾姊亦为缪公夫人，夫人闻之，乃衰绖跣⑪，曰："妾兄弟不能相救，以辱君命⑫。"缪公曰："我得晋君以为功，今天子为请⑬，夫人是忧⑭。"乃与晋君盟，许归之，更舍上舍⑮，而馈⑯之七牢。十一月，归晋君夷吾，夷吾献其河西地，使太子圉为质⑰于秦。秦妻子圉以宗女。是时秦地东至河。

◎**注释**　①〔弃其军〕指甩下部队独自向前冲。②〔还（xuán）而马骘（zhì）〕还，通"旋"，指转弯。骘，马负重难行的样子。③〔冒〕不顾险恶。④〔亡〕丢失。⑤〔野人〕乡下人。⑥〔法之〕法办他们。⑦〔畜产〕牲畜。⑧〔推锋争死〕推，举。锋，指兵刃。争死，争着为穆公献身。⑨〔齐（zhāi）宿〕斋戒独宿。齐，通"斋"。⑩〔为请晋君〕为，因此。请晋君，为晋君请，即替晋君求情。⑪〔衰绖（cuī dié）跣（xiǎn）〕衰绖，泛指丧服。衰，古代用粗麻布制成的毛边的丧服。绖，古代服丧期间系在头上或腰间的葛麻布带。跣，赤脚。⑫〔辱君命〕意思是让您下命令是使您受屈辱了。⑬〔为请〕等于说"为之而请"，替他求情。⑭〔是忧〕等于说"忧是"，为这事忧虑。⑮〔更舍上舍〕更舍，改住。上舍，上等房舍。⑯〔馈〕指赠送食物。⑰〔为质〕做人质。

◎**大意**　十四年，秦国饥荒，向晋国求借粮食。晋国国君与群臣商议此事。虢射说："趁秦国饥荒攻打他们，可建大功。"晋君听从了他。十五年，兴兵攻打秦国。穆公发兵，让丕豹为将，自己亲自前往迎战。九月壬戌，与晋惠公夷吾在韩地会战。晋君离开他的部队，与秦军争夺财物，转弯时战马负重难行。穆公与部下驰车追赶，没有抓到晋君，反而被晋军包围。晋军攻击穆公，穆公负伤。这时在岐下曾偷吃良马的三百人出来驰击晋军，解除了晋军的包围，于是穆公得以逃脱而晋君反被活捉。当初，穆公走失了一匹良马，被岐下三百多个乡下人抓住吃掉了，官吏追捕到他们，想要依法惩处他们。穆公说："道德高尚的人不因为牲畜而害人。我听说吃良马肉不喝酒，伤人身体。"于是赐酒给他们并赦免了他们。这三百人听说秦国迎击晋军，都请求随从作战，见到穆公被困，他们都举起兵器冒死争相冲杀，以此报答吃马被赦的恩德。于是穆公俘虏晋君后回师，下令全国："斋戒沐浴而宿，我准备用晋君祭祀上天。"周天子听说此事后，说"晋君是我的同姓"，为晋君求情。晋君夷吾的姐姐也是穆公的夫人。夫人听说后，就穿着丧服光着脚，说："我的兄弟不能相救，委屈您下令。"穆公说："我俘获晋君以为是一件大功，现在周天子求情，夫人为此担忧。"于是与晋君盟誓，允许送他回去，把他换到上等官舍居住，并赠送他牛、羊、猪各七头。十一月，秦穆公放还晋君夷吾，夷吾献给秦河西之地，并让太子圉到秦国做人质。秦君将宗室的女儿嫁给子圉。这时秦国土地东面扩展到了黄河。

十八年，齐桓公卒。二十年，秦灭梁、芮。

◎**大意**　十八年，齐桓公去世。二十年，秦国灭了梁国、芮国。

二十二年，晋公子圉闻晋君病，曰："梁，我母家也，而秦灭之。我兄弟多，即君百岁后[1]，秦必留我，而晋轻亦更立他子。"子圉乃亡归晋。二十三年，晋惠公卒，子圉立为君。秦怨圉亡去，乃迎晋公子重耳于楚，而妻以故子圉妻。重耳初谢，后乃受。缪公益礼厚遇[2]之。二十四年春，秦使人告晋大臣，欲入重耳。晋许之，于是使人送重耳。二月，重耳立为晋君，是为文公。文公使人杀子圉。子圉是为怀公。

◎**注释** ①〔即君百岁后〕即，如果。百岁后，死的委婉说法。②〔遇〕待。

◎**大意** 二十二年，晋公子圉听说晋君生病，说："梁国是我外祖母家，却被秦国灭亡了。我的兄弟多，如果父君去世，秦国必定扣留我，而晋国会轻视我，另立父君的其他儿子。"于是子圉逃回了晋国。二十三年，晋惠公去世，子圉被立为国君。秦国怨恨子圉逃跑，于是从楚国接来公子重耳，并把原来子圉在秦国的妻子嫁给他。重耳开始时辞谢，后来才接受。穆公更是以厚礼待他。二十四年春，秦国派人去告诉晋国大臣，想要送重耳回国。晋国答应了，于是派人送重耳回国。二月，重耳被立为晋君，这就是文公。文公派人杀了子圉。子圉就是怀公。

　　其秋，周襄王弟带以翟（狄）伐王，王出居郑。二十五年，周王使人告难于晋、秦。秦缪公将兵助晋文公入襄王，杀王弟带。二十八年，晋文公败楚于城濮。三十年，缪公助晋文公围郑。郑使人①言缪公曰："亡郑厚晋②，于晋而得矣，而秦未有利。晋之强，秦之忧也。"缪公乃罢兵归。晋亦罢。三十二年冬，晋文公卒。

◎**注释** ①〔人〕指郑大夫烛之武。②〔厚晋〕使晋厚，意思是加强了晋国的实力。

◎**大意** 这年秋天，周襄王的弟弟带利用翟人攻打周襄王，襄王出京住到郑国。二十五年，周襄王派人向晋国、秦国告难。秦穆公率兵帮助晋文公送周襄王回京，杀了襄王的弟弟带。二十八年，晋文公在城濮（pú）打败了楚军。三十年，秦穆公帮助晋文公围攻郑国。郑国派人对穆公说："灭亡郑国壮大晋国，对晋国有好处，而对秦国未必有利。晋国的强大，就是秦国的忧患呀。"穆公于是撤兵回国。晋国也罢了兵。三十二年冬，晋文公去世。

　　郑人有卖①郑于秦曰："我主其城门，郑可袭也。"缪公问蹇叔、百里傒，对曰："径②数国千里而袭人，希（稀）有得利者。且人卖郑，庸③知我国人不有以我情告郑者乎？不可。"缪公曰："子不知也，吾已决矣。"遂发兵，使百里傒子孟明视、蹇叔子西乞术及白乙丙将兵。行日，百里傒、蹇叔二人哭之。缪公闻，怒曰："孤发兵而子沮④哭吾军，何也？"二老曰："臣非敢沮君军。军行，臣子与往；臣老，迟还恐不相见，故哭耳。"二老退，谓其子曰："汝军即败，必于殽（崤）厄⑤矣。"三十三年春，秦兵遂东，更⑥晋地，过周北门。周王孙满曰："秦师无礼，不败何待！"兵至滑，郑贩卖贾人⑦弦高，持十二牛将卖之周，见秦兵，恐死虏，因献其牛，曰："闻大国将诛郑，郑君谨修守御备，使臣以牛十二劳军士。"秦三将军相谓曰："将袭郑，郑今已觉之，往无及已⑧。"灭滑。滑，晋之边邑也。

◎**注释**　①〔卖〕出卖。②〔径〕经过，穿行。③〔庸〕何，怎么。④〔沮〕指扰乱军心，打击士气。⑤〔殽（xiáo）厄〕殽，同"崤"，崤山。厄，险要之处。⑥〔更〕经过。⑦〔贾（gǔ）人〕商人。⑧〔已〕语气词。

◎**大意**　郑国有人向秦国出卖郑国说："我掌守郑国的城门，可以袭击郑国。"穆公问蹇叔、百里傒，他们回答说："穿行几个国家，走上千里路去袭击别人，很少有获利的。况且有人出卖郑国，怎么知道有没有人把我国的情况告诉郑国呢？不可以这样。"穆公说："你们不知道，我已决定了。"于是发兵，派百里傒之子孟明视、蹇叔之子西乞术和白乙丙率兵。出兵那一天，百里傒、蹇叔二人在军中哭了。穆公听到后，大怒说："我发兵，你们却哭着败坏我军的士气，为什么呢？"二老说："我们不敢败坏大王军队的士气。军队就要出发了，我们的儿子将随军前往，我们老了，回来晚了恐怕不能相见了，所以才哭。"二老退下来，对他们的儿子说："你们的军队如果失败，必定在崤山的险要处。"三十三年春，秦军东进，经过晋地，路过周城北门。周王孙满说："秦军无礼，不失败才怪呢！"秦军到达滑，郑国的商人弦高带着十二头牛去周朝京师贩卖，发现了秦军，担心被杀或俘虏，就把他的牛献给秦军，说："听说贵国要讨伐郑国，郑国国君严格地做好了防御，派我用十二头牛慰劳士兵。"秦国三位将军相互说："将要袭击郑国，郑国现已觉察，去也赶不上机会了。"便灭了滑。滑，是晋国的边境城邑。

当是时，晋文公丧尚未葬。太子襄公怒曰："秦侮我孤，因^①丧破我滑。"遂墨衰绖^②，发兵遮秦兵于殽（崤），击之，大破秦军，无一人得脱者。虏秦三将以归。文公夫人^③，秦女也，为秦三囚将请曰："缪公之怨此三人入于骨髓，愿令此三人归，令我君得自快^④烹之。"晋君许之，归秦三将。三将至，缪公素服^⑤郊迎，向三人哭曰："孤以不用百里傒、蹇叔言以辱三子，三子何罪乎？子其悉心^⑥雪耻，毋怠。"遂复三人官秩^⑦如故，愈益厚之。

◎ **注释** ①〔因〕趁机。②〔墨衰绖〕染黑丧服。此时襄公居丧，应穿丧服，但丧服是白色的，不利行军作战，所以染成黑色。③〔文公夫人〕文嬴，晋文公在秦时娶的秦国宗女，晋襄公之嫡母。④〔快〕痛快。⑤〔素服〕穿白色丧服。⑥〔悉心〕全心，尽心。⑦〔官秩〕官爵与俸禄。

◎ **大意** 这个时候，晋文公死后尚未安葬。太子襄公大怒说："秦国欺负我丧父，趁丧事攻克我滑邑。"于是穿着黑色丧服，发兵到崤山堵截秦军，发动进攻，大败秦军，秦军没有一人逃脱的。晋军俘虏了秦军的三位将军回去。晋文公的夫人是秦国宗室之女，为秦军被俘的三位将军求情说："穆公对这三人恨之入骨，希望能将这三人放归，让我们秦国国君亲自痛快地烹杀他们。"晋襄公答应了她，放回了三位秦将。三将回到秦国，穆公穿着丧服到郊外迎接，向三人哭道："我因不听百里傒、蹇叔的话才让三位受了委屈，三位有什么罪？你们要尽心准备报仇雪耻，不可懈怠。"于是恢复三人原来的官职和俸禄，更加厚待他们。

三十四年，楚太子商臣弑其父成王代立。

◎ **大意** 三十四年，楚太子商臣杀其父成王，取而代之。

缪公于是复使孟明视等将兵伐晋，战于彭衙。秦不利，引兵归。

◎**大意**　缪公这时又派孟明视等人率兵攻打晋国，在彭衙交战。秦军不利，撤兵返回。

　　戎王使由余①于秦。由余，其先晋人也，亡入戎，能晋言②。闻缪公贤，故使由余观秦。秦缪公示以宫室、积聚。由余曰："使鬼为之，则劳神矣。使人为之，亦苦民矣。"缪公怪之，问曰："中国以诗书礼乐法度为政，然尚时③乱；今戎夷无此，何以为治，不亦难乎？"由余笑曰："此乃中国所以乱也。夫自上圣黄帝作为礼乐法度，身以先之④，仅以小治。及其后世，日以骄淫。阻⑤法度之威，以责督⑥于下，下罢（疲）极⑦则以仁义怨望⑧于上，上下交争怨而相篡弑，至于灭宗，皆以此类也。夫戎夷不然。上含淳德以遇其下，下怀忠信以事其上，一国之政犹一身之治，不知所以治⑨，此真圣人之治也。"于是缪公退而问内史廖曰："孤闻邻国有圣人，敌国之忧也。今由余贤，寡人之害，将奈之何？"内史廖曰："戎王处辟匿⑩，未闻中国之声⑪。君试遗其女乐⑫，以夺其志⑬；为由余请，以疏其间⑭；留而莫遣，以失其期。戎王怪之，必疑由余。君臣有间，乃可虏也。且戎王好乐，必怠于政。"缪公曰："善。"因与由余曲席⑮而坐，传器而食，问其地形与其兵势尽詧（察），而后令内史廖以女乐二八遗戎王。戎王受而说（悦）之，终年不还。于是秦乃归由余。由余数谏不听，缪公又数使人间⑯要（邀）由余，由余遂去，降秦。缪公以客礼礼之，问伐戎之形。

◎**注释**　①〔使由余〕派由余出使。②〔能晋言〕能说晋国话（晋方言）。③〔时〕时常，常常。④〔身以先之〕等于说"以身先之"，意思是亲自带头去实行。⑤〔阻〕恃，凭仗。⑥〔责督〕要求和监督。⑦〔罢（pí）极〕疲惫。罢，通"疲"。极，也是疲的意思。⑧〔怨望〕怨恨。"怨""望"同义。⑨〔不知所以治〕不知怎么治理却能治理得很好。⑩〔辟匿〕指偏僻之地。⑪〔声〕指音乐。⑫〔遗

(wèi) 其女乐〕遗, 赠送。女乐, 歌舞伎女。⑬〔夺其志〕改变他的心志。⑭〔疏其间〕使他们的间隔加大, 即使他们相互疏远的意思。⑮〔曲席〕连席, 座席相连接。⑯〔间(jiàn)〕暗中, 秘密。

◎**大意**　戎王派由余出使秦国。由余祖先是晋国人, 逃亡到戎, 会说晋国话。听说穆公贤能, 所以戎王派由余来秦国考察。秦穆公给他看宫室和积蓄。由余说:"如果让鬼神建造它们, 就劳累了鬼神; 如果让人建造它们, 也辛苦了人民。"穆公对他的话感到奇怪, 问他说:"中原用诗、书、礼、乐、法律制度治理国家, 然而常有祸乱; 现在戎狄没有这些, 靠什么治理呢? 不是太困难了吗?"由余笑着说:"这正是中原多乱的原因。至圣黄帝创立礼乐制度以后, 自己率先施行, 天下仅得到小治。到了后世, 君主日益骄奢淫逸。依仗法律制度的威严, 去责罚督察下民, 下民疲敝到了极点就怨恨上面不仁不义, 上下交相怨恨而互相篡夺杀戮, 以至于灭掉宗族, 都是这类缘故。戎夷却不这样。君上以淳厚的德行对待臣下, 臣下心怀忠诚信义侍奉君上, 一国的政事就像管理一个人的事情一样, 不知道怎么治理却能治理得很好, 这正是圣人的治国之道呀。"于是穆公退下来问内史廖说:"我听说邻国有圣人, 是敌对国家的忧患。如今由余贤能, 是我的忧患, 该怎么对付他呢?"内史廖说:"戎王地处偏僻, 没有听过中原的音乐。你试着赠送戎王女乐, 以迷乱其心志; 为由余请功, 以疏远他们君臣的关系; 留下由余不送回, 让由余延误回去的日期。戎王感到奇怪, 必然怀疑由余。君臣有了隔阂, 就可俘获了。况且戎王爱好音乐, 必定会荒废政事。"穆公说:"好。"于是和由余盘膝坐于一席, 互相转让器中食物, 把戎国的地形和军事情况打听得一清二楚, 然后让内史廖把十六个女乐送给戎王, 戎王高兴地接受了, 终年迷恋不还。这时秦国才送回由余。由余屡次劝谏戎王均不被采纳, 穆公又几次派人暗中邀请由余, 由余便离开戎王投顺了秦国。穆公以宾客之礼招待他, 询问他攻打戎人的形势。

　　三十六年, 缪公复益厚孟明等, 使将兵伐晋, 渡河焚船①, 大败晋人, 取王官及鄗, 以报②殽(崤)之役。晋人皆城守③不敢出。于是缪公乃自茅津渡河, 封④殽(崤)中尸, 为发丧, 哭之三日。乃誓于军曰:"嗟士卒! 听无哗, 余誓告汝。古之人谋黄发番番⑤, 则无所过。以申思⑥不用蹇叔、百里傒之谋，故作此誓，令后世以记余过。"君子闻之，皆为垂涕⑦，曰："嗟乎！秦缪公之与⑧人周也，卒得孟明之庆。"

◎**注释** ①〔渡河焚船〕即破釜沉舟的意思，表示死战的决心。②〔报〕报复，报仇。③〔城守〕在城墙上守卫。④〔封〕筑坟，给坟添土。⑤〔黄发番番(pó)〕指老年人。黄发，借指年纪很大的人。番番，又作"皤皤"，白发苍苍的样子。⑥〔申思〕反复思考。申，重复。⑦〔垂涕〕落泪。涕，眼泪。⑧〔与〕对待。

◎**大意** 三十六年，穆公更加重用孟明等人，派他们率兵攻打晋国，渡过黄河后烧毁船只，大败晋人，夺取了王官和鄗(hào)，报了崤山之役的仇。晋国人都坚守城池不敢出战。于是穆公就从茅津渡过黄河，收拾崤山战役中死难的秦军尸骨筑坟埋葬，为他们发丧，哭祭了三天。秦穆公对全军发誓说："喂，士兵们！你们严肃听着不要喧哗，我把誓言告诉你们。古人遇事向老人请教，就没有过错。然而我没有采纳蹇叔、百里傒的意见，所以发此誓言，让后代记住我的过错。"有德行的人听说了这件事，无不为之流泪，说："啊！秦穆公待人周到极了，终于得到了孟明等人的胜利喜报。"

三十七年，秦用由余谋伐戎王，益国十二，开地千里，遂霸西戎。天子使召公过贺缪公以金鼓①。三十九年，缪公卒，葬雍。从死者百七十七人，秦之良臣子舆氏三人名曰奄息、仲行、鍼虎，亦在从死之中。秦人哀②之，为作歌《黄鸟》之诗③。君子曰："秦缪公广地益国，东服强晋④，西霸戎夷，然不为诸侯盟主，亦宜哉。死而弃民，收其良臣而从死。且先王⑤崩，尚犹遗德垂法⑥，况夺之善人良臣百姓所哀者乎？是以知秦不能复东征也。"缪公子四十人，其太子罃代立，是为康公。

◎**注释** ①〔金鼓〕古代军队中用以指挥发信号的用具。金，指金属制成的钲，鸣金表示止兵；鼓是战鼓，擂鼓表示进击。②〔哀〕同情。③〔《黄鸟》之诗〕见于

《诗经·秦风》。④〔服强晋〕使强大的晋国服从。⑤〔先王〕指古有德之王。
⑥〔遗德垂法〕留下来的道德和法度。垂，流传，留下。

◎**大意** 三十七年，秦国采用由余的计策攻打戎王，增加了十二个附庸国，开辟
疆土千里，于是成为西戎地区的霸主。周天子派召公过带着金鼓去向穆公祝贺。
三十九年，穆公去世，葬在雍。殉葬的有一百七十七人，秦国的良臣子舆氏三
人，名叫奄息、仲行、鍼（qián）虎，也在陪葬之列。秦国人哀悼他们，为此作了
《黄鸟》诗歌。道德高尚的人说："秦穆公开拓疆土增强国力，向东征服强晋，向
西称霸戎狄，然而没有成为诸侯各国的盟主，也是应该的。因为他死后抛弃了人
民，还让良臣殉葬。古代圣王死后，还要留下美德、法度以垂范后世，何况这是
夺走百姓所同情的良臣善人？由此可见秦国不能再东征了。"穆公有子四十人，他
的太子罃（yīng）继位，这就是康公。

康公元年。往岁缪公之卒，晋襄公亦卒；襄公之弟名雍，秦出[①]
也，在秦。晋赵盾欲立之，使随会来迎雍，秦以兵送至令狐。晋立襄
公子而反击秦师，秦师败，随会来奔。二年，秦伐晋，取武城，报令
狐之役。四年，晋伐秦，取少梁。六年，秦伐晋，取羁马。战于河
曲，大败晋军。晋人患[②]随会在秦为乱，乃使魏雠馀详（佯）反，合
谋会，诈而得会，会遂归晋。康公立十二年卒，子共公立。

◎**注释** ①〔秦出〕指秦女所生。②〔患〕忧虑，担心。
◎**大意** 康公元年。前年穆公去世，晋襄公也去世了；襄公的弟弟叫雍，是秦女
所生，住在秦国。晋国的赵盾想要立他为君，派随会来迎接雍，秦国用军队把他
护送到令狐。晋国已立了襄公的儿子，反而攻打秦军，秦军被打败，随会投奔秦
国。二年，秦国在武城讨伐晋国，报复令狐战役之仇。四年，晋国攻打秦国，攻
取了少梁。六年，秦国攻打晋国，攻克羁马。在河曲交战，大败晋军。晋人担心
随会在秦国为害，于是派魏雠馀假装叛变，与随会相见合谋，用计谋得到随会，
随会于是回到晋国。康公在位十二年去世，他的儿子共公即位。

共公二年，晋赵穿弑其君灵公。三年，楚庄王强，北兵至雒，问周鼎。共公立五年卒，子桓公立。

◎**大意** 共公二年，晋国的赵穿杀了他的国君灵公。三年，楚庄王强大，向北进军到雒，询问周朝的九鼎。共公在位五年去世，儿子桓公即位。

桓公三年，晋败我一将。十年，楚庄王服郑，北败晋兵于河上。当是之时，楚霸，为会盟合诸侯。二十四年，晋厉公初立，与秦桓公夹河而盟。归而秦倍（背）盟，与翟（狄）合谋击晋。二十六年，晋率诸侯伐秦，秦军败走，追至泾而还。桓公立二十七年卒，子景公立。

◎**大意** 桓公三年，晋国打败秦军一位将军。十年，楚庄王征服郑国，北进在黄河边上打败晋军。当时，楚国称霸，召集诸侯共立盟约。二十四年，晋厉公刚即位，与秦桓公隔着黄河订立盟约。回去后秦国违背盟约，与翟人合谋攻打晋国。二十六年，晋国率领诸侯攻打秦军，秦军败逃，晋军追到泾水才回去。桓公在位二十七年去世，儿子景公即位。

景公四年，晋栾书弑其君厉公。十五年，救郑，败晋兵于栎。是时晋悼公为盟主。十八年，晋悼公强，数会诸侯，率以伐秦，败秦军。秦军走，晋兵追之，遂渡泾，至棫林而还。二十七年，景公如晋，与平公盟，已而背之。三十六年，楚公子围弑其君而自立，是为灵王。景公母弟后子鍼有宠，景公母弟富，或谮①之，恐诛，乃奔晋，车重②千乘。晋平公曰："后子富如此，何以自亡？"对曰："秦公无道，畏诛，欲待其后世③乃归。"三十九年，楚灵王强，会诸侯于申，为盟主，杀齐庆封。景公立四十年卒，子哀公立。后子复来归秦。

◎**注释** ①〔谮（zèn）〕说坏话诬陷别人。②〔车重〕辎重车。③〔后世〕后嗣，后代。

◎**大意** 景公四年，晋国的栾书杀了他的国君厉公。十五年，秦国救援郑国，在栎邑打败了晋军。当时晋悼公为诸侯盟主。十八年，晋悼公强大，几次会集诸侯，带领他们攻打秦国，并打败了秦军。秦军败逃，晋军追击，于是渡过了泾水，到达棫（yù）林才回去。二十七年，秦景公到晋国，与晋平公订立盟约。不久又违背盟约。三十六年，楚公子围杀了他的国君自立，这就是楚灵王。秦景公的同母弟弟后子鍼受宠幸，很富有，有人说他的坏话，他害怕被杀，就逃亡到晋国，装满财物的车辆有上千乘。晋平公说："你这样富有，为什么还要自己逃亡呢？"他回答说："秦公无道，我害怕被杀，想等到他死后再回国。"三十九年，楚灵王强大，在申聚会诸侯，做了盟主，杀了齐国的庆封。景公在位四十年去世，儿子哀公即位。后子鍼又回到秦国。

哀公八年，楚公子弃疾弑灵王而自立，是为平王。十年，楚平王来求秦女为太子建妻。至国，女好而自娶之。十五年，楚平王欲诛建，建亡；伍子胥奔吴。晋公室①卑而六卿②强，欲内相攻③，是以久秦晋不相攻。三十一年，吴王阖闾与伍子胥伐楚，楚王亡奔随，吴遂入郢。楚大夫申包胥来告急，七日不食，日夜哭泣。于是秦乃发五百乘救楚，败吴师。吴师归，楚昭王乃得复入郢。哀公立三十六年卒。太子夷公，夷公蚤（早）死，不得立，立夷公子，是为惠公。

◎**注释** ①〔晋公室〕指晋国君主的宗族。②〔六卿〕晋国有范氏、中行氏、智氏、赵氏、韩氏、魏氏六个家族，世代为卿，称六卿。③〔欲内相攻〕内部互相攻击。

◎**大意** 哀公八年，楚国公子弃疾杀了楚灵王而自己登位，这就是楚平王。十一年，楚平王来到秦国为太子建求取妻子。他回到楚国，见女子容貌美丽就自己娶了她。十五年，楚平王要处死太子建，太子建逃亡；伍子胥投奔了吴国。晋国王室卑弱而六卿强大，内部互相攻击，因此很长时间秦国与晋国没有相互攻战。三十一年，吴王阖闾与伍子胥攻打楚国，楚王逃奔到随，吴军于是进入郢都。

楚国大夫申包胥来秦国求救，七天不吃，日夜哭泣。这时秦国才派出五百辆战车去救援楚国，打败了吴军。吴军回国，楚昭王才得以重新进入郢都。哀公在位三十六年去世。太子是夷公，夷公早死，不能继位，夷公的儿子即位，这就是惠公。

惠公元年，孔子行鲁相事。五年，晋卿中行、范氏反晋，晋使智氏、赵简子攻之，范、中行氏亡奔齐。惠公立十年卒，子悼公立。

◎**大意**　惠公元年，孔子代理鲁国相国职务。五年，晋卿中行氏、范氏反叛晋国，晋君派智氏、赵简子攻打他们，范氏、中行氏逃奔齐国。惠公在位十年去世，儿子悼公即位。

悼公二年，齐臣田乞弑其君孺子，立其兄阳生，是为悼公。六年，吴败齐师。齐人弑悼公，立其子简公。九年，晋定公与吴王夫差盟，争长于黄池，卒先吴①。吴强，陵②中国。十二年，齐田常弑简公，立其弟平公，常相之。十三年，楚灭陈。秦悼公立十四年卒，子厉共公立。孔子以③悼公十二年卒。

◎**注释**　①〔先吴〕让吴占先了。②〔陵〕欺压。③〔以〕于，在。
◎**大意**　秦悼公二年，齐国大臣田乞杀了他的国君孺子，拥立孺子的哥哥阳生，这就是悼公。六年，吴军打败齐军。齐国人杀了齐悼公，立悼公的儿子简公。九年，晋定公与吴王夫差结盟，在黄池争做盟主，最终被吴王夫差抢先。吴国强大，凌虐中原各国。十二年，齐国田常杀了简公，立简公的弟弟平公为君，田常任相国。十三年，楚国灭亡陈国。秦悼公在位十四年去世，他的儿子厉共公即位。孔子在秦悼公十二年去世。

厉共公二年，蜀人来赂。十六年，堑①河旁。以兵二万伐大荔，取其王城。二十一年，初县频阳。晋取武成。二十四年，晋乱，杀智伯，分其国与赵、韩、魏。二十五年，智开与邑人来奔。三十三年，伐义渠，虏其王。三十四年，日食。厉共公卒，子躁公立。

◎**注释** ①〔堑〕壕沟。这里是挖壕沟的意思。
◎**大意** 厉共公二年，蜀国向秦进献财物。十六年，在黄河边挖掘壕沟。以二万大军攻打大荔，占领王城。二十一年，开始把频阳设为县。晋国夺取武成。二十四年，晋国动乱，杀掉智伯，将其领地分给赵氏、韩氏、魏氏。二十五年，智开与他领地上的人来投奔秦国。三十三年，攻打义渠，俘虏了义渠的君王。三十四年，出现日食。厉共公去世，儿子躁公即位。

躁公二年，南郑反。十三年，义渠来伐，至渭南。十四年，躁公卒，立其弟怀公。

◎**大意** 躁公二年，南郑反叛。十三年，义渠来犯，到达渭南。十四年，躁公去世，他的弟弟怀公即位。

怀公四年，庶长晁与大臣围怀公，怀公自杀。怀公太子曰昭子，蚤（早）死，大臣乃立太子昭子之子，是为灵公。灵公，怀公孙也。

◎**大意** 怀公四年，庶长晁和大臣围攻怀公，怀公自杀。怀公的太子叫昭子，早死，众大臣于是立昭子的儿子为君，这就是灵公。灵公，是怀公的孙子。

灵公六年，晋城①少梁，秦击之。十三年，城籍姑。灵公卒，子献公不得立，立灵公季父②悼子，是为简公。简公，昭子之弟而怀公子也。

◎**注释** ①〔城〕筑城。②〔季父〕叔父，也指最小的叔父。

◎**大意** 灵公六年，晋国在少梁筑城，遭到秦军攻击。十三年，在籍姑筑城。灵公去世，儿子献公未能即位，灵公的叔父悼子即位，这就是简公。简公，是昭子的弟弟，怀公的儿子。

簡公六年，令吏初带剑①。堑洛。城重泉。十六年卒，子惠公立。

◎**注释** ①〔带剑〕佩剑。

◎**大意** 简公六年，命令官吏开始佩剑。沿洛水挖掘壕沟。在重泉筑城。十六年去世，儿子惠公即位。

惠公十二年，子出子生。十三年，伐蜀，取南郑。惠公卒，出子立。

◎**大意** 惠公十二年，儿子出子出生。十三年，攻打蜀国，夺取了南郑。惠公去世，出子即位。

出子二年，庶长改迎灵公之子献公于西而立之。杀出子及其母，沈①之渊旁。秦以往者数易君，君臣乖乱②，故晋复强，夺秦河西地。

◎**注释** ①〔沈（chén）〕沉没。②〔乖乱〕混乱，不协调。

◎**大意** 出子二年，庶长改从河西迎接灵公的儿子献公并拥立他做国君。杀了出子和他的母亲，将他们沉入深潭里。秦国此前屡次更换国君，君臣关系混乱，所以晋国又强大起来，夺取了秦国河西之地。

献公元年，止从死①。二年，城栎阳。四年正月庚寅，孝公生。

十一年，周太史儋见献公曰："周故与秦国合而别，别五百岁复合，合七十七岁而霸王出。"十六年，桃冬花②。十八年，雨金③栎阳。二十一年，与晋战于石门，斩首六万，天子贺以黼黻④。二十三年，与晋⑤战少梁，虏其将公孙痤。二十四年，献公卒，子孝公立，年已二十一岁矣。

◎**注释**　①〔止从死〕废除活人殉葬制度。②〔冬花〕冬天开花。③〔雨（yù）金〕天上落金，古人以为是吉兆。④〔黼黻（fǔ fú）〕古代绣有花纹的礼服。⑤〔晋〕指从晋国分出的魏国。

◎**大意**　献公元年，废除活人殉葬制度。二年，修筑栎阳城。四年正月庚寅，孝公出生。十一年，周朝太史儋进见献公说："周原本与秦为一体，后来分开，分开五百年又将合并，合并十七年秦国将有霸王出现。"十六年，桃树在冬天开花。十八年，栎阳从天空落下金子。二十一年，与晋国在石门交战，斩下晋军首级六万，天子送来礼服祝贺。二十三年，与魏国在少梁交战，俘虏了魏军将领公孙痤（cuó）。二十四年，秦献公去世，儿子孝公即位，年龄已二十一岁了。

孝公元年，河山①以东强国六，与齐威、楚宣、魏惠、燕悼、韩哀、赵成侯并。淮泗之间小国十余②。楚、魏与秦接界。魏筑长城，自郑滨雒以北③，有上郡。楚自汉中，南有巴、黔中。周室微，诸侯力政（征）④，争相并。秦僻在雍州，不与中国诸侯之会盟，夷翟（狄）遇之⑤。孝公于是布惠，振（赈）孤寡，招战士，明功赏。下令国中曰："昔我缪公自岐雍之间，修德行武，东平晋乱，以河为界，西霸戎翟（狄），广地千里，天子致伯，诸侯毕贺，为后世开业，甚光美。会往者厉、躁、简公、出子之不宁，国家内忧，未遑⑥外事，三晋攻夺我先君河西地，诸侯卑秦⑦，丑⑧莫大焉。献公即位，镇抚边境，徙治栎阳，且欲东伐，复缪公之故地，修缪公之政令。寡人思念先君之意，常痛于心。宾客群臣有能出奇计强秦^⑨者，吾且尊官^⑩，与之分土^⑪。"于是乃出兵东围陕城，西斩戎之獂王。

◎**注释** ①〔河山〕黄河与崤山。②〔小国十余〕指鲁、宋、卫、邾、滕、薛等国。③〔滨雒以北〕沿雒水往北。④〔力政（zhēng）〕以武力相征伐。政，通"征"。⑤〔夷翟遇之〕像对待夷狄一样对待秦国。翟，通"狄"。遇，待遇，对待。⑥〔未遑（huáng）〕无暇顾及。遑，闲暇。⑦〔卑秦〕轻视秦国。⑧〔丑〕耻。⑨〔强秦〕使秦强盛。⑩〔尊官〕提高他的官职。⑪〔分土〕指赐给封地。分，颁。

◎**大意** 秦孝公元年，黄河崤山以东有六大强国，孝公与齐威侯、楚宣侯、魏惠侯、燕悼侯、韩哀侯、赵成侯齐名。淮水、泗水之间有十多个小国。楚国、魏国与秦国接界。魏国修筑长城，从郑国沿雒河以北，有上郡。楚国从汉中起，南有巴郡、黔中。周王室衰微，诸侯间武力征伐，相互兼并。秦国僻处雍州，不参与中原诸侯各国的会盟，中原诸侯按夷狄对待秦国。孝公于是广施恩惠，赈济孤寡，招募士兵，论功行赏。给全国下令说："从前我们的穆公在岐山雍邑之间，修德政、治武功，向东平定晋国的祸乱，疆界拓展到了黄河，向西称霸戎狄，辟地千里，天子送来方伯的称号，诸侯皆来祝贺，为后代开创了基业，非常荣光而美好。不幸的是过去厉公、躁公、简公、出子几代不安宁，国家内有忧患，没有空暇对外用事，三晋夺取了我们先君的河西之地，诸侯轻视秦国，羞辱没有比这更大的了。献公即位后，安抚边境，迁都栎阳，并且打算东征，收复穆公时的疆域，学习穆公时的政令。我想起先君的意图，经常悲痛于心。宾客与群臣有能出奇计使秦国强大的，我将封以高官，分给土地。"于是发兵东进围攻陕城，向西斩杀了戎族的獂（huán）王。

卫鞅闻是令下，西入秦，因^①景监^②求见孝公。

◎**注释** ①〔因〕通过。②〔景监〕名叫景的宦官。监，宦官。
◎**大意** 卫鞅听说了秦孝公颁布的这个命令，西行入秦，通过宦官景求见孝公。

二年，天子致胙①。

◎**注释**　①〔致胙（zuò）〕送来祭肉。胙，祭肉。
◎**大意**　二年，天子赏赐祭肉。

三年，卫鞅说①孝公变法修刑，内务耕稼，外劝②战死之赏罚，孝公善③之。甘龙、杜挚等弗然④，相与争之⑤。卒用鞅法，百姓苦之；居三年，百姓便之⑥。乃拜鞅为左庶长。其事在《商君》语中。

◎**注释**　①〔说〕劝说。②〔劝〕鼓励，勉励。③〔善〕以为善，认为好。④〔弗然〕不以为然，认为不对。⑤〔争之〕为此而争辩。⑥〔便之〕以之为便，认为它合适。
◎**大意**　三年，卫鞅劝说孝公实行变法，对内致力耕种，对外奖励作战敢死之士，孝公认为很好。甘龙、杜挚等人不以为然，同卫鞅辩论起来。孝公最终采纳了卫鞅之法，百姓受到了变法之苦；过了三年，百姓受到了变法的好处。于是封卫鞅为左庶长。这些事记载在《商君列传》里。

七年，与魏惠王会杜平。八年，与魏战元里，有功。十年，卫鞅为大良造，将兵围魏安邑，降之①。十二年，作为咸阳，筑冀阙②，秦徙都之。并诸小乡聚③，集为大县，县一令，四十一县。为田开阡陌④。东地渡雒⑤。十四年，初为赋⑥。十九年，天子致伯。二十年，诸侯毕贺。秦使公子少官率师会诸侯逢泽，朝天子。

◎**注释**　①〔降之〕使安邑降服。②〔冀阙〕也叫象魏、象阙，古代宫廷外公布法令的门阙。③〔乡聚〕乡邑和村落。一万二千户为乡。聚，村落。④〔为田开阡陌〕开辟农田，废除井田制度下纵横交错的田界。阡陌，田界。⑤〔东地渡雒〕东部地界过了雒水。⑥〔初为赋〕开始制定新的赋税制度。

◎**大意**　七年，与魏惠王在杜平会晤。八年，与魏在元里交战，获得胜利。十年，卫鞅担任大良造，率兵围攻魏国的安邑，使它投降了。十二年，兴建咸阳城，建筑冀阙，秦国迁都咸阳。合并那些小乡小村，集中设为大县，每县设县令一人，共四十一个县。开辟田地，废除井田制度下纵横交错的田界。东边的疆土已越过雒河。十四年，开始施行人头税。十九年，天子封秦孝公为方伯。二十年，诸侯纷纷前来祝贺。秦国派公子少官率军到逢泽聚会诸侯，朝见天子。

二十一年，齐败魏马陵。

◎**大意**　二十一年，齐军在马陵大败魏军。

二十二年，卫鞅击魏，虏魏公子卬。封鞅为列侯，号商君。

◎**大意**　二十二年，卫鞅攻打魏国，俘虏了魏公子卬。封卫鞅为列侯，号称商君。

二十四年，与晋①战雁门，虏其将魏错。

◎**注释**　①〔晋〕指魏国。
◎**大意**　二十四年，与魏国在雁门交战，俘虏了魏军将领魏错。

孝公卒，子惠文君立。是岁，诛卫鞅。鞅之初为秦施法，法不行，太子犯禁。鞅曰："法之不行，自于贵戚①。君必欲行法，先于太子。太子不可黥，黥其傅师。"于是法大用，秦人治。及孝公卒，太子立，宗室多怨鞅。鞅亡。因以为反，而卒车裂②以徇③秦国。

◎**注释** ①〔贵戚〕与国君同姓的亲属。②〔车裂〕古代酷刑之一，把犯人的头和四肢分别绑在几辆车上，拖裂其肢体。③〔徇〕示众。

◎**大意** 秦孝公去世，儿子惠文君即位。这一年，处死了卫鞅。卫鞅当初为秦国施行新法，新法难以推行，太子违反了禁令。卫鞅说："法令之所以得不到执行，在于贵戚的阻挠。君王如果真想推行新法，就要先从太子开始。太子不可受墨刑，就对他的师傅施以墨刑。"于是新法得到顺利推行，秦国被治理得很好。等到孝公去世，太子即位，宗室贵族大都怨恨卫鞅。卫鞅逃跑了。他们趁机将卫鞅作为反叛者处置，最后把他车裂并在都城示众。

惠文君元年，楚、韩、赵、蜀人来朝。二年，天子贺。三年，王冠①。四年，天子致文武胙。齐、魏为王。

◎**注释** ①〔冠（guàn）〕古代贵族子弟年满二十岁行加冠仪式，表示已成年。

◎**大意** 惠文君元年，楚国、韩国、赵国、蜀国派人来朝见。二年，天子来祝贺。三年，惠文君举行加冠礼。四年，天子送来祭祀文王、武王的祭肉。齐国、魏国称王。

五年，阴晋人犀首为大良造。六年，魏纳①阴晋，阴晋更名②宁秦。七年，公子印与魏战，虏其将龙贾，斩首八万。八年，魏纳河西地。九年，渡河，取汾阴、皮氏。与魏王会应。围焦，降之。十年，张仪相秦。魏纳上郡十五县。十一年，县义渠。归③魏焦、曲沃。义渠君为臣。更名少梁曰夏阳。十二年，初腊④。十三年四月戊午，魏君为王，韩亦为王。使张仪伐取陕，出其人与魏。

◎**注释** ①〔纳〕进献。②〔更名〕改名。③〔归〕归还。④〔初腊〕初次举行腊祭。腊，古代阴历十二月举行的一种祭祀，本为中原地区的风俗，此时秦国开始效仿之，故云"初腊"。

◎**大意** 五年，阴晋人犀首任大良造。六年，魏国进献阴晋城，秦国把阴晋改名宁秦。七年，公子卬与魏军交战，俘虏魏将龙贾，斩首八万人。八年，魏国交纳河西之地。九年，秦军渡过黄河，攻取了汾阴、皮氏二城。秦王与魏王在应县会见。秦军围攻焦城，焦城投降。十年，张仪任秦相国。魏国割让上郡十五县。十一年，将义渠设为县。归还魏国的焦城、曲沃。义渠的君王向秦称臣。将少梁改名夏阳。十二年，开始举行腊祭。十三年四月戊午，魏国国君称王，韩国也开始称王。秦派张仪攻取陕县，将陕县人赶去魏国。

十四年，更为元年。二年，张仪与齐、楚大臣会啮桑。三年，韩、魏太子来朝。张仪相魏。五年，王游①，至北河。七年，乐池相秦。韩、赵、魏、燕、齐帅匈奴共攻秦。秦使庶长疾②与战脩鱼，虏其将申差，败赵公子渴、韩太子奂，斩首八万二千。八年，张仪复相秦。九年，司马错伐蜀，灭之。伐取赵中都、西阳。十年，韩太子苍来质。伐取韩石章，伐败赵将泥，伐取义渠二十五城。十一年，樗里疾攻魏焦，降之。败韩岸门，斩首万，其将犀首走。公子通封于蜀。燕君让③其臣子之。十二年，王与梁王会临晋。庶长疾攻赵，虏赵将庄。张仪相楚。十三年，庶长章击楚于丹阳，虏其将屈匄，斩首八万；又攻楚汉中，取地六百里，置汉中郡。楚围雍氏，秦使庶长疾助韩而东攻齐，到满助魏攻燕。十四年，伐楚，取召陵。丹、犁④臣，蜀相壮杀蜀侯来降。

◎**注释** ①〔游〕巡游。②〔庶长疾〕指樗（chū）里疾，亦即下文所说的"樗里疾"。其事迹详见《樗里子甘茂列传》。③〔让〕指让位。④〔丹、犁〕戎族的两支，属西南夷。

◎**大意** 十四年，改为元年。二年，张仪与齐国、楚国的大臣在啮桑聚会。三年，韩国、魏国的太子来朝见。张仪担任魏相国。五年，惠文王巡游到北河。七年，乐池担任秦相国。韩、赵、魏、燕、齐等国带领匈奴联合攻打秦国。秦国派庶长樗里疾和他们在脩鱼交战，俘虏了韩国的将领申差，打败了赵公子渴、韩太子奂，斩首八万二千人。八年，张仪重新担任秦相国。九年，司马错攻打蜀国，蜀国被灭。又攻取赵国中都、西阳。十年，韩国太子苍来秦当人质。秦军又攻取了韩国的石章，打败了赵国将领泥，攻取了义渠的二十五座城邑。十一年，樗里疾攻打魏国的焦城，焦城投降。在岸门击败韩军，斩首上万人，韩将犀首逃走。公子通封在蜀。燕王让位给他的臣属子之。十二年，惠文王与梁王在临晋会晤。庶长樗里疾攻打赵国，俘虏赵军将领赵庄。张仪担任楚相国。十三年，庶长章在丹阳打败楚军，俘虏楚将屈匄（gài），斩首八万人；又攻打楚国的汉中，占领的土地有六百里见方，设置汉中郡。楚国围攻雍邑，秦国派庶长樗里疾帮助韩国向东进攻齐国，派到满帮助魏国攻打燕国。十四年，秦军攻打楚国，夺取了召陵。丹国、犁国向秦国称臣，蜀相壮杀了蜀侯来投降。

惠王卒，子武王立。韩、魏、齐、楚、越皆宾从①。

◎**注释** ①〔宾从〕归服。
◎**大意** 惠王去世，儿子武王即位。韩国、魏国、齐国、楚国、越国都归顺于秦。

武王元年，与魏惠王会临晋。诛蜀相壮。张仪、魏章皆东出之魏。伐义渠、丹、犁。二年，初置丞相，樗里疾、甘茂为左右丞相。张仪死于魏。三年，与韩襄王会临晋外。南公揭卒，樗里疾相韩。武王谓甘茂曰："寡人欲容车①通三川②，窥周室，死不恨③矣。"其秋，使甘茂、庶长封伐宜阳。四年，拔宜阳，斩首六万。涉河，城武遂。魏太子来朝。武王有力好戏，力士任鄙、乌获、孟说皆至大官。王与孟说举鼎，绝膑④。八月，武王死。族⑤孟说。武王取（娶）魏女为后，无子。立异母弟，是为昭襄王。昭襄母楚人，姓芈氏，号宣太后。武王死时，昭襄王为质于燕，燕人送归，得立。

◎**注释** ①〔容车〕指能容车通过的窄路。②〔三川〕三川郡，当时属韩，境内有河、雒、伊三条河流，故名三川。东、西周在三川郡中，所以这里"三川"实际是指周都雒邑。③〔恨〕遗憾。④〔膑〕膝盖骨。⑤〔族〕灭族，满门抄斩。

◎**大意** 武王元年，武王与魏惠王在临晋会晤。诛杀蜀相壮。张仪、魏章都东去魏国。秦军又攻打义渠、丹国、犁国。二年，开始设置丞相，樗里疾、甘茂任左丞相和右丞相。张仪在魏国死去。三年，武王与韩襄王在临晋城外会晤。南公揭去世，樗里疾任韩相国。武王对甘茂说："我要是能在三川地区打通一条小路，乘车去看一看周王室，就是死了也不遗憾。"这年秋天，派甘茂、庶长封攻打宜阳。四年，攻占宜阳，斩首六万人。渡过黄河，在武遂筑城。魏国太子来朝见。武王有气力，爱好游戏，大力士任鄙、乌获、孟说都得到了高官。武王与孟说比赛举鼎时，折断了膑骨。八月，武王去世。为此，秦国诛灭了孟说全族。武王娶魏国女子为王后，没有儿子。立他的异母弟为王，这就是昭襄王。昭襄王的母亲是楚国人，姓芈（mǐ），号称宣太后。武王死时，昭襄王在燕国做人质，燕国人送他回国，才得以即位。

昭襄王元年，严君疾为相。甘茂出之魏。二年，彗星见。庶长壮与大臣、诸侯、公子为逆，皆诛，及①惠文后皆不得良死②。悼武王后出归魏。三年，王冠。与楚王会黄棘，与③楚上庸。四年，取蒲阪。彗星见。五年，魏王来朝应亭，复与魏蒲阪。六年，蜀侯辉反，司马错定蜀。庶长奂伐楚，斩首二万。泾阳君质于齐。日食，昼晦。七年，拔新城。樗里子卒。八年，使将军芈戎攻楚，取新市。齐使章子，魏使公孙喜，韩使暴鸢共攻楚方城，取唐昧。赵破中山，其君亡，竟死齐。魏公子劲、韩公子长为诸侯④。九年，孟尝君薛文来相秦。奂攻楚，取八城，杀其将景快。十年，楚怀王入朝秦，秦留之。薛文以金受免。楼缓为丞相。十一年，齐、韩、魏、赵、宋、中山五国共攻秦⑤，至盐氏而还。秦与韩、魏河北及封陵以和。彗星见。楚怀王走之赵，赵不受，还之秦，即死，归葬。十二年，楼缓免，穰侯魏冉为相。予楚粟五万石。

◎ **注释** ①〔及〕连及，牵连。②〔良死〕好死，善终。③〔与〕给，这里是归还的意思。④〔为诸侯〕指受到魏、韩的分封。⑤〔齐、韩、魏、赵、宋、中山五国共攻秦〕此处共列六国，而非五国。另据《六国年表》，秦昭襄王九年实际只有齐、韩、魏三国攻秦。

◎ **大意** 昭襄王元年，严君疾任丞相。甘茂出走到魏国。二年，彗星出现。庶长壮和大臣、诸侯、公子叛乱，全部被诛杀，牵连惠文后也未能寿终。悼武王后出走回到魏。三年，昭襄王行加冠礼。与楚王在黄棘会晤，把上庸交还楚国。四年，夺取蒲阪。这年彗星出现。五年，魏王来应亭朝见，又将蒲阪交还给魏国。六年，蜀侯辉反叛，司马错平定了蜀国。庶长奂攻打楚国，斩首二万人。泾阳君到齐国做人质。这年出现日食，白天昏暗。七年，攻占新城。这年樗里子去世。八年，派将军芈戎攻打楚国，夺取新市。齐国派章子，魏国派公孙喜，韩国派暴鸢一起攻打楚国方城，俘获唐眛。赵国打败中山国，中山国君逃亡，最后死于齐国。魏公子劲、韩公子长被封为诸侯。九年，孟尝君薛文到秦国担任丞相。奂攻打楚国，夺取八座城邑，杀了楚将景快。十年，楚怀王入秦朝觐，秦国扣留了他。薛文因金受离间而被罢免。楼缓担任丞相。十一年，齐、韩、魏、赵、宋、中山六国联合攻打秦国，到达盐氏城后退兵。秦国将黄河北岸和封陵交给韩国、魏国以讲和。这年，彗星出现。楚怀王跑到赵国，赵国不收留他，他又回到秦国，随后就死了，把他送回楚国安葬。十二年，楼缓被免职，穰侯魏冉担任丞相。这年秦国赠给楚国五万石粮食。

十三年，向寿伐韩，取武始。左更白起攻新城。五大夫礼出亡奔魏。任鄙为汉中守。十四年，左更白起攻韩、魏于伊阙，斩首二十四万，虏公孙喜，拔五城。十五年，大良造白起攻魏，取垣，复予之。攻楚，取宛。十六年，左更错取轵及邓。冉免，封公子市宛，公子悝邓，魏冉陶，为诸侯。十七年，城阳君入朝，及东周君来朝。秦以①垣为蒲阪、皮氏。王之②宜阳。十八年，错攻垣、河雍，决桥取之。十九年，王为西帝，齐为东帝，皆复去之。吕礼来自归③。齐破宋，宋王在魏，死温。任鄙卒。二十年，王之汉中，又之上郡、北河。二十一年，错攻魏河内。魏献安邑，秦出其人，募徙河东赐爵，赦罪人迁之。泾阳君封宛。二十二年，蒙武伐齐。河东为九县。与楚王会宛。与赵王会中阳。二十三年，尉斯离与三晋、燕伐齐，破之济西。王与魏王会宜阳，与韩王会新城。二十四年，与楚王会鄢，又会穰。秦取魏安城，至大梁，燕、赵救之，秦军去。魏冉免相。二十五年，拔赵二城。与韩王会新城，与魏王会新明邑。二十六年，赦罪人迁之穰。侯冉复相。二十七年，错攻楚。赦罪人迁之南阳。白起攻赵，取代光狼城。又使司马错发陇西，因蜀攻楚黔中，拔之。二十八年，大良造白起攻楚，取鄢、邓，赦罪人迁之。二十九年，大良造白起攻楚，取郢为南郡④，楚王走。周君来。王与楚王会襄陵。白起为武安君。三十年，蜀守若伐楚，取巫郡，及江南为黔中郡。三十一年，白起伐魏，取两城。楚人反我江南。三十二年，相穰侯攻魏，至大梁，破暴鸢，斩首四万，鸢走，魏入三县请和。三十三年，客卿胡伤攻魏卷、蔡、阳⑤、长社，取之。击芒卯华阳，破之，斩首十五万。魏入南阳以和。三十四年，秦与魏、韩上庸地为一郡，南阳免臣⑥迁居之。三十五年，佐韩、魏、楚伐燕。初置南阳郡。三十六年，客卿灶攻齐，取刚、寿，予穰侯。三十八年，中更胡伤攻赵阏与，不能取。四十年，悼太子死魏，归葬芷阳。四十一年夏，攻魏，取邢丘、怀。四十二年，安国君为太子。十月，宣太后薨，葬芷阳郦山。九月，穰侯出之陶。四十三年，武安君白起攻韩，拔九城，斩首五万。四十四年，攻韩南阳，取之。四十五年，五大夫贲攻韩，取十城。叶阳君悝出之国，未至而死。四十七年，秦攻韩上党，上党降赵，秦因攻赵，赵发兵击秦，相距（拒）。秦使武安君白起击，大破赵于长平，四十余万尽杀之。四十八年十月，韩献垣雍。秦军分为三军。武安君归。王龁将伐赵武安、皮牢，拔之。司马梗北定太原，尽有韩上党。正月，兵罢，复守上党。其十月，五大夫陵攻赵邯郸。四十九年正月，益发卒佐陵。陵战不善，免，王龁代将。其十月，将军张唐攻魏，为蔡尉捐⑦弗守，还斩之。五十年十月，武安君白起有罪，为士伍⑧，迁阴密。张唐攻郑，拔之。十二月，益发卒军汾城旁。武安君白起有罪，死。龁攻邯郸，不拔，去，还奔汾军。二月余⑨，攻晋军⑩，斩首六千，晋楚流死河二万人。攻汾城，即从唐拔宁新中，宁新中更名安阳。初作河桥⑪。

◎**注释**　①〔以〕《索引》以为是"易"字之误。②〔之〕到。③〔归〕这里指投案自首。④〔取郢为南郡〕夺取楚都郢，作为秦的南郡。⑤〔蔡、阳〕疑当作"蔡、中阳"。睡虎地秦简《编年记》："卅三年，攻蔡、中阳。"⑥〔免臣〕指被赦免罪过的臣民。⑦〔捐〕弃，丢失。⑧〔为士伍〕意思是剥夺官爵，降为士兵。士伍，指士兵。古代军队以五人为伍。⑨〔二月余〕指其后两个多月。⑩〔晋军〕指魏军。⑪〔河桥〕即蒲津桥。

◎**大意**　十三年，向寿攻打韩国，攻下武始。秦左更白起攻打新城。五大夫吕礼逃奔魏国。任鄙担任汉中郡守。十四年，左更白起在伊阙攻打韩国、魏国，斩首二十四万人，俘虏了公孙喜，攻占五座城。十五年，大良造白起攻打魏国，夺取垣邑，又归还给魏国。攻打楚国，夺取宛城。十六年，左更司马错夺取轵邑和邓邑。魏冉被免职。封公子市（fú）到宛，公子悝（kuī）到邓，魏冉到陶，成为诸侯。十七年，城阳君入秦朝见，东周君也来朝见。秦国用垣邑交换魏国的蒲阪、皮氏。昭襄王前往宜阳。十八年，司马错攻打垣邑、河雍，拆毁桥梁夺取了两地。十九年，昭襄王称西帝，齐闵王称东帝，后来又都取消了帝号。吕礼回来自首。齐国打败宋国，宋王住到魏国，死在温。这年任鄙去世。二十年，昭襄王前往汉中，又到上郡、北河。二十一年，司马错攻打魏国的河内。魏国献出安邑，秦国赶走魏国居民，招募秦国人迁往河东居住并赐予爵位，赦免罪犯迁居那里。这年泾阳君被封到宛。二十二年，蒙武攻打齐国。秦国在河东设置九个县。秦王与楚王在宛城会晤，与赵王在中阳会晤。二十三年，都尉斯离与三晋、燕一起攻打齐国，在济水西岸打败了齐军。昭襄王与魏王在宜阳会面，与韩王在新城会面。二十四年，昭襄王与楚王在鄢（yān）邑会晤，又到穰会面。秦国夺取了魏国的安城，打到魏都大梁。燕国、赵国来救援，秦军撤退。魏冉被免去丞相职务。二十五年，秦军攻克赵国两座城邑。秦王与韩王在新城会面，与魏王在新明邑会面。二十六年，赦免罪犯迁往穰，侯冉再次任丞相。二十七年，司马错攻打楚国。秦国赦免罪犯，将之迁往南阳。白起攻打赵国，攻下了代地的光狼城。秦国又派司马错发动陇西的驻军，凭借蜀地攻打楚国的黔中，攻占了它。二十八年，大良造白起攻打楚国，夺取鄢邑、邓邑，赦免罪犯，迁居那里。二十九年，大良造白起攻打楚国，夺取郢都，设为南郡。楚王逃走。周君来到秦国。秦王与楚王在襄陵会晤。白起被封为武安君。三十年，蜀郡守张若攻打楚国，夺取了巫郡，将其和江南一起设为黔中郡。三十一年，白起攻打魏国，攻下两座城邑。楚人在江南反秦。三十二年，丞相穰侯攻打魏国，到达大梁，打败了暴鸢，斩首四万人，暴鸢逃走，魏国献出三个县求和。三十三年，客卿胡阳攻打魏国的卷、蔡阳、长社，攻下了它们。在华阳攻打魏将芒卯，打败了他，斩首十五万人。魏国献出南阳请和。三十四年，秦国把所占领的魏国、韩国的南阳与楚国的上庸合并为一个郡，将南阳降臣迁往该地。三十五年，辅助韩国、魏国、楚国攻打燕国。开始设置南阳郡。三十六年，客卿灶攻打齐国，夺取了刚城、寿城，赐给穰侯。三十八年，中更胡阳攻打赵国阏（yù）与，未能攻下。四十年，悼太子死在魏国，送回秦国葬在芷阳。四十一年夏天，攻打魏国，夺取邢丘、怀邑。四十二年，安国君被立为太子。十月，宣太后去世，安葬在芷阳的郦山。九月，穰侯离开都城回到他的封地陶。四十三年，武安君白起攻打韩国，攻克九座城邑，斩首五万人。四十四年，攻打韩国南阳，攻下了南阳。四十五年，五大夫贲攻打韩国，占领十座城邑。叶阳君悝前往自己的封国，还没到就死了。四十七年，秦军攻打韩国的上党，上党投降了赵国，秦军因而攻打赵国，赵国发兵迎击秦军，两军相持不下。秦国派武安君白起去攻打，在长平大败赵军，将赵军四十多万人全部杀掉。四十八年十月，韩国献出垣雍。秦军分为三个部分。武安君回国。王龁（hé）率兵攻打赵国的武安、皮牢，将其占领。司马梗北进平定太原，全部占据了韩国的上党。正月，罢兵，驻守上党。这年十月，五大夫王陵攻打赵国的邯郸。四十九年正月，秦派兵增援王陵。王陵不擅长打仗，被罢免，王龁代替他带兵。同年十月，将军张唐攻打魏国，魏国守将蔡尉弃阵逃回，回国后被斩。五十年十月，武安君白起有罪，被降为普通士兵，流放到阴密。张唐攻打郑，攻克了它。十二月，秦国增派军队驻扎在汾城旁。武安君白起有罪，自杀。王龁攻打邯郸，没有攻克，撤军，回汾城附近秦军驻地停了两个多月。攻打晋军，斩首六千人，晋军败逃，被黄河冲淹而死的有两万人。又攻打汾城，随即经唐攻克了宁新中，将宁新中改名为安阳。开始修建黄河桥。

五十一年，将军摎攻韩，取阳城负黍，斩首四万。攻赵，取二十余县，首虏①九万。西周君背秦，与诸侯约从，将天下锐兵出伊阙攻秦，令秦毋得通阳城。于是秦使将军摎攻西周。西周君走来自归，顿首受罪，尽献其邑三十六城，口②三万。秦王受献，归其君于周。五十二年，周民东亡，其器九鼎入秦。周初亡。

◎**注释**　①〔首虏〕所获敌人的首级。②〔口〕指人口。
◎**大意**　五十一年，将军摎攻打韩国，夺取阳城的负黍，斩首四万人。攻打赵国，夺取二十多个县，斩首俘虏九万人。西周君背叛秦国，与诸侯约定合纵，率天下精兵出伊阙攻打秦国，使秦国不得与阳城相通。因此秦国派将军摎攻打西周。西周君跑来投降，叩头请罪，全部献出他的三十六座城，三万人口。秦王接受了他的贡献，放他回到周。五十二年，周朝人民向东逃亡，周朝的镇国宝器九鼎被秦国得到。周算是初步灭亡了。

五十三年，天下来宾①。魏后，秦使摎伐魏，取吴城。韩王入朝，魏委②国听令。五十四年，王郊见上帝③于雍。五十六年秋，昭襄王卒，子孝文王立。尊唐八子为唐太后，而合其葬于先王。韩王衰绖入吊祠④，诸侯皆使其将相来吊祠，视⑤丧事。

◎**注释**　①〔宾〕服从，归顺。②〔委〕托付。③〔郊见上帝〕在郊外祭天。④〔吊祠〕吊唁祭祀。⑤〔视〕料理，治理。
◎**大意**　五十三年，天下诸侯都来归顺。魏国后到，秦国派摎讨伐魏国，夺取了吴城。韩王来朝见，魏王把国家交给秦国听从命令。五十四年，昭襄王在秦国旧都雍的南郊举行祭天典礼。五十六年秋，昭襄王去世，儿子孝文王即位。他追尊生母唐八子为唐太后，将她与昭襄王合葬。韩王穿着孝服来吊唁祭悼。诸侯纷纷派各自的将相来吊唁祭祀，办理丧事。

孝文王元年，赦罪人，修①先王功臣，褒厚②亲戚，弛③苑囿。孝文王除丧④，十月己亥即位，三日辛丑卒，子庄襄王立。

◎**注释**　①〔修〕推举，这里指表彰、封赏。②〔褒厚〕厚待，优待。③〔弛〕这里是开放的意思。④〔除丧〕除去丧服，即服丧期满。

◎**大意**　孝文王元年，赦免罪犯，表彰先王的功臣，厚待亲戚，开放王室园林。孝文王服丧期满，于十月己亥日即位，第三天辛丑日去世，儿子庄襄王即位。

庄襄王元年，大赦罪人，修先王功臣，施德厚骨肉①而布惠于民。东周君与诸侯谋秦，秦使相国吕不韦诛之，尽入其国。秦不绝其祀，以阳人②地赐周君，奉其祭祀。使蒙骜伐韩，韩献成皋、巩。秦界至大梁，初置三川郡。二年，使蒙骜攻赵，定太原。三年，蒙骜攻魏高都、汲，拔之。攻赵榆次、新城、狼孟，取三十七城。四月日食。四年，王龁攻上党。初置太原郡。魏将无忌率五国兵击秦，秦却于河外。蒙骜败，解而去。五月丙午，庄襄王卒，子政立，是为秦始皇帝。

◎**注释**　①〔骨肉〕指至亲。②〔阳人〕地名，即阳人聚。

◎**大意**　庄襄王元年，大赦罪犯，表彰先王功臣，施行德政，厚待亲戚而布惠于民。东周君与诸侯图谋攻打秦国，秦国派相国吕不韦讨伐他们，全部没收了东周的领地。秦国不断绝周王室的祭祀，把阳人聚这个地方赐给周君，以奉祀周朝的先祖。派蒙骜（áo）讨伐韩国，韩国献出成皋、巩。秦的国界到了大梁，开始设置三川郡。二年，派蒙骜攻打赵国，平定太原。三年，蒙骜攻打魏国的高都、汲县，攻占了它们。攻打赵国的榆次、新城、狼孟，夺取三十七座城邑。四月出现日食。王龁攻打上党。开始设太原郡。魏国将军无忌率五国联军攻打秦国，秦军退到黄河之南。蒙骜被打败，撤兵而去。五月丙午日，庄襄王去世，儿子嬴政即位，这就是秦始皇帝。

秦王政立二十六年，初并天下为三十六郡，号为始皇帝。始皇帝立十一年而崩，子胡亥立，是为二世皇帝。三年，诸侯并起叛秦，赵高杀二世，立子婴。子婴立月余，诸侯诛之，遂灭秦。其语在《始皇本纪》中。

◎**大意** 秦王嬴政即位二十六年，开始合并天下为三十六郡，号为始皇帝。始皇帝五十一岁去世，儿子胡亥即位，这就是二世皇帝。三年，诸侯纷纷起来反叛秦朝，赵高杀掉二世，拥立子婴。子婴即位一个多月，诸侯杀了他，于是灭亡了秦朝。这些都记载在《秦始皇本纪》中。

太史公曰：秦之先为嬴姓。其后分封，以国为姓，有徐氏、郯氏、莒氏、终黎氏、运奄氏、菟裘氏、将梁氏、黄氏、江氏、脩鱼氏、白冥氏、蜚廉氏、秦氏。然秦以其先造父封赵城，为赵氏。

◎**大意** 太史公说：秦国的祖先姓嬴。其后代被分封，以封国作为姓氏，有徐氏、郯（tán）氏、莒氏、终黎氏、运奄氏、菟（tú）裘氏、将梁氏、黄氏、江氏、脩鱼氏、白冥氏、蜚廉氏、秦氏。然而秦国因为其先祖造父被封在赵城，称为赵氏。

◎**知识拓展**

《秦本纪》中秦穆公是一位选贤任能的君王形象，司马迁对相关材料的选择就是围绕这一中心展开的，其中任用百里奚（又作"百里傒"）的故事即表现了司马迁材料选择的这种态度。与百里奚有关的故事在先秦文献中十分混乱。《吕氏春秋·慎人篇》言公孙枝以五羊皮买之而献诸穆公；《说苑·臣术篇》言贾人以五羖羊皮，使将监军；《谏逐客书》言东得百里奚于宛；《孟子》并不认可百里奚自鬻于秦的说法。《秦本纪》在此提出了"缪公闻百里傒贤，欲重赎之""使人厚币迎蹇叔，以为上大夫"的说法。这一说法在各种文献中最为系统而详细。这则故事出现了一些与百里奚有关的关键词："媵臣""五羖羊皮""食牛"。在《秦本纪》中，百里奚作为晋的媵臣至秦，秦穆公主动以五羖羊皮向楚赎买他，百里奚曾以养牛求官于周王。然清人梁玉绳并不认同《秦本纪》的这一说法。他认为《秦本纪》所记与《吕氏春秋》《说苑》《孟子》中相关说法"皆好事者为之，言人人殊，不足辨已。战国时，造词意诬圣贤，何所不有"，进而指出保存于《后汉书·循吏传》注、《文选》陆机《演连珠》李善注、《韩诗外传》、《论衡》中的秦大夫禽息荐百里奚的说法较为可信。可以肯定《秦本纪》这里所载并非司马迁原创，而必有所本。司马迁见过不同说法的百里奚故事。《晋世家》记录了晋献公假道于虞以伐虢后"虏虞公及其大夫井伯百里奚以媵秦穆姬"的说法。《商君列传》中载赵良曰："夫五羖大夫，荆之鄙人也。闻秦缪公之贤而愿望见，行而无资，自鬻于秦客，被褐食牛。期年，缪公知之，举之牛口之下，而加之百姓之上，秦国莫敢望焉。"客观地说，如梁玉绳所言，秦大夫禽息荐百里奚的说法最有说服力。它没有以上故事曲折，没有过多的传奇色彩。但司马迁为何选择载录曲折而传奇的百里奚故事呢？我们发现，在多个百里奚故事版本中，唯有《秦本纪》所载的文本凸显了秦穆公的作用，在这一版本中，是秦穆公发现了百里奚的价值，并且愿意以重金赎买他，而之所以以"五羖羊皮"赎买，则是出于策略的考虑。《秦本纪》这则故事中重点突出的并不是百里奚之贤能，而是秦穆公的贤能与爱才。材料的选择服务于传主形象的设置。

秦始皇本纪

第六

  秦始皇建立了我国历史上第一个专制主义中央集权国家，本篇是秦始皇的传记，其中详尽地记录了秦始皇一生的事迹。由于秦朝历史较短，二世与子婴的事迹也附在了本传中，故而本篇既是秦始皇的传记，也是秦朝兴亡的记录。根据内容与材料来源，《秦始皇本纪》文本以"太史公曰"为界限分为前后两部分。"太史公曰"前的内容主要以编年的形式记载秦始皇到秦二世的历史（其中秦始皇纪年从元年到三十七年，秦二世纪年从元年到三年）；"太史公曰"后依次附载了贾谊《过秦论》下、上、中三篇，《秦记》，以及东汉孝明皇帝十七年论秦内容。从内容上看，秦始皇二十六年以前所记载主要为秦征伐六国用兵事，二十六年"秦初并天下"，其后记事内容为制度设定、秦始皇巡游天下，以及秦末的内部政治动乱事件。司马迁对秦始皇统一六国与其称帝后建立、实施的一系列制度举措大致持肯定的态度。他表彰了秦始皇所实现的旷世伟业，也以史家的眼光详细记录了被后世痛斥的"焚书坑儒"的具体背景。因为事出有因，司马迁似乎对此并不加以指责。司马迁所否定的是秦始皇后期的行为，如修阿房宫、修陵墓、巡游天下、求仙寻不死药、独裁专断等行为。二世皇帝胡亥即位后变本加厉，倒行逆施，终致秦亡。司马迁对秦由盛而衰，短短四十余年的重大历史事件的记录，将统一战争的艰难与复杂、亡国的前因后果，记载得清晰明了。司马迁在本篇中是将秦始皇作为一位缺少历史经验而终致失败的悲剧英雄来刻画的，他固然有统一天下的不世之功，有对未来的深谋远虑，但是胜利之后矜武任力，不施仁政，从一个创建新朝的英主转变为残暴帝王，终致丰功伟业化为云烟。司马迁笔下无限惋惜，因而在传记正文后，附贾谊《过秦论》总结秦亡经验，以期成为后世治乱之借鉴。贾谊《过秦论》共三篇，上篇为"秦孝公据殽函之固"至"仁义不施而攻守之势异也"，论秦始皇；中篇为"秦并海内，兼诸侯"至"是二世之过也"，论秦二世；下篇为"秦并兼诸侯山东三十余郡"至"故旷日长久而社稷安矣"，论秦王子婴。《秦始皇本纪》"太史公曰"后从"秦并兼诸侯山东三十余郡"到"贵为天子，富有天下，身不免于戮杀者，正倾非也。是二世之过也"为贾谊《过秦论》的内容，文字上偶有的差异，可视为古人引书、抄录或版本的不严格。然《秦始皇本纪》所载贾谊《过秦论》的顺序，与贾谊保存于《新书》中的《过秦论》上、中、下三篇不同。学界普遍认为贾谊《新书》当为可靠的原本，是《秦始皇本纪》附载文本出现了倒错。而《史记·陈涉世家》后同样附载了《过秦论》的上篇。种种迹象表明，《秦始皇本纪》后所附载《过秦论》并非全部出于司马迁之手，而是经过了后人的改动。本篇在艺术上高古卓劲，足见史公笔力。在编排上主要采用编年的方式清晰记录了历史

　　发展的进程，然而在编年中一些特殊的事件采用细节性的人物对话推进，如嫪毐（lào ǎi）反叛处、并天下改制异服处、置酒咸阳宫处、作阿房宫处、卢生说秦始皇处、陈涉起兵后赵高夹叙处，都写得十分生动。本篇载录了大量石刻奏辞，古雅淳朴。对秦始皇性格的刻画能够多维度开展，以秦始皇本人言行为主，辅之以尉缭、卢生等人物的评价，显示了史公的匠心。

　　秦始皇帝者，秦庄襄王子也。庄襄王为秦质①子于赵，见吕不韦姬，悦而取（娶）之，生始皇。以②秦昭王四十八年正月生于邯郸。及生，名为政，姓赵氏。年十三岁，庄襄王死，政代立为秦王。当是之时，秦地已并巴、蜀、汉中、越、宛，有③郢置南郡矣；北收上郡以东，有河东、太原、上党郡；东至荥阳，灭二周，置三川郡。吕不韦为相，封十万户，号曰文信侯。招致宾客游士，欲以并天下。李斯为舍人。蒙骜、王齮④、麃公等为将军。王年少，初即位，委⑤国事大臣。

◎**注释**　①〔质〕抵押。②〔以〕在，于。③〔有〕占有，意即攻取。④〔王齮（yǐ）〕《秦本纪》《白起王翦列传》皆作"王龁"。⑤〔委〕托付，委托。
◎**大意**　秦始皇帝，是秦庄襄王的儿子。庄襄王以秦国王室子孙的身份在赵国做人质，见到吕不韦的姬妾，很喜欢，便娶她为妻，生下始皇帝。始皇帝于秦昭王四十八年正月出生在邯郸。出生后，取名叫政，姓赵。十三岁那年，庄襄王去世，政即位做了秦王。这时候，秦国已吞并了巴、蜀、汉中、越、宛，攻下郢后以之为郡治设置了南郡；向北收取上郡以东，占有河东、太原、上党郡；向东到达荥阳，灭了二周，设置三川郡。吕不韦任相国，封十万户，封号称文信侯。召集宾客游士，想要吞并天下。李斯为舍人。蒙骜、王齮、麃（biāo）公等为将军。秦王年纪小，刚即位不久，把国事委托给了大臣。

晋阳反，元年，将军蒙骜击定之。二年，麃公将卒攻卷，斩首三万。三年，蒙骜攻韩，取十三城。王龁死。十月，将军蒙骜攻魏氏畼、有诡。岁①大饥。四年，拔②畼、有诡。三月，军罢。秦质子归自赵，赵太子出归国。十月庚寅，蝗虫从东方来，蔽天。天下疫。百姓内（纳）粟千石，拜爵③一级。五年，将军骜攻魏，定酸枣、燕、虚、长平、雍丘、山阳城，皆拔之，取二十城。初置东郡。冬雷。六年，韩、魏、赵、卫、楚共击秦，取寿陵。秦出兵，五国兵罢。拔卫，迫④东郡，其君角率其支属⑤徙居野王，阻⑥其山以保魏之河内。七年，彗星先出东方，见（现）北方，五月见西方。将军骜死。以攻龙、孤、庆都，还兵攻汲。彗星复见西方十六日。夏太后死。八年，王弟长安君成蟜将军击赵，反，死屯留，军吏皆斩死，迁其民于临洮。将军壁死，卒屯留、蒲鹝反，戮其尸。河鱼大上，轻车重马东就食。

◎**注释** ①〔岁〕年成。②〔拔〕攻取，占领。③〔拜爵〕授予爵位。④〔迫〕迫近，逼近。⑤〔支属〕亲属。⑥〔阻〕恃，依仗。

◎**大意** 晋阳反叛。秦始皇元年，将军蒙骜平定了叛乱。二年，麃公率兵攻打卷邑，斩首三万人。三年，蒙骜攻打韩国，夺取十三座城。王龁去世。十月，将军蒙骜攻打魏国的畼（chàng）邑、有诡邑。这一年饥荒严重。四年，攻克畼邑、有诡邑。三月，停止进军。秦国的质子从赵国回来，赵国的太子从秦国回国。十月庚寅，蝗虫从东方涌来，遮天蔽日。全国流行瘟疫。百姓缴纳一千石粮食，授予爵位一级。五年，将军蒙骜进攻魏国，平定酸枣、燕邑、虚邑、长平、雍丘、山阳城，全部攻克，夺得二十座城。开始设置东郡。这年冬天出现了打雷的怪现象。六年，韩国、魏国、赵国、卫国、楚国共同攻打秦国，夺取了寿陵。秦国出兵，五国停止进兵。秦军攻取卫国，向东郡迫近，卫国国君姬角率领他的宗族迁居野王，以山为险保卫魏国的河内。七年，彗星先出现在东方，又出现在北方，五月出现在西方。将军蒙骜去世。秦军攻打龙邑、孤邑、庆都，回军攻打汲邑。彗星又在西方出现，持续了十六天。夏太后逝世。八年，秦王的弟弟长安君成蟜（jiǎo）率军攻打赵国，举兵谋反，死在屯留，军吏都被处死，屯留民众被迁徙到临洮。将军成蟜在营垒中自杀，在屯留、蒲鶮（hú）反叛的部卒，被戮尸。黄河泛滥以致鱼上平地，秦人车载马驮纷纷去东方逃荒。

嫪毐封为长信侯。予之山阳地，令毐居之。宫室车马衣服苑囿①驰猎恣②毐。事无小大皆决于毐。又以河西太原郡更为毐国。九年，彗星见，或竟天③。攻魏垣、蒲阳。四月，上宿雍。己酉，王冠④，带剑⑤。长信侯毐作乱而觉，矫⑥王御玺及太后玺以发县⑦卒及卫卒、官骑、戎翟（狄）君公⑧、舍人，将欲攻蕲年宫⑨为乱。王知之，令相国昌平君、昌文君发卒攻毐。战咸阳，斩首数百，皆拜爵，及宦者皆在战中，亦拜爵一级。毐等败走。即令国中：有生得⑩毐，赐钱百万；杀之，五十万。尽得毐等。卫尉竭、内史肆、佐弋竭、中大夫令齐等二十人皆枭首⑪。车裂以徇⑫，灭其宗⑬。及⑭其舍人，轻者为鬼薪⑮。及夺爵迁蜀四千余家，家⑯房陵。四月寒冻，有死者。杨端和攻衍氏。彗星见西方，又见北方，从斗以南⑰八十日。十年，相国吕不韦坐⑱嫪毐免⑲。桓齮为将军。齐、赵来置酒。齐人茅焦说⑳秦王曰："秦方以天下为事，而大王有迁母太后之名，恐诸侯闻之，由此倍（背）秦也。"秦王乃迎太后于雍而入咸阳，复居甘泉宫。

◎**注释** ①〔苑囿〕畜养禽兽的地方。大曰苑，小曰囿。②〔恣〕听凭，任凭。③〔竟天〕划过整个天空。竟，从头至尾。④〔冠〕古代男子二十岁时举行加冠仪式，表示成年。秦王嬴政二十二岁时行冠礼。⑤〔带剑〕表示已经成年的一种仪式。带剑以显威仪。⑥〔矫〕假托，盗用。⑦〔县〕古代天子所管辖之地，在京都千里以内，即王畿。⑧〔君公〕首领。⑨〔蕲（qí）年宫〕秦国离宫名，在雍。当时为始皇住处。⑩〔生得〕活捉。⑪〔枭首〕古代酷刑之一，割下犯人的头，悬挂在竿上。⑫〔徇〕示众。⑬〔宗〕同祖，同族。⑭〔及〕至于。⑮〔鬼薪〕拾柴以供王家宗庙之用，即为王家宗庙服劳役，是秦代的徒刑之一，刑期三年。⑯〔家〕

安家，居住。⑰〔从斗以南〕从北斗往南。斗，北斗星。⑱〔坐〕定罪，由……而获罪。⑲〔免〕免官。⑳〔说〕游说，劝说。

◎**大意**　嫪毐被封为长信侯。授予他山阳之地，让他居住。宫室、车马、衣服、苑囿、驱马打猎都任他享用。事情无论大小都由他决定。又把河西太原郡改为嫪毐的封国。九年，彗星出现，有时横贯长天。秦军攻打魏国的垣邑、蒲阳邑。四月，秦王住在雍。己酉日，秦王举行冠礼，带剑。长信侯嫪毐作乱被发觉，他盗用秦王御玺和太后的印信发动京畿部队及卫队、官骑、戎翟首领、家臣，将要攻打蕲年宫，发动叛乱。秦王知道后，命令相国昌平君、昌文君发兵进攻嫪毐。战于咸阳，砍杀几百人，有战功的都获得爵位，参战的宦者也都授予一级爵位。嫪毐等败逃。秦王随即通令全国：有活捉嫪毐的，赏钱百万；杀掉他的，赏钱五十万。嫪毐等全被活捉。卫尉竭、内史肆、佐弋竭、中大夫令齐等二十人都被砍头示众。嫪毐等人被车裂示众，秦王灭了他们的宗族。嫪毐的家臣，罪轻的被罚为宗庙打柴。被剥夺爵位迁徙蜀地的有四千多家，住在房陵。四月天气严寒，有被冻死的。杨端和攻打衍氏。彗星出现在西方，又出现在北方，徘徊在北斗星以南达八十天。十年，相国吕不韦牵连嫪毐案件而被免职。桓齮为将军。齐国、赵国来人置酒祝贺。齐人茅焦劝说秦王："秦国正在经略谋取天下的大业，而大王有流放母亲的罪名，恐怕诸侯知道后，会因此背叛秦国。"秦王这才把太后从雍迎回咸阳，仍然让她住在甘泉宫。

大索①，逐客②。李斯上书说，乃止逐客令。李斯因说秦王，请先取韩以恐他国，于是使斯下③韩。韩王患之。与韩非谋弱秦④。大梁人尉缭来，说秦王曰："以秦之强，诸侯譬如郡县之君，臣但恐诸侯合从，翕⑤而出不意，此乃智伯、夫差、湣王之所以亡也。愿大王毋爱财物，赂其豪臣，以乱其谋，不过亡三十万金，则诸侯可尽。"秦王从其计，见尉缭亢礼⑥，衣服食饮与缭同。缭曰："秦王为人，蜂准⑦，长目，挚（鸷）鸟膺⑧，豺声，少恩而虎狼心，居约⑨易出人下⑩，得志亦轻食人。我布衣⑪，然见我常身自下我⑫。诚使⑬秦王得志于天下，天下皆为虏⑭矣。不可与久游⑮。"乃亡去⑯。秦王觉，固止，以为秦国尉，卒用其计策。而李斯用事⑰。

◎**注释** ①〔索〕搜索。②〔逐客〕驱逐居留在秦国的客卿。③〔下〕使降服，制服。④〔弱秦〕削弱秦国。弱，使弱。⑤〔翕（xī）〕收敛，集聚。⑥〔亢礼〕行平等之礼。⑦〔蜂准〕高鼻子。准，鼻。⑧〔挚鸟膺（yīng）〕意思是秦王胸同鸷鸟。挚，通"鸷"，猛禽。膺，胸。⑨〔约〕穷困。⑩〔出人下〕意思是屈居人下。⑪〔布衣〕庶人之服，借指平民。⑫〔身自下我〕自身甘居我下。⑬〔诚使〕如果。⑭〔虏〕奴隶。⑮〔游〕交往。⑯〔亡去〕逃离。⑰〔用事〕掌权。

◎**大意** 秦国全面搜索，要驱逐从诸侯国来的宾客，李斯上书劝说，这才停止了逐客令。李斯趁机劝说秦王，先夺取韩国以威吓其他国家，于是派李斯去降服韩国。韩王十分忧虑，与韩非谋划削弱秦国。大梁人尉缭前来，劝说秦王："以秦国的强大，诸侯就像郡县的首领一样，我只是担心诸侯国合纵，联合起来实施袭击，这就是智伯、夫差、湣王灭亡的原因。希望大王不要吝惜财物，贿赂各国的大臣，以扰乱他们的计谋，只不过失去三十万金，就可以尽灭诸侯。"秦王听从他的谋略，见尉缭时行平等之礼，衣服饮食和尉缭一样。尉缭说："秦王的相貌，鼻梁高挺，眼睛细长，胸同鸷鸟，声如豺狼，缺乏情义而有虎狼之心，处境困难时容易礼下于人，得志时也会轻易地吞食人。我只是一介平民，然而他见了我常以自身居我之下。如果真让秦王得志于天下，天下人都会成为他的奴隶。不可和他长期交往。"于是逃走。秦王发觉后，再三挽留，任用他为秦国的太尉，完全采用他的计策。而李斯掌握国家大权。

十一年，王翦、桓齮、杨端和攻邺，取九城。王翦攻阏与、橑杨，皆并为一军。翦将十八日，军归斗食①以下，什（十）推二人②从军。取邺安阳，桓齮将。十二年，文信侯不韦死，窃葬③。其舍人临④者，晋人也逐出之；秦人六百石以上夺爵，迁；五百石以下不临，迁，勿夺爵。"自今以来⑤，操国事不道如嫪毐、不韦者籍⑥其门，视此⑦"。秋，复嫪毐舍人迁蜀者。当是之时，天下大旱六月，至八月乃雨。

◎**注释** ①〔斗食〕指俸禄较低的官吏。这些官吏年俸不满百石，所给俸秩以斗计算，所以叫斗食。②〔什（shí）推二人〕十人中只挑选二人。什，同"十"。③〔窃葬〕私葬，偷葬。④〔临（lìn）〕哭吊死者。⑤〔自今以来〕从今以后。⑥〔籍〕编入簿册，登记。⑦〔视此〕比照这些。视，比。

◎**大意** 十一年，王翦、桓齮、杨端和进攻邺城，夺取九座城池。王翦攻打阏与、橑（lǎo）杨，三路军并为一军。王翦任统帅的第十八天，把军中斗食以下的军士遣送回家，十人中只挑选两人从军。攻下邺和安阳后，桓齮被任为主将。十二年，文信侯吕不韦死去，被偷偷安葬。他的门客去吊丧的，是晋人则驱逐出境；秦人六百石以上的夺去爵位，流放；秦人五百石以下未去吊丧的，流放，不剥夺爵位。从此以后，像嫪毐、吕不韦这样操纵国事、违背君意的全部家族编入簿册为徒隶，照此法处置。秋天，赦免被流放到蜀地的嫪毐家臣。在这期间，天下大旱六个月，一直到八月才下雨。

　　十三年，桓齮攻赵平阳，杀赵将扈辄，斩首十万。王之河南。正月，彗星见东方。十月，桓齮攻赵。十四年，攻赵军于平阳，取宜安，破之，杀其将军。桓齮定平阳、武城。韩非使秦，秦用李斯谋，留①非，非死云阳。韩王请为臣。

◎**注释** ①〔留〕羁留，扣留。

◎**大意** 十三年，桓齮攻打赵国的平阳，杀死赵将扈辄，斩首十万人。秦王到河南。正月，彗星在东方出现。十月，桓齮攻打赵国。十四年，在平阳攻打赵军，夺取宜安，大败赵军，杀死其将军。桓齮平定平阳、武城。韩非出使秦国，秦王采纳李斯的计策，扣留韩非，韩非死在云阳。韩王请求称臣。

　　十五年，大兴兵①，一军至邺，一军至太原，取狼孟。地动②。十六年九月，发卒受地韩南阳假③守腾。初令男子书年④。魏献地于秦。秦置丽邑。十七年，内史腾攻韩，得韩王安，尽纳其地，以其地为郡，命曰颍川。地动。华阳太后卒。民大饥。

◎**注释** ①〔大兴兵〕大举出兵。②〔地动〕地震。③〔假〕代理。④〔书年〕报写年龄。便于征发兵卒、徭役。

◎**大意** 十五年，秦大举出兵，一支军队到邺，一支军队到太原，夺取狼孟。这年发生了地震。十六年九月，发兵接收韩国南阳之地并委任腾为南阳代理郡守。开始命令男子登记年龄。魏国向秦国献地。秦国设置丽邑。十七年，内史腾进攻韩国，掳获韩王安，把韩国土地全部纳入秦国版图，并将其设为郡，取名颍川。这年发生了地震。华阳太后去世。百姓遭受饥荒。

十八年，大兴兵攻赵。王翦将上地^①，下^②井陉，端和将河内，羌瘣伐赵，端和围邯郸城。十九年，王翦、羌瘣尽定取赵地东阳，得赵王。引兵欲攻燕，屯中山。秦王之邯郸，诸尝与王生赵时母家有仇怨，皆坑^③之。秦王还，从太原、上郡归。始皇帝母太后崩。赵公子嘉率其宗数百人之代，自立为代王，东与燕合兵，军^④上谷。大饥。

◎**注释** ①〔将上地〕统率上郡的秦军。②〔下〕攻克。③〔坑〕坑埋，活埋。④〔军〕驻扎。

◎**大意** 十八年，大举兴兵攻打赵国。王翦统率驻于上郡的军队攻克了井陉，杨端和率领河内驻军，羌瘣（huì）进攻赵国，杨端和包围了邯郸城。十九年，王翦、羌瘣彻底平定了赵国东阳地区，俘获赵王。他们又率军准备攻打燕国，驻扎在中山。秦王来到邯郸，那些曾经在秦王出生于赵国时与他母家有仇怨的人，全被活埋。秦王返回，经太原、上郡回京。秦始皇的母太后去世。赵公子嘉率领其宗族几百人到代地，自立为代王，向东与燕国合兵，驻扎在上谷。这年饥荒严重。

二十年，燕太子丹患^①秦兵至国，恐，使荆轲刺秦王。秦王觉^②之，体解^③轲以徇，而使王翦、辛胜攻燕。燕、代发兵击秦军，秦军破燕易水之西。二十一年，王贲攻荆。乃益^④发卒诣^⑤王翦军，遂破燕太子军，取燕蓟城，得太子丹之首。燕王东收辽东而王之^⑥。王翦谢病老归⑦。新郑反。昌平君徙于郢。大雨雪⑧，深二尺五寸。

◎**注释**　①〔患〕担心。②〔觉〕发觉。③〔体解〕就是肢解，古代分解肢体的酷刑。④〔益〕增加。⑤〔诣〕往，到。⑥〔王（wàng）之〕在那里称王。⑦〔谢病老归〕推说有病告老还乡。⑧〔雨（yù）雪〕下雪。

◎**大意**　二十年，燕太子丹担心秦军兵临燕国，很害怕，派荆轲去刺杀秦王。秦王发觉了，肢解荆轲以示众，而派王翦、辛胜攻打燕国。燕王、代王发兵迎击秦军，秦军在易水的西边打败了燕军。二十一年，王贲（bēn）攻打楚国。秦王又增派兵员到王翦军中，随即打垮了燕太子的军队，夺取了燕国的蓟城，获得太子丹的首级。燕王向东收取辽东而称王。王翦称病告老还乡。新郑反叛。昌平君调职到郢。这年天降大雪，厚达二尺五寸。

二十二年，王贲攻魏，引河沟①灌大梁，大梁城坏，其王请降，尽取其地。

◎**注释**　①〔河沟〕黄河和鸿沟。
◎**大意**　二十二年，王贲进攻魏国，引来黄河和鸿沟的水淹大梁，大梁城被摧毁，魏王请求投降，全部夺取了魏国的领地。

二十三年，秦王复召王翦，强起①之，使将击荆。取陈以南至平舆，虏荆王。秦王游至郢陈。荆将项燕立昌平君为荆王，反秦于淮南。二十四年，王翦、蒙武攻荆，破荆军，昌平君死，项燕遂自杀。

◎**注释**　①〔强（qiǎng）起〕强行起用。
◎**大意**　二十三年，秦王又召回王翦，强行起用他，派他率军攻打楚国。秦军夺取了陈以南到平舆的地区，俘虏了楚王。秦王巡游到郢陈。楚将项燕立昌平君为楚王，在淮河以南地区反秦。二十四年，王翦、蒙武攻打楚国，大败楚军，昌平君战死，项燕也因此自杀。

二十五年，大兴兵，使王贲将，攻燕辽东，得燕王喜。还攻代，虏代王嘉。王翦遂定荆江南地；降越君，置会稽郡。五月，天下大酺①。

◎**注释** ①〔酺（pú）〕王命特许的聚会饮酒。
◎**大意** 二十五年，大举兴兵，派王贲领军，攻打燕国辽东，俘虏燕王姬喜。王贲回兵攻打代国，俘虏代王赵嘉。王翦最终平定了楚国江南地区；降服越族首领，设置会稽郡。五月，秦王下令特许全国臣民聚会饮酒。

二十六年，齐王建与其相后胜发兵守其西界，不通秦①。秦使将军王贲从燕南攻齐，得齐王建。

◎**注释** ①〔不通秦〕不与秦国来往。
◎**大意** 二十六年，齐王田建和他的相国后胜发兵守卫齐国西部边界，不与秦国交往。秦国派将军王贲从燕国向南攻打齐国，俘虏了齐王田建。

秦初并天下，令丞相、御史曰："异日①韩王纳地效②玺，请为藩臣，已而③倍（背）约，与赵、魏合从畔（叛）秦，故兴兵诛之，虏其王。寡人以为善，庶几④息兵革⑤。赵王使其相李牧来约盟，故归其质子。已而倍盟，反我太原，故兴兵诛之，得其王。赵公子嘉乃自立为代王，故举兵击灭之。魏王始约服入秦，已而与韩、赵谋袭秦，秦兵吏诛，遂破之。荆王献青阳以西，已而畔（叛）约，击我南郡，故发兵诛，得其王，遂定其荆地。燕王昏乱，其太子丹乃阴⑥令荆轲为贼⑦，兵吏诛，灭其国。齐王用后胜计，绝秦使，欲为乱，兵吏诛，虏其王，平齐地。寡人以眇眇⑧之身，兴兵诛暴乱，赖宗庙之灵，六王咸伏其辜⑨，天下大定。今名号不更，无以称⑩成功，传后世。其⑪议帝号。"丞相绾、御史大夫劫、廷尉斯等皆曰："昔者五帝地方千里，其外侯服夷服，诸侯或朝或否，天子不能制。今陛下兴义兵，诛残贼，平定天下，海内为郡县⑫，法令由一统，自上古以来未尝有，五帝所不及。臣等谨与博士议曰：'古有天皇，有地皇，有泰皇⑬，泰皇最贵。'臣等昧死上尊号，王为'泰皇'。命为'制⑭'，令为'诏⑮'，天子自称曰'朕⑯'。"王曰："去'泰'，著⑰'皇'，采上古'帝'位号，号曰'皇帝'。他如议⑱。"制曰："可。"追尊庄襄王为太上皇。制曰："朕闻太古有号毋谥，中古有号，死而以行⑲为谥。如此，则子议父，臣议君也，甚无谓⑳，朕弗取焉。自今已（以）来，除谥法。朕为始皇帝。后世以计数㉑，二世三世至于万世，传之无穷。"

◎**注释** ①〔异日〕往日。②〔效〕献。③〔已而〕不久。④〔庶几（jī）〕也许，或许。⑤〔息兵革〕停止战争。兵革，本为兵器和甲胄，这里借指战争。⑥〔阴〕暗中。⑦〔贼〕杀人者，即刺客。⑧〔眇眇〕渺小，微小，自谦之词。⑨〔咸伏其辜〕咸，都。伏，受到（应有的惩罚）。辜，罪。⑩〔称〕称扬，显扬。⑪〔其〕表示祈使，命令。⑫〔郡县〕古代两级行政区划。周代县大于郡；秦始皇统一中国后，分全国为三十六郡，郡下设县。⑬〔有天皇，有地皇，有泰皇〕即所谓"三皇"，传说中五帝以前的三位帝王。⑭〔制〕帝王的命令。⑮〔诏〕诏书，皇帝颁发的文告命令。⑯〔朕〕原为通用的第一人称代词，自秦始皇以后，成为皇帝或听政的太后专用的自称。⑰〔著（zhuó）〕附着，这里有留下、保留的意思。⑱〔他如议〕其他按照你们商议的办。⑲〔行（旧读xìng）〕品行，事迹。⑳〔无谓〕没有意义。㉑〔以计数〕由此计算。数，算。

◎**大意** 秦王刚刚统一天下，命令丞相、御史说："过去韩王献纳土地交出玉玺，请求做守边之臣，不久违背盟约，与赵国、魏国联合反叛秦国，因此兴兵讨伐他，俘虏了韩王。我以为很好，几乎要退兵停战。没想到赵王派遣他的相国李牧来缔结盟约，所以放还了他的质子。过后赵又背弃盟约，在太原反叛我，所以派兵讨伐他，俘虏了赵王。赵公子嘉竟然自立为代王，因此发兵消灭了他。魏王起初立约臣服于秦国，随后又与韩国、赵国图谋袭击秦国，秦国官兵予以讨伐，于是打败了他们。楚王进献青阳以西的土地，继而背叛盟约，攻击我国南郡，因此发兵讨伐，俘虏楚王，平定了楚地。燕王昏庸无能，他的太子姬丹竟然密令荆轲来刺杀我，所以派兵讨伐，灭掉了燕国。齐王采用后胜的计策，断绝与秦国的邦交，企图作乱，于是派官军讨伐，俘虏了齐王，平定了齐地。我凭着这微不足道之身，兴兵讨伐暴乱，有赖祖宗威灵，六国君王都得到了应有的惩罚，天下太平起来。现在不更改名号，不足以颂扬功业，流传后世。请大家商议帝号。"丞相王绾（wǎn）、御史大夫冯劫、廷尉李斯等都说："从前五帝的领土方圆千里，此外侯服、夷服等九服之地，有的按时纳贡述职，有的不这样，天子不能控制。如今陛下发动义兵，讨伐残贼，平定天下，把全国划分为郡和县，法令趋于统一，这是上古以来未曾有过的，连五帝都没做到。臣等谨与博士商讨结果：'古代有天皇、地皇、泰皇，泰皇最尊贵。'臣等冒死进献尊号，王为'泰皇'。天子之命称为'制'，天子之令称为'诏'，天子自称'朕'。"秦王说："去掉'泰'字，留用'皇'字，加上上古'帝'的名号，称为'皇帝'。其他依照你们所商议的办。"下诏书说："可以。"给庄襄王追加尊号为太上皇。下令说："我听说上古有号无谥，中古有号，死后根据其品行决定谥号。这样，儿子要议论父亲，臣子要议论君王，实在不应该，我不采取此法。从今以后，废除谥法。我是始皇帝，后代按数排列，二世三世直到万世，永远流传没有穷尽。"

始皇推①终始五德②之传③，以为周得火德，秦代周德，从所不胜④。方今水德之始，改年始，朝贺皆自十月朔⑤。衣服旄旌⑥节旗皆上（尚）⑦黑。数以六为纪⑧，符、法冠⑨皆六寸，而舆⑩六尺，六尺为步⑪，乘六马⑫。更名河曰德水，以为水德之始。刚毅戾深⑬，事皆决于法，刻削⑭毋仁恩和义，然后合五德之数⑮。于是急法，久者不赦。

◎**注释**　①〔推〕推求，推论。②〔终始五德〕战国时阴阳家提出的一套以水、火、木、金、土五行相生相克、终而复始的原理来附会王朝兴废更替的学说。③〔传〕次第。④〔从所不胜〕取周德（火德）抵不过的属性，即水德。⑤〔朔〕阴历每月初一。⑥〔旄旌〕用旄牛尾或五色羽毛装饰的旗。⑦〔上〕同"尚"，崇尚。⑧〔数以六为纪〕各种事物的数目、尺寸都以"六"为标准。⑨〔法冠〕御史所戴之冠。⑩〔舆〕车。⑪〔步〕古以两举足为步，即今所谓两步，作为长度单位，秦代以六尺为一步。⑫〔乘六马〕一辆车驾六匹马。⑬〔戾（lì）深〕严厉，狠毒。⑭〔刻削〕刻薄。⑮〔合五德之数〕符合五德的规律。

◎**大意** 始皇推究五德终始循环的次序，认为周朝得火德，秦朝取代周德，采用周德所不能胜的水德。现在是水德的开始。更改岁首，以十月初一为新年朝贺之日，衣服、旄旌、符节、旗帜都崇尚黑色。各种数目都以"六"为标准，符信、法冠都是六寸，车厢六尺，六尺为一步，一辆车驾六匹马。把黄河改名为德水，作为水德的开端。刚戾凶暴，凡事都以刑法决断，苛刻而不讲仁爱恩惠和道义，这才符合五德的规律。于是以贯彻法令为急务，犯法的人久久得不到赦免。

丞相绾等言："诸侯初破，燕、齐、荆地远，不为置王，毋以填（镇）①之。请立诸子，唯上幸许②。"始皇下③其议④于群臣，群臣皆以为便⑤。廷尉李斯议曰："周文武所封子弟同姓甚众，然后属⑥疏远，相攻击如仇雠⑦，诸侯更相⑧诛伐，周天子弗能禁止。今海内赖陛下神灵一统，皆为郡县，诸子功臣以公⑨赋税重赏赐之，甚足⑩易制。天下无异意，则安宁之术⑪也。置诸侯不便。"始皇曰："天下共苦战斗不休，以有侯王。赖宗庙，天下初定，又复立国，是树兵⑫也，而求其宁息，岂不难哉！廷尉议是⑬。"

◎**注释** ①〔填（zhèn）〕同"镇"。镇压，安定。②〔唯上幸许〕望您准许。唯、幸，都是表示希望的敬辞。③〔下〕交下。④〔议〕建议。⑤〔便〕有利，合适。⑥〔后属〕后裔，后代。⑦〔仇雠（chóu）〕仇敌。⑧〔更相〕互相。⑨〔公〕公家的。⑩〔足〕可以，能够。⑪〔术〕方法，手段。⑫〔树兵〕挑起战争。⑬〔是〕对，正确。

◎**大意** 丞相王绾等说："诸侯刚刚破败，燕国、齐国、楚国地处偏远，如不设置诸侯王，难以镇服他们，请立诸位皇子为王，希望陛下应允。"秦始皇将他们的建议下交群臣商讨，群臣都认为有利。廷尉李斯评论说："周文王、周武王所分封的同姓子弟很多，然而后代疏远，互相攻击好像仇家一般，诸侯互相讨伐，周天子不能禁止，现在全国依赖陛下神明得以统一，都设置了郡县，各位皇子及功臣用国家赋税重加赏赐，心满意足容易管理。天下没有二心，这才是安定国家的方法。设置诸侯不合适。"秦始皇说："天下同受打仗不止的痛苦，就是因为有诸侯王。有赖祖宗，天下刚刚平定，又设置诸侯国，是埋下战争的隐患啊，再去寻求安定，岂不困难！廷尉说得对。"

  分天下以为三十六郡，郡置守、尉、监。更名民曰"黔首"。大酺。收天下兵，聚之咸阳，销^①以为钟镰^②，金人十二，重各千石^③，置廷宫中。一法度衡石丈尺^④。车同轨^⑤。书^⑥同文字。地东至海暨^⑦朝鲜，西至临洮羌中，南至北向户，北据河为塞，并（傍）^⑧阴山至辽东。徙天下豪富于咸阳十二万户。诸庙及章台^⑨、上林^⑩皆在渭南。秦每破诸侯，写^⑪放（仿）其宫室，作之咸阳北阪^⑫上，南临渭，自雍门以东至泾、渭，殿屋复道^⑬周阁^⑭相属。所得诸侯美人钟鼓，以充入^⑮之。

◎**注释** ①〔销〕熔化。②〔镰（jù）〕钟一类的乐器，夹置在钟旁，呈猛兽形，本为木制，后改用铜制。③〔石〕重量单位。一百二十斤为石。④〔一法度衡石丈尺〕统一法律制度和度量衡标准。一，统一。衡，秤。石，重量单位。丈尺，长度单位。⑤〔车同轨〕指车辆两轮之间的距离都相同。⑥〔书〕书写。⑦〔暨〕和，同。⑧〔并〕通"傍"，沿着。⑨〔章台〕秦故宫名，以宫内有章台而得名。⑩〔上林〕苑名。是秦朝的皇家猎场。⑪〔写〕描摹。⑫〔阪（bǎn）〕山坡。⑬〔复道〕阁道，天桥。⑭〔周阁〕周围的楼阁。⑮〔充入〕置入，放进去。

◎**大意** 于是把天下分成三十六郡，每郡设有郡守、郡尉、郡监。改称平民为"黔首"。特许全国聚会饮酒。收集天下兵器，聚集在咸阳，销毁后铸成钟镰，又铸十二个铜人，各重千石，安放在宫廷里。统一法律和度量衡标准。车辆统一轨距。书写统一文字。领土东至大海和朝鲜，西至临洮羌人居住的地方，南到北向户，北据黄河为要塞，沿着阴山直至辽东。将全国十二万户富豪迁移到咸阳。

各种庙宇及章台、上林苑都在渭河南岸。秦每打败一个诸侯，就模仿该国宫室，建造到咸阳北面的山坡上，南临渭水，从雍门以东到泾、渭二水，殿屋间的阁道和周围楼阁相互连接。所获得的美女钟鼓，都放进这里。

　　二十七年，始皇巡陇西、北地，出鸡头山，过回中。焉①作信宫渭南，已更命信宫②为极庙，象天极③。自极庙道通郦山，作甘泉④前殿，筑甬道⑤，自咸阳属⑥之。是岁，赐爵一级。治驰道⑦。

◎**注释**　①〔焉〕乃，于是。②〔信宫〕宫名，即长信宫。③〔天极〕北极星。④〔甘泉〕秦宫名。⑤〔甬道〕两侧筑有墙的通道。⑥〔属（zhǔ）〕连接。⑦〔驰道〕驰马所行之道，供皇帝巡行之用。

◎**大意**　二十七年，秦始皇巡视陇西郡、北地郡，出鸡头山，经过回中。于是在渭水南岸建造信宫，后来将信宫改名为极庙，象征北极星。从极庙有道路通向郦山，建造甘泉宫前殿，修筑甬道，连接到咸阳。这一年，赏赐百姓爵位一级。修筑驰道。

　　二十八年，始皇东行郡县，上邹峄山。立石，与鲁诸儒生议刻石颂秦德，议封禅①望祭②山川之事。乃遂上泰山，立石，封，祠祀。下，风雨暴至，休于树下，因封其树为五大夫。禅梁父。刻所立石，其辞曰：

◎**注释**　①〔封禅（shàn）〕战国时期齐、鲁有些儒士认为五岳中泰山最高，帝王应到泰山祭祀，登泰山筑坛祭天叫"封"，在山南梁父山上辟基祭地叫"禅"。②〔望祭〕遥望而祭，古代帝王祭祀名山大川的一种仪式。

◎**大意**　二十八年，秦始皇向东巡视郡县，登上邹峄山。树立石碑，和鲁地的儒生商议，刻碑颂扬秦朝的功德，商议封禅和望祭名山大川的事情。于是登上泰山，树碑，堆土为坛，举行祭天大典。下山时，风雨突至，在一棵树下休息，于是封那棵树为五大夫。又到梁父山祭祀地神。在立的石碑上刻字，碑文说：

皇帝临位，作制明法，臣下修饬①。二十有（又）六年，初并天下，罔不宾服②。亲巡远方黎民，登兹泰山，周览东极。从臣思迹③，本原④事业，祗⑤诵功德。治道⑥运行，诸产⑦得宜，皆有法式。大义休明⑧，垂于后世，顺承勿革。皇帝躬圣，既平天下，不懈于治。夙兴夜寐，建设长利，专隆⑨教诲。训经宣达⑩，远近毕理，咸承圣志。贵贱分明，男女礼顺，慎遵职事。昭隔内外⑪，靡不清净，施⑫于后嗣。化及无穷，遵奉遗诏，永承重戒⑬。

◎**注释** ①〔修饬（chì）〕意思是行为端正，不逾规矩。饬，谨慎。②〔罔不宾服〕罔，无。宾服，诸侯入贡朝见天子，也就是归顺、臣服的意思。③〔迹〕功业，事业。④〔本原〕推究。⑤〔祗（zhǐ）〕敬。⑥〔治道〕指治国之道。⑦〔诸产〕指各种物产。⑧〔休明〕美好显著。休，美善。⑨〔隆〕尊崇。⑩〔宣达〕通达。⑪〔昭隔内外〕昭，光明。隔，《集解》引徐广曰："一作'融'。"融，流通，流传。⑫〔施（yì）〕蔓延，延续。⑬〔戒〕命令，告诫。

◎**大意** 皇帝登位，创制明法，臣民恭谨。二十六年，统一天下，无不臣服。亲巡边民，登此泰山，周览东部边疆。随行之臣追想秦统一天下的事迹，推源溯业，敬颂功德。国政施行，诸事得宜，皆有法式。道义美好显著，足以垂范后世，只可顺承而不要变更。皇帝圣明，天下平定后仍不懈怠于治国。他早起晚睡，为国家的长远利益谋划，特别注重对百姓的教诲。训导全国官民，使他们都得到治理，都能按皇帝的旨意办事。贵贱等级分明，男女依礼顺从，人人恪守职责。光明照耀内外，天下清净太平，制度永传后世。教化及于无穷，后世谨遵遗令，永受圣戒。

于是乃并勃海以东，过黄、腄①，穷成山，登之罘②，立石颂秦德焉而去。

◎**注释** ①〔黄、腄（zhuì）〕古县名，在今山东烟台。②〔之罘（fú）〕山名，在今山东烟台。

◎**大意** 于是秦始皇就沿渤海东行，经过黄县、腄县，直达成山尽头，登之罘山，树碑颂扬秦朝功德后离去。

南登琅邪，大乐之，留三月。乃徙黔首三万户琅邪台下，复十二岁。作琅邪台，立石刻，颂秦德，明得意。曰：

◎**大意** 他向南登琅邪山，非常喜欢，逗留了三个月。于是他迁移三万户百姓到琅邪台下，免除他们十二年的赋税徭役。他建造琅邪台，立碑刻辞，颂扬秦朝的功德，彰明秦朝得志之情。碑文说：

维①二十六年，皇帝作始。端平②法度，万物之纪。以明人事，合同③父子。圣智仁义，显白道理。东抚东土，以省卒士。事已大毕，乃临于海。皇帝之功，勤劳本事④。上农除末⑤，黔首是富⑥。普天之下，抟（专）心揖（辑）志⑦。器械一量，同书文字。日月所照，舟舆所载。皆终其命，莫不得意。应时动事，是维皇帝。匡饬⑧异俗，陵水经地⑨。忧恤黔首，朝夕不懈。除疑定法，咸知所辟。方伯⑩分职，诸治经易⑪。举错必当，莫不如画。皇帝之明，临察四方。尊卑贵贱，不逾次行⑫。奸邪不容，皆务贞良。细大尽力，莫敢怠荒。远迩辟隐，专务肃庄。端直敦忠，事业有常。皇帝之德，存定四极⑬。诛乱除害，兴利致福。节事以时，诸产繁殖。黔首安宁，不用兵革。六亲⑭相保，终无寇贼。欢欣奉教，尽知法式。六合⑮之内，皇帝之土。西涉流沙⑯，南尽北户。东有东海，北过大夏。人迹所至，无不臣者。功盖五帝，泽及牛马。莫不受德，各安其宇。

◎**注释** ①〔维〕在。②〔端平〕端正。③〔合同〕和睦。④〔本事〕根本，指农业。⑤〔末〕指工商业。⑥〔黔首是富〕等于说"富黔首"，让百姓富足。是，助词。⑦〔抟心揖志〕抟，同"专"，专一。揖，通"辑"，聚，会集。⑧〔匡饬〕扶正，整顿。⑨〔陵水经地〕意思是跋山涉水。陵，经过。⑩〔方伯〕本为一方诸侯之长。这里指地方长官。⑪〔诸治经易〕治，指各级官署。经易，治理。经、易都是治的意思。⑫〔次行（háng）〕等级。⑬〔存定四极〕存定，安定，安抚。四极，指四方边远的地方。⑭〔六亲〕父、母、兄、弟、妻、子。泛指亲属。⑮〔六合〕天、地、东、西、南、北，指普天之下。⑯〔流沙〕指西部沙漠地带。

◎**大意** 二十六年，始称皇帝。端正法度，万物纲纪。彰明人伦，和睦父子。圣智仁义，显扬道理。巡抚东土，探望兵吏。大业既成，遂临海滨。皇帝之功，勤劳农事。重农抑商，百姓致富。普天之下，专心一志。统一度量，统一文字。天下之地，四海之民，尽享天年，人人满意。适时而动，皇帝之职。纠正风俗，跋山涉水。体恤百姓，昼夜不懈。除疑明法，都知趋避。官吏尽职，诸事易治。措施必当，整齐划一。皇帝英明，巡察四方。尊卑贵贱，不越本分。奸邪不容，务求贞良。凡事尽力，不敢怠荒。远近偏僻，致力肃庄。正直忠诚，职业稳当。皇帝之德，安定四方。诛乱除害，兴利致富。轻役重农，事业繁盛。百姓安宁，不用兵革。亲属相保，终无寇贼。乐于从教，尽知法度。天地四方，皇帝之土。西越流沙，南达北户。东有东海，北过大夏。人迹所至，无不称臣。功盖五帝，恩及牛马。无不受德，人人安居。

维秦王兼有天下，立名为皇帝，乃抚东土，至于琅邪。列侯武城侯王离、列侯通武侯王贲、伦侯建成侯赵亥、伦侯昌武侯成、伦侯武信侯冯毋择、丞相隗状、丞相王绾、卿李斯、卿王戊、五大夫赵婴、五大夫杨樛从，与①议于海上。曰："古之帝者，地不过千里，诸侯各守其封域②，或朝或否，相侵暴乱，残伐不止，犹刻金石，以自为纪。古之五帝、三王③，知（智）教不同，法度不明，假威鬼神，以欺远方，实不称名④，故不久长。其身未殁⑤，诸侯倍（背）叛，法令不行。今皇帝并一海内，以为郡县，天下和平。昭明宗庙，体道行德，尊号大成。群臣相与⑥诵皇帝功德，刻于金石，以为表经⑦。"

◎**注释** ①〔与〕参与。②〔封域〕疆界、领地。③〔三王〕指三代之王，即夏禹、商汤、周文王和周武王。④〔不称（chèn）名〕与其名不相符。⑤〔殁（mò）〕死亡。⑥〔相与〕共同。⑦〔表经〕表率，典范。

◎**大意** 秦王兼并天下，立名为皇帝，安抚东方，到达琅邪。列侯武城侯王离、列侯通武侯王贲、伦侯建成侯赵亥、伦侯昌武侯成、伦侯武信侯冯毋择、丞相隗（wěi）状、丞相王绾、卿李斯、卿王戊、五大夫赵婴、五大夫杨樛（jiū）随从，在海滨参与了评论。说："古代帝王，领地不过千里，诸侯各守其封地，有的朝见有的不朝见，互相侵犯施行暴乱，残杀征伐不停，还铸铜器刻石碑，用以记载自己的功业。古代的五帝三王，智能教育各不相同，法律制度不严明，借助鬼神之威，欺骗远方，实际与名号不相符，所以不长久。其身未死，诸侯背叛，法令不能推行。如今皇帝统一全国，划分郡县，天下和平。光大祖宗威灵，践行大道，推行德政，皇帝的称号名副其实。群臣纷纷称颂皇帝的功德，刻于铜器石碑上，作为典范法式。

既已，齐人徐市等上书，言海中有三神山，名曰蓬莱、方丈、瀛洲，仙人居之。请得斋戒①，与童男女求之。于是遣徐市发②童男女数千人，入海求仙人。

◎**注释** ①〔斋戒〕古人祭祀祷告之前要沐浴更衣，忌酒，吃素，不与妻妾同寝，整洁心身，以示虔诚，叫斋戒。②〔发〕征发。

◎**大意** 事情结束后，齐地人徐市等上书，说海中有三座神山，叫作蓬莱、方丈、瀛洲，仙人住在那里。他请求斋戒，带童男童女去那里求仙。于是始皇派徐市带数千童男童女，入海寻找仙人。

始皇还，过彭城，斋戒祷祠①，欲出周鼎②泗水。使千人没水求之，弗得。乃西南渡淮水，之衡山、南郡。浮江，至湘山祠。逢大风，几不得渡。上问博士曰："湘君③何神？"博士对曰："闻之，尧女，舜之妻④，而葬此。"于是始皇大怒，使刑徒⑤三千人皆伐湘山树，赭⑥其山。上自南郡由武关归。

◎**注释** ①〔祷祠〕祭祷。祠，祭祀。②〔周鼎〕即象征国家政权的九鼎。③〔湘君〕湘水之神。④〔尧女，舜之妻〕相传尧把两个女儿娥皇、女英嫁给舜为妃。后舜出外巡视，死在苍梧，二妃赶到，也死在江湘之间，葬在君山，即湘山。⑤〔刑徒〕被判刑而服劳役的人。⑥〔赭（zhě）〕红色，这里是使变红的意思。湘山之土为红土，砍光树木，山就变成红色的了。

◎**大意** 秦始皇返回，经过彭城时，斋戒祷祭，想从泗水中捞出周朝的宝鼎。派了一千人潜入水中寻找，没有找到。于是向西南渡淮水，到衡山、南郡。乘船沿江而下，到湘山祠。遇到大风，差点不能渡河，始皇问博士说："湘君是什么神？"博士回答："听说，是尧的女儿，舜的妻子，埋葬在这里。"于是秦始皇大怒，派三千名刑徒把湘山的树全部砍掉，使湘山光秃秃的。始皇从南郡经武关回京。

二十九年，始皇东游。至阳武博狼沙中，为盗所惊。求弗得，乃令天下大索十日。

◎**大意** 二十九年，秦始皇向东巡游。到阳武县的博狼沙，被强盗惊吓。没有捉到，于是下令全国严加搜索了十天。

登之罘，刻石。其辞曰：

维二十九年，时在中春①，阳和②方起。皇帝东游，巡登之罘，临照于海。从臣嘉观③，原念④休烈⑤，追诵本始。大圣作治，建定法度，显箸（著）纲纪。外教诸侯，光（广）施文惠⑥，明以义理。六国回辟，贪戾（利）无厌，虐杀不已。皇帝哀众，遂发讨师，奋扬武德。义诛信行，威烨⑦旁达，莫不宾服。烹灭⑧强暴，振救黔首，周定四极。普施明法，经纬⑨天下，永为仪则⑩。大矣哉！宇县⑪之中，承顺圣意。群臣诵功，请刻于石，表垂于常式⑫。

◎**注释**　①〔中春〕即仲春，指阴历二月。②〔阳和〕春天的温暖之气。③〔嘉观〕赞赏景物。④〔原念〕推究，思念。⑤〔休烈〕美善的功绩。烈，事业，功绩。⑥〔光（guǎng）施文惠〕光，通"广"。文，指礼乐教化。惠，恩德。⑦〔烨（chǎn）〕光烈、炽盛。⑧〔烹灭〕诛灭。⑨〔经纬〕治理。⑩〔仪则〕标准，法则。⑪〔宇县〕指天下。⑫〔常式〕永恒的榜样。

◎**大意**　登上之罘山，树碑刻石。碑文说：

二十九年，时在中春，阳气升起。皇帝东游，巡登之罘，俯瞰大海。从臣赏景，回想伟绩，追颂创始。圣君兴治，建立法度，显著纲纪。外教诸侯，广施文惠，导之义理。六国奸僻，贪暴无厌，虐杀不止。皇帝怜民，发兵讨伐，奋扬武德。仗义讨伐，守信而行，神威光大，无不臣服。消灭强暴，拯救黎民，平定四方。广施明法，建立秩序，永为法则。多么伟大！全国之中，承顺圣意。群臣颂功，请刻于石，永为法式。

其东观曰：

维二十九年，皇帝春游，览省①远方。逮②于海隅，遂登之罘，昭临③朝阳。观望广丽，从臣咸念，原道至明。圣法初兴，清理疆内，外诛暴强。武威旁畅④，振动四极，禽（擒）灭六王。阐⑤并天下，灾害绝息，永偃⑥戎兵⑦。皇帝明德，经理宇内，视听不怠。作立⑧大义，昭设备器，咸有章旗⑨。职臣遵分⑩，各知所行，事无嫌疑。黔首改化，远迩同度，临古⑪绝尤⑫。常职既定，后嗣循业，长承圣治。群臣嘉德，祗诵圣烈，请刻之罘。

◎**注释**　①〔览省（xǐng）〕视察。省，察看，检查。②〔逮〕到达。③〔昭临〕

光临。这里有面对的意思。④〔旁畅〕意思是遍及四方。畅，通，达。⑤〔阐〕开拓。⑥〔偃〕停止。⑦〔戎兵〕指战争。⑧〔作立〕创立。作，兴起，开始。⑨〔章旗〕以图文为等级标志的旗帜。章，标记。⑩〔分〕本分，职分。⑪〔临古〕到老。⑫〔尤〕罪过。

◎**大意** 这个碑的东面刻文说：

二十九年，皇帝春游，巡视远方。来到海滨，登临之罘，迎着朝阳。观赏美景，从臣思念，治邦圣明。圣法初兴，内除积弊，外诛暴强。军威所及，震动四方，擒灭六王。统一天下，灾害灭绝，兵戈永藏。皇帝明德，治邦理国，视听不懈。兴立大义，设器明职，皆有旗彰。臣守职分，各知所行，事无不决。百姓除劣，远近同法，到老无过。常职已定，子孙遵循，永承圣治。群臣赞德，敬颂圣业，树碑之罘。

旋①，遂之琅邪，**道**②上党入。

◎**注释** ①〔旋〕不久。②〔道〕取道。
◎**大意** 不久，接着到琅邪，取道上党回京。

三十年，无事。

◎**大意** 三十年，没有特殊的事情。

三十一年十二月，更名腊①**日"嘉平"。赐黔首里**②**六石米，二羊。始皇为微行**③**咸阳，与武士四人俱，夜出，逢盗兰池**④**，见窘，武士击杀盗，关中大索二十日。米石千六百**⑤**。**

◎**注释** ①〔腊〕腊月，即阴历十二月。②〔里〕古代管理户籍的一级组织。③〔微行〕便装出行。④〔兰池〕秦始皇修建的护城河。⑤〔米石千六百〕米价每石一千六百钱。

◎**大意**　三十一年十二月，把腊月改名为"嘉平"。赐给人民每里六石米、两只羊。秦始皇在咸阳便装出行，与四个武士一道，夜里在兰池遇上了强盗，受到困逼，武士击杀了盗贼，在关中严加搜索了二十天。米价每石一千六百钱。

　　三十二年，始皇之碣石，使燕人卢生求羡门、高誓①。刻碣石门。坏②城郭，决③通堤防。其辞曰：

◎**注释**　①〔羡门、高誓〕两个方士名。②〔坏〕毁坏，拆毁。③〔决〕挖开。

◎**大意**　三十二年，秦始皇前往碣石，派燕地人卢生寻找羡门、高誓。在碣石门山前的岩壁上刻碑文。拆毁旧城墙，挖开阻碍交通的堤防。碑文说：

　　遂兴师旅，诛戮无道，为逆①灭息。武殄②暴逆，文复③无罪，庶心④咸服。惠论功劳，赏及牛马，恩肥⑤土域。皇帝奋威，德并诸侯，初一泰平⑥。堕（隳）⑦坏城郭，决通川防，夷去⑧险阻。地势既定，黎庶⑨无繇（徭）⑩，天下咸抚。男乐其畴⑪，女修其业，事各有序。惠被诸产，久并⑫来⑬田，莫不安所。群臣诵烈，请刻此石，垂著仪矩⑭。

◎**注释**　①〔为逆〕造反，作乱。②〔殄〕灭绝。③〔文复〕文，指法令条文。复，免除。④〔庶心〕民心。⑤〔肥〕使肥，这里有施及的意思。⑥〔初一泰平〕初一，刚刚统一。泰平，太平。⑦〔堕（huī）〕同"隳"，毁。⑧〔夷去〕铲平。⑨〔黎庶〕众庶，百姓。⑩〔繇〕同"徭"，徭役，古代官方强制百姓承担的无偿劳动。⑪〔畴〕已耕作的田地。⑫〔久并〕久，一作"分"，单人耕作。并，双人耕作。⑬〔来（lài）〕勤勉。⑭〔仪矩〕法度，准则。

◎**大意**　发动军队，诛杀无道，叛逆灭绝。力灭暴逆，法护无罪，民心皆服。论功行赏，赏及牛马，恩及土地。皇帝扬威，德并诸侯，终得太平。拆掉城郭，挖通河防，铲平险阻。地界已定，民无徭役，天下安宁。男乐其田，女治家务，事各有序。恩施各业，勤勉耕作，无不安居。群臣颂功，请刻此石，垂为仪范。

因使韩终、侯公、石生求仙人不死之药。始皇巡北边，从上郡入。燕人卢生使入海还，以鬼神事，因奏录图书①，曰"亡秦者胡也"。始皇乃使将军蒙恬发兵三十万人北击胡，略取②河南地。

◎**注释**　①〔图书〕指谶纬之书，即以鬼神迷信为主要内容的书。②〔略取〕夺取。
◎**大意**　秦始皇于是派韩终、侯公、石生去寻访仙人，求取可使人不死的仙药。秦始皇巡察北方边境，经过上郡回京。燕人卢生出使海上回来，为了说明鬼神的事，就奏上谶纬图书，说"灭亡秦的将是胡人"。秦始皇于是派将军蒙恬发兵三十万北上攻打胡人，夺取河南之地。

三十三年，发诸尝逋亡人①、赘婿②、贾人略取陆梁地，为桂林、象郡、南海，以適（谪）③遣戍。西北斥逐④匈奴。自榆中并河以东，属之阴山，以为三十四县，城河上为塞。又使蒙恬渡河取高阙、陶山、北假中，筑亭障以逐戎人。徙谪，实之初县。禁不得祠。明星出西方。三十四年，適（谪）治狱吏不直者，筑长城及南越地。

◎**注释**　①〔逋（bū）亡人〕逃亡的人。②〔赘婿〕穷人之子典押给富人做奴隶，称"赘子"；过期不赎，主家给赘子娶妻，仍做奴隶，称赘婿。③〔適（zhé）〕同"谪"。指因罪被罚降职或流放的人。④〔斥逐〕驱逐。
◎**大意**　三十三年，征发那些曾逃亡的人、卖身为奴的赘婿、商人去攻夺陆梁地区，设置桂林、象郡、南海，发配有罪判刑的人去守卫。在西北驱逐匈奴，从榆中沿黄河以东，直到阴山，设置三十四县，在黄河岸上筑城作为关塞。又派蒙恬渡过黄河夺取高阙、陶山、北假地区，修筑堡垒以驱逐戎人。迁移被罚罪的人，充实到新设置的县。禁止修建祠堂。这年彗星出现在西方。三十四年，流放办理讼狱不公正的官员，去修筑长城或守卫南越地区。

始皇置酒咸阳宫，博士七十人前为寿①。仆射周青臣进颂曰："他时②秦地不过千里，赖陛下神灵明圣，平定海内，放逐蛮夷，日月所照，莫不宾服。以诸侯为郡县，人人自安乐，无战争之患，传之万世。自上古不及陛下威德。"始皇悦。博士齐人淳于越进曰："臣闻殷周之王千余岁，封子弟功臣，自为枝辅③。今陛下有海内，而子弟为匹夫④，卒⑤有田常、六卿之臣⑥，无辅拂（弼）⑦，何以相救哉？事不师古⑧而能长久者，非所闻也。今青臣又面谀以重陛下之过，非忠臣。"始皇下其议。丞相李斯曰："五帝不相复⑨，三代⑩不相袭，各以治，非其相反，时变异也。今陛下创大业，建万世之功，固非愚儒所知。且越言乃三代之事，何足法也？异时⑪诸侯并争，厚招游学。今天下已定，法令出一，百姓当家则力⑫农工，士则学习法令辟禁⑬。今诸生不师今而学古，以非当世，惑乱黔首。丞相臣斯昧死言：古者天下散乱，莫之能一，是以诸侯并作⑭，语皆道古以害今，饰虚言以乱实，人善其所私学，以非上之所建立。今皇帝并有天下，别黑白而定一尊。私学而相与非法教，人闻令下，则各以其学议之，入则心非，出则巷议，夸主⑮以为名，异取（趣）⑯以为高，率群下以造谤。如此弗禁，则主势降乎上，党与⑰成乎下。禁之便。臣请史官非秦记⑱皆烧之。非博士官所职⑲，天下敢有藏《诗》、《书》、百家语者，悉诣守、尉杂⑳烧之。有敢偶语《诗》《书》者弃市㉑。以古非今者族㉒。吏见知不举者与同罪。令下三十日不烧，黥为城旦㉓。所不去者，医药卜筮种树之书。若欲有学法令，以吏为师。"制曰："可。"

◎**注释**　①〔为寿〕饮酒时献祝寿辞。②〔他时〕往日，以前。③〔枝辅〕辅助。④〔匹夫〕指平民。⑤〔卒〕突然。⑥〔田常、六卿之臣〕田常，春秋时齐国大臣，杀简公，拥立平公，自任相国，从此齐国之政尽归田氏。六卿，指春秋后期晋国的范氏、中行氏、知氏、韩氏、赵氏、魏氏六家。六卿互相争斗，晋君不能控制，最终韩、赵、魏三家瓜分了晋国。⑦〔辅拂（bì）〕辅佐，帮助。拂，同"弼"，与"辅"同义。⑧〔师古〕效法古代。师，效法，学习。⑨〔相复〕一代因袭一代。复，重复，因袭，与下句"袭"同义。⑩〔三代〕指夏、商、周三代。⑪〔异时〕从前。⑫〔力〕努力，致力于。⑬〔辟禁〕刑法，禁令。⑭〔作〕兴起。⑮〔夸主〕在君主面前夸耀自己。⑯〔异取（qū）〕意思是追求奇异。取，同"趣（qū）"，趋向。⑰〔党与〕即朋党，党羽。⑱〔秦记〕秦国的史书。⑲〔职〕主宰，掌管。⑳〔杂〕共，全都。㉑〔弃市〕古代在闹市执行死刑，表示与众共弃，叫弃市。㉒〔族〕灭族，满门抄斩。㉓〔城旦〕秦汉时刑罚名。白天守边防寇，晚上筑长城，刑期四年。

◎**大意**　秦始皇在咸阳宫设酒宴，七十个博士上前祝寿。仆射周青臣进献颂词说："从前秦地不过千里，仰赖陛下神灵明圣，平定天下，驱逐蛮夷，日月所照到的地方，无不臣服。把诸侯制变为郡县制，人们安居乐业，没有战乱之患，传江山于万代。自上古以来没有人能赶上陛下的威德。"秦始皇很高兴。博士齐人淳于越上前说："臣听说殷周王朝统治一千多年，分封子弟功臣，自然成为辅翼。现在陛下拥有天下，子弟却是平民，如果突然有田常、六卿一类的乱臣，没有辅弼，怎么相救呢？凡事不以古人为师而能长久的，从未听说过。如今青臣又当面奉承以加重陛下的过错，不是忠臣。"秦始皇把他的意见下交大臣商讨。丞相李斯说："五帝不相重复，三代不相沿袭，各有各的治国方略，不是他们互相反对，而是时代变迁的缘故。现在陛下创建大业，建立万世的功勋，本来就不是愚儒所能了解的。况且淳于越说的是三代时的事情，有什么值得效法的呢？过去诸侯并争，以优厚条件招徕游说之士。如今天下已经安定，政令都由陛下一个人决定，百姓持家就要致力于农工生产，读书人就要学习法律政令。如今儒生不以现今为师而学习古代，否定当世制度，惑乱百姓。丞相李斯冒死上言：古代天下散乱，没人能够统一，因此诸侯并起割据称霸，言论都是称道古代以攻击当今，虚言掩饰以扰乱实际，人人赞赏自己私下所学，用来非议朝廷所建立的制度。现在皇帝统一了天下，分辨是非而奠定至高无上的法制。私人讲学却不断非议法律教令，得知令下，就各以其所学加以评议，在家独处便对法令心怀不满，外出就在街头巷尾批评议论，夸耀所信奉的学说来沽名钓誉，择取不同于现行法令的做法来抬高自己。带领群民以制造流言蜚语。如不加以禁止，在上面皇帝的权威就会因此而下降，在下面私人集团就会逐渐形成。应该禁止他们。我请求让史官把不是秦国的史书统统烧毁。除了博士官所应研讨的书籍，天下敢有收藏《诗》、《书》、诸子百家著述的，一律送交守、尉烧掉。有敢结伙谈论《诗》《书》的在闹市处死。借古非今的灭族。官吏知情却不加检举的与犯人同罪。命令下达三十天不烧书的，刺字发配边疆旦暮守边。不必烧毁的书，是医药、卜筮、种树一类的书籍。如果想学习法令，必须到官府里向官吏学习。"秦始皇下诏说："可以。"

三十五年，除道①，道九原抵云阳，堑山堙谷②，直通之。于是始皇以为咸阳人多，先王之宫廷小，吾闻周文王都丰，武王都镐，丰镐之间，帝王之都也。乃营作朝宫渭南上林苑中。先作前殿阿房③，东西五百步，南北五十丈，上可以坐万人，下可以建④五丈旗。周驰为阁道⑤，自殿下直抵南山。表⑥南山之颠以为阙。为复道，自阿房渡渭，属之咸阳，以象天极阁道绝汉抵营室也。阿房宫未成；成，欲更择令名名之⑦。作宫阿房，故天下谓之阿房宫。隐宫⑧徒刑者七十余万人，乃分作阿房宫，或作丽山。发⑨北山石椁⑩，乃写⑪蜀、荆地材皆至。关中计宫三百，关外四百余。于是立石东海上朐界中，以为秦东门。因徒三万家丽邑，五万家云阳，皆复不事十岁。

◎**注释** ①〔除道〕修路。除，治。②〔堑山堙（yīn）谷〕堑，挖。堙，填塞。③〔阿房（ē páng）〕秦宫名。④〔建〕立，树立。⑤〔阁道〕即"复道"，天桥。⑥〔表〕标志。⑦〔令名名之〕令名，美名。令，美好。名之，给它命名。⑧〔隐宫〕宫刑。古代酷刑之一。⑨〔发〕开。⑩〔椁（guǒ）〕外棺。⑪〔写〕输送。
◎**大意** 三十五年，修治道路，从九原到云阳，开山崖填沟谷，直通那里。这时秦始皇认为咸阳人口太多，先王的宫廷太小，听说周文王建都于丰，武王建都于镐，丰镐之间，是帝王建都之地。于是在渭水南岸的上林苑中营造朝宫。先建造前殿阿房宫，东西长五百步，南北宽五十丈，上面可以容纳万人，下面可以竖立五丈高的大旗。四周有可走车马的阁道，从殿下直达终南山。在终南山的顶峰建造牌楼作为标志。修建复道，从阿房宫渡过渭水，连接到咸阳，以象征北极星经阁道星飞渡银河抵达营室宿的布局。阿房宫未筑成；想等建成后，再选择好名字称呼它。宫室建在阿房，所以天下人称它为阿房宫。受了宫刑和被判处劳役的刑徒七十余万人，被分派去建筑阿房宫，或在骊山为秦始皇建寿陵。开采北山的石材做椁，蜀、荆等地的木材纷纷被运到。关中建造宫室共计三百座，关外四百多座。于是在东海之滨的朐（qú）县建立石门，作为秦朝的东门。接着迁移三万家到骊邑，五万家到云阳，都免去十年的赋税徭役。

　　卢生说始皇曰："臣等求芝奇药仙者常弗遇，类①物有害之者。方中②，人主时为微行以辟恶鬼，恶鬼辟，真人至。人主所居而人臣知之，则害于神。真人者，入水不濡③，入火不蒸④，陵⑤云气，与天地久长。今上治天下，未能恬倓⑥。愿上所居宫毋令人知，然后不死之药殆⑦可得也。"于是始皇曰："吾慕真人，自谓'真人'，不称'朕'。"乃令咸阳之旁二百里内宫观二百七十复道甬道相连，帷帐钟鼓美人充之，各案署⑧不移徙。行⑨所幸，有言其处者，罪死。始皇帝幸梁山宫⑩，从山上见丞相车骑众，弗善⑪也。中人⑫或告丞相，丞相后损⑬车骑。始皇怒曰："此中人泄吾语。"案问⑭莫服。当是时，诏捕诸时在旁者，皆杀之。自是后莫知行之所在。听事⑮，群臣受决事，悉于咸阳宫。

◎**注释**　①〔类〕好像。②〔方中〕方术书中。③〔濡〕沾湿。④〔蒸（ruò）〕燃烧。⑤〔陵〕驾。⑥〔恬倓（tán）〕恬淡，清静无为。⑦〔殆〕或许，大概。⑧〔署〕签名，登记。⑨〔行〕巡行，巡视。⑩〔梁山宫〕秦宫名。⑪〔善〕以为善，赞许，喜欢。⑫〔中人〕指皇宫中的宦官、近臣等。⑬〔损〕减少。⑭〔案问〕审问。⑮〔听事〕处理政事。

◎**大意**　卢生劝说秦始皇："我们寻找灵芝奇药和神仙老是找不到，似乎有什么东西在妨碍此事。方术书中，要求君主时常秘密出行以避开恶鬼，恶鬼避开了，真人就会来。君主居住的地方如果让臣下知道，就会妨碍神灵。所谓真人，入水不沾湿，入火不燃烧，腾云驾雾，与天地同寿。现在陛下治理天下，不能清静恬淡。希望皇上所住的宫室不要让人知道，大概就能得到不死之药了。"于是秦始皇说："我羡慕真人，自称'真人'，不称'朕'了。"就将咸阳附近二百里内的两百七十多座宫观用复道或甬道连接起来，帷帐钟鼓美女充于各处，各加登记不予移动。巡幸之处，有说出所住地方的，处以死罪。秦始皇临幸梁山宫时，从山上看见丞相的车马很多，很不高兴。有宦官把这事告诉了丞相，丞相便减少了车马。秦始皇生气地说："这是宦官泄露了我的话。"加以审问却无人承认。这时，秦始皇下令逮捕当时所有在场的人，统统杀掉。从此以后再也没人知道秦始皇的行止所在了。处理政事，群臣接受政务批示，都在咸阳宫。

　　侯生、卢生相与谋曰："始皇为人，天性刚戾自用，起诸侯，并天下，意得欲从，以为自古莫及己。专任狱吏，狱吏得亲幸。博士虽七十人，特备员①弗用。丞相诸大臣皆受成事，倚辨于上。上乐以刑杀为威，天下畏罪持禄，莫敢尽忠。上不闻过而日骄，下慑伏②谩欺以取容③。秦法，不得兼方④，不验，辄死。然候星气⑤者至三百人，皆良士，畏忌讳谀，不敢端言⑥其过。天下之事无小大皆决于上，上至以衡石量书⑦，日夜有呈（程）⑧，不中呈不得休息。贪于权势至如此，未可为求仙药。"于是乃亡去。始皇闻亡，乃大怒曰："吾前收天下书不中用者尽去之，悉召文学⑨方术士⑩甚众，欲以兴太平。方士欲练（炼）以求奇药，今闻韩众去不报，徐市等费以巨万计，终不得药，徒奸利相告日闻。卢生等吾尊赐之甚厚，今乃诽谤我，以重吾不德也。诸生在咸阳者，吾使人廉问⑪，或为訞言⑫以乱黔首。"于是使御史悉案问诸生，诸生传相告⑬引⑭，乃自除⑮。犯禁者四百六十余人，皆坑之咸阳，使天下知之，以惩后。益发谪徙边。始皇长子扶苏谏曰："天下初定，远方黔首未集，诸生皆诵法孔子，今上皆重法绳⑯之，臣恐天下不安。唯上察之。"始皇怒，使扶苏北监蒙恬于上郡。

◎**注释** ①〔特备员〕特，只是。备员，虚设充数的人员。②〔慑伏〕害怕，畏服。③〔取容〕曲从讨好，取悦于人。④〔兼方〕具有两种以上的方技。⑤〔候星气〕观测星象和云气以测吉凶。候，观察，占验。⑥〔端言〕正言。⑦〔衡石量书〕指用秤衡量文件的重量。衡，秤。石，重量单位。⑧〔呈〕通"程"，标准，规格，这里指定量、定额。⑨〔文学〕指文章博学之士。⑩〔方术士〕指研究天文、历算、医药、农业、技艺和从事阴阳、神仙、卜筮、占梦、看相等方面活动的人。⑪〔廉问〕察访查问。廉，察。⑫〔訞（yāo）言〕惑乱人心的邪说。⑬〔相告〕递相告发。⑭〔引〕牵连，即供出别人。⑮〔自除〕指秦始皇亲自削除诸生名籍。⑯〔绳〕约束，制裁。

◎**大意** 侯生、卢生互相商议说："秦始皇为人，生性暴戾而刚愎自用，兴起于诸侯，兼并天下，称心如意，以为自古以来没有赶得上自己的。他专门任用狱吏，狱吏受到宠幸。虽然他有博士七十人，只是挂名充数并不任用。丞相及大臣都只受成命，凡事倚靠皇帝办理。皇帝乐于以刑杀树立威严，全国官吏畏罪以保持禄位，没有敢于尽忠劝谏的。皇上听不到自己的过失而日益骄横，臣下因畏惧而说假话以苟求容身之地。秦朝法律规定，一个方士只能从事一种方技，考察出某人不精于自己的方技，就处死。然而观测星象云气的有三百人，都是有才之士，因害怕皇上忌讳而阿谀逢迎，不敢直言皇上的过失。天下之事不论大小都由皇帝决定，文书多到用秤量，每天都有定量，不完成定量不得休息。贪恋权势到这种地步，不可为他求仙药。"于是都逃走了。秦始皇听说他们逃走后，非常愤怒地说："我以前收缴天下不可利用的书籍全部烧毁，广招文学方术之士，想以此兴起太平盛世。方士想要炼求奇药，现在听说韩众不辞而别，徐市等人浪费大量的钱财，还找不到不死的仙药，每天听到的只是他们互相告发奸诈取利的事情。我尊重卢生等人并对他们赏赐丰厚，如今竟然诽谤我，损害我的名声。这些人在咸阳的，我派人私下察访，有的人还制造妖言以迷惑百姓。"于是命令御史对这些人进行审问，这些人互相揭发，触犯法令的有四百六十多人，全部在咸阳被活埋，昭示天下，以惩戒后人。他增派被流放的人员去戍守边疆。秦始皇的大儿子扶苏劝谏道："天下刚平定，远方百姓还未安定，儒生都称颂效法孔子，现在皇上对他们都用重法治罪，我担心天下不安。希望皇上考虑。"秦始皇大发脾气，命令扶苏北上上郡，到蒙恬那里监军。

三十六年，荧惑守心^①。有坠星下东郡，至地为石，黔首或刻其石曰"始皇帝死而地分"。始皇闻之，遣御史逐^②问，莫服，尽取石旁居人诛之，因燔销^③其石。始皇不乐，使博士为《仙真人诗》，及行所游天下，传令乐人歌弦之。秋，使者从关东夜过华阴平舒道，有人持璧遮^④使者曰："为吾遗^⑤滈池君^⑥。"因言曰："今年祖龙^⑦死。"使者问其故，因忽不见，置其璧去。使者奉璧具以闻。始皇默然良久，曰："山鬼固不过知一岁事也。"退言曰："祖龙者，人之先也。"使御府视璧，乃二十八年行渡江所沈璧也。于是始皇卜之，卦得游徙吉。迁北河、榆中三万家。拜爵一级。

◎**注释** ①〔荧惑守心〕指火星居于心宿。火星是一颗行星，古人认为它是妖星。心宿是一组恒星，为二十八宿之一，也叫商星，由三颗星组成，古人认为它们分别象征太子、天王、庶子。火星运行到心宿附近就叫作"荧惑守心"，古人认为这种天象象征着帝王会有灾祸发生。②〔逐〕依次。③〔燔（fán）销〕烧毁。④〔遮〕拦住。⑤〔遗〕送给。⑥〔滈（hào）池君〕水神名。因秦始皇自称以水德统一天下，所以用水神借指秦始皇。⑦〔祖龙〕暗指秦始皇。祖，始。龙，帝王的象征。

◎**大意** 三十六年，火星侵入心宿。有一颗陨星落在东郡，落地后成了石头，有百姓在上面写道"始皇帝死而地分"。秦始皇听说后，派御史追问，没有人认罪，于是把居住在石旁的人通通抓起来杀了，并烧毁了那块陨石。秦始皇不愉快，让博士作《仙真人诗》，到巡行天下时所游览过的地方，传令乐人演奏。秋天，使者从关东回来，夜里经过华阴平舒道，有一个人拿着一块玉璧拦住他说："替我送给滈池君。"接着说："今年祖龙死。"使者问他原因，他却忽然不见了，留下玉璧离开了。使者捧着玉璧将事情详细告诉秦始皇。秦始皇沉默了很久，说："山鬼本来就能预知一年的事。"退朝以后说："祖龙，是人的祖先。"他命令御史察看玉璧，竟是二十八年巡行渡长江时所沉入水中的玉璧。于是始皇占卜，卦象说迁徙吉利。于是迁徙三万户人家到北河、榆中地区。每家授予爵位一级。

三十七年十月癸丑，始皇出游。左丞相斯从，右丞相去疾守。少子胡亥爱慕请从，上许之。十一月，行至云梦，望祀虞舜于九疑山。浮江下，观籍柯，渡海渚。过丹阳，至钱唐。临浙江，水波恶，乃西百二十里从狭中①渡。上会稽，祭大禹，望于南海，而立石刻颂秦德。其文曰：

◎ **注释**　①〔狭中〕指江面狭窄处。

◎ **大意**　三十七年十月癸丑，秦始皇出京巡游。左丞相李斯随行，右丞相冯去疾留守。幼子胡亥爱游览，请求跟随，皇上答应了。十一月，走到云梦，在九疑山望祭虞舜。乘船沿长江而下，游览籍柯，渡过海渚。经过丹阳，到钱塘。到浙江，水险浪急，于是往西行一百二十里至江面狭窄处渡过。登上会稽山，祭祀禹，遥望南海，立石刻碑歌颂秦王朝的功德。碑文说：

皇帝休烈，平一宇内，德惠修长①。三十有（又）七年，亲巡天下，周览远方。遂登会稽，宣省②习俗，黔首斋庄③。群臣诵功，本原事迹，追首④高明。秦圣临国，始定刑名，显陈旧章。初平法式，审别职任，以立恒常⑤。六王专倍（背）⑥，贪戾慠（傲）猛，率众自强。暴虐恣行，负力而骄，数动甲兵。阴通间使⑦，以事合从，行为辟（僻）方（放）⑧。内饰诈谋，外来侵边，遂起祸殃。义威诛之，殄熄暴悖，乱贼灭亡。圣德广密，六合之中，被泽无疆。皇帝并宇，兼听万事，远近毕清。运理群物，考验事实，各载其名。贵贱并通，善否⑨陈前，靡有隐情。饰省宣义，有子而嫁，倍（背）死不贞。防隔内外，禁止淫泆，男女洁诚。夫为寄豭⑩，杀之无罪，男秉义程。妻为逃嫁，子不得母，咸化廉清。大治濯⑪俗，天下承风，蒙被⑫休经。皆遵度轨，和安敦勉，莫不顺令。黔首修洁⑬，人乐同则⑭，嘉保太平。后敬奉法，常治无极，舆舟不倾。从臣诵烈，请刻此石，光垂休铭⑮。

◎**注释** ①〔修长〕长久。"修""长"同义。②〔宣省（xǐng）〕考察。③〔斋庄〕恭敬。④〔追首〕应作"追道"，追述。⑤〔恒常〕常规。⑥〔专倍〕专横，背理。倍，同"背"。⑦〔间使〕负有伺隙行事使命的使者。⑧〔辟方〕放纵。辟，同"僻"。方，通"放"。⑨〔善否（pǐ）〕善恶。否，恶。⑩〔寄豭（jiā）〕养母猪而无公猪的人家，借他人家的公猪与之交配，叫寄豭。借以比喻有妻室而在外搞男女关系的男人。⑪〔濯〕洗净，清洗。⑫〔蒙被〕蒙受。⑬〔修洁〕美善清洁。修，善。⑭〔则〕规则，法令。⑮〔休铭〕美好的铭文。

◎**大意** 皇帝功业，平定天下，恩德久长。三十七年，亲巡天下，周览远方。登会稽山，整齐习俗，百姓端庄。群臣述功，回想事迹，追述功业。秦圣临国，始定刑名，发扬旧章。初定法制，分别职任，以立久长。六王背德，贪暴傲狂，挟众逞强。暴虐恣行，恃武骄横，屡兴战争。暗派间谍，图谋合纵，行为乖张。内蓄奸谋，外来侵边，遂起祸殃。义师讨伐，平息暴逆，乱贼灭亡。圣恩浩荡，四海之内，均受恩泽。皇帝统一天下，兼听万事，远近清平。运用万物，考察名实，各有名分。贵贱相同，善恶摆明，没有隐情。掩饰过错假装正经，有子再嫁，背夫不贞。内外分明，禁止淫纵，男女洁诚。为夫偷情，杀之无罪，男遵规程。为妻逃走另嫁，子女不以为母，风俗廉洁端正。大治洗涤旧俗，天下沐浴新风，蒙受美好的教化。遵守法度，和睦勤勉，顺从法命。百姓纯善，愿守同一法制，永保太平。后人敬法，国家长治久安，永不倾覆。随臣述功，请刻此石，光照碑铭。

还过吴，从江乘渡。并海上，北至琅邪。方士徐市等入海求神药，数岁不得，费多，恐谴，乃诈曰："蓬莱药可得，然常为大鲛鱼①所苦，故不得至，愿请善射与俱，见则以连弩射之。"始皇梦与海神战，如人状。问占梦②，博士曰："水神不可见，以大鱼蛟龙为候③。今上祷祠备谨④，而有此恶神，当除去，而善神可致。"乃令入海者赍⑤捕巨鱼具，而自以连弩候大鱼出，射之。自琅邪北至荣成山，弗见。至之罘，见巨鱼，射杀一鱼。遂并海西。

◎**注释** ①〔大鲛鱼〕鲨鱼。②〔问占梦〕请人释梦。③〔候〕征兆。④〔备谨〕

周到恭敬。⑤〔赍（jī）〕携带。

◎**大意**　回去经过吴县，从江乘渡过长江。沿海而上，向北到达琅邪。方士徐市等人入海寻求仙药，几年都没有找到，花费很多，害怕受到责罚，就欺骗秦始皇说："蓬莱仙药可以得到，但常被大鲨鱼所阻，所以无法到达，希望派些善于射箭的人和我们一起去，鲨鱼出现就用大弓箭射杀它。"秦始皇梦见与海神战斗，海神像人一样。问占梦的人，博士说："海神的本来面目是无法看到的，它以大鱼和蛟龙作为出没的征兆。现在皇帝祭祀周到恭敬，而有这种恶神，应该设法除掉它，这样善神才会来临。"于是始皇帝命令下海的人携带捕大鱼的工具，而自己亲自拿着大弓箭等待大鲨鱼出现，好射杀它。从琅邪向北到荣成山，没有发现大鱼。到之罘时，见到了大鱼，射杀了一条。于是沿海西行。

　　至平原津而病。始皇恶言死，群臣莫敢言死事。上病益甚，乃为玺书①赐公子扶苏曰："与丧②会咸阳而葬。"书已封，在中车府令赵高行符玺事所，未授使者。七月丙寅，始皇崩于沙丘平台。丞相斯为上崩在外，恐诸公子及天下有变，乃秘之，不发丧③。棺载辒凉车④中，故幸宦者参乘⑤，所至上食、百官奏事如故，宦者辄从辒凉车中可其奏事。独子胡亥、赵高及所幸宦者五六人知上死。赵高故尝教胡亥书及狱律令法事，胡亥私幸之。高乃与公子胡亥、丞相斯阴谋破去始皇所封书赐公子扶苏者，而更诈为丞相斯受始皇遗诏沙丘，立子胡亥为太子。更为书赐公子扶苏、蒙恬，数⑥以罪，其赐死⑦。语具在《李斯传》中。行，遂从井陉抵九原。会⑧暑，上辒车臭，乃诏从官令车载一石鲍鱼，以乱其臭。

◎**注释**　①〔玺书〕盖有皇帝印玺的信。②〔与丧〕参加丧事。③〔发丧〕宣布死亡的消息。④〔辒（wēn）凉车〕古代的卧车，后来专指丧车。⑤〔参乘〕陪乘的人。古代乘车，尊者居左，驭者居中，另有一人居右陪坐，叫参乘或车右。⑥〔数〕一一列举。⑦〔赐死〕赐令自杀。⑧〔会〕适逢，正赶上。

◎**大意** 到平原津时，秦始皇生了病。始皇讨厌谈论死亡，群臣没人敢讨论有关死的事情。皇上的病加重了，于是写下盖有玉玺的诏书给公子扶苏说："回咸阳参加我的丧礼后把我安葬。"诏书已封，放在中车府令赵高掌理印信玉玺处，没有交给使者。七月丙寅日，秦始皇在沙丘平台去世。丞相李斯因为皇帝死在外地，恐怕各位皇子和全国发生变故，就隐瞒此事，不发布始皇去世的消息。把棺木放置在丧车中，派亲信的宦官驾车，所到之处仍进献食物。百官奏事照旧，宦官从丧车内批复大臣奏呈的公事。只有胡亥、赵高以及所宠幸的宦官五六人知道皇帝已死。赵高以前曾教过胡亥书法及讼狱法律等知识，胡亥私下宠幸他。赵高于是与公子胡亥、丞相李斯阴谋拆开秦始皇所封赐给公子扶苏的书信，加以更改而诈称丞相李斯在沙丘接受秦始皇的遗诏，立胡亥为太子。另外写了一封信给公子扶苏、蒙恬，列举他们的罪过，赐令自杀。这些事都在《李斯列传》中。前行，从井陉抵达九原。时值暑天，皇上的尸体在丧车中发臭了，就命令侍从官员用车装载一石鲍鱼，用以扰乱尸臭的气味。

　　行从直道①至咸阳，发丧。太子胡亥袭位，为二世皇帝。九月，葬始皇郦山。始皇初即位，穿治郦山，及并天下，天下徒送诣七十余万人，穿三泉②，下铜③而致椁，宫观百官奇器珍怪徙臧（藏）④满之。令匠作机弩矢⑤，有所穿近者，辄射之。以水银为百川江河大海，机相灌输，上具天文，下具地理。以人鱼膏⑥为烛，度不灭者久之。二世曰："先帝后宫非有子者，出焉不宜。"皆令从死⑦，死者甚众。葬既已下，或言工匠为机，臧皆知之，臧重即泄。大事毕，已臧，闭中羡（埏）⑧，下外羡门，尽闭工匠臧者，无复出者。树⑨草木以象山。

◎**注释** ①〔直道〕路名。北起九原，南至云阳，始皇三十五年蒙恬主持修筑。②〔三泉〕三重泉，形容很深。③〔下铜〕意思是用铜汁填塞空隙。④〔徙臧〕徙，迁徙，这里指搬进。臧，同"藏"。⑤〔机弩矢〕有机关能自动发射的弓箭。⑥〔人鱼膏〕人鱼，鲵，俗称娃娃鱼。一说"人鱼"即鲸鱼。膏，油脂。⑦〔从死〕跟着死，即殉葬。⑧〔羡（yán）〕同"埏"，墓道。⑨〔树〕种植。

◎**大意**　从直道上行至咸阳，宣布始皇去世的消息。太子胡亥继立，称为二世皇帝。九月，将秦始皇安葬在郦山。秦始皇刚即位，就挖掘修治郦山寿陵，等到统一天下，全国各地送来七十多万刑徒，向下挖过了三重泉水，浇灌铜汁后放置外椁，模拟的宫观、百官及各种奇器珍宝藏布满陵墓。命令工匠制作由机关控制的弩箭，有人一接近就会触动机关被箭射死。拿水银做成江河大海，用机器互相灌输，墓顶装饰成天文星象，底下布置成地形图案。用人鱼的脂肪做蜡烛，估计能长久不熄。二世皇帝说："先帝后宫妃嫔没有孩子的，不应放她们出宫。"命令她们全部殉葬，死了很多人。下葬以后，有人说工匠制造了机关，地宫中藏的东西他们都知道，会泄露消息。大事完成后，关闭了墓道中门，落下墓道外门，把工匠和搬运物品的人全部封闭在里面，没有人逃出去。又种植草木，使陵墓像一座山一样。

　　二世皇帝元年，年二十一。赵高为郎中令，任用事①。二世下诏，增始皇寝庙②牺牲③及山川百祀之礼。令群臣议尊始皇庙。群臣皆顿首言曰："古者天子七庙④，诸侯五，大夫三，虽万世世不轶（迭）毁⑤。今始皇为极庙⑥，四海之内皆献贡职⑦，增牺牲，礼咸备，毋以加⑧。先王庙或在西雍，或在咸阳。天子仪当独奉酌⑨祠始皇庙。自襄公已下轶（迭）毁。所置凡七庙。群臣以礼进祠，以尊始皇庙为帝者祖庙。皇帝复自称'朕'。"

◎**注释**　①〔任用事〕掌握大权。②〔寝庙〕古代宗庙分两部分：后面停放牌位和先人遗物的地方叫"寝"，前面祭祀的地方叫"庙"。③〔牺牲〕古代祭祀用的牲畜。色纯为"牺"，体全为"牲"。④〔七庙〕即祖庙。古制，天子的祖庙可祭祀七代祖宗。⑤〔轶（dié）毁〕更迭废除。轶，通"迭"。这里"轶毁"指毁庙。⑥〔极庙〕至高无上的庙。⑦〔贡职〕指贡品，赋税。⑧〔毋以加〕意思是不能再增加了，无法超越了。⑨〔酌〕经多次酿制而成的醇酒。
◎**大意**　二世皇帝元年，二十一岁，赵高为郎中令，掌握国家大权。二世下诏，增加始皇陵庙的祭祀用牲和山川祭祀的所有祭礼。命令群臣讨论尊奉始皇庙的事宜。群臣都叩头说："古时天子七庙，诸侯五庙，大夫三庙，万世以后也不敢稍加增减。现在始皇庙为最尊贵的祖庙，要让全国各地都进献贡品，增加牺牲，礼仪完备，使后人无法超越。先王庙有的在西雍，有的在咸阳。按照礼仪天子应当亲自奉酒祭拜始皇庙。从襄王以下的祖庙全部减去，所留置的共七庙。群臣依礼献祭，尊奉始皇庙为皇帝始祖庙。皇帝恢复自称'朕'。"

二世与赵高谋曰："朕年少，初即位，黔首未集附①。先帝巡行郡县，以示强，威服海内。今晏然②不巡行，即见弱③，毋以臣畜④天下。"春，二世东行郡县，李斯从。到碣石，并海，南至会稽，而尽刻始皇所立刻石，石旁著⑤大臣从者名，以章⑥先帝成功盛德焉：

◎**注释**　①〔集附〕归附，服从。②〔晏然〕安然不动的样子。③〔见弱〕指显示自己软弱无能。④〔臣畜〕奴役，统治。⑤〔著（zhuó）〕附着，这里指增刻上。⑥〔章〕使彰明，使明显。

◎**大意**　二世和赵高商量说："我年纪轻，刚即位，百姓尚未归附。先帝巡视各郡县，以示强盛，威服天下。现在我安然而处不去巡视，就会被视为微弱，难以统治天下。"春天，二世向东巡行郡县，李斯随从。到碣石后，沿海而行，南到会稽山，而在秦始皇所立的碑石上全部刻上字，石旁附刻上随从大臣的姓名，以显示先帝的功业盛德：

皇帝曰："金石刻尽始皇帝所为也。今袭号而金石刻辞不称始皇帝，其于久远也如后嗣为之者，不称成功盛德。"丞相臣斯、臣去疾、御史大夫臣德昧死言："臣请具刻诏书刻石，因明白矣。臣昧死请。"制曰："可。"遂至辽东而还。

◎**大意**　皇帝说："金石刻辞都是始皇帝所镌刻。现在我继承了帝号而金石刻辞中未称始皇帝，年长日久就和后代皇帝的刻辞无异了，不能称颂始皇帝的丰功盛德。"丞相李斯、臣冯去疾、御史大夫臣德冒死进言："我们请求将这道诏书详细刻在石碑上，始皇帝的功德就永远彰显了。我们冒死敦请。"制书说："可以。"于是到辽东就回去了。

　　于是二世乃遵用赵高，申法令。乃阴与赵高谋曰："大臣不服，官吏尚强，及诸公子①必与我争，为之奈何？"高曰："臣固愿言而未敢也。先帝之大臣，皆天下累世名贵人也，积功劳世以相传久矣。今高素小贱，陛下幸称举②，令在上位，管中事③。大臣鞅（怏）鞅（怏）④，特以貌从臣，其心实不服。今上出，不因此时案郡县守尉有罪者诛之，上以振威天下，下以除去上生平所不可者。今时不师文⑤而决于武力，愿陛下遂从时毋疑，即⑥群臣不及谋。明主收举余民，贱者贵之⑦，贫者富之，远者近之，则上下集而国安矣。"二世曰："善。"乃行诛大臣及诸公子，以罪过连逮少近官三郎⑧，无得立者，而六公子戮死于杜。公子将闾昆弟三人囚于内宫，议其罪独后。二世使使令将闾曰："公子不臣⑨，罪当死，吏致法⑩焉。"将闾曰："阙廷⑪之礼，吾未尝敢不从宾赞⑫也；廊庙⑬之位，吾未尝敢失节也；受命应对，吾未尝敢失辞也。何谓不臣？愿闻罪而死。"使者曰："臣不得与谋，奉书从事。"将闾乃仰天大呼天者三，曰："天乎！吾无罪！"昆弟三人皆流涕拔剑自杀。宗室振（震）恐。群臣谏者以为诽谤，大吏持禄取容，黔首振（震）恐。

◎**注释**　①〔诸公子〕指秦始皇的其他儿子。②〔称举〕举用。"称""举"同义。③〔中事〕指宫中之事。④〔鞅鞅〕同"怏怏"，不满意的样子。⑤〔师文〕指重视文治。⑥〔即〕则。⑦〔贵之〕使之贵，让他们尊贵。⑧〔少近官三郎〕少，小。近，指近侍之臣。三郎，指中郎、外郎、散郎。⑨〔不臣〕意思是不尽臣道。⑩〔致法〕意思是将法办你。致，送达。⑪〔阙廷〕宫廷。阙，指皇帝住处。⑫〔宾赞〕掌司仪的官员。⑬〔廊庙〕殿下屋和太庙，因为是帝王、大臣议论政事的地方，后因以指朝廷。

◎**大意** 这时二世重用赵高，申明法令。于是他暗中与赵高谋划说："大臣对我不信服，官吏也很勉强，加上诸位皇子必与我争权，该怎么办呢？"赵高说："我本来就想说却未敢开口。先帝的大臣，都是天下接连几代有声望的贵人，世代积功聚劳相传很久了。我本是一个寒微低下的人，幸得陛下抬举，使我居处高位，掌管朝廷大事。大臣快快不乐，只是表面上顺从我，心里实在不服气。现在皇上去巡游，何不趁此时查办郡县守尉中有罪的人，将他们杀掉，上可以威震天下，下可以铲除皇上平时所不满的人。现在的时势不能学习文德治国而要取决于武力，希望陛下立即顺应时势，不要犹豫，那么群臣就来不及谋划了。明君收罗起用那些未被重用的隐士，让卑贱的显贵，贫穷的富裕，疏远的亲近，那么上下齐心合力国家便安定了。"二世说："好。"立即诛杀大臣以及诸公子，用种种罪名株连逮捕那些低级的近侍之臣，全部诛杀，在杜地把六位公子杀了。公子将闾兄弟三人被囚禁在内宫里，只有他们三人在最后被定罪。二世派使者传令给将闾说："你们未尽臣职，罪当处死，官吏就要执行判决了。"将闾说："宫廷之礼，我未曾不服从司仪；朝堂之位，我未曾失掉礼节；受命对答，我未曾错用言辞。怎么叫不尽臣职呢？希望知道我的罪名后再死。"使者说："我不能参与定罪，只是奉命行事。"将闾于是仰天连声呼喊，说："天啊！我没有罪！"兄弟三人都痛哭流涕拔剑自杀。皇室惊恐。群臣中有劝谏的都被认为是诽谤朝廷，大官只求保持禄位而苟且偷生，百姓都很震惊。

四月，二世还至咸阳，曰："先帝为咸阳朝廷小，故营阿房宫。为室堂①未就，会上崩，罢其作者，复土郦山②。郦山事大毕③，今释阿房宫弗就，则是章先帝举事过也。"复作阿房宫。外抚四夷，如始皇计。尽征其材士④五万人为屯卫咸阳，令教射，狗马禽兽当食者多，度不足，下调郡县⑤转输菽⑥粟刍藁⑦，皆令自赍粮食；咸阳三百里内不得食其谷。用法益刻深⑧。

◎**注释** ①〔室堂〕房屋。古人房屋内部，前叫堂，堂后有墙隔开，中央叫室，两旁叫房。②〔罢其作者，复土郦山〕停止营建阿房宫，把建阿房宫的人力调到郦山去修秦始皇墓。复土，掘土挖出墓坑，下棺后再把土盖上筑成坟。这里指修坟墓。
③〔大毕〕全部完工。④〔材士〕指身强力壮的人。⑤〔下调郡县〕从下边各郡县
征调。⑥〔菽（shū）〕豆类。⑦〔刍藁（gǎo）〕喂牲口的草料。⑧〔刻深〕苛
刻，严酷。

◎**大意** 四月，二世回到咸阳，说："先帝因为咸阳宫太小，所以营建阿房宫。还
未完成，遇上先帝驾崩，让营建人员停工，去郦山修墓。郦山冢墓已经修好了，
现在如果放弃完成阿房宫的工程，就是表明先帝筑阿房宫是做错了。"恢复营建阿
房宫。对外安抚四夷，仍按秦始皇的策略。征集五万身体强壮的人驻守咸阳，让
他们教射猎，狗马禽兽每天耗费许多粮食，预计存粮不足，就向郡县调发转运粮
食和饲料，让运输人员一律自己携带食物；不得在咸阳三百里内买粮吃。施行法
律更加严厉苛刻。

　　七月，戍卒陈胜等反故荆地，为"张楚①"。胜自立为楚王，居
陈，遣诸将徇②地。山东③郡县少年苦秦吏，皆杀其守尉令丞反，以应陈
涉，相④立为侯王，合从西乡（向），名为伐秦，不可胜数也。谒者使
东方来，以反者闻二世。二世怒，下吏⑤。后使者至，上问，对曰："群
盗，郡守尉方逐捕，今尽得，不足忧。"上悦。武臣自立为赵王，魏咎为
魏王，田儋为齐王。沛公起沛。项梁举兵会稽郡。

◎**注释** ①〔张楚〕取张大楚国之意。②〔徇〕带兵巡行以占领土地。③〔山东〕又
称关东，指崤山、函谷关以东六国旧地。④〔相〕递相，相继。⑤〔下吏〕下交给主
管官吏去办理。

◎**大意** 七月，屯卒陈胜等人在荆楚旧地造反，号称"张楚"。陈胜自立为楚
王，占据了陈县，派遣诸将攻城略地。山东各郡县的青年为秦朝官吏所苦，纷纷
杀掉本地的郡守、郡尉、县令、县丞造反，以响应陈胜，争相立为诸侯王，联合
兵力向西进军，以讨伐秦王朝为口号，不可胜数。出使东方的使者回来，把东方
造反的事报告给二世。二世非常生气，将使者交给司法官治罪。以后再有使者回
来，二世询问，使者就回答说："一群土匪而已，郡守尉正在追捕，现在已全部

抓获，不必担忧。"二世很高兴。武臣自立为赵王，魏咎为魏王，田儋为齐王。沛公起义于沛县。项梁在会稽郡起兵。

二年冬，陈涉所遣周章等将西至戏，兵数十万。二世大惊，与群臣谋曰："奈何？"少府章邯曰："盗已至，众强，今发近县①不及②矣。郦山徒多，请赦之，授兵以击之。"二世乃大赦天下，使章邯将，击破周章军而走，遂杀章曹阳。二世益遣③长史司马欣、董翳佐章邯击盗，杀陈胜城父，破项梁定陶，灭魏咎临济。楚地盗名将已死，章邯乃北渡河，击赵王歇等于巨鹿。

◎**注释**　①〔发近县〕指征发附近各县的兵力。②〔不及〕赶不上，来不及。③〔益遣〕增派。

◎**大意**　二年冬天，陈胜派遣的周章等人西进到戏水，拥兵数十万。二世大惊，和群臣商量说："怎么办？"少府章邯说："盗贼已到，人多势强，现在征调附近各县的军队也来不及了。郦山的徒役很多，请赦免他们，发给他们兵器，让他们去杀敌。"于是二世大赦天下，派章邯带兵，把周章的部队打得大败而逃，随即在曹阳杀了周章。二世增派长史司马欣、董翳（yì）辅助章邯攻打义军，在城父杀了陈胜，在定陶攻破项梁，在临济灭了魏咎。楚地盗贼名将已死，章邯于是北渡黄河，在巨鹿攻打赵王歇等人。

赵高说二世曰："先帝临制天下久，故群臣不敢为非，进邪说。今陛下富于春秋①，初即位，奈何与公卿廷决事②？事即有误，示群臣短③也。天子称朕，固不闻声④。"于是二世常居禁中⑤，与高决诸事。其后公卿希（稀）得朝见，盗贼益多，而关中卒发东击盗者毋已。右丞相去疾、左丞相斯、将军冯劫进谏曰："关东群盗并起，秦发兵诛击，所杀亡甚众，然犹不止。盗多，皆以戍漕转作⑥事苦，赋税大也。请且止阿房宫作者，减省四边戍转。"二世曰："吾闻之韩子曰：'尧舜采椽不刮⑦，茅茨⑧不剪，饭土塯⑨，啜土形（铏）⑩，虽监门⑪之养，不觳⑫于此。禹凿龙门，通大夏，决河亭（停）水⑬，放之海，身自持筑臿⑭，胫毋毛⑮，臣虏⑯之劳不烈⑰于此矣。'凡所为贵有天下⑱者，得肆意极欲，主重明法，下不敢为非，以制御⑲海内矣。夫虞、夏之主，贵为天子，亲处穷苦之实，以徇⑳百姓，尚何于法㉑？朕尊万乘㉒，毋其实，吾欲造千乘之驾，万乘之属，充吾号名。且先帝起诸侯，兼天下，天下已定，外攘㉓四夷以安边境，作宫室以章得意，而君观先帝功业有绪。今朕即位二年之间，群盗并起，君不能禁，又欲罢先帝之所为，是上毋以报先帝，次不为朕尽忠力，何以在位？"下去疾、斯、劫吏，案责他罪。去疾、劫曰："将相不辱。"自杀。斯卒囚，就五刑㉔。

◎**注释**　①〔富于春秋〕意思是年轻，来日方长。春秋，指年龄。②〔廷决事〕在朝廷上决定大事。③〔示群臣短〕让群臣看出自己的弱点。④〔天子称朕，固不闻声〕固不闻声，应作"固闻声"。意思是天子所以自称为"朕"，本来就是只让群臣听到他的声音，而看不到他的形迹。按，"朕"有征兆、迹象的意思。⑤〔禁中〕深宫里。⑥〔戍漕转作〕戍，戍边。漕，水路运输。转，陆路运输。作，劳作。⑦〔采椽不刮（kuò）〕采椽，采伐树木做椽子。刮，砍削加工。⑧〔茨〕用芦苇茅草盖的屋顶。⑨〔饭土塯（liù）〕饭，吃饭。塯，盛饭的瓦器。⑩〔啜（chuò）土形〕啜，喝。形，通"铏（xíng）"，盛菜羹的器皿。⑪〔监门〕指守门人。⑫〔觳（què）〕俭薄。⑬〔亭水〕指淤积停滞之水。亭，同"停"。⑭〔筑臿（chā）〕筑，捣土的杵。臿，掘土的工具，锹之类。⑮〔胫毋毛〕胫，小腿。毋毛，指汗毛被磨光了。⑯〔臣虏〕奴隶。⑰〔烈〕酷，厉害。⑱〔凡所为贵有天下〕天子之所以可贵。有天下，指皇帝。⑲〔制御〕控制，统治。⑳〔徇〕顺从，依从。㉑〔尚何于法〕等于说"尚法于何"，意思是还有什么值得效法呢？㉒〔万乘（shèng）〕万辆，本指万辆兵车，这里借指天子。㉓〔攘〕排除，排斥。㉔〔五刑〕这里泛指各种刑罚。

◎**大意**　赵高劝说二世："先帝统治天下时间长，所以群臣不敢胡作妄为，进说谗言。现今陛下年纪轻，刚即位，怎么与公卿在朝廷上决议大事？事情若有差错，等于向群臣暴露自己的短处。天子称朕，本来就是只让群臣听到他的声音，而看不到他的形迹。"于是二世经常居处深宫，和赵高决议各种事情。此后公卿很少能朝见皇帝。盗贼愈来愈多，而关中士卒被征发到东方攻打盗贼的没完没了。右丞相冯去疾、左丞相李斯、将军冯劫劝谏道："关东群盗蜂拥而起，朝廷发兵讨伐，被杀死的很多，然而还是不能平息。盗贼多，都是因为被屯戍漕运大兴土木等事所苦，赋税太重。请求皇帝停止修建阿房宫，减少四方屯戍和转运粮食。"二世说："韩非子说：'尧、舜采木做椽不经砍削，用茅草盖房子不加剪裁，吃饭用瓦盆，喝水用瓦罐，即使是看门人的吃住，也不至于如此简陋。禹凿通龙门，疏通大夏，疏浚壅积的黄河水，导之入海，亲自拿着筑和畚劳作，小腿上的汗毛都被磨光了，即使是奴隶的劳苦也不比这更酷烈。'天子之所以可贵，就在于可以为所欲为，君主重视突出法制，臣下不敢为非，以统治天下。像舜、禹那样的君主，贵为天子，还亲自担负起穷苦之事，以顺从百姓，那有什么值得效法呢？称朕的人贵为万乘之主，不能没有万乘之实，我想制造千乘车驾，役使万乘的部署，充实我的名号。况且先帝出身诸侯，兼并了天下，天下平定后，对外征讨四夷以安定边境，建造宫室以彰显得意，而你们都看了先帝创建的功业。现在我即位的两年间，群盗并起，你们既无办法禁止，又想停止先帝所进行的事业，这是上无以报答先帝，下不为我尽忠竭力，凭什么居于高位呢？"将冯去疾、李斯、冯劫下交司法官员，治以其他罪行。冯去疾、冯劫说："将军、丞相不能受侮辱。"于是自杀。李斯最终被囚禁，受尽各种刑罚。

三年，章邯等将其卒围巨鹿，楚上将军项羽将楚卒往救巨鹿。冬，赵高为丞相，竟①案李斯杀之。夏，章邯等战数却，二世使人让②邯，邯恐，使长史欣请事③。赵高弗见，又弗信。欣恐，亡去，高使人捕追不及。欣见邯曰："赵高用事于中，将军有功亦诛，无功亦诛。"项羽急击秦军，虏王离，邯等遂以兵降诸侯。八月己亥，赵高欲为乱，恐群臣不听，乃先设验④，持鹿献于二世，曰："马也。"二世笑曰："丞相误邪？谓鹿为马。"问左右，左右或默，或言马以阿顺⑤赵高。或言鹿，高因阴中⑥诸言鹿者以法。后群臣皆畏高。

◎ **注释** ①〔竟〕最终，终于。②〔让〕责备，谴责。③〔请事〕指报告情况，请求指示。④〔设验〕意思是设下计谋进行试验。⑤〔阿（ē）顺〕曲意顺从。⑥〔中〕中伤。

◎ **大意** 三年，章邯等率领军队围攻巨鹿，楚国上将军项羽领着楚军前往援救巨鹿。冬天，赵高任丞相，结案杀了李斯。夏季，章邯等在交战中节节败退，二世派人责备章邯，章邯心里害怕，让长史司马欣去报告情况。赵高不予接见，也不相信。司马欣害怕，逃走了，赵高派人追捕，没有追到。司马欣去见章邯说："赵高在朝中当权，将军有功也会被杀，无功也会被杀。"项羽加速攻打秦军，俘虏了王离，章邯等人于是率领部将投降诸侯。八月己亥日，赵高想要作乱，害怕群臣不服从，就先行试验，牵一只鹿献给二世，说："这是马。"二世笑着说："丞相你错了吧？称鹿为马。"问左右大臣，有的不回答，有的说是马以巴结赵高。有说是鹿的，赵高就暗中强加罪名送法严办。此后大臣都非常畏惧赵高。

高前数言"关东盗毋能为①也"，及项羽虏秦将王离等巨鹿下而前，章邯等军数却，上书请益助，燕、赵、齐、楚、韩、魏皆立为王，自关以东，大氐（抵）②尽畔（叛）秦吏应诸侯，诸侯咸率其众西乡（向）。沛公将数万人已屠武关，使人私③于高，高恐二世怒，诛及其身，乃谢病不朝见。二世梦白虎啮④其左骖马，杀之，心不乐，怪问占梦。卜曰："泾水为祟⑤。"二世乃斋于望夷宫⑥，欲祠泾，沈四白马。使使责让高以盗贼事。高惧，乃阴与其婿咸阳令阎乐、其弟赵成谋曰："上不听谏，今事急，欲归祸于吾宗。吾欲易置上⑦，更立公子婴。子婴仁俭⑧，百姓皆载（戴）⑨其言。"使郎中令为内应，诈为有大贼，令乐召吏发卒，追劫乐母置高舍。遣乐将吏卒千余人至望夷宫殿门，缚卫令仆射，曰："贼入此，何不止？"卫令曰："周庐⑩设卒甚谨，安得贼敢入宫？"乐遂斩卫令，直将吏入，行射，郎宦者大惊，或走或格⑪，格者辄死，死者数十人。郎中令与乐俱入，射上幄⑫坐帏⑬。二世怒，召左右，左右皆惶扰不斗。旁有宦者一人，侍不敢去。二世入内，谓曰："公何不蚤（早）告我？乃至于此！"宦者曰："臣不敢言，故得全。使臣蚤（早）言，皆已诛，安得至今？"阎乐前即⑭二世数曰："足下⑮骄恣，诛杀无道，天下共畔（叛）足下，足下其自为计⑯。"二世曰："丞相可得见否？"乐曰："不可。"二世曰："吾愿得一郡为王。"弗许。又曰："愿为万户侯。"弗许。曰："愿与妻子为黔首，比⑰诸公子。"阎乐曰："臣受命于丞相，为天下诛足下，足下虽多言，臣不敢报。"麾⑱其兵进。二世自杀。

◎**注释** ①〔毋能为〕不可能干成什么事。②〔大氐〕大都。氐，同"抵"。③〔私〕指秘密接触。④〔啮（niè）〕咬。⑤〔为祟〕作祟，作怪。⑥〔望夷宫〕宫名。故址在今陕西泾阳东南。⑦〔易置上〕改立皇帝。⑧〔俭〕谦恭。⑨〔载〕同"戴"，拥护。⑩〔周庐〕皇宫周围所设警卫庐舍。⑪〔格〕格斗。⑫〔幄〕形如宫室的帐幕。⑬〔帏〕只遮挡一面的帐子。⑭〔即〕就，走近。⑮〔足下〕对同辈的敬称。按，此处不称陛下，而称"足下"，表示阎乐已不承认二世为皇帝。⑯〔自为计〕自己想想该怎么办。⑰〔比〕并列，跟……一样。⑱〔麾〕指挥。

◎**大意** 赵高以前屡次说"关东盗贼成不了气候"，等项羽在巨鹿城下俘虏了秦将王离等人并向前推进，章邯的军队一再败退，上书请求加派援军，燕、赵、齐、楚、韩、魏都自立为王，函谷关以东，大都彻底背叛了秦朝官吏而响应诸侯，诸侯都率领自己的军队向西推进。沛公率领几万大军屠灭武关后，派人暗中与赵高谈判，赵高害怕二世生气，于是推说生病不肯朝见。二世梦见白虎咬他车驾左侧拉车的马，咬死了，心里非常不高兴，觉得奇怪，便去问解梦的人。卦辞说："泾水神作怪。"二世于是在望夷宫斋戒，准备祭祀泾水神，沉入四匹白马。二世派使者以盗贼之事责问赵高。赵高很害怕，就暗中与他的女婿咸阳令阎乐、弟弟赵成谋划说："皇上不听劝谏，现在事态危急，想要嫁祸于我们宗族。我想要另立皇帝，改立公子婴。公子婴仁爱谦恭，百姓都信任他的话。"让郎中令赵成做内应，诈称有大盗，命令阎乐调兵遣将，接着劫持阎乐的母亲并将其拘禁在赵高府内。派阎乐率领千余名官兵到望夷宫殿门，绑了卫令仆射，说："盗贼进入这里了，为何不阻止呢？"卫令说："皇宫周围所设警卫庐舍布置的卫兵防守十分严密，盗贼怎敢入宫？"阎乐于是杀了卫令，领着官兵径直入宫，沿路射箭，宫中的郎官、宦官大惊，有的逃走有的抵抗，抵抗的立即被杀死，死了几十人。郎中令和阎乐一起入宫，把箭射到二世所坐的床帐上。二世大怒，呼唤左右侍卫，左右侍卫都惊慌失措不敢出手。旁边有一个宦官，服侍二世不敢离开。二世逃入内房，对他说："你为什么不早告诉我？竟到了如此地步！"宦官说："我不敢说，才能保全性命。假如我早说了，早就被杀了，哪里能活到今天？"阎乐走近二世骂道："足下骄横放纵，暴虐无道随意诛杀，天下都背叛你，你自己想想该怎么办吧。"二世说："能够见丞相吗？"阎乐说："不可以。"二世说："我愿得到一个郡为王。"阎乐不答应。二世说："愿意做个万户侯。"还是不答应。二世又说："愿意与妻子当平常百姓，与我的其他兄弟一般。"阎乐说："我接受丞相的命令，替天下人杀死你，你即使说再多，我也不敢转达。"指挥他的兵士上前。二世自杀。

阎乐归报赵高，赵高乃悉召诸大臣公子，告以诛二世之状。曰："秦故①王国，始皇君天下②，故称帝。今六国复自立，秦地益小，乃以空名为帝，不可。宜为王如故，便。"立二世之兄子公子婴为秦王。以黔首葬③二世杜南宜春苑中。令子婴斋，当庙见④，受王玺。斋五日，子婴与其子二人谋曰："丞相高杀二世望夷宫，恐群臣诛之，乃详（佯）以义立我。我闻赵高乃与楚约，灭秦宗室而王关中。今使我斋见庙，此欲因庙中杀我。我称病不行，丞相必自来，来则杀之。"高使人请子婴数辈，子婴不行，高果自往，曰："宗庙重事⑤，王奈何不行？"子婴遂刺杀高于斋宫，三族⑥高家以徇咸阳。子婴为秦王四十六日，楚将沛公破秦军入武关，遂至霸上，使人约降⑦子婴。子婴即系颈以组，白马素车，奉天子玺符，降轵道⑧旁。沛公遂入咸阳，封宫室府库，还军霸上。居月余，诸侯兵至，项籍为从长⑨，杀子婴及秦诸公子宗族。遂屠咸阳，烧其宫室，虏其子女，收其珍宝货财，诸侯共分之。灭秦之后，各分其地⑩为三，名曰雍王、塞王、翟王，号曰三秦。项羽为西楚霸王，主命⑪分天下王诸侯，秦竟灭矣。后五年，天下定于汉。

◎**注释**　①〔故〕从前，本来。②〔君天下〕为天下之君，即统治天下的意思。③〔以黔首葬〕按照平民的葬仪埋葬。④〔庙见〕到宗庙去拜祖先。⑤〔重事〕指国家大事。⑥〔三族〕诛灭三族。⑦〔约降〕招降。⑧〔轵（zhǐ）道〕亭名。故址在今陕西西安东北。⑨〔从长（zòng zhǎng）〕合纵之长，指诸侯盟主。⑩〔其地〕指原秦国之地。⑪〔主命〕主持。

◎**大意**　阎乐回去报告了赵高，赵高于是召集全部大臣、公子，告诉他们诛杀二世的情况。赵高说："秦本来是一个诸侯国，始皇帝统治天下，所以称帝。现在六国恢复了独立，秦地越来越小，仅以空名称帝，不合适。应像过去那样称王，才恰当。"立二世兄长的儿子公子婴为秦王。按照平民的葬仪把二世埋葬在杜南宜春苑中。让子婴斋戒，到祖庙去参拜，接受国王玉玺。斋戒了五天，子婴和他的两个儿子商量说："丞相赵高在望夷宫杀了二世，害怕群臣诛杀他，才假装伸张大义立我为王。我听说赵高和楚军定约，消灭秦朝宗室后在关中称王。现在要我斋戒拜祭祖庙，这是想在祖庙里把我杀了。我称病不去，丞相必然亲自来，来了就杀掉他。"赵高几次派人去请子婴，子婴不去，赵高果然亲自前往，说："到祖庙参拜接受王位是国家大事，你为什么不去？"子婴于是在斋宫刺杀了赵高，诛灭赵高三族并在咸阳示众。子婴当秦王四十六天，楚将沛公打败秦军进入武关，接着抵达霸上，派人去招降子婴。子婴脖子上绑着冠缨，乘白马白车，捧着天子玺印符节，在轵道旁投降。沛公于是进入咸阳，封闭宫室府库，回军驻扎在霸上。过了一个多月，诸侯军到达，项羽为诸侯盟主，杀了子婴以及秦朝各皇子与皇族。接着在咸阳大肆屠杀，烧毁宫室，俘虏妇女儿童，收取珍宝财物，由诸侯瓜分。灭亡秦朝后，将秦地分封给三王，名叫雍王、塞王、翟王，号称三秦。项羽自立为西楚霸王，主持裂土分封诸侯之事，秦朝就此灭亡了。五年后，天下由汉朝统一。

　　太史公曰：秦之先伯翳，尝有勋于唐虞之际，受土赐姓^①。及殷夏之间微散^②。至周之衰，秦兴，邑于西垂。自缪公以来，稍蚕食诸侯，竟成始皇。始皇自以为功过五帝，地广三王，而羞与之侔^③。善哉乎贾生推言^④之也！曰：

◎**注释** ①〔赐姓〕指伯翳因善驯鸟兽，被舜任命为虞，后来又佐助禹治水有功，舜赐姓嬴。事详《秦本纪》。②〔微散〕衰落。"微""散"同义。③〔羞与之侔（móu）〕认为跟他们相比是羞耻。侔，齐，等同。④〔贾生推言〕指贾谊《过秦论》中的观点。

◎**大意** 太史公说：秦的祖先伯翳，在唐虞时代曾立过功勋，被封土赐姓。到了夏商时代衰落。到周朝衰弱，秦国兴起，在西垂建邑。从穆公以后，渐渐蚕食诸侯，终于成就了秦始皇。秦始皇自认为功劳超过五帝，领土大于三王，而耻于和他们相提并论。贾谊的评论多好啊！他说：

　　秦并兼诸侯山东三十余郡，缮津①关，据险塞，修甲兵②而守之。然陈涉以戍卒散乱之众数百，奋臂大呼，不用弓戟之兵，锄櫌（櫌）白梃③，望屋而食④，横行天下。秦人阻险不守，关梁不阖⑤，长戟不刺，强弩不射。楚师深入，战于鸿门，曾⑥无藩篱之艰。于是山东大扰⑦，诸侯并起，豪俊相立。秦使章邯将而东征，章邯因以三军之众要⑧市于外，以谋其上。群臣之不信，可见于此矣。子婴立，遂不寤。藉使⑨子婴有庸主之材，仅得中佐⑩，山东虽乱，秦之地可全而有，宗庙之祀未当绝也。

◎**注释** ①〔缮津〕缮，修理，修整。津，渡口。②〔甲兵〕铠甲和兵器，泛指武器。③〔锄櫌（yōu）白梃（tǐng）〕锄，除草翻土的农具。櫌，同"耰"，击碎土块、平整土地的农具。梃，棍棒。④〔望屋而食〕望见房屋就可以吃饭。这是说起义部队虽无给养，但到处都得到人民的支持。⑤〔阖〕关闭。⑥〔曾（zēng）〕竟然。⑦〔扰〕乱。⑧〔要（yāo）〕相约，来往。⑨〔藉使〕假使。⑩〔中佐〕指中等的辅佐之臣。

◎**大意** 秦兼并山东三十多郡，整修渡口关隘，依凭险关要塞，治甲整兵加以守备。然而陈胜仅凭戍卒等几百乌合之众，振臂大呼，不用执弓持戟，手举锄耙木棒，走到哪里吃到哪里，纵横天下。秦人未守险阻，未锁关卡桥梁，未刺长戟，未射强弩。陈胜的军队长驱直入，打到鸿门，连篱笆、栅栏一般的阻碍都没有。

于是山东纷乱，诸侯并起，豪杰争相自立。秦派章邯率军东征，章邯趁势凭三军之众在外与朝廷谈判，以图谋朝廷。秦朝群臣不可靠，由此可见了。子婴继位，仍不觉悟。假使子婴有庸主之才，再有一个平常的大臣辅佐，山东虽然叛乱，关中之地尚可保全，宗庙祭祀不会断绝。

秦地被山带河^①以为固，四塞^②之国也。自缪公以来，至于秦王，二十余君，常为诸侯雄。岂世世贤哉？其势居^③然也。且天下尝同心并力而攻秦矣。当此之世，贤智并列，良将行其师，贤相通其谋，然困于阻险而不能进，秦乃延^④入战而为之开关，百万之徒逃北^⑤而遂坏。岂勇力智慧不足哉？形不利，势不便也。秦小邑并大城，守险塞而军，高垒毋战，闭关据阨（隘）^⑥，荷^⑦戟而守之。诸侯起于匹夫，以利合，非有素王^⑧之行也。其交未亲，其下未附，名为亡秦，其实利之^⑨也。彼见秦阻之难犯也，必退师。安土息民^⑩，以待其敝^⑪，收弱扶罢（疲），以令大国之君，不患不得意于海内。贵为天子，富有天下，而身为禽（擒）者，其救败^⑫非也。

◎**注释** ①〔被山带河〕被山，以山为被，就是有山阻隔的意思。带河，以河为带，就是有黄河环绕的意思。②〔四塞〕四周都有关隘。③〔势居〕地位。④〔延〕引进，迎接。⑤〔逃北〕败逃。⑥〔阨（ài）〕同"隘"，阻塞，险要。⑦〔荷〕扛。⑧〔素王〕道德很高、天下景仰但未居王位的人。⑨〔利之〕为自己谋求利益。⑩〔息民〕让民众休养生息。⑪〔敝〕衰败。⑫〔救败〕指挽救危败的策略。

◎**大意** 秦地有群山和黄河为屏障，是四周均有险可守的地方。从穆公以后，直到秦始皇，二十多个君主，常常称雄诸侯。难道代代都是贤君吗？是它所处的位置所造成的。况且天下诸侯曾同心合力攻击秦国。当时，贤才智士并列，良将率其军，贤相通其谋，然而苦于险阻，不能前进，秦于是开关口迎击敌人，结果百万之众败逃，致使联盟破坏。这难道是勇力智慧不足吗？是地形不利、时机不便。子婴应将小邑并为大城，派军据险守塞，高筑壁垒不出战，闭关据塞，执戟防守。诸侯起家于匹夫，出于私利而联合，不具备人民拥戴的无冕之王的德行。他们相交不亲，他们的属下互不依附，名义是灭亡秦朝，其实是为了各自的利益。他们看到秦的险阻难犯，必然撤军。秦则可以安定本土，使民休息，以等待诸侯疲敝，再招纳、扶持弱小穷困的势力，以号令大国之君，不担心不得志于天下。贵为天子，富有天下，而自身被擒，是他挽救危局的措施不对。

秦王足己①不问②，遂③过而不变。二世受之，因④而不改，暴虐以重祸⑤。子婴孤立无亲，危弱无辅。三主⑥惑而终身不悟，亡，不亦宜乎？当此时也，世非无深虑知化⑦之士也，然所以不敢尽忠拂过⑧者，秦俗多忌讳之禁，忠言未卒于口⑨而身为戮没矣。故使天下之士，倾耳而听，重足⑩而立，拑口⑪而不言。是以三主失道⑫，忠臣不敢谏，智士不敢谋，天下已乱，奸不上闻，岂不哀哉！先王知雍蔽之伤国也，故置公卿大夫士，以饰法设刑，而天下治。其强也，禁暴诛乱而天下服。其弱也，五伯（霸）⑬征而诸侯从。其削也，内守外附而社稷存。故秦之盛也，繁法严刑而天下振；及其衰也，百姓怨望⑭而海内畔（叛）矣。故周五序⑮得其道，而千余岁不绝。秦本末并失，故不长久。由此观之，安危之统相去远矣。野谚曰"前事之不忘，后事之师也"。是以君子为国，观之上古，验之当世，参⑯以人事，察盛衰之理，审权势⑰之宜，去就有序，变化有时，故旷日长久而社稷安矣。

◎**注释** ①〔足己〕以己之功为满足。②〔问〕指求教于人。③〔遂〕顺，延续。④〔因〕因循，沿袭。⑤〔重祸〕加重祸患。⑥〔三主〕指秦始皇、秦二世、公子婴。⑦〔知化〕指懂得形势变化。⑧〔拂(bì)过〕辅助君王纠正错误。拂，通"弼"。⑨〔未卒于口〕还没说完。⑩〔重足〕两脚重叠，不敢移动。形容十分恐惧。⑪〔拑口〕闭口不言。⑫〔失道〕迷路。⑬〔五伯〕即"五霸"。一说指齐桓公、晋文公、秦穆公、宋襄公、楚庄王，一说指齐桓公、晋文公、楚庄王、吴王阖闾、越王勾践。⑭〔怨望〕怨恨。"怨""望"同义。⑮〔五序〕指公、侯、伯、子、男的顺序。又现存《新书》作"王序"。⑯〔参〕参验，检验。⑰〔权势〕谋略和形势。

◎**大意**　秦始皇快然自足而不向人请教，于是有了错误也不加改变。二世秉承这种作风，沿袭不改，更加残暴而招致加倍的灾祸。子婴孤立无亲，危险脆弱而无人辅助。三位君主迷误终身没有觉悟，导致灭亡，不也是应该的吗？这个时候，世上并非没有深谋远虑知道应该改变的贤才，然而之所以不敢尽忠辅佐君王改过，在于秦的风俗忌讳等禁律太多，忠言还未说完而自己已被杀害。所以天下之士，侧耳听命，叠足而立，闭口不言。因此三位君主失道，忠臣不敢规谏，智士不敢谋划，天下已经大乱，乱情不敢上报，岂不可悲！古代贤君认识到阻塞言路必然损害国家，所以设置公卿士大夫，以修订法令建立刑罚，而使天下大治。强盛的时候，禁暴诛乱而天下宾服。衰弱的时候，五霸征讨而诸侯顺从。削弱的时候，内有守备、外有依赖而国家得以保存。因此秦朝强盛时，严刑峻法而天下震恐；到其衰弱时，百姓怨恨而天下叛离。所以周以五等爵位分封深得统治之道，因而延续了一千多年。秦的政治失去了立国的根本，所以不能长治久安。由此看来，安邦定国之道相差很远。民谚说"前事不忘，后事之师"。因此有道之君治国，借鉴上古，应用于当世，参照人事，考察盛衰成败之理，分析形势之变，取舍有序，变化有时，这样就能天长日久而使国家安定了。

　　秦孝公据殽（崤）函之固，拥雍州之地，君臣固守而窥①**周室，有席卷**②**天下，包举**③**宇内，囊括**④**四海之意，并吞八荒**⑤**之心。当是时，商君**⑥**佐之，内立法度，务耕织，修守战之备，外连衡而斗诸侯**⑦**，于是秦人拱手而取**⑧**西河之外。**

◎**注释**　①〔窥〕窥伺，窥探。②〔席卷〕像用席子卷东西一样卷走。③〔包举〕像用包裹包东西一样拿走。④〔囊括〕像用口袋装东西一样装走。⑤〔八荒〕八方荒远的地方，这里指天下。⑥〔商君〕即商鞅。⑦〔连衡而斗诸侯〕连衡，即连横，指战国时六国共同事奉秦国的策略。斗诸侯，使诸侯争斗，即挑起诸侯之间的战争。⑧〔拱手而取〕一拱手就取得了。形容毫不费力。

◎**大意** 秦孝公凭借崤山和函谷关的险固，拥有雍州之地，君臣固守而图谋周王室，有一统天下之心。这个时候，商鞅辅佐他，对内改变法令制度，致力耕种纺织，整治攻守之备，对外实行连横策略而使诸侯不和睦，于是秦人毫不费力取得了西河以外的土地。

　　孝公既没，惠王、武王蒙①故业，因遗册（策），南兼汉中，西举巴、蜀，东割膏腴②之地，收要害之郡。诸侯恐惧，会盟而谋弱秦③，不爱④珍器重宝肥美之地，以致天下之士，合从缔交，相与⑤为一。当是时，齐有孟尝，赵有平原，楚有春申，魏有信陵。此四君者，皆明知（智）而忠信，宽厚而爱人，尊贤重士，约从离衡⑥，并韩、魏、燕、楚、齐、赵、宋、卫、中山之众。于是六国之士有宁越、徐尚、苏秦、杜赫之属为之谋，齐明、周最、陈轸、昭滑、楼缓、翟景、苏厉、乐毅之徒通其意，吴起、孙膑、带佗、兒良、王廖、田忌、廉颇、赵奢之朋制其兵。常以十倍之地，百万之众，叩关⑦而攻秦。秦人开关延敌，九国⑧之师逡巡⑨遁逃而不敢进。秦无亡矢遗镞⑩之费，而天下诸侯已困矣。于是从散约解，争割地而奉秦。秦有余力而制其敝，追亡逐北，伏尸百万，流血漂卤（橹）⑪。因利乘便，宰割天下，分裂河山，强国请服，弱国入朝。延及孝文王、庄襄王，享国⑫日浅，国家无事。

◎**注释** ①〔蒙〕承受，继承。②〔膏腴〕肥沃。③〔弱秦〕使秦弱，即削弱秦国。④〔爱〕吝惜。⑤〔相与〕互相联合。⑥〔约从离衡〕约从，相约合纵。离衡，使连横离散。⑦〔叩关〕指攻打函谷关。⑧〔九国〕指韩、魏、燕、楚、齐、赵、宋、卫、中山。⑨〔逡（qūn）巡〕徘徊不前，欲进又止。⑩〔镞（zú）〕箭头。⑪〔卤〕通“橹”，大盾。⑫〔享国〕帝王在位的年数。

◎**大意** 秦孝公死后，惠王、武王继承旧业，沿用旧策，向南兼并了汉中，向西占领了巴、蜀，向东攻占肥沃之地，夺取重要郡县。诸侯恐惧，结盟而图谋削弱秦国，不惜珍器重宝以及肥美的土地，用以招揽天下贤才，施行合纵方略相互缔约结交，成为一体。这时，齐国有孟尝君，赵国有平原君，楚国有春申君，魏国有信陵君。这四位都贤明聪慧而重于信义，豁达仁厚而爱人，尊贤重士，订约合纵以破坏连衡，合并韩、魏、燕、楚、齐、赵、宋、卫、中山等国的军队。于是六国之士有宁越、徐尚、苏秦、杜赫之类为他们谋划，齐明、周最、陈轸、昭滑、楼缓、翟景、苏厉、乐毅之徒联络、沟通他们的意见，吴起、孙膑、带佗、兒良、王廖、田忌、廉颇、赵奢之辈统率他们的军队。曾以十倍于秦的土地和百万大军，进攻函谷关打击秦国。秦人开关迎战，九国的军队却顾虑重重、徘徊逃避而不敢前进。秦国没有一箭一镞的损失，而天下诸侯已很困窘了。于是合纵解体，各国争相割地而献给秦国。秦国有富足的力量利用各国的弊端来制服他们，追赶逃亡的敌人，以致伏尸百万，血流成河，可以漂起盾牌。秦国因利乘便，宰割天下，分裂河山，迫使强国请求归附，弱国入朝拜见。延续到孝文王、庄襄王，他们在位时间很短，国家没有大事。

　　及至秦王，续六世^①之余烈，振长策^②而御宇内，吞二周而亡诸侯，履^③至尊而制六合，执棰拊^④以鞭笞^⑤天下，威振（震）四海。南取百越之地，以为桂林、象郡，百越之君俛（俯）首系颈，委命^⑥下吏。乃使蒙恬北筑长城而守藩篱，却匈奴七百余里，胡人不敢南下而牧马，士^⑦不敢弯弓而报怨。于是废先王之道，焚百家之言^⑧，以愚黔首。堕（隳）^⑨名城，杀豪俊，收天下之兵聚之咸阳，销锋铸镶^⑩，以为金人十二，以弱黔首之民。然后斩华^⑪为城，因河为津^⑫，据亿丈之城，临不测之溪以为固。良将劲弩守要害之处，信臣精卒陈利兵而谁何（呵）^⑬，天下以定。秦王之心，自以为关中之固，金城^⑭千里，子孙帝王万世之业也。

◎**注释**　①〔六世〕指孝公、惠文王、武王、昭襄王、孝文王、庄襄王。②〔振长策〕振，举起。策，鞭。③〔履〕登上。④〔棰拊（fǔ）〕指刑具。⑤〔鞭笞（chī）〕

用鞭子抽打，这里是统治的意思。⑥〔委命〕把性命托付于人。⑦〔士〕指六国之士。⑧〔百家之言〕各学派的著作。言，言论，这里指书籍。⑨〔堕（huī）〕同"隳"，毁坏。⑩〔镶（jù）〕钟类乐器。⑪〔斩华〕《新书》作"践华"，意思是登上华山，即据守华山。⑫〔因河为津〕因，借，津，渡口，这里指护城河。⑬〔何（hē）〕同"呵"，盘诘，喝问。⑭〔金城〕金属铸的城墙。形容非常坚固。

◎**大意** 等到了秦始皇，继承发扬六代先祖的功业，挥动长鞭而驾驭天下，吞并二周，灭亡诸侯，登上最高的皇帝宝座，统治全国，高举刑杖以法治理天下，威震四海。向南夺取百越之地，设置桂林、象郡，百越的首领低头把性命交给了微不足道的官吏。又派蒙恬北筑长城以守边疆，驱逐匈奴七百多里，匈奴不敢南下牧马，六国人士不敢弯弓抱怨。于是废弃先王之道，焚烧百家之书，以愚弄百姓。拆毁名城，诛杀豪杰，收缴天下兵器聚于咸阳，销毁后铸成钟镶，又铸成十二尊铜人，以削弱天下百姓。然后依凭华山为城防，利用黄河为护城河，据守亿丈高的城墙，居临深不可测的溪谷以为防线。良将劲弩把守要害之处，忠臣精兵排列锐利的兵器盘诘行人，天下得以安定。秦始皇的心里，自以为关中的坚固，如千里金城，是子孙万代永做帝王的基业。

　　秦王既没（殁），余威振于殊俗①。陈涉，瓮牖绳枢②之子，氓隶③之人，而迁徙之徒④，才能不及中人⑤，非有仲尼、墨翟之贤，陶朱、猗顿之富，蹑足⑥行伍之间，而倔起什伯之中⑦，率罢（疲）散之卒，将数百之众，而转攻秦。斩木为兵，揭⑧竿为旗，天下云集⑨响应⑩，赢粮而景（影）从⑪，山东豪俊遂并起而亡秦族矣。

◎**注释** ①〔殊俗〕不同的风俗，这里指边远的地方。②〔瓮牖（yǒu）绳枢〕用破瓮做窗户，用绳子做门枢。形容居室极贫。牖，窗户。枢，门户的转轴。③〔氓（méng）隶〕雇农。氓，种田的人。④〔迁徙之徒〕被征去服兵役的人。⑤〔中人〕中等才能的人，即平常人。⑥〔蹑足〕踏脚，插足。这里是出身于的意思。⑦〔倔起什伯（bǎi）之中〕倔起，突然兴起。什伯，古代军队编制，十人为什，百人为伯。⑧〔揭〕举起。⑨〔云集〕像云一样地聚集。⑩〔响应〕像回声相应。响，回声。⑪〔赢粮而景（yǐng）从〕赢，担负。景从，像影子一样地跟从。景，同"影"。

◎**大意** 秦始皇死后，余威震慑不同风俗的民族。陈胜是用破瓮做窗户、用绳捆门轴的穷人家子弟，一介平民，被征发守边的戍卒，才能赶不上中等人，没有仲尼、墨翟的贤能，没有陶朱、猗顿的财富，出身于行伍之间，兴起于戍卒之中，率领疲惫涣散的士卒，统领几百人的队伍，转而攻打秦王朝。砍下树枝作为兵器，举起竹竿当作旗帜，结果天下云集响应，携带粮食像影子一样跟随他，山东豪杰于是蜂拥而起，灭掉了秦朝。

　　且夫天下非小弱也，雍州之地，殽（崤）函之固自若①也。陈涉之位，非尊于齐、楚、燕、赵、韩、魏、宋、卫、中山之君；锄櫌（耰）棘（戟）矜②，非铦（铦）于句戟长铩③也；适（谪）戍之众，非抗于九国之师；深谋远虑，行军用兵之道，非及乡（向）时④之士也。然而成败异变，功业相反也。试使山东之国与陈涉度长絜⑤大，比权量力，则不可同年而语⑥矣。然秦以区区之地，千乘之权，招八州而朝同列⑦，百有余年矣。然后以六合为家，殽（崤）函为宫，一夫⑧作难而七庙堕（隳），身死人手⑨，为天下笑者，何也？仁义不施而攻守⑩之势异也。

◎**注释** ①〔自若〕依然如故。②〔棘矜（qín）〕戟杆，等于说木棍。棘，通"戟"。矜，矛柄。③〔铦（xiān）于句（gōu）戟长铩（shā）〕铦，同"铦"，锋利。句戟，即钩戟，戟刃尖端有钩的兵器。长铩，大矛。④〔乡时〕同"向时"，先前。⑤〔絜（xié）〕衡量，比较。⑥〔同年而语〕同样看待。⑦〔招（qiáo）八州而朝同列〕招，举，攻取。八州，古时全国划分为九州，除秦国本土雍州外，还有八州。朝同列，使同列朝拜，意思是使六国诸侯臣服。同列，地位等级相同的，指六国诸侯。⑧〔一夫〕指陈胜。⑨〔身死人手〕指秦王子婴被项羽所杀。⑩〔攻守〕攻，指秦历代君主兼并诸侯，处于进攻地位。守，指秦取得天下后要保持其统治地位，处于守护地位。

◎**大意** 况且秦王朝的天下并没有衰弱，雍州之地、崤山函谷关的险固仍然存在。陈胜的地位，没有齐、楚、燕、赵、韩、魏、宋、卫、中山等国的君主尊贵；锄耙木棒，没有钩戟长矛锋利；流放戍边的徒众，不抵九国的军队；深谋远虑、行军用兵之道，不及过去的六国之士。然而成败发生了变化，取得的功业也截然相反。假如让山东之国与陈胜比长论短、比权量力，自然不可相提并论。然而秦国以狭小的地盘、少量的军队，攻取八州而使地位同等的诸侯来朝见，已有一百多年。然后以天下为国家，在崤山函谷关内建立国都，结果陈胜一人举兵发难而国破家亡，身死他人之手，为天下人所笑，是什么原因呢？这是因为秦王朝不施行仁义，不懂打天下与守天下的战略应该不同啊。

秦并海内，兼诸侯，南面①称帝，以养四海，天下之士斐然乡（向）风②，若是者何也？曰：近古之无王者久矣。周室卑微，五霸既殁，令不行于天下，是以诸侯力政（征），强侵弱，众暴寡，兵革不休，士民罢（疲）敝。今秦南面而王天下，是上有天子也。既元元③之民冀④得安其性命，莫不虚心而仰上，当此之时，守威定功，安危之本在于此矣。

◎**注释** ①〔南面〕古代以坐北面南为尊位，帝王的座位面向南，所以称居帝位为"南面"。②〔斐然乡风〕斐然，顺服的样子。乡风，趋从，归顺。乡，通"向"。③〔元元〕善良的样子。④〔冀〕希望。

◎**大意** 秦统一天下，兼并诸侯，南面称帝，供养全国，天下士人闻风倾服，像这样是什么原因呢？回答是：近古没有帝王已经很久了。周王室衰微，五霸死后，天子的政令在全国不能通行，因此诸侯以武力相征，以强凌弱，以众欺寡，争斗不休，百姓疲敝。现在秦统治天下，这是上面有天子了。既然善良的百姓希望安居乐业以享天年，没有不诚心拥护秦始皇统一的，这个时候，保持威势以安定功业，安危的关键就在于此了。

秦王怀贪鄙之心，行自奋之智，不信功臣，不亲士民，废王道，立私权，禁文书①而酷刑法②，先③诈力而后④仁义，以暴虐为天下始。夫并兼者高⑤诈力，安定者贵⑥顺权⑦，此言取与守不同术也。秦离⑧战国而王天下，其道不易，其政不改，是其所以取之守之者异也。孤独而有之，故其亡可立而待。借使⑨秦王计上世之事，并殷周之迹，以制御其政，后虽有淫骄之主而未有倾危之患也。故三王之建天下，名号显美，功业长久。

◎**注释** ①〔文书〕诗书古籍。②〔酷刑法〕使刑法严酷。③〔先〕把……放在前头。④〔后〕把……放在后头。⑤〔高〕以……为高。⑥〔贵〕以……为贵。⑦〔顺权〕顺时权变。⑧〔离〕经历。⑨〔借使〕假使。

◎**大意** 秦始皇怀着贪婪轻视的心理，实行独断之智，不信任功臣，不亲近士民，废弃仁政王道，树立个人权威，禁止诗书而施行酷刑峻法，重诈术谋权而轻仁义道德，将暴虐作为治理天下的前提。在兼并天下的过程中以暴力谋权为主，安定天下的时候就要以顺应民心而施政为贵，这是说打天下与守天下的办法是不同的。秦始皇经历战国而统一天下，他的思想不变，他的政策不改，这就是打江山与守江山的方法没有什么差异。独守其法，所以他的灭亡自然是指日可待的。假使秦始皇考虑上古之事，沿着殷周的道路，来制定他的政策，以后即使有淫骄之君也不会有倾覆危亡的祸患了。所以夏、商、周三代之王创建国家，名号显扬美好，功业流传久长。

今秦二世立，天下莫不引领①而观其政。夫寒者利裋褐②而饥者甘糟糠③，天下之嗷嗷④，新主之资⑤也。此言劳民之易为仁也。乡（向）使⑥二世有庸主之行，而任忠贤，臣主一心而忧海内之患，缟素⑦而正先帝之过，裂地分民以封功臣之后，建国立君以礼天下，虚囹圄⑧而免刑戮，除去收帑（孥）⑨污秽之罪，使各反其乡里，发仓廪，散财币，以振（赈）孤独穷困之士，轻赋少事⑩，以佐百姓之急，约法⑪省刑以持其后，使天下之人皆得自新，更节修行⑫，各慎其身，塞⑬万民之望，而以威德与天下，天下集矣。即四海之内，皆欢然各自安乐其处，唯恐有变，虽有狡猾之民，无离上之心，则不轨之臣无以饰其智⑭，而暴乱之奸止矣。二世不行此术，而重之以无道，坏宗庙与民，更始作阿房宫，繁刑严诛，吏治刻深，赏罚不当，赋敛无度，天下多事，吏弗能纪⑮，百姓困穷而主弗收恤。然后奸伪并起，而上下相遁⑯，蒙罪者众，刑戮相望于道，而天下苦之。自君卿以下至于众庶，人怀自危之心，亲处穷苦之实，咸不安其位，故易动也。是以陈涉不用⑰汤武之贤，不藉公侯之尊，奋臂于大泽而天下响应者，其民危也。故先王见始终之变，知存亡之机，是以牧民⑱之道，务在安之而已。天下虽有逆行之臣，必无响应之助矣。故曰"安民可与行义，而危民易与为非"，此之谓也。贵为天子，富有天下，身不免于戮杀者，正倾⑲非也。是二世之过也。

◎**注释**　①〔引领〕伸长脖子。形容殷切盼望。②〔利裋（shù）褐〕粗布短衣，僮仆所穿。③〔糟糠〕酒渣、糠皮，穷人用以充饥的粗劣食物。④〔嗷嗷〕哀苦的叫声。⑤〔资〕资本。⑥〔乡使〕假使。⑦〔缟（gǎo）素〕白色的衣服，丧服。⑧〔囹圄（líng yǔ）〕也作"囹圉"，监狱。⑨〔收帑（nú）〕同"收孥"，古代连坐之法，一人犯罪，则收其妻子儿女为官家奴婢。⑩〔少事〕指减少劳役。⑪〔约法〕简化法律。约，简约，简要。⑫〔更节修行〕更节，改变节操。修行，修养品行。⑬〔塞〕充塞，满足。⑭〔智〕智谋，这里指阴谋。⑮〔纪〕治理，管理。⑯〔遁〕欺骗，欺蒙。⑰〔用〕具备。⑱〔牧民〕治民。古代统治者视民为牛马，故称治民为牧民。⑲〔正倾〕挽救已经倾覆的局势。

◎**大意**　现在秦二世继位，人民无不伸长脖子盼望他改弦易辙。受冻的人有件粗布短衣就很满意，挨饿的人有一碗糟糠也是甜美的，天下百姓饥寒哀吟，是新君的资本。这是说对饥苦的人民易施仁政。假使二世有庸主般的德行，而任用忠臣贤士，君臣同心而为天下分忧解难，在服孝期间就纠正秦始皇的过错，分封功臣的后代，建立一些诸侯国以礼治天下，空出监狱而免除刑杀，废除一人犯罪连坐妻子等杂乱之罪，让罪犯回到他们的家乡，打开仓库，散发钱财，以赈济孤独穷困的人，减轻赋税劳役，以解救百姓的急难，简化法律、减少刑罚，使天下百姓都能自新，改变操守、修正言行，各自慎修其身，满足人民的愿望，以威信与德政统治天下，天下就可安定了。假如四海之内，都安居乐业，唯恐发生变乱，即便有狡猾之民，而无背叛皇帝之心，那么不轨之臣就无法掩饰他的阴谋诡计，暴乱的奸计就可杜绝了。二世不采用这种办法，反而更加暴虐无道，败坏宗庙使人民遭殃，重新建造阿房宫，繁立刑罚、严行杀戮，吏治苛刻，赏罚不当，赋敛无止境，天下多事，官吏无法管理，百姓穷困而君主不加抚恤。然后奸伪并起，上下官吏互相推诿责任，蒙受罪罚的人很多，被刑杀的人在道路上随处可见，天下人都深受其苦。自公卿以下至于庶民，人人怀着自危心理，亲身处在穷困苦难的境地，都不安其位，所以容易发生动乱。陈胜不需要有商汤、周武王的贤能，不借助公侯的高位，在大泽振臂一呼而天下响应的原因，就是人民的处境危难。古代圣君预见始终的变化，知道存亡的关键，所以统治人民的方法，重在使人民安定而已。天下即便有叛逆之臣，必定没有响应的了。所以说"生活安定的人民，可与之施行仁义，而危难中的人民，则易为非作歹"，说的就是这种情况。贵为天子，富有天下，自身不免于遭受杀戮的原因，在于把安定天下与倾覆社稷的关系弄颠倒了。这是二世的过错。

襄公立，享国十二年。初为西畤。葬西垂。生文公。

◎**大意**　襄公立国，在位十二年。创建西畤。被埋葬在西垂。生文公。

文公立，居西垂宫。五十年死，葬西垂。生静公。

◎**大意**　文公继位，住在西垂宫。在位五十年逝世，被埋葬在西垂。生静公。

静公不享国而死。生宪公。

◎**大意** 静公没有继位就死了。生宪公。

宪公享国十二年，居西新邑。死，葬衙。生武公、德公、出子。

◎**大意** 宪公在位十二年，住在西新邑。死后，被埋葬在衙。生武公、德公、出子。

出子享国六年，居西陵。庶长①弗忌、威累、参父三人，率贼贼②出子鄙衍，葬衙。武公立。

◎**注释** ①〔庶长〕秦时爵位名。②〔贼〕刺杀。
◎**大意** 出子在位六年，住在西陵。庶长弗忌、威累、参父三人，率领贼人在鄙衍杀害了出子，被埋葬在衙。武公继位。

武公享国二十年。居平阳封宫。葬宣阳聚东南。三庶长伏其罪。德公立。

◎**大意** 武公在位二十年。住在平阳封宫。死后被埋葬在宣阳聚的东南。三个庶长得到了应有的惩罚。德公继位。

德公享国二年。居雍大郑宫。生宣公、成公、缪公。葬阳。初伏，以御蛊①。

◎**注释**　①〔初伏，以御蛊〕伏，指入伏的祭祀。蛊，指伏天的热毒。

◎**大意**　德公在位二年。住在雍邑大郑宫。生宣公、成公、穆公。死后被埋葬在阳。开始举行入伏的祭祀，以抵御伏天的热毒。

宣公享国十二年。居阳宫。葬阳。初志闰月。

◎**大意**　宣公在位十二年。住在阳宫。死后被埋葬在阳。开始记载闰月。

成公享国四年，居雍之宫。葬阳。齐伐山戎、孤竹。

◎**大意**　成公在位四年，住在雍邑的宫殿。死后被埋葬在阳。这一年齐国讨伐山戎、孤竹。

缪公享国三十九年。天子致霸①。葬雍。缪公学著人②。生康公。

◎**注释**　①〔天子致霸〕指周天子任命秦穆公为"方伯"，承认其为诸侯霸主。②〔著人〕大门与屏风之间的人，指侍卫。著，大门与屏风之间的地方。

◎**大意**　穆公在位三十九年。周天子承认其霸主地位。死后被埋葬在雍。穆公曾虚心向侍卫请教。生康公。

康公享国十二年。居雍高寝。葬竘社。生共公。

◎**大意**　康公在位十二年。住在雍邑高寝。死后被埋葬在竘（qǔ）社。生共公。

共公享国五年，居雍高寝。葬康公南。生桓公。

◎**大意**　共公在位五年，住在雍邑高寝。死后被埋葬在康公墓地的南面。生桓公。

桓公享国二十七年。居雍太寝。葬义里丘北。生景公。

◎**大意**　桓公在位二十七年。住在雍邑太寝。死后被埋葬在义里丘北面。生景公。

景公享国四十年。居雍高寝，葬丘里南。生毕公。

◎**大意**　景公在位四十年。住在雍邑高寝。死后被埋葬在丘里南面。生毕公。

毕公享国三十六年。葬车里北。生夷公。

◎**大意**　毕公在位三十六年。死后被埋葬在车里北面。生夷公。

夷公不享国。死，葬左宫。生惠公。

◎**大意**　夷公没有继位。死后被埋葬在左宫。生惠公。

惠公享国十年。葬车里康景①。生悼公。

◎**注释**　①〔康景〕二字疑衍。
◎**大意**　惠公在位十年。死后被埋葬在车里。生悼公。

悼公享国十五年。葬僖公西。城雍。生剌龚公。

◎**大意** 悼公在位十五年。死后被埋葬在僖公墓地的西面。在雍邑筑城。生刺龚公。

刺龚公享国三十四年。葬入里。生躁公、怀公。其十年，彗星见（现）。

◎**大意** 刺龚公在位三十四年。死后被埋葬在入里。生躁公、怀公。他在位第十年，彗星出现。

躁公享国十四年。居受寝。葬悼公南。其元年，彗星见（现）。

◎**大意** 躁公在位十四年。住在受寝。死后被埋葬在悼公墓地南面。躁公元年，彗星出现。

怀公从晋来。享国四年。葬栎圉氏。生灵公。诸臣围怀公，怀公自杀。

◎**大意** 怀公从晋国返回继位。在位四年。死后被埋葬在栎圉氏。生灵公。诸大臣围攻怀公，怀公自杀。

肃灵公，昭子子也。居泾阳。享国十年。葬悼公西。生简公。

◎**大意** 肃灵公，是昭子的儿子。住在泾阳。在位十年。死后被埋葬在悼公墓地的西面。生简公。

简公从晋来。享国十五年。葬僖公西。生惠公。其七年，百姓初带剑①。

◎**注释** ①〔百姓初带剑〕带剑原是贵族的一种特权，至此时百姓亦可带剑。

◎**大意** 简公从晋国返回继位。在位十五年。死后被埋葬在僖公墓地的西面。生惠公。简公七年，百姓开始佩剑。

惠公享国十三年。葬陵圉。生出公。

◎**大意** 惠公在位十三年。死后被埋葬在陵圉。生出公。

出公享国二年。出公自杀，葬雍。

◎**大意** 出公在位二年。出公自杀，死后被埋葬在雍邑。

献公享国二十三年。葬嚣圉。生孝公。

◎**大意** 献公在位二十三年。死后被埋葬在嚣圉。生孝公。

孝公享国二十四年。葬弟圉。生惠文王。其十三年，始都咸阳。

◎**大意** 孝公在位二十四年。死后被埋葬在弟圉。生惠文王。孝公十三年，开始建都咸阳。

惠文王享国二十七年。葬公陵。生悼武王。

◎**大意**　惠文王在位二十七年。死后被埋葬在公陵。生悼武王。

悼武王享国四年，葬永陵。

◎**大意**　悼武王在位四年，死后被埋葬在永陵。

昭襄王享国五十六年。葬茝阳。生孝文王。

◎**大意**　昭襄王在位五十六年。死后被埋葬在茝（zhǐ）阳。生孝文王。

孝文王享国一年。葬寿陵。生庄襄王。

◎**大意**　孝文王在位一年。死后被埋葬在寿陵。生庄襄王。

庄襄王享国三年。葬茝阳。生始皇帝。吕不韦相。

◎**大意**　庄襄王在位三年。死后被埋葬在茝阳。生始皇帝。吕不韦任相国。

献公立七年，初行为市①。十年，为户籍相伍②。

◎**注释**　①〔初行为市〕开始在都城设立商贸市场。②〔为户籍相伍〕建立户籍制度，把百姓每五家为一"伍"编排起来，使其相互监督。
◎**大意**　献公即位第七年，开始设立集市。第十年，建立户籍制度，将居民每五户编为一"伍"。

孝公立十六年，时桃李冬华。

◎**大意** 孝公即位的第十六年，桃树、李树在冬天开花。

惠文王生十九年而立。立二年，初行钱。有新生婴儿曰"秦且王"。

◎**大意** 惠文王十九岁继位。即位第二年，开始发行钱币。这年有个新生婴儿说"秦国将称王"。

悼武王生十九年而立。立三年，渭水赤三日。

◎**大意** 悼武王十九岁继位。他即位第三年，渭水红了三天。

昭襄王生十九年而立。立四年，初为田开阡陌^①。

◎**注释** ①〔阡陌〕田界。
◎**大意** 昭襄王十九岁继位。他即位第四年，开始开辟井田的疆界。

孝文王生五十三年而立。

◎**大意** 孝文王五十三岁继位。

庄襄王生三十二年而立。立二年，取太原地。庄襄王元年，大赦，修先王功臣，施德厚骨肉，布惠于民。东周与诸侯谋秦，秦使相国不韦诛之，尽入其国。秦不绝其祀，以阳人地赐周君，奉其祭祀。

◎**大意**　庄襄王三十二岁继位。他即位第二年，夺取太原之地。庄襄王元年，他大赦天下，表彰先王功臣，广布恩德、厚待亲朋，施惠于百姓。东周与诸侯图谋攻秦，秦派相国吕不韦伐周，兼并了它的国土。秦不断绝东周的祭祀，把阳人地赏赐给周君，供奉东周的祖宗祭祀。

始皇享国三十七年。葬郦邑。生二世皇帝。始皇生十三年而立。

◎**大意**　始皇在位三十七年。死后被埋葬在郦邑。生二世皇帝。始皇十三岁继位。

二世皇帝享国三年。葬宜春。赵高为丞相安武侯。二世生十二年而立。

◎**大意**　二世皇帝在位三年。死后被埋葬在宜春。赵高为丞相，封安武侯。二世十二岁继位。

右秦襄公至二世，六百一十岁。

◎**大意**　以上秦襄公至秦二世，共六百一十年。

孝明皇帝十七年十月十五日乙丑，曰[①]：

◎**注释**　①〔孝明皇帝十七年十月十五日乙丑，曰〕东汉明帝十七年十月十五日，班固评论。按，此段及下文所引班固评语，乃后人所加。
◎**大意**　孝明皇帝十七年十月十五日乙丑，班固说：

周历[①]已移，仁不代母[②]。秦直其位[③]，吕政[④]残虐。然以诸侯十三⑤，并兼天下，极情纵欲，养育宗亲⑥。三十七年，兵无所不加，制作政令，施于后王。盖得圣人之威，河神授图⑦，据狼、狐，蹈参、伐，佐政驱除⑧，距之称始皇⑨。

◎**注释**　①〔历〕历数，命数。②〔仁不代母〕按照五行相生的观点，周属木德，汉属火德，木生火，所以周为汉母。子不代母，就是说汉不能直接代替周。③〔秦直其位〕秦正赶上木德与火德之间的帝王之位。直，赶上，遇上。④〔吕政〕即秦始皇嬴政。⑤〔诸侯十三〕指秦始皇十三岁即位为诸侯。⑥〔宗亲〕同宗的亲属。⑦〔河神授图〕相传伏羲氏时，有龙马背负河图从黄河出现，古人以河出图为帝王受命的吉兆。⑧〔据狼、狐，蹈参（shēn）、伐，佐政驱除〕据，依靠。狼、狐，古人认为主弓矢的星。蹈，遵循。参、伐，古人认为主斩杀的星。政，指嬴政。⑨〔距之称始皇〕直至称始皇帝。距，至。

◎**大意**　周朝的国运已经结束，但汉不能直接代替周。秦碰上这个空隙得了天下，（因非正统）嬴政残酷而暴虐。然而他十三岁就即位为诸侯，兼并天下，为所欲为，养育宗亲。三十七年之间，他到处用兵，制定政治体制，传给后代君王。大概是得到了圣人的威灵，黄河之神传授了图文，主战争的狼、狐、参、伐四星帮助嬴政驱除敌人，直至他一统天下称始皇帝。

　　始皇既殁，胡亥极愚，郦山未毕，复作阿房，以遂①前策。云"凡所为贵有天下者，肆意极欲，大臣至欲罢先君所为"。诛斯、去疾，任用赵高。痛哉言乎！人头畜鸣②。不威③不伐恶，不笃④不虚亡。距之不得留，残虐以促⑤期，虽居形便之国，犹不得存。

◎**注释**　①〔遂〕实现。②〔畜鸣〕像牲畜一样鸣叫。意思是说出话来像牲畜。③〔威〕威势，这里是逞威、暴虐的意思。④〔笃〕重。这里指罪恶重。⑤〔促〕缩减，缩短。

◎**大意**　秦始皇死后，胡亥极端愚蠢，郦山工程还没有结束，又修建阿房宫，以实现先帝的计划。说"天子之所以可贵，就在于可以随心所欲，大臣竟想要停止先帝的事业"。他杀了李斯、冯去疾，任用赵高。此话让人多痛心啊！他徒长一颗人头，说的话却如禽兽的鸣叫。如果他不暴虐，天下就不会讨伐他；不是罪大恶极，天下就不会灭亡他。他虽登上了帝位但不得留居，残虐太甚而短命，虽据关中形胜之地，仍不能守国。

子婴度次得嗣，冠玉冠，佩华绂①，车黄屋②，从百司，谒七庙。小人乘非位③，莫不悦（恍）忽④失守，偷⑤安日日，独能长念却⑥虑，父子作权⑦，近取于户牖之间，竟诛猾臣，为君讨贼。高死之后，宾婚未得尽相劳，餐未及下咽，酒未及濡⑧唇，楚兵已屠关中，真人⑨翔霸上，素车婴⑩组，奉其符玺，以归帝者。郑伯茅旌鸾刀，严王退舍⑪。河决不可复壅，鱼烂不可复全。贾谊、司马迁曰："向使婴有庸主之才，仅得中佐，山东虽乱，秦之地可全而有，宗庙之祀未当绝也。"秦之积衰，天下土崩瓦解，虽有周旦之材，无所复陈⑫其巧，而以责一日之孤⑬，误哉！俗传秦始皇起罪恶，胡亥极，得其理矣。复责小子，云秦地可全，所谓不通时变者也。纪季以酅⑭，《春秋》不名。吾读《秦纪》⑮，至于子婴车裂赵高，未尝不健其决，怜其志。婴死生之义备矣。

◎**注释** ①〔绂〕系印的丝带。②〔黄屋〕帝王乘坐的车子，因为车盖用黄缯做里子，故名。③〔乘非位〕乘，登。非位，指不该得的位置。④〔悦忽〕同"恍忽"。心神不定。⑤〔偷〕苟且，得过且过。⑥〔却〕除去，排除。⑦〔权〕权衡。⑧〔濡〕沾湿。⑨〔真人〕帝王，指汉高祖。⑩〔婴〕缠绕，指系在颈上。⑪〔郑伯茅旌鸾刀，严王退舍〕公元前597年，楚庄王进攻郑国。郑伯袒露上身，左手执茅旌，右手执鸾刀，迎接庄王，请求不要灭绝郑国。庄王退舍七里。茅旌、鸾刀，都是宗庙里祭祀用的礼器。严王，即庄王，这是为避汉明帝刘庄名讳，改"庄"为"严"。⑫〔陈〕陈列，这里有显示、施展的意思。⑬〔一日之孤〕指子婴。⑭〔纪季以酅（xī）〕纪，古国名。纪季，纪君的小弟弟。纪季把酅邑送给齐国以保全宗庙。⑮〔《秦纪》〕即《秦始皇本纪》。

◎**大意**　子婴依照次序继位，头戴玉冠，身佩华美的系印丝带，坐黄屋车，带领百官，拜谒祖庙。满朝文武都是小人，没有一个不是失魂落魄、苟且偷生之徒，只有子婴能长远考虑，父子合谋，在室内就近得手，竟然杀死了狡猾的奸臣，为先帝讨伐逆贼。赵高死后，子婴还没来得及拜访宾朋姻亲，饭还没来得及咽下去，酒还没来得及沾着嘴唇，楚军已屠灭了关中，真命天子已飞临霸上，子婴不得不素车白马、颈系绳索请罪，捧着他的符节玺印，送给应该称帝的人。真有点像当年郑伯左持茅旌、右执鸾刀，使楚庄王退舍七里。黄河决口不能再堵塞，鱼烂了不能恢复完整。贾谊、司马迁说："假使子婴有庸主之才，仅凭中等将相的辅佐，山东之地虽然叛乱，关中之地也可保全，宗庙祭祀也不会断绝。"秦朝积弱已久，天下土崩瓦解，即便有周公旦的才能，也无法再施展才智了，这样去责备即位几天的子婴，是错误的！俗传秦始皇种下恶果，胡亥发展到极点，这才是找到了问题的症结。再责怪子婴，说秦地可以保全，就是所说的不通时变。纪季把酅邑送给齐国以保全宗庙，《春秋》不直指其名。我读《秦始皇本纪》，读到子婴车裂赵高，未尝不欣赏他的果断，对他的心意表示同情。子婴的生死都合乎大义。

◎**知识拓展**

　　有关秦始皇去世及胡亥即位的内容，《秦始皇本纪》为赵高和李斯密谋后矫诏诈立胡亥，北大藏汉简《赵正书》却与此截然不同，以胡亥继位为秦始皇临终钦定。《赵正书》是一篇结构完整、内容连贯的文献，记载秦王赵正（即秦始皇）出巡途中病死，临终立少子胡亥为继承人，胡亥即位后宠信赵高，屠戮宗族大臣，毁坏社稷法令。子婴屡次上谏，李斯自我辩护并加以劝诫，胡亥一概不听，倒行逆施，最终为赵高所杀。其中所涉及的李斯的狱中上书和子婴劝阻胡亥杀蒙恬内容与《史记》中的《李斯列传》《蒙恬列传》内容相似，《赵正书》的整理者在注释中认为两事很可能与《史记》所记同出一源。根据书体和内容判断，北大藏西汉竹书的抄写年代很可能在武帝后期，下限不晚于宣帝。《史记》与《赵正书》相似的内容说明，《史记》或与《赵正书》都抄写了某一资料，或者《史记》即抄录了《赵正书》的某一写本，二者是并列或《赵正书》在前而《史记》在后的关系。然而如何看待《秦始皇本纪》与《赵正书》关于胡亥即位的不同记载呢？陈侃理先生认为，两者的异同反映出汉初人对秦代历史存在不同的认识。根据现存史料，最早提出胡亥不当立的，是起兵反秦的楚人。《史记·陈涉世家》记载，陈胜起兵前与吴广商议说："吾闻二世少子也，不当立，当立者乃公子扶苏。"陈侃理先生认为："这个传言，可能是由陈胜发起，也可能此前就有流传。它显然不利于秦二世和秦王朝，反秦力量乐于用作政治宣传，当然不会去认真考校其是否真实。流言随着反秦活动的蔓延不断传播扩散，在楚军和楚人中影响很大。刘邦集团本是反秦楚人的一支，自然也接受了这个说法。汉朝建立，天下平定，'胡亥不当立'就成为描述秦末历史的官方版本。从中又演绎出'沙丘密谋'的故事，被文士采撷润色，再经太史公父子之手，最终形成《史记》中的样子。楚人反秦，以'胡亥不当立'为理由，反秦的成果又被汉所摘取。这样，'胡亥不当立'就与汉朝的法统产生了联系。《史记》属于私修，但司马氏父子先后任国之太史，有意于颂扬汉德，在胡亥继位这样的历史大关节上，自然会采信当时最为普遍且被官方认可的说法。《赵正书》中秦始皇临终指定胡亥为代后的记载，则被淘汰了。"

项羽本纪

第七

　　《项羽本纪》完整记录了项羽一生的起伏，展现了秦末动乱及楚汉战争的宏阔历史场面。其对巨鹿之战、鸿门宴、垓下之围三个主要场景的记录，震撼人心，可谓是《史记》中最有文学色彩的一篇。《项羽本纪》并不以编年为次序，而是以事件的发展为节，完成对项羽一生的记录。在叙事结构上，本篇大开大合。司马迁在项羽分王诸侯以前，如召平、陈婴、秦嘉、范增、田荣、章邯等事，逐段另起，如百川归海般，最后合于项羽。在分封以后，如田荣反齐、陈馀反赵、周吕侯居下邑、周苛杀魏豹、彭越下梁、淮阴侯举河北等事，逐段追叙前事，像千山之起伏一样合到本文，其间穿插记载各种事件，司马迁在中间总处、提处、间接处、遥接处，多用"于是""当是时"等字，纷繁复杂却神理一片。记事是本篇的核心内容，但本篇记事内容是通过记述对话来完成的，大量具体的对话内容是本篇最大的特色。从起兵到灭秦，再到分王诸侯，项羽的伟业达到顶峰，《项羽本纪》在记录这一时期事件的同时，不忘时刻记录项羽各个阶段的言论。这些言论直接体现出其性格特征。如鸿门宴上对刘邦的解释，项羽直言不讳地说："此沛公左司马曹无伤言之；不然，籍何以至此。"不带任何隐瞒，显示了他的磊落。楚汉之争时期，面对相持不下的局面，项王谓汉王曰："天下匈匈数岁者，徒以吾两人耳，愿与汉王挑战决雌雄，毋徒苦天下之民父子为也。"单纯地企图以两人决斗结束楚汉之争，体现了项羽的行事过于单纯。磊落与单纯是项羽区别于刘邦的主要性格特征，是项羽光辉的一面，同时也造成了其后的悲剧结局。记言不仅刻画了人物的性格，而且成为推动事件发展的重要因素，是勾连前后事件的重要线索。《项羽本纪》所记事件，从项羽开始起兵到最终乌江自刎，都是通过语言推进的。司马迁在本文刻画出项羽这一具有英雄气概的悲剧人物形象。他以全神付之，成此英雄力量之文，如破秦军处、斩宋义处、谢鸿门处、分王诸侯处、会垓下处，精神笔力直透纸背。司马迁在粗线条勾勒事件的同时，不忘抓住细节，进行工笔刻意，特别是有关鸿门宴场面的极力铺排、垓下之围的悲剧渲染、乌江自刎时的精雕细刻，都写得活灵活现。《项羽本纪》达到了思想和艺术的高度统一。它犹如一幅逼真传神的英雄肖像画，色彩鲜明；又像一张秦汉之际的政治军事形势图，错综有序。通篇文章气势磅礴，情节起伏，场面壮阔，脉络清楚，疏密相间，语言生动，成为我国文学史上的一篇不朽佳作。文中破釜沉舟、鸿门宴、四面楚歌、乌江自刎等故事，早已家喻户晓，为历代所传颂。

　　项籍者，下相人也，字羽。初起时①，年二十四。其季父②项梁，梁父即楚将项燕，为秦将王翦所戮③者也。项氏世世为楚将，封于项，故姓项氏。

◎**注释**　①〔初起时〕初起兵时。②〔季父〕最小的叔父。③〔戮〕杀。
◎**大意**　项籍，是下相人，表字羽。他初起兵时，年龄二十四岁。他的叔父是项梁，项梁的父亲就是楚国名将项燕，为秦国名将王翦所杀。项氏世代都是楚国将领，被封于项地，因而姓项。

　　项籍少时，学书①不成，去②；学剑，又不成。项梁怒之。籍曰："书足以记名姓而已。剑一人敌，不足学，学万人敌。"于是项梁乃教籍兵法③，籍大喜，略知其意，又不肯竟学④。项梁尝有栎阳逮⑤，乃请蕲狱掾曹咎书抵⑥栎阳狱掾司马欣，以故事得已。项梁杀人，与籍避仇于吴中。吴中贤士大夫皆出项梁下。每吴中有大繇（徭）役及丧，项梁常为主办，阴⑦以兵法部勒⑧宾客及子弟，以是知其能。秦始皇帝游会稽，渡浙江⑨，梁与籍俱观。籍曰："彼可取而代也。"梁掩其口，曰："毋妄言，族⑩矣！"梁以此奇籍。籍长八尺余，力能扛鼎⑪，才气过人，虽吴中子弟皆已惮⑫籍矣。

◎**注释**　①〔学书〕学习认字和写字。②〔去〕舍弃。③〔兵法〕治兵布阵、克敌制胜的军事学。④〔竟学〕完成全部学业。⑤〔有栎阳逮〕因罪被栎阳县逮捕。⑥〔抵〕送达。⑦〔阴〕暗中。⑧〔部勒〕部署。⑨〔浙江〕钱塘江。⑩〔族〕灭族。⑪〔扛（gāng）鼎〕举鼎。⑫〔惮〕畏惧。
◎**大意**　项羽年少时，学习认字和写字没有长进，就不再学了；学剑习武，也无成就。项梁对此很气愤。项羽说："书只是够写个姓名而已。剑术只不过一人敌，不值得学习，我要学能敌万人的本领。"于是项梁就教项羽学习兵法，项羽很高兴，但只略知一二，又不肯完成全部学业。项梁曾因罪被栎阳县捉拿，他请托蕲县狱掾曹咎给栎阳县狱掾司马欣写了一封说情信，才使事情得以了结。项梁杀了人，和项羽到吴中避仇。吴中贤士大夫的才能都不如项梁。每当吴中有大的徭役和丧葬大事，常由项梁主持，项梁暗中以兵法部署组织宾客与门徒，借以了解他们的才能。秦始皇帝巡游会稽，渡过钱塘江，项梁与项羽一起观看。项羽说："那个人我可取而代之！"项梁忙掩其口，说："不要胡说，会灭族的！"由此项梁觉得项羽是个奇才。项羽身高八尺多，有举鼎之力、过人之才。即便是吴中豪族子弟也都畏惧项羽。

秦二世元年七月，陈涉等起大泽中。其九月，会稽守通谓梁曰："江西皆反，此亦天亡秦之时也。吾闻先即制人，后则为人所制。吾欲发兵，使公及桓楚将。"是时桓楚亡①在泽中。梁曰："桓楚亡，人莫知其处，独籍知之耳。"梁乃出，诫②籍持剑居外待。梁复入，与守坐，曰："请召籍，使受命召桓楚。"守曰："诺。"梁召籍入。须臾，梁眴③籍曰："可行矣！"于是籍遂拔剑斩守头。项梁持守头，佩其印绶。门下④大惊，扰乱⑤，籍所击杀数十百人。一府中皆慑伏⑥，莫敢起。梁乃召故所知豪吏，谕⑦以所为起大事，遂举⑧吴中兵。使人收下县，得精兵八千人。梁部署⑨吴中豪杰为校尉、候、司马。有一人不得用，自言于梁。梁曰："前时某丧使公主某事，不能办，以此不任用公。"众乃皆伏⑩。于是梁为会稽守，籍为裨将⑪，徇⑫下县。

◎**注释**　①〔亡〕流亡，流落。②〔诫〕叮嘱。③〔眴（shùn）〕使眼色。④〔门下〕指会稽守衙内的侍卫人员。⑤〔扰乱〕混乱。⑥〔慑伏〕吓得趴在地上。⑦〔谕〕告诉。⑧〔举〕动员，集合。⑨〔部署〕分派，任命。⑩〔伏〕拜服。⑪〔裨（pí）将〕偏将。⑫〔徇〕巡行下令。

◎**大意**　秦二世元年七月，陈涉等人在大泽揭竿起义。同年九月，会稽郡守殷通对项梁说："江西都已反了，这也是天要灭亡秦朝的时候。我听说先下手可以制人，后下手则为人所制。我想起兵，让你和桓楚为将。"当时桓楚在江湖流亡。

项梁说："桓楚流亡，没人知道其下落，只有项羽知道。"项梁出来，吩咐项羽
持剑在门外等候。项梁又走进去，和郡守坐在一起，说："请你召见项羽，委派
他去找桓楚。"郡守说："好。"项梁召进项羽。不一会儿，项梁向项羽使眼色说：
"可以行动了！"项羽随即拔剑斩下郡守的头颅。项梁提着郡守的头，挂着郡守
的大印。郡守衙内的侍从大惊，一片混乱，被项羽砍杀近百人。衙内的人等吓得
趴在地上，不敢起来。项梁召集平素相好的地方豪强官吏，告诉他们此举就是起
义反秦，于是在吴中召集兵马。项梁派人到会稽所属各县收拢丁壮，获得八千精
兵。项梁委派吴中豪杰分别担任校尉、军候、司马等官职。有一人未被任用，亲
自去问项梁。项梁对他说："前些时某人的丧事，让你去主持一项事务，你未能
办到，因此不能任用你。"众人无不心悦诚服。于是项梁做了会稽郡守，项羽担
任偏将，镇抚郡下属县。

　　广陵人召平于是为陈王徇广陵，未能下。闻陈王败走，秦兵又且
至①，乃渡江矫②陈王命，拜梁为楚王上柱国。曰："江东已定，急引
兵西击秦。"项梁乃以八千人渡江而西。闻陈婴已下东阳，使使欲与
连和俱西③。陈婴者，故东阳令史，居县中，素信谨④，称为长者⑤。
东阳少年杀其令，相聚数千人，欲置长，无适用⑥，乃请陈婴。婴谢不
能，遂强立婴为长，县中从者得二万人。少年欲立婴便为王，异军苍
头特起⑦。陈婴母谓婴曰："自我为汝家妇，未尝闻汝先古之有贵者。
今暴⑧得大名，不祥。不如有所属，事成犹得封侯，事败易以亡，非
世所指名也。"婴乃不敢为王。谓其军吏曰："项氏世世将家，有名于
楚。今欲举大事，将非其人不可。我倚⑨名族，亡秦必矣。"于是众从
其言，以兵属项梁。项梁渡淮，黥布、蒲将军亦以兵属焉。凡六七万
人，军⑩下邳。

◎**注释**　①〔且至〕即将到来。②〔矫〕假托。③〔连和俱西〕结盟一同西进。
④〔信谨〕厚道谨慎。⑤〔长者〕有德行的人。⑥〔适用〕适当的人。⑦〔异军苍

头特起〕建立一支与众不同、头裹青巾的军队。⑧〔暴〕突然。⑨〔倚〕依附。
⑩〔军〕驻军。

◎**大意**　广陵人召平这时替陈胜攻夺广陵，未能攻占。他听说陈胜已经败逃，秦
军即将到来，于是渡江假托陈胜之命，封项梁为楚王上柱国。他对项梁说："江
东已经平定，你要立即领兵西进攻打秦军。"项梁于是带领八千人渡江西进。听
说陈婴已占领东阳，项梁派使者要求与他结盟一同西进。陈婴曾任东阳令史，家
在县城，平素厚道谨慎，被尊为有德行的人。东阳的年轻人杀了县令，聚集数千
人，想推举首领，却无合适的人选，就请陈婴出任。陈婴推辞说不能胜任，他
们便强行推立陈婴为首领，县中响应起义的达两万人。年轻人要立陈婴为王，建
立一支与众不同、头裹青巾的军队。陈婴的母亲对陈婴说："自从我做了你们家
的媳妇，还未尝听说你家祖上有过显贵人物。现在突然获得帝王之名，不是好兆
头。不如依附别人，事情成功了还可以封侯，事情失败了也容易逃亡，不至于成
为世人所瞩目而被指名追捕的人。"陈婴因此不敢称王。他对军吏说："项氏世
代为将，在楚国很有名望。现在要进行反秦大业，不由项氏来率领，恐怕难以
成功。我们依附名门大族，一定能灭秦。"于是大家听从他的意见，率军投靠项
梁。项梁渡过淮河，黥布、蒲将军也带自己的部队归附了他。总共有六七万人，
驻军于下邳（pī）。

　　当是时，秦嘉已立景驹为楚王，军彭城东，欲距（拒）项梁。项
梁谓军吏曰："陈王先首事，战不利，未闻所在。今秦嘉倍（背）陈
王而立景驹，逆无道。"乃进兵击秦嘉。秦嘉军败走，追之至胡陵。
嘉还战一日，嘉死，军降。景驹走①死梁地。项梁已并②秦嘉军，军胡
陵，将引军而西。章邯军至栗，项梁使别将朱鸡石、余樊君与战。余
樊君死。朱鸡石军败，亡走胡陵。项梁乃引兵入薛，诛鸡石。项梁前
使项羽别攻襄城，襄城坚守不下。已拔，皆坑③之。还报项梁。项梁闻
陈王定死，召诸别将会薛计事④。此时沛公亦起沛，往⑤焉。

◎**注释**　①〔走〕逃跑。②〔并〕整合收编。③〔坑〕坑杀，活埋。④〔计事〕商

议大事。⑤〔往〕前往参加会议。

◎**大意** 这时，秦嘉已拥立景驹为楚王，驻军于彭城之东，要抵抗项梁。项梁对军吏说："陈胜首先举义，作战失利，不知去处。现在秦嘉背叛陈胜而拥立景驹，是大逆不道的！"于是进军攻打秦嘉。秦嘉的军队失败逃走，项梁追击到胡陵。秦嘉回军又打了一天，秦嘉战死，其军队投降。景驹逃跑，死于梁地。项梁收编了秦嘉的军队，驻扎于胡陵，准备率军西进。章邯的军队到达栗县，项梁派部将朱鸡石、余樊君出战。余樊君战死。朱鸡石兵败，逃回胡陵。项梁于是率军进入薛县，杀了朱鸡石。项梁前时派项羽去攻打襄城，襄城守军顽强抵抗，一时难以攻下。攻占后，项羽将他们全部活埋。回来报告项梁。项梁听说陈胜确实已死，召集各部将领到薛县商议大事。这时沛公刘邦也在沛县起义，赶去参加会议。

居鄛人范增，年七十，素居家①，好奇计②，往说项梁曰："陈胜败固当③。夫秦灭六国，楚最无罪。自怀王入秦不反（返），楚人怜之至今，故楚南公曰'楚虽三户，亡秦必楚'也。今陈胜首事，不立楚后而自立，其势不长。今君起江东，楚蜂午之将④皆争附君者，以君世世楚将，为能复立楚之后也。"于是项梁然其言，乃求楚怀王孙心民间，为人牧羊，立以为楚怀王，从民所望也。陈婴为楚上柱国，封五县，与怀王都盱台。项梁自号⑤为武信君。

◎**注释** ①〔素居家〕一直隐居在家。②〔奇计〕奇谋诡计。③〔固当〕本当，指意料之中。④〔蜂午之将〕四面八方的将领。蜂午，如蜂群一样纵横交错，言其数量之多。午，纵横交错。⑤〔自号〕自称。

◎**大意** 居鄛（cháo）人范增，七十岁了，一直隐居在家，好奇谋诡计。他去游说项梁说："陈胜的失败在意料之中。秦朝所灭的六国中，楚国最无辜。自从楚怀王被秦国劫去未返，楚国人至今怀念着他，所以楚南公说'即使楚国只剩三户人家，灭亡秦国的也必是楚国'。现在陈胜首先起事，不拥立楚王的后代而自立为王，他的势力自然难以长久。现在你起兵江东，楚国四面八方的将领之所以争先恐后地归附你，就是因为你家世代为楚将，能够重新扶立楚王的后代。"于是项梁采纳了他的意见，在民间找到楚怀王的孙子熊心，当时他正在为人家放羊，项梁拥立他为楚怀王，以顺从人民的心愿。陈婴任楚上柱国，被赐封五县，和楚怀王在盱台（xū yí）建都。项梁自称为武信君。

居数月，引兵攻亢父，与齐田荣、司马龙且军救东阿，大破秦军于东阿。田荣即引兵归，逐其王假。假亡走楚。假相田角亡走赵。角弟田间故齐将，居赵不敢归。田荣立田儋子市为齐王。项梁已破东阿下军，遂追秦军。数使使趣（促）齐兵，欲与俱西。田荣曰："楚杀田假，赵杀田角、田间，乃发兵。"项梁曰："田假为与国^①之王，穷来从^②我，不忍杀之。"赵亦不杀田角、田间以市^③于齐。齐遂不肯发兵助楚。项梁使沛公及项羽别攻城阳，屠之。西破秦军濮阳东，秦兵收入濮阳。沛公、项羽乃攻定陶。定陶未下，去，西略地至雍丘，大破秦军，斩李由。还攻外黄，外黄未下。

◎**注释**　①〔与国〕盟国。②〔从〕追随，投靠。③〔市〕做交易。
◎**大意**　过了几个月，项梁率兵攻打亢父县，和齐国田荣、楚国司马龙且（jū）的军队救援东阿县，并在东阿大败秦军。田荣领兵回国，驱逐齐王田假。田假逃奔楚国。田假的相国田角逃奔赵国。田角的弟弟田间原是齐国的将领，住在赵国不敢回去。田荣扶立田儋的儿子田市为齐王。项梁打败东阿一带的秦军，乘胜追击。几次派遣使者催促齐国出兵，想和他们一起西进。田荣却说："楚国杀掉田假，赵国杀掉田角、田间，我就出兵。"项梁说："田假是盟国国王，走投无路时来投靠我，不忍心杀他。"赵国也不愿意杀田角、田间与齐国做交易。齐国就不肯发兵帮助楚军。项梁派沛公刘邦和项羽另行分兵攻城阳，屠灭了全城。又西进在濮阳之东打败秦军，秦军龟缩于濮阳城中。沛公、项羽就进攻定陶县。未能攻下定陶，他们撤军，向西攻到雍丘，大破秦军，杀死李由。又回军攻打外黄，未能攻下外黄。

项梁起东阿，西，比^①至定陶，再破秦军，项羽等又斩李由，益轻秦，有骄色。宋义乃谏项梁曰："战胜而将骄卒惰者败。今卒少惰^②矣，秦兵日益^③，臣为君畏之。"项梁弗听。乃使宋义使于齐。道遇齐使者高陵君显，曰："公将见武信君乎？"曰："然。"曰："臣论^④武信君军必败。公徐行^⑤即免死，疾行则及祸。"秦果悉起兵益章邯，击楚军，大破之定陶，项梁死。沛公、项羽去外黄攻陈留，陈留坚守不能下。沛公、项羽相与谋曰："今项梁军破，士卒恐。"乃与吕臣军俱引兵而东。吕臣军彭城东，项羽军彭城西，沛公军砀。

◎**注释** ①〔比〕等到。②〔少惰〕有些松懈。少，稍微。惰，松懈，涣散。③〔日益〕逐日增加。④〔论〕论断，断定。⑤〔徐行〕缓慢行走。

◎**大意** 项梁从东阿发兵，向西进军，等到了定陶，又一次打败秦军，项羽等又杀了李由，更加轻视秦军，时有骄傲的神色。宋义劝谏项梁说："打了胜仗而将领骄傲、士兵松懈，就会招致失败。现在士兵斗志已有些涣散，而秦兵一天天得到增援，我真为您担心。"项梁不听。于是派宋义出使齐国。在路上遇见齐国使者高陵君显，宋义说："你要去拜见武信君吗？"高陵君说："是的。"宋义说："我断定武信君要失败。你慢走就可免死，走得快则会遭殃。"秦国果然以全部兵力支援章邯，攻击楚军，在定陶大破楚军，项梁战死。沛公、项羽离开外黄转攻陈留。陈留守军顽强抵抗，未能攻下。沛公、项羽商量说："现在项梁的军队被打垮，士兵惶恐。"就和吕臣的军队一起向东撤退。吕臣驻扎在彭城的东面，项羽驻扎于彭城的西面，沛公驻扎在砀（dàng）县。

章邯已破项梁军，则以为楚地兵不足忧^①，乃渡河击赵，大破之。当此时，赵歇为王，陈馀为将，张耳为相，皆走入巨鹿城。章邯令王离、涉间围巨鹿，章邯军其南，筑甬道^②而输之粟。陈馀为将，将卒数万人而军巨鹿之北，此所谓河北之军也。

◎**注释**　①〔不足忧〕不值得忧虑。②〔甬道〕两旁有墙垣保护的交通线。

◎**大意**　章邯打败了项梁的军队，就以为楚地的军事不需忧虑了，于是渡过黄河攻打赵国，大破赵兵。这时，赵歇是国王，陈馀为赵大将，张耳为赵相国，都逃进巨鹿城。章邯命王离、涉间包围巨鹿，章邯驻扎在巨鹿城南，修筑甬道为他们运送粮食。陈馀为大将，率兵数万人驻扎在巨鹿之北，这就是所说的河北军。

　　楚兵已破于定陶，怀王恐，从盱台之彭城，并①项羽、吕臣军自将②之。以吕臣为司徒，以其父吕青为令尹。以沛公为砀郡长，封为武安侯，将砀郡兵。

◎**注释**　①〔并〕合并。②〔自将〕亲自统领。

◎**大意**　楚军在定陶被打垮，怀王恐慌，从盱台迁至彭城，合并项羽、吕臣的军队亲自统领。他任吕臣为司徒，用吕臣的父亲吕青为令尹。任用沛公为砀郡守，并封他为武安侯，统领砀郡军队。

　　初，宋义所遇齐使者高陵君显在楚军，见楚王曰："宋义论武信君之军必败，居数日，军果败。兵未战而先见败征，此可谓知兵①矣。"王召宋义与计事而大说（悦）之，因置以为上将军；项羽为鲁公，为次将，范增为末将，救赵。诸别将皆属宋义，号为卿子冠军。行至安阳，留四十六日不进。项羽曰："吾闻秦军围赵王巨鹿，疾引兵渡河，楚击其外，赵应其内，破秦军必矣。"宋义曰："不然。夫搏牛之虻不可以破虮虱。今秦攻赵，战胜则兵罢（疲），我承其敝②；不胜，则我引兵鼓行③而西，必举④秦矣。故不如先斗秦赵。夫被坚执锐⑤，义不如公；坐而运策，公不如义。"因下令军中曰："猛如虎，很⑥如羊，贪如狼，强不可使者，皆斩之。"乃遣其子宋襄相齐，身送之至无盐，饮酒高会⑦。天寒大雨，士卒冻饥。项羽曰："将戮力⑧而攻秦，久留不行。今岁饥民贫，士卒食芋菽^⑨，军无见（现）粮^⑩，乃饮酒高会，不引兵渡河因^⑪赵食，与赵并力攻秦，乃曰'承其敝'。夫以秦之强，攻新造之赵，其势必举赵。赵举而秦强，何敝之承！且国兵^⑫新破，王坐不安席，扫^⑬境内而专属于将军，国家安危，在此一举。今不恤^⑭士卒而徇其私，非社稷之臣。"项羽晨朝上将军宋义，即其帐中斩宋义头，出令军中曰："宋义与齐谋反楚，楚王阴令^⑮羽诛之。"当是时，诸将皆慑服，莫敢枝梧^⑯。皆曰："首立楚者，将军家也。今将军诛乱。"乃相与共立羽为假^⑰上将军。使人追宋义子，及之齐，杀之。使桓楚报命于怀王。怀王因使^⑱项羽为上将军，当阳君、蒲将军皆属项羽。

◎**注释**　①〔知兵〕懂得用兵。②〔承其敝〕趁秦军疲敝之时将其击灭。③〔鼓行〕大张旗鼓地行进。④〔举〕攻取。⑤〔被（pī）坚执锐〕身披铠甲，手执兵器，指冲锋陷阵。⑥〔很〕执拗。⑦〔饮酒高会〕大摆筵席，广会宾客。⑧〔戮力〕合力。⑨〔芋菽〕芋头和豆子。⑩〔见（xiàn）粮〕即"现粮"，现存的粮食。⑪〔因〕依靠。⑫〔国兵〕楚人自称。⑬〔扫〕聚集，尽括。⑭〔恤〕体恤。⑮〔阴令〕密令。⑯〔枝梧〕斜而相抵的支柱，引申为抵触、抗拒。⑰〔假〕权摄，代理。⑱〔因使〕因其所请而委任之。

◎**大意**　当初，宋义所遇到的齐国使者高陵君显还在楚军中，他见到楚王说："宋义判断武信君项梁的部队必败。过了几天，其军果然被打败了。军队尚未交战而事先看到了失败的征兆，这可以说是懂得用兵了。"楚王召见宋义商议大事，对他很满意，就任命他为上将军；项羽为鲁公，担任次将，范增为末将，出兵救赵。各路将领都隶属宋义，称宋义为卿子冠军。部队走到安阳，停留四十六天不前进。项羽说："我听说秦军把赵王围困在巨鹿，如果急速领兵渡过黄河，我们攻击秦军外围，赵军在内接应，一定可以打败秦军。"宋义说："不妥。叮牛的虻不能用来咬小小的虮子。现在秦军攻打赵国，打胜了则士兵疲劳，我们可趁秦军疲敝而击灭之；打不胜，我们就大张旗鼓地率军西进，一定能够打败秦军。所以不如先让秦赵两军相斗。冲锋陷阵，我不如你；运筹决策，你就不如我了。"于是他给军中下令说："凶猛如虎、执拗如羊、贪婪如狼而强横不听命令的，一律斩首。"于是派他的儿子宋襄辅助齐国，并亲自送他到无盐县，大摆筵席广会宾客。当时天气寒冷，又下起大雨，士卒又冷又饿。项羽说："本该并力攻打秦军，却长久屯驻而不向前进。如今年荒民贫，士兵吃芋头和豆子充饥，军中没有存粮，却宴会宾客，不领兵渡河以赵地的粮食作为军粮，与赵国合力攻秦，却说：'利用秦兵的疲敝'。以秦军的强大，攻打刚建立的赵国，肯定能够攻克它。赵国被占领而秦军更强盛，又有什么疲敝可以利用！况且我国军队前不久被打败，君王坐不安席，倾全国之兵交给将军指挥，国家安危，在此一举。现在不体恤士卒而图谋私利，不是国家的栋梁之臣。"项羽早上进见上将军宋义，就在中军营帐斩下宋义的首级，向军中发布命令说："宋义与齐国阴谋反楚，楚王密令我杀掉他。"这个时候，诸将无不畏服，没有人敢反抗。都说："首先扶立楚王的，是将军家。现在又是将军杀了乱臣逆贼。"于是一起拥立项羽为代理上将军。项羽派人追赶宋义的儿子宋襄，追到齐国，杀了宋襄。他又派桓楚向怀王报告了情况。怀王于是就委任项羽为上将军，当阳君黥布、蒲将军都隶属项羽指挥。

项羽已杀卿子冠军，威震楚国，名闻诸侯。乃遣当阳君、蒲将军将卒二万渡河，救巨鹿。战少利①，陈馀复请兵。项羽乃悉引兵渡河，皆沉船，破釜甑②，烧庐舍，持三日粮，以示士卒必死③，无一还心④。于是至则围王离，与秦军遇，九战，绝其甬道，大破之，杀苏角，虏⑤王离。涉间不降楚，自烧杀。当是时，楚兵冠诸侯。诸侯军救巨鹿下者十余壁⑥，莫敢纵兵⑦。及楚击秦，诸将皆从壁上观⑧。楚战士无不一以当十，楚兵呼声动天，诸侯军无不人人惴恐⑨。于是已破秦军，项羽召见诸侯将，入辕门⑩，无不膝行⑪而前，莫敢仰视。项羽由是始为诸侯上将军，诸侯皆属焉。

◎**注释** ①〔少利〕稍有进展。②〔破釜甑（zèng）〕砸毁食具。釜，锅。甑，瓦器，用以蒸煮食物。③〔必死〕决死战。④〔还心〕后退之心。⑤〔虏〕俘获。⑥〔壁〕营垒。⑦〔纵兵〕出兵作战。⑧〔从壁上观〕依凭营垒观战。⑨〔惴恐〕恐惧。⑩〔辕门〕军门。古代行军以车为阵，营前竖车辕相对为门，故称辕门。⑪〔膝行〕跪在地上，用双膝行进。

◎ **大意** 项羽杀了卿子冠军宋义后，威震楚国，名闻诸侯。于是项羽派遣当阳君、蒲将军领兵两万渡过漳河，驰援巨鹿。初战稍有利，陈馀又请求援兵。项羽就统领全军渡过漳河，沉掉所有船只，砸坏食具，烧毁营帐，只携带三日干粮，以向士兵表示生死就在此一战，不能存一点后退之心。于是军队一到便包围了王离，与秦军交战，经过多次战斗，断绝了秦军的甬道，大破秦军，杀了苏角，虏获了王离。涉间不向楚军投降，自焚而死。当时，楚军气势雄冠诸侯。各路援军在巨鹿城外有十余座营垒，都不敢出兵。楚军进攻秦军时，各路援军将领都在军营的围墙上观看。楚军士兵无不以一当十，楚兵呼喊之声惊天动地，诸侯军人人惊惧惶恐。于是打败秦军后，项羽召见诸侯将领，他们进了辕门，无不跪地而行，不敢抬头仰视。项羽由此开始成为诸侯的上将军，各路诸侯都归他指挥。

章邯军棘原①，项羽军漳南②，相持未战。秦军数却，二世使人让③章邯。章邯恐，使长史欣请事④。至咸阳，留司马门⑤三日，赵高不见，有不信之心。长史欣恐，还走其军，不敢出故道，赵高果使人追之，不及。欣至军，报曰："赵高用事于中⑥，下⑦无可为者。今战能胜，高必疾妒吾功；战不能胜，不免于死。愿将军孰（熟）计⑧之。"陈馀亦遗章邯书曰："白起为秦将，南征鄢、郢，北坑马服，攻城略地⑨，不可胜计，而竟赐死。蒙恬为秦将，北逐戎人⑩，开榆中地数千里，竟斩阳周。何者？功多，秦不能尽封，因以法诛之⑪。今将军为秦将三岁矣，所亡失以十万数，而诸侯并起滋益多⑫。彼赵高素谀⑬日久，今事急，亦恐二世诛之，故欲以法诛将军以塞责⑭，使人更代⑮将军以脱其祸。夫将军居外久，多内郤（隙）⑯，有功亦诛，无功亦诛。且天之亡秦，无愚智皆知之。今将军内不能直谏，外为亡国将，孤特独立⑰而欲常存，岂不哀哉！将军何不还兵与诸侯为从⑱，约共攻秦，分王其地，南面称孤⑲；此孰与⑳身伏铁质㉑，妻子为僇（戮）乎？"章邯狐疑，阴使候始成㉒使项羽，欲约㉓。约未成，项羽使蒲将军日夜引兵度三户^㉔，军漳南，与秦战，再破之。项羽悉引兵击秦军汙水上，大破之。

◎**注释** ①〔棘原〕古地名，在今河北平乡南。②〔漳南〕漳水南岸。③〔让〕责备。④〔请事〕请示对有关事情的指令。⑤〔司马门〕宫廷的外门。⑥〔中〕指宫廷。⑦〔下〕居下位的人。⑧〔孰计〕仔细考虑。孰，同"熟"。⑨〔略地〕攻取土地。⑩〔戎人〕指匈奴。⑪〔以法诛之〕利用法律诛杀。⑫〔滋益多〕越来越多。⑬〔素谀〕一贯阿谀奉承。⑭〔塞责〕对自己应尽的责任进行推脱、敷衍。⑮〔更代〕代替。⑯〔多内卻〕指朝廷内多有仇怨之人。卻，通"隙"，裂缝。引申为仇隙。⑰〔孤特独立〕指孤立无援。孤、特、独三字同义，都是孤立的意思。⑱〔还兵与诸侯为从〕还兵，指杀回秦地。与诸侯为从，指与东方起义军联合起来。从，合纵。⑲〔南面称孤〕指登王位。⑳〔孰与〕表示比较两种情况哪一种好些。㉑〔伏铁（fū）质〕指被杀。铁质，又作"铁锧"，古代斩人的刑具。铁，铡刀。质，垫在下面的砧板。㉒〔候始成〕军候名始成者。㉓〔约〕缔约。㉔〔三户〕即三户津，漳水上的渡口，在今河北磁县西南。

◎**大意** 章邯驻扎在棘原，项羽驻扎在漳水之南，两军对峙未战。秦军多次退却，秦二世派人责备章邯。章邯惊恐，派长史司马欣请示指令。他到了咸阳，在司马门停留三天，赵高不肯接见，有不信任之意。司马欣恐惧，暗自逃回军中，不敢走原路，赵高果然派人追赶他，没能追到。司马欣到了军中，报告说："赵高在朝中操纵政权，下面的人无可作为。现在战争若能取胜，赵高必定嫉妒我们的功劳；战事不胜，难免一死。希望将军认真考虑此事。"陈馀也给章邯写信说："白起为秦将，南征楚国鄢、郢，北坑四十万马服军，攻城略地，不可胜数，最终被赐一死。蒙恬为秦将，北逐匈奴，在榆中开疆拓土几千里，竟然被斩于阳周。为什么呢？功劳太多，秦朝不能完全封赐，就利用法令诛杀功臣。如今将军担任秦将已三年了，所损失的兵马以十万计，而反秦的武装越来越多。赵高惯于奉承，现在形势危急，也害怕二世杀他，所以要利用法令诛杀将军以推脱责任，派人代替将军以逃脱他的祸殃。将军在外长期居留，在朝廷里多有嫌隙，有功也要被诛，无功也要被诛。况且现在天要灭亡秦朝，无论愚人、智人都看得出来。现在将军在朝内不能直言进谏，在朝外成了亡国将军，孤立无援而想长久存在，岂不可悲！将军何不反戈与诸侯联合，相约一起攻秦，分割秦地称王，登王位称孤道寡？这与伏身刀砧，妻儿被杀相比如何呢？"章邯犹豫难决，暗中派一个名叫始成的军候出使项羽军中，想订立和约。和约尚未订立，项羽派蒲将军日夜兼程渡过三户津，驻扎于漳河南岸，与秦军交战，再次打败秦军。项羽率领全军在汙（yū）水边攻打秦军，将他们打得大败。

　　章邯使人见项羽，欲约。项羽召军吏谋曰："粮少，欲听其约。"军吏皆曰："善。"项羽乃与期洹水①南殷虚②上。已盟，章邯见项羽而流涕，为言赵高。项羽乃立章邯为雍王，置楚军中。使长史欣为上将军，将秦军为前行③。

◎**注释**　①〔洹（huán）水〕即今河南安阳北面洹河。②〔殷虚〕即殷墟，殷都遗址，在今河南安阳西之小屯村。③〔前行〕先锋。

◎**大意**　章邯派人拜见项羽，要求谈判投降条件。项羽召集军吏商议道："缺少军粮，想答应章邯的合约。"军吏都说："好。"于是项羽与章邯约定在洹水南边的殷墟会谈。订完盟约，章邯拜见项羽时痛哭流涕，向项羽诉说赵高的罪恶。项羽就封章邯为雍王，安置在楚军中。委任长史司马欣为上将军，带领已投降的秦军做先锋。

　　到新安①。诸侯吏卒异时②故③繇（徭）使屯戍④过秦中⑤，秦中吏卒遇之多无状⑥，及秦军降诸侯，诸侯吏卒乘胜多奴虏使之⑦，轻⑧折辱⑨秦吏卒。秦吏卒多窃言⑩曰："章将军等诈吾属降诸侯，今能入关破秦，大善；即不能，诸侯虏吾属而东，秦必尽诛吾父母妻子。"诸将微闻其计⑪，以告项羽。项羽乃召黥布、蒲将军计曰："秦吏卒尚众，其心不服，至关中不听，事必危，不如击杀之，而独与章邯、长史欣、都尉翳⑫入秦。"于是楚军夜击坑秦卒二十余万人新安城南。

◎**注释** ①〔新安〕古邑名，在今河南渑池东。②〔异时〕从前。③〔故〕原本。④〔繇使屯戍〕服劳役或驻守边疆。⑤〔秦中〕关中。⑥〔无状〕不善。⑦〔奴虏使之〕像使唤奴隶那样役使他们。虏，奴仆。⑧〔轻〕轻易。⑨〔折辱〕侮辱，屈辱。⑩〔窃言〕私下计议。⑪〔微闻其计〕暗中探听到他们的议论。⑫〔都尉翳〕都尉董翳。都尉，低于将军的官职。

◎**大意** 部队到了新安。诸侯军中的官兵先前因服徭役或驻守边疆曾路过关中，关中官兵对待他们多粗暴无礼，等到秦军投降诸侯，诸侯官兵大多趁机像对待奴仆一样役使他们，随意折磨凌虐他们。秦军官兵有很多在私下议论说："章邯将军等欺骗我们投降诸侯，现在如果能够入关灭秦，最好；如果不能，诸侯将我们像俘虏一样带去东方，秦朝一定会杀尽我们的父母妻儿。"诸将暗中听到他们的议论，报告给项羽。项羽于是召见黥布、蒲将军商议说："秦军官兵还很多，他们心中不服。到关中不听指挥，是很危险的事，不如把他们杀了，而只与章邯、长史司马欣、都尉董翳入秦。"于是夜里楚军在新安城南坑杀了二十余万秦兵。

　　行略定秦地①。函谷关有兵守关，不得入。又闻沛公已破咸阳，项羽大怒，使当阳君等击关。项羽遂入，至于戏西。沛公军霸上，未得与项羽相见。沛公左司马曹无伤使人言于项羽曰："沛公欲王关中，使子婴为相，珍宝尽有之。"项羽大怒，曰："旦日飨士卒②，为击破沛公军！"当是时，项羽兵四十万，在新丰鸿门，沛公兵十万，在霸上。范增说项羽曰："沛公居山东③时，贪于财货，好美姬。今入关，财物无所取，妇女无所幸，此其志不在小。吾令人望其气④，皆为龙虎，成五采，此天子气也。急击勿失。"

◎**注释** ①〔行略定秦地〕行，进军。略，夺取。定，平定。②〔旦日飨士卒〕旦日，明日。飨，犒赏。③〔山东〕崤山以东，泛指六国之地。④〔气〕指刘邦行止之处上空的云气。望气是古人预测人事吉凶的一种方法，也是一种宣传手段。

◎**大意** 项羽西进攻取秦地。函谷关有兵把守，不能进入。又听说沛公刘邦已攻克咸阳，项羽大怒，派当阳君黥布等攻打函谷关。项羽于是进入关里，到达戏水之西。沛公驻军霸上，尚未和项羽相见。沛公的左司马曹无伤派人对项羽说：
"沛公想在关中称王，委任秦王子婴为相国，奇珍异宝都已被他占有。"项羽
大怒，说："明日早晨以酒食犒赏士兵，给我打败刘邦的军队！"这时，项羽拥
兵达四十万，驻扎在新丰鸿门，沛公的兵只有十万，驻在霸上。范增劝说项羽：
"沛公在山东时，贪财好物，迷恋美女。现在入关，不取财物，不亲近妇女，
这表明其志向不小。我让人察看他那里天上的云气，都显龙形，呈五彩祥光，这
正是天子之气。赶快攻打，莫失良机。"

　　楚左尹①项伯者，项羽季父也，素善留侯张良。张良是时从沛公，
项伯乃夜驰之沛公军，私见张良，具告以事，欲呼张良与俱去。曰：
"毋从俱死也。"张良曰："臣为韩王送沛公，沛公今事有急，亡去②不
义，不可不语。"良乃入，具告沛公。沛公大惊，曰："为之奈何？"
张良曰："谁为大王为此计者？"曰："鲰生③说我曰'距（拒）关④，
毋内（纳）诸侯，秦地可尽王⑤也'。故听之。"良曰："料大王士卒足
以当⑥项王乎？"沛公默然，曰："固不如也，且为之奈何？"张良曰：
"请往谓项伯，言沛公不敢背项王也。"沛公曰："君安⑦与项伯有
故⑧？"张良曰："秦时与臣游，项伯杀人，臣活之。今事有急，故幸⑨
来告良。"沛公曰："孰与君少长⑩？"良曰："长于臣。"沛公曰："君
为我呼入，吾得兄事之⑪。"张良出，要（邀）项伯。项伯即入见沛
公。沛公奉卮酒为寿⑫，约为婚姻⑬，曰："吾入关，秋豪（毫）⑭不敢
有所近，籍吏民⑮，封府库，而待将军。所以遣将守关者，备他盗之出
入与非常⑯也。日夜望将军至，岂敢反乎！愿伯具言臣之不敢倍（背）
德⑰也。"项伯许诺。谓沛公曰："旦日不可不蚤（早）自来谢⑱项王。"
沛公曰："诺。"于是项伯复夜去，至军中，具以沛公言报项王。因言
曰："沛公不先破关中，公岂敢入乎？今人有大功而击之，不义也，不
如因善遇之。"项王许诺。

◎**注释** ①〔左尹〕官名，令尹之佐。②〔亡去〕逃走。③〔鲰（zōu）生〕鄙陋无知的小人。④〔距关〕凭关守御。距，通"拒"，抵御。⑤〔秦地可尽王〕可以统治原来整个秦国之地。⑥〔当〕匹敌。⑦〔安〕何。⑧〔有故〕指有旧交。⑨〔幸〕多亏。⑩〔孰与君少长〕与你相比，年龄谁大谁小？⑪〔兄事之〕以事兄长之礼待之。⑫〔奉卮（zhī）酒为寿〕进酒祝福。卮，酒器。为寿，上寿，进酒于尊长之前而致祝词。⑬〔约为婚姻〕彼此约定，结为儿女亲家。⑭〔秋豪〕动物秋天换毛时长出的细毛。比喻极微小的东西。豪，通"毫"。⑮〔籍吏民〕登记官吏百姓，即造好吏民清册。⑯〔非常〕指意外变故。⑰〔倍德〕忘恩负义。倍，通"背"。⑱〔谢〕谢罪。

◎**大意** 楚国左尹项伯是项羽的叔父，一向与留侯张良交好。张良此时跟随沛公，项伯于是连夜奔往沛公军中，私下会见张良，把事情都告诉了他，想叫张良和他一起离开。说："不要跟着沛公一同赴死。"张良说："我为韩王才跟沛公来到这里，沛公现在事有危难，逃走不义，不能不告诉他。"张良就进去，都告诉了沛公。沛公大惊，说："这该怎么办呢？"张良说："谁给你出的这个主意？"沛公说："一个无知的小子劝我说'据守函谷关，不要接纳诸侯，就可以占有整个秦地而称王了'。所以听了他的话。"张良说："大王估计自己的兵力能敌项王吗？"沛公沉默片刻，说："根本不能，该怎么办呢？"张良说："请让我去告诉项伯，说沛公是不敢背叛项王的。"沛公说："你怎么和项伯有交情？"张良说："在秦朝时，我和项伯有交往，项伯杀了人，我救过他。现在事情危急，所以特地来告诉我。"沛公说："项伯与你比谁年岁大？"张良说："项伯比我大。"沛公说："你替我把他唤进来，我得尊他为兄长。"张良出去，邀请项伯。项伯于是进见沛公。沛公为他举杯敬酒祝寿，与他结为儿女亲家，说："我进关后，丝毫也不敢贪占，登记了官民的户籍，封存了府库，等待项将军。之所以派将守关，是防备其他盗贼出入和意外事变的。我日夜盼望将军到来，怎敢谋反呢！希望您向项将军详细说明我是不敢背信弃义的。"项伯答应了。对沛公说："明天不可不早些来向项王谢罪。"沛公说："好。"于是项伯又连夜回去，到了军营，将沛公的话详细转告项羽。他趁机说："沛公如不先攻克关中，你怎敢进去呢？现在人家有大功而要攻打，是不义的，不如就此好好待他。"项王应允了。

沛公旦日从①百余骑来见项王，至鸿门，谢曰："臣与将军戮力而攻秦，将军战河北，臣战河南，然不自意②能先入关破秦，得复见将军于此。今者有小人之言③，令将军与臣有郤（隙）。"项王曰："此沛公左司马曹无伤言之；不然，籍何以至此。"项王即日因留沛公与饮。项王、项伯东向坐④。亚父南向坐。亚父者，范增也。沛公北向坐，张良西向侍。范增数目⑤项王，举所佩玉玦⑥以示之者三，项王默然不应。范增起，出召项庄，谓曰："君王为人不忍⑦，若⑧入前为寿，寿毕，请以剑舞，因击沛公于坐，杀之。不（否）者⑨，若属⑩皆且为所虏。"庄则入为寿，寿毕，曰："君王与沛公饮，军中无以为乐，请以剑舞。"项王曰："诺。"项庄拔剑起舞，项伯亦拔剑起舞，常以身翼蔽⑪沛公，庄不得击。于是张良至军门，见樊哙。樊哙曰："今日之事何如？"良曰："甚急。今者项庄拔剑舞，其意常在沛公也。"哙曰："此迫⑫矣，臣请入，与之同命⑬。"哙即带剑拥盾入军门。交戟⑭之卫士欲止不内（纳），樊哙侧其盾以撞，卫士仆地⑮，哙遂入，披帷⑯西向立，瞋目⑰视项王，头发上指⑱，目眦尽裂⑲。项王按剑而跽⑳曰："客何为者？"张良曰："沛公之参乘㉑樊哙者也。"项王曰："壮士，赐之卮酒。"则与斗卮酒㉒。哙拜谢，起，立而饮之。项王曰："赐之彘肩㉓。"则与一生彘肩。樊哙覆其盾于地，加彘肩上，拔剑切而啖之。项王曰："壮士，能复饮乎？"樊哙曰："臣死且不避，卮酒安足辞！夫秦王有虎狼之心，杀人如不能举㉔，刑人如恐不胜，天下皆叛之。怀王与诸将约曰'先破秦入咸阳者王之'。今沛公先破秦入咸阳，豪（毫）毛不敢有所近，封闭宫室，还军霸上，以待大王来。故遣将守关者，备他盗出入与非常也。劳苦而功高如此，未有封侯之赏，而听细说㉕，欲诛有功之人。此亡秦之续耳，窃为大王不取也。"项王未有以应，曰："坐。"樊哙从良坐。坐须臾，沛公起如厕，因招樊哙出。

◎**注释** ①〔从〕带领随从。②〔不自意〕自己也没有料想到。③〔小人之言〕指坏人挑拨。④〔东向坐〕古代在室内以坐西向东为尊。⑤〔数（shuò）目〕多次使眼色。⑥〔玉玦（jué）〕环形开缺口的玉。古人常用以表示决心。⑦〔不忍〕心肠软，不狠心。⑧〔若〕你。⑨〔不者〕否则，不然的话。不，同"否"。⑩〔若属〕你们这些人。⑪〔翼蔽〕遮蔽，掩护。⑫〔迫〕急迫，指情况紧急。⑬〔同命〕同生死。⑭〔交戟〕持戟交叉。⑮〔仆地〕倒地。⑯〔披帷〕揭开营帐。⑰〔瞋（chēn）目〕张目怒视。⑱〔头发上指〕头发向上竖起。⑲〔目眦（zì）尽裂〕眼眶都裂开了。⑳〔踞（jì）〕半跪。古人席地而坐，两膝着地，臀部贴在脚跟。臀部不靠脚跟为跪，跪而挺身直腰为踞。㉑〔参乘〕即车右，古代在车右担任警卫的武士。㉒〔斗卮酒〕一大杯酒。"斗"或是衍文。㉓〔彘（zhì）肩〕整条猪腿。㉔〔举〕尽，全。㉕〔细说〕指小人的谗言。

◎**大意** 沛公第二天早晨带领一百多人来见项羽，到了鸿门，道歉说："我与将军合力攻秦，将军战于河北，我战于河南，但是我也没想到能先入关灭掉秦朝，得以在此又见到将军。现在有小人挑唆，使将军和我产生矛盾。"项羽说："这是你的左司马曹无伤说的；不然，我怎么会做出这种事。"当天项羽就与沛公宴饮。项羽、项伯面向东坐。亚父面向南坐。亚父，就是范增。沛公面向北坐，张良面向西陪坐。范增屡次向项羽使眼色，多次举起所佩带的玉玦暗示项羽，项羽默然不应。范增站起来，出去叫项庄，对他说："项王为人心肠软，你进去上前祝酒，敬完酒，就请求舞剑，趁机在坐席上刺击沛公，杀死他。否则，你们都将被他俘虏。"项庄就进去祝酒，敬完酒，说："君王与沛公饮酒，军中没有什么可以取乐，请让我舞剑。"项羽说："好。"于是项庄拔剑起舞，项伯也拔剑起舞，常用身体掩护沛公，项庄不能行刺。于是张良走到军门，找到樊哙。樊哙说："今天的事怎样？"张良说："很危急。现在项庄拔剑起舞，其意图常在沛公身上。"樊哙说："事情如此紧迫，请让我进去，与沛公同生死。"樊哙立即带剑持盾进入军门。帐前站岗的卫士交叉举戟要阻止他进入，樊哙横着盾牌撞击卫士，卫士倒在地上，樊哙就进入了大帐，分开帐帷向西站立，怒目注视着项羽，头发竖起，眼角都裂开了。项羽提剑跪起说："来客是干什么的？"张良说："他是沛公的参乘樊哙。"项羽说："真是个壮士，赏赐他一杯酒。"就给他一大杯酒。樊哙拜谢，站起来喝了。项羽说："赏赐他猪腿！"于是给了他一整条猪腿。樊哙将盾牌反放在地上，把猪腿放在上面，拔剑切开，大口吞吃。项羽说："壮士，还能再喝酒吗？"樊哙说："我连死都不怕，一杯酒怎能推辞！秦王怀有虎狼之心，杀人唯恐不能尽，用刑唯恐不重，天下人都背叛了他。楚怀王和诸将约定'先灭掉秦朝进入咸阳者为关中王'。现在沛公先打败秦朝进入咸阳，东西毫厘也不敢占取，封闭宫室，回军驻扎霸上，等待大王到来。之所以派将守关，是为了防备其他强盗出入与意外事变。这样劳苦功高，不给封侯的奖赏，反而听信小人谗言，要杀有功之人。这是继续走秦朝灭亡的道路，我认为大王的做法实不可取。"项羽没有回应，说："坐。"樊哙挨着张良坐下。坐了一会，沛公起来上厕所，趁机叫樊哙出去。

　　沛公已出，项王使都尉陈平召沛公。沛公曰："今者出，未辞也，为之奈何？"樊哙曰："大行不顾细谨，大礼不辞小让。如今人方为刀俎①，我为鱼肉②，何辞为③。"于是遂去。乃令张良留谢。良问曰："大王来何操④？"曰："我持白璧⑤一双，欲献项王，玉斗⑥一双，欲与亚父，会⑦其怒，不敢献。公为我献之。"张良曰："谨诺。"当是时，项王军在鸿门下，沛公军在霸上，相去四十里。沛公则置⑧车骑，脱身独骑，与樊哙、夏侯婴、靳强、纪信等四人持剑盾步走，从郦山下，道芷阳⑨间行⑩。沛公谓张良曰："从此道至吾军，不过二十里耳。度⑪我至军中，公乃入。"沛公已去，间至军中，张良入谢，曰："沛公不胜杯杓⑫，不能辞。谨使臣良奉白璧一双，再拜献大王足下；玉斗一双，再拜奉大将军足下。"项王曰："沛公安在？"良曰："闻大王有意督过⑬之，脱身独去，已至军矣。"项王则受璧，置之坐上。亚父受玉斗，置之地，拔剑撞而破之，曰："唉！竖子⑭不足与谋。夺项王天下者，必沛公也，吾属今为之虏矣。"沛公至军，立诛杀曹无伤。

◎**注释**　①〔刀俎（zǔ）〕刀和砧板。②〔我为鱼肉〕喻处在任人宰割的地位。③〔何辞为〕要辞行干什么。④〔来何操〕来时带了些什么。操，持。⑤〔璧〕圆形玉器，中间有小孔。⑥〔玉斗〕玉制的酒器。⑦〔会〕逢，值。⑧〔置〕弃置，丢下。⑨〔道芷（zhǐ）阳〕取道芷阳。⑩〔间（jiàn）行〕抄小路而行。⑪〔度（duó）〕估计。⑫〔不胜杯杓（sháo）〕不胜酒力。杯杓，酒器，代指酒。⑬〔督过〕责备。督，责。⑭〔竖子〕小子。此处明斥项庄，暗指项羽。

◎**大意**　沛公出去后，项羽让都尉陈平召唤沛公。沛公说："刚才出来，没有告辞，怎么办呢？"樊哙说："干大事不要顾忌细枝末节，行大礼不要怕小的责难。现在人家是刀俎，我们是鱼肉，何必告辞。"于是就一起走了。叫张良留下来致谢。张良说："大王来时带了什么礼物？"沛公说："我带了一双白璧，要献给项王；玉斗一双，想给亚父。恰逢他们发怒，不敢献上。你替我献给他们。"张良说："谨遵所命。"当时，项羽的军队驻扎在鸿门下，沛公军驻扎在霸上，相距四十里。沛公于是丢下来时所带的车骑，脱身独自骑马，樊哙、夏侯婴、靳强、纪信等四人持剑抱盾跑步相随，从郦山脚下经芷阳抄小路逃走。沛公对张良说："由这条路到我们军营，不过二十里。估计我到了军营，你便进去。"沛公离开后，走小路到了军中，于是张良进帐对项羽说："沛公不胜酒力，不能告辞。谨派我奉白璧一双，敬献大王足下；玉斗一双，敬奉大将军。"项羽问："沛公在哪里？"张良说："听说大王有意责备，他脱身独自离开，已回到军营中了。"项羽于是收下白璧，放在坐席上。亚父收下玉斗，弃置地上，拔剑将它击碎，说："唉！与这小子难以共谋大事。抢夺项王天下的，必定是沛公，我等将要成为他的俘虏了。"沛公回到军中，立刻杀了曹无伤。

居数日，项羽引兵西屠咸阳，杀秦降王子婴，烧秦宫室，火三月不灭；收其货宝妇女而东。人或说项王曰："关中阻①山河四塞②，地肥饶，可都③以霸。"项王见秦宫室皆以（已）烧残破，又心怀思欲东归，曰："富贵不归故乡，如衣绣④夜行，谁知之者！"说者曰："人言楚人沐猴而冠⑤耳，果然。"项王闻之，烹说者。

◎**注释**　①〔阻〕凭恃，依仗。②〔四塞〕四面有险可守。关中东有函谷，南有武关，西有散关，北有萧关。③〔都〕建都。④〔衣绣〕穿着锦绣的衣服。⑤〔沐猴而冠〕猴子穿上人的衣冠，谓徒具人形。沐猴，猕猴。冠，戴帽子。

◎**大意** 过了几天，项羽率军西进，屠灭咸阳，杀死秦朝降王子婴，焚烧秦朝宫室，大火三个月不灭；收取秦朝的财宝妇女向东而去。有人劝说项羽："关中凭借山河四塞险固，土地肥沃，可以建都称霸。"项羽看到秦朝宫室都已被烧毁，又思念家乡，想回东方，说："富贵了不回家乡，就像身穿锦绣在夜里行走，谁能看到！"劝他的人说："人们说楚国人像猕猴戴着人的帽子一样，果然如此。"项羽听到此话，煮杀了他。

　　项王使人致命①怀王。怀王曰："如约②。"乃尊怀王为义帝③。项王欲自王④，先王诸将相。谓曰："天下初发难⑤时，假立⑥诸侯后以伐秦。然身被坚执锐首事⑦，暴露于野三年，灭秦定天下者，皆将相诸君与籍之力也。义帝虽无功，故当⑧分其地而王之。"诸将皆曰："善。"乃分天下，立诸将为侯王。项王、范增疑沛公之有天下，业已讲解⑨，又恶负约⑩，恐诸侯叛之，乃阴谋曰："巴、蜀道险，秦之迁人⑪皆居蜀。"乃曰："巴、蜀亦关中地也。"故立沛公为汉王，王巴、蜀、汉中，都南郑⑫。而三分关中，王秦降将以距（拒）塞⑬汉王。项王乃立章邯为雍王，王咸阳以西，都废丘。长史欣者，故为栎阳狱掾，尝有德于项梁；都尉董翳者，本劝章邯降楚。故立司马欣为塞王，王咸阳以东至河，都栎阳；立董翳为翟王，王上郡，都高奴。徙魏王豹为西魏王，王河东，都平阳。瑕丘申阳者，张耳嬖臣也，先下河南郡，迎楚河上，故立申阳为河南王，都雒阳。韩王成因故都⑭，都阳翟。赵将司马卬定河内，数有功，故立卬为殷王，王河内，都朝歌。徙赵王歇为代王。赵相张耳素贤，又从入关，故立耳为常山王，王赵地，都襄国。当阳君黥布为楚将，常冠军，故立布为九江王，都六。鄱君吴芮⑮率百越佐诸侯，又从入关，故立芮为衡山王，都邾。义帝柱国共敖将兵击南郡，功多，因立敖为临江王，都江陵。徙燕王韩广为辽东王。燕将臧荼从楚救赵，因从入关，故立荼为燕王，都蓟。徙齐王田市为胶东王。齐将田都从共救赵，因从入关，故立都为齐王，都临菑。故秦所灭齐王建孙田安，项羽方渡河救赵，田安下济北数城，引其兵降项羽，故立安为济北王，都博阳。田荣者，数负项梁，又不肯将兵从楚击秦，以故不封。成安君陈馀弃将印去，不从入关，然素闻其贤，有功于赵，闻其在南皮，故因环封三县^⑯。番（鄱）君将梅鋗功多，故封十万户侯。项王自立为西楚霸王^⑰，王九郡，都彭城。

◎**注释** ①〔致命〕复命。②〔如约〕按前约行事。即"先破秦入咸阳者王之"。③〔义帝〕假帝，挂名皇帝。④〔自王〕给自己封王。⑤〔发难（nàn）〕指起义。⑥〔假立〕临时拥立。⑦〔首事〕首举大事。⑧〔故当〕本该。故，原来，本来。⑨〔业已讲解〕已经讲和。⑩〔恶（wù）负约〕不愿担当毁约的罪名。恶，讨厌。负，违。⑪〔迁人〕犯罪被流放的人。⑫〔南郑〕汉中郡治，在今陕西南郑。⑬〔距塞〕阻塞。⑭〔因故都〕沿袭韩国故都。⑮〔鄱（pó）君吴芮〕吴芮曾为鄱阳令，故称鄱君。⑯〔环封三县〕封给南皮周围的三个县。⑰〔西楚霸王〕项羽以彭城为都，又为诸侯盟主，故称西楚霸王。

◎**大意** 项羽派人向怀王报告。楚怀王说："照前约办事。"于是项羽就尊怀王为义帝。项羽想自己称王，就先封各位将相为王。对他们说："全国义军初起时，暂立六国的后代为王以讨伐秦朝。然而亲身冲锋陷阵首先起义，日晒雨淋在外作战三年，灭亡秦朝平定天下的，都是诸位将相与我项羽的力量。义帝虽然无功，因系诸侯之后，也应当分地封王。"诸将都说："好。"于是划分天下，封诸将为王侯。项羽、范增怀疑沛公会夺取天下，但事情已经和解，又不想承担撕毁怀王之约的罪名，害怕诸侯叛离自己，就暗中策划道："巴、蜀交通不便，秦朝犯罪被流放的人都居住在蜀地。"就说："巴、蜀也是关中区域。"所以封沛公为汉王，管辖巴、蜀、汉中，建都南郑。而将关中土地划为三份，封秦朝降将为王以抗拒汉王。于是项羽封章邯为雍王，管辖咸阳以西地区，建都废丘。长史司马欣，以前任栎阳狱掾，曾对项梁有恩；都尉董翳，本来劝过章邯投降楚军。因此封司马欣为塞王，管辖咸阳以东至黄河之地，建都栎阳；封董翳为翟王，管辖上郡，建都高奴。调魏王豹为西魏王，统领河东郡，建都平阳。瑕丘人申阳，是张耳宠信之臣，先攻克河南郡，在黄河岸上迎接楚军，因此被封为河南王，建都雒阳。韩王成仍居韩国故都，建都阳翟。赵国将领司马印平定河内，屡次立功，所以封司马印为殷王，统领河内郡，建都朝歌。调赵王歇任代王。赵相国张耳一向贤能，又跟随入关，所以封张耳为常山王，统领赵地，建都襄国。当阳君黥布是楚国大将，勇冠诸军，因此封黥布为九江王，建都六（lù）县。鄱君吴芮率领百越士兵帮助诸侯，又跟随入关，所以封吴芮为衡山王，建都邾（zhū）。义帝的柱国共敖领兵攻南郡，功劳多，所以封共敖为临江王，建都江陵。调封燕王韩广为辽东王。燕国将领臧茶随楚国救赵，并跟随入关，所以立臧茶为燕王，建都蓟。调封齐王田市为胶东王。齐将田都跟随一起救援赵国，并随从入关，因此封田都为齐王，都于临淄。原秦朝灭掉的齐王建的孙子田安，项羽正在渡黄河救援赵国时，田安攻克济北几座城池，率其军投降了项羽，所以封田安为济北王，建都博阳。田荣屡次背弃项梁，又不肯率兵随楚攻打秦军，因此不封。成安君陈馀抛弃将印而去，不跟随入关，但一直听说他很贤能，有功于赵，听说他在南皮县，所以就把环绕南皮的三个县封给他。鄱君吴芮的部将梅鋗功劳多，因此封他为十万户侯。项羽自封为西楚霸王，统领九个郡，建都彭城。

汉之元年四月，诸侯罢戏（麾）下①，各就国。项王出之国②，使人徙义帝，曰："古之帝者地方千里，必居上游。"乃使使徙义帝长沙③郴县④。趣⑤义帝行，其群臣稍稍⑥背叛之，乃阴令衡山、临江王击杀之江中。韩王成无军功，项王不使之国，与俱至彭城，废以为侯，已又杀之。臧茶之国，因逐韩广之辽东，广弗听，茶击杀广无终⑦，并王其地。

◎**注释**　①〔诸侯罢戏（huī）下〕诸侯在项羽的旗帜下解散而去。戏，通"麾"，大将之旗。项羽为诸侯上将军，故诸侯皆属其麾下。②〔出之国〕出关到自己的封国。③〔长沙〕秦郡名，郡治临湘，在今湖南长沙南。④〔郴（chēn）县〕长沙郡属县。⑤〔趣（cù）〕催促。⑥〔稍稍〕逐渐。⑦〔无终〕秦县名。
◎**大意**　汉王元年四月，诸侯在项羽的帅旗下分散，各自奔赴封国。项羽东出函谷关到封国去，派人迁移义帝，说："古代帝王的领地方圆千里，一定要住到居高临下之地。"就让使者把义帝迁往长沙郴县。催促义帝上路，义帝的臣下逐渐叛离了义帝，项羽就密令衡山王吴芮、临江王共敖在长江上杀了他。韩王成没有军功，项羽不让他到封国，让他一起去彭城。黜废为侯，随后又杀了他。臧荼到了封国，就赶韩广去辽东，韩广不肯，臧荼在无终县把他杀死，兼并了他的领地。

　　田荣闻项羽徙齐王市胶东，而立齐将田都为齐王，乃大怒，不肯遣齐王之胶东，因以齐反，迎击田都。田都走楚。齐王市畏项王，乃亡之胶东就国。田荣怒，追击杀之即墨。荣因自立为齐王，而西击杀济北王田安，并王三齐①。荣与彭越将军印，令反梁地。陈馀阴使张同、夏说说齐王田荣曰："项羽为天下宰②不平。今尽王故王于丑地③，而王其群臣诸将善地，逐其故主④赵王乃北居代，馀以为不可。闻大王起兵，且不听不义，愿大王资⑤馀兵，请以击常山，以复赵王，请以国为扞蔽⑥。"齐王许之，因遣兵之赵。陈馀悉发三县兵，与齐并力击常山，大破之。张耳走归汉。陈馀迎故赵王歇于代，反之赵。赵王因立陈馀为代王。

◎**注释**　①〔三齐〕指在齐地的三个国家，即齐、济北、胶东。②〔宰〕主宰。③〔尽王故王于丑地〕指项羽改封魏王豹为西魏王，徙赵王歇于代，徙燕王韩广于辽东，徙齐王市于胶东。丑地，不好的地方。④〔逐其故主〕指项羽徙魏、赵、燕、齐四王。因陈馀曾跟随赵王歇，故下文着重提赵王，并以复赵为旗号。⑤〔资〕助。⑥〔扞（hàn）蔽〕屏藩，遮挡，护卫。

◎**大意**　田荣听说项羽迁齐王田市到胶东，而封齐将田都为齐王，非常愤怒，不愿意送齐王田市去胶东，就据齐反叛，迎面攻击田都。田都跑到楚国。齐王田市害怕项王，就逃去胶东赴任。田荣生气了，在即墨把他杀死。田荣于是自立为齐王，并西进攻杀了济北王田安，兼并三齐领地。田荣授予彭越将军印信，让他在梁地反叛。陈馀暗派张同、夏说游说齐王田荣道："项羽主宰天下事，不公平。现在把原来的诸侯都封到不好的边远地区，而把好地方封给他的臣下诸将，驱逐原来的国王，使赵王歇北居代地，陈馀认为这样不行。听说大王起兵，而且不听从项羽的无义命令，希望大王资助陈馀兵力，用以攻打常山，以恢复赵王歇的领地，让赵国成为齐国屏蔽。"齐王答应了他们，于是派兵去赵国。陈馀调动三县全部兵力，与齐军合力攻打常山，大败常山王。张耳投靠汉王刘邦。陈馀在代地迎接原赵王歇，返回赵国。赵王于是立陈馀为代王。

　　是时，汉还定三秦①。项羽闻汉王皆已并关中，且东②，齐、赵叛之，大怒。乃以故吴令郑昌为韩王，以距（拒）汉。令萧公角等击彭越。彭越败萧公角等。汉使张良徇韩，乃遗项王书曰："汉王失职③，欲得关中，如约即止，不敢东。"又以齐、梁反书遗项羽曰："齐欲与赵并灭楚。"楚以此故无西意，而北击齐。征兵九江王布。布称疾不往，使将将数千人行。项王由此怨布也。

◎**注释**　①〔三秦〕指雍、塞、翟三国，原为秦国之地。②〔且东〕将要东进。③〔失职〕没有得到本该有的职分。指未能在关中称王。

◎**大意**　这时，汉王回军平定三秦。项羽听说汉王已吞并了整个关中，将要东进，齐国、赵国也背叛了他，非常愤怒。于是任秦时吴县令郑昌为韩王，以抗阻汉王。命令萧公角等人攻打彭越。彭越打败了萧公角等人。汉王派张良镇抚韩国，于是给项羽写信道："汉王没有得到应得的土地，想要得到关中，兑现盟约所定就停止行动，不敢东进。"又利用齐、梁反叛楚国的事给项羽写信说："齐国想要和赵国合力消灭楚国。"项羽因此无意西进，而向北攻打齐国。项羽向九江王黥布征兵。黥布托病不去，仅派部将带几千人前往。项羽因此怨恨黥布。

　　汉之二年冬，项羽遂北至城阳，田荣亦将兵会战。田荣不胜，走至平原，平原民杀之。遂北烧夷①齐城郭室屋，皆坑田荣降卒，系虏其老弱妇女。徇齐至北海，多所残灭。齐人相聚而叛之。于是田荣弟田横收齐亡卒得数万人，反城阳。项王因留，连战未能下。

◎**注释** ①〔烧夷〕烧毁。夷，平。

◎**大意** 汉王二年冬，项羽北进到了城阳，田荣也率军迎战。田荣不敌，败逃到平原郡，平原百姓杀了他。于是项羽北进焚毁齐的城郭房屋，全部坑杀了田荣的降兵，掳掠其老弱妇女。攻打齐国到北海郡，很多地方被毁灭。齐国人聚集起来反叛项羽。于是田荣的弟弟田横收拢齐军散兵得几万人，返回城阳。项羽就停留下来，连战几次未能攻克。

春，汉王部①五诸侯兵，凡五十六万人，东伐楚。项王闻之，即令诸将击齐，而自以精兵三万人南从鲁出胡陵。四月，汉皆已入彭城，收其货宝美人，日置酒高会。项王乃西从萧晨击汉军而东，至彭城，日中，大破汉军。汉军皆走，相随②入穀、泗水，杀汉卒十余万人。汉卒皆南走山，楚又追击至灵壁东睢水上。汉军却，为楚所挤，多杀③，汉卒十余万人皆入睢水，睢水为之不流。围汉王三帀（匝）④。于是大风从西北而起，折木发屋⑤，扬沙石，窈冥⑥昼晦⑦，逢迎⑧楚军。楚军大乱，坏散⑨，而汉王乃得与数十骑遁去⑩。欲过沛，收家室而西；楚亦使人追之沛，取汉王家；家皆亡，不与汉王相见。汉王道逢得孝惠、鲁元，乃载行。楚骑追汉王，汉王急，推堕孝惠、鲁元车下，滕公常下收载之。如是者三。曰："虽急不可以驱⑪，奈何弃之？"于是遂得脱。求太公、吕后不相遇。审食其从太公、吕后间行，求汉王，反遇楚军。楚军遂与归，报项王，项王常置军中⑫。

◎**注释** ①〔部〕《集解》引徐广曰："一作'勒'。"部勒，率领。②〔相随〕一个接着一个地。③〔多杀〕好多人被杀。④〔三帀(zā)〕三层。帀，同"匝"，环绕一周。⑤〔折木发屋〕木，树。发，掀起。⑥〔窈(yǎo)冥〕昏暗的样子。⑦〔昼晦〕白天如同夜晚。晦，天黑，晚上。⑧〔逢迎〕迎着，指风沙迎面而吹。⑨〔坏散〕崩溃。⑩〔遁去〕逃离。⑪〔驱〕赶马。⑫〔常置军中〕经常扣留在军营中，为的是当作人质。

◎ **大意**　这年春天，汉王率领五个诸侯国的兵力，共五十六万人，东进讨伐楚国。项羽听说后，就命令诸将攻打齐国，而自己率领精兵三万人从鲁县出胡陵县南进。四月，汉军都已进入彭城，收取其财宝美女，天天大摆筵席饮酒聚会。项羽就西出萧县，于黎明时向东攻打汉军，直达彭城，中午时分，大破汉军。汉军全部逃走，接连跟着掉进穀（gǔ）水、泗水中，在这里被杀的汉兵有十余万人。汉兵向南逃进山区，楚军又追击到灵璧以东的睢（suī）水上。汉军退却，受楚军逼压，死亡很多，十余万汉兵都掉入睢水，睢水因此不能流动。楚军将汉王重重包围。这时大风忽从西北刮起，折树掀屋，飞沙走石，天昏地暗，迎面扑击楚军。楚军大乱，四散奔逃，汉王才得以与几十名骑兵逃去。汉王想经过沛县，携家眷西逃；楚军也派人追到了沛县，捉拿汉王家眷；家眷都逃走了，没能和汉王相见。汉王在路上遇见了他的儿子和女儿，也就是后来的孝惠帝和鲁元公主，便载在车上一同逃亡。楚军骑兵追赶汉王，汉王惶急，将孝惠、鲁元推落车下，滕公不断下车收载他俩。如此反复了多次。滕公说："虽然危急不能快驰，但怎么能忍心抛弃骨肉呢？"这样终于逃脱。一路寻找太公、吕后，没有遇到。审食其随太公、吕后抄小路走，寻找汉王，反而遇上楚军。于是楚军带他们回去，报告给项羽，项羽一直把他们安置在军营中。

　　是时吕后兄周吕侯为汉将兵居下邑，汉王间往从之，稍稍收其士卒。至荥阳，诸败军皆会①，萧何亦发关中老弱未傅②悉诣③荥阳，复大振。楚起于彭城，常乘胜逐北④，与汉战荥阳南京、索间，汉败楚，楚以故不能过荥阳而西。

◎ **注释**　①〔会〕会合，会聚。②〔未傅〕指未曾载入名册，不符合兵役年龄的人。③〔诣〕往。④〔北〕指败逃之敌。

◎ **大意**　当时吕后的兄长周吕侯吕泽为汉王领兵住在下邑县，汉王抄小路赶去与他会合，慢慢地收拢士兵。到荥阳，各路败散的部队都会聚一处，萧何也尽发关中未登记服役名册的年老、幼弱之人齐赴荥阳，汉王声势又大振起来。楚军从彭城开始，不断乘胜追击败退的汉兵，与汉军在荥阳南面的京县、索亭之间大战，汉军挫败楚军，楚军因此不能通过荥阳而西进。

项王之救彭城，追汉王至荥阳，田横亦得收齐，立田荣子广为齐王。汉王之败彭城，诸侯皆复与^①楚而背汉。汉军荥阳，筑甬道属之河^②，以取敖仓粟。

◎**注释** ①〔与〕归附。②〔属之河〕把荥阳和黄河南岸连接起来。属，连接。

◎**大意** 项羽去救援彭城，追击汉王到荥阳，田横也趁机收复了齐国，拥立田荣的儿子田广为齐王。汉王在彭城被打败后，诸侯又都归附于楚而背离了汉。汉军驻扎于荥阳，修筑甬道直达黄河岸边，用以取得敖仓的粮食。

汉之三年，项王数侵夺汉甬道，汉王食乏，恐，请和，割荥阳以西为汉。项王欲听之。历阳侯范增曰："汉易与^①耳，今释^②弗取，后必悔之。"项王乃与范增急围荥阳。汉王患之，乃用陈平计间^③项王。项王使者来，为太牢具^④，举欲进之。见使者，详（佯）惊愕曰："吾以为亚父使者，乃反项王使者。"更持去，以恶食食^⑤项王使者。使者归报项王，项王乃疑范增与汉有私，稍夺之权。范增大怒，曰："天下事大定矣，君王自为之。愿赐骸骨^⑥归卒伍^⑦。"项王许之。行未至彭城，疽^⑧发背而死。

◎**注释** ①〔易与〕容易对付。②〔释〕放，指放走汉军。③〔间〕离间，指离间项王与范增的关系。④〔太牢具〕指极丰盛的筵席。古代祭祀或宴会，牛、羊、豕三者齐备叫太牢。具，饭食，酒肴。⑤〔以恶食食（sì）〕给粗劣的饭食。⑥〔赐骸骨〕乞身告老。⑦〔归卒伍〕回乡为民。卒伍，指乡里。⑧〔疽（jū）〕毒疮。

◎**大意** 汉王三年，项羽多次侵夺汉军的甬道，汉王缺乏粮食，惊恐不已，请求议和，分割荥阳以西之地为汉。项羽想听从议和。历阳侯范增说："汉已经很容易对付了，现在放弃机会不攻打，日后必定后悔。"项羽于是和范增急速包围荥阳。汉王对此很忧虑，就采用陈平的计策离间项羽与范增。项羽的使者来了，汉军准备好筵席，端出来将要摆在席上。看见使者，假装惊愕地说："我以为是亚父的使者，原来竟是项王的使者。"便更换筵席，拿不好的食物给项羽的使者吃。使者回去报告给项羽，项羽于是怀疑范增与汉王私下有交往，逐渐削夺他的权力。范增很气愤，说："天下事大体已定，君王自己干吧。请恩准老朽回家做平民。"项羽答应了他。范增尚未走到彭城，背上毒疮发作而死。

汉将纪信说汉王曰："事已急矣，请为王诳楚为王①，王可以间出②。"于是汉王夜出女子荥阳东门被甲二千人，楚兵四面击之。纪信乘黄屋车，傅左纛③，曰："城中食尽，汉王降。"楚军皆呼万岁。汉王亦与数十骑从城西门出，走成皋。项王见纪信，问："汉王安在？"信曰："汉王已出矣。"项王烧杀纪信。

◎**注释** ①〔请为王诳楚为王〕请让我假扮成您的模样，诓骗楚军。②〔间出〕乘隙逃出。③〔傅左纛（dào）〕傅，附着，这里是插的意思。纛，用毛羽做的类似旗子的装饰物，插于车衡之左。

◎**大意** 汉将纪信劝说汉王："情况已很危急，请允许我打扮成大王的样子去蒙骗楚军，大王可以趁机悄悄地逃出。"于是汉王夜间在荥阳东门派出披甲女子二千人，楚军四面围击她们。纪信乘着用黄绸做车盖的车，在车子左边插上装饰有牛尾的大旗，喊道："城中粮食已尽，汉王投降。"楚军都高喊万岁。这时汉王与几十名骑兵从城的西门出去，逃奔到成皋。项羽见到纪信，问道："汉王在哪里？"纪信说："汉王已出城了。"项羽烧死了纪信。

汉王使御史大夫周苛、枞公、魏豹守荥阳。周苛、枞公谋曰："反国之王①，难与守城。"乃共杀魏豹。楚下荥阳城，生得②周苛。项王谓周苛曰："为我将，我以公为上将军，封三万户。"周苛骂曰："若不趣降汉，汉今虏若，若非汉敌也。"项王怒，烹周苛，并杀枞公。

◎**注释** ①〔反国之王〕反叛过的国家的王。魏豹最初被项羽封为西魏王，后降汉，又叛汉。②〔生得〕活捉。

◎**大意** 汉王派御史大夫周苛、枞（cōng）公、魏豹把守荥阳。周苛、枞公商量道："魏豹是叛国之王，难以和他一起守城。"于是二人一起杀死魏豹。楚军攻克荥阳城，活捉周苛。项羽对周苛说："做我的部将，我任你为上将军，封赏三万户。"周苛骂他说："你不赶快投降汉军，汉军会很快俘虏你，你不是汉王的对手。"项羽发怒，煮杀了周苛，并杀了枞公。

汉王之出①荥阳，南走②宛、叶，得九江王布，行收兵③，复入④保成皋。汉之四年，项王进兵围成皋。汉王逃，独与滕公出成皋北门，渡河走修武，从张耳、韩信军。诸将稍稍得出成皋，从⑤汉王。楚遂拔成皋，欲西。汉使兵距（拒）之巩，令其不得西。

◎**注释** ①〔出〕逃出。②〔走〕奔逃。③〔行收兵〕沿途收拢士兵。④〔入〕回到。⑤〔从〕跟随。

◎**大意** 汉王逃出荥阳，南奔宛县、叶县，九江王黥布归降，沿途收拢士兵，又回到成皋坚守。汉王四年，项王进军包围成皋，汉王出逃，孤身和滕公跑出成皋北门，渡过黄河跑去修武，来到张耳、韩信军中。诸将陆续逃出成皋，跟随汉王。楚军于是夺取了成皋，想要西进。汉王派兵在巩县抵御，使楚军不能西进。

是时，彭越渡河击楚东阿，杀楚将军薛公。项王乃自东击彭越。汉王得淮阴侯兵，欲渡河南。郑忠说汉王，乃止壁①河内。使刘贾将兵佐彭越，烧楚积聚②。项王东击破之，走彭越③。汉王则引兵渡河，复取成皋，军广武，就敖仓食。项王已定东海来，西，与汉俱临广武而军，相守④数月。

◎**注释** ①〔壁〕壁垒，营垒，这里是筑起壁垒的意思。②〔积聚〕指粮草辎重。

③〔走彭越〕使彭越走，把彭越打跑了。④〔相守〕各自守住营垒。

◎**大意**　当初，彭越渡过黄河到东阿攻打楚军，杀了楚将军薛公。项羽于是亲自向东攻打彭越。汉王取得淮阴侯韩信的军队，想渡黄河南进。郑忠劝说汉王，于是按兵屯驻河内。派刘贾领兵辅助彭越，烧毁了楚军的粮草辎重。项羽东进打败了他们，把彭越打跑了。汉王就率军渡过黄河，又夺取了成皋，驻扎在广武，使用敖仓的粮食。项羽平定了东海，回军西进，和汉军都驻扎在广武，相持了几个月。

　　当此时，彭越数反梁地，绝楚粮食，项王患之。为高俎，置太公其上，告汉王曰："今不急下①，吾烹太公。"汉王曰："吾与项羽俱北面受命怀王，曰'约为兄弟'，吾翁②即若翁，必欲烹而③翁，则幸分我一杯羹。"项王怒，欲杀之。项伯曰："天下事未可知，且为天下者不顾家，虽杀之无益，只益祸耳。"项王从之。

◎**注释**　①〔急下〕赶快投降。②〔翁〕指父亲。③〔而〕你的。
◎**大意**　这个时候，彭越多次扰乱梁地，断绝楚军粮食，项羽为此忧虑。他设置一个高大的砧板，把太公放在上面，告诉汉王说："现在你不赶快投降，我就煮杀太公。"汉王说："我与你都是听命于怀王的臣下，说过'结为兄弟'，我的父亲就是你的父亲，真要煮杀你父亲的话，希望你分给我一杯肉汤。"项羽愤怒，要杀太公。项伯说："天下事难以预料，况且志在天下的人是不顾家的，即使杀了他也没好处，只是增添祸端而已。"项羽听从了他的话。

　　楚汉久相持未决，丁壮苦军旅，老弱罢（疲）转漕①。项王谓汉王曰："天下匈匈②数岁者，徒以吾两人耳，愿与汉王挑战决雌雄，毋徒③苦天下之民父子为④也。"汉王笑谢曰："吾宁斗智，不能斗力。"项王令壮士出挑战。汉有善骑射者楼烦⑤，楚挑战三合，楼烦辄射杀之。项王大怒，乃自被甲持戟挑战。楼烦欲射之，项王瞋目叱之，楼烦目不敢视，手不敢发，遂走还入壁，不敢复出。汉王使人间问之，乃项王也。汉王大惊。于是项王乃即⑥汉王相与临广武间⑦而语。汉王数⑧之，项王怒，欲一战。汉王不听，项王伏弩⑨射中汉王。汉王伤，走入成皋。

◎**注释**　①〔罢（pí）转漕〕由于水陆运输而疲惫。转，车运。漕，船运。②〔匈匈〕动乱，纷扰。③〔徒〕白白地。④〔为〕语气词。⑤〔楼烦〕北方民族名，其人善骑射，这里指善于骑射的士卒。⑥〔即〕近，走近。⑦〔间〕当作"涧"。⑧〔数〕数说，列举罪状。⑨〔伏弩〕指埋伏的弓箭手。

◎**大意**　楚汉长期相持未决胜负，青壮年苦于军役，老弱疲于运送粮饷。项羽对汉王说："天下战乱纷扰数年，只是因为我们两个人而已，希望向你挑战，一决雌雄，不要平白地使天下百姓受这样的痛苦。"汉王笑着推辞说："我宁可斗智，不愿斗力。"项羽命令壮士出营挑战。汉军中有个神箭手，楚兵挑战三个回合，都被他用箭射杀了。项羽大为愤怒，就亲自披甲持戟挑战。神箭手正要射他，项羽对他怒目呵斥，那神箭手眼不敢看，手不敢射，于是跑回营垒，不敢再出来。汉王派人暗中打听，才知挑战者就是项羽。汉王大吃一惊。于是项羽靠近汉王隔着广武涧对话。汉王历数项羽之罪，项羽恼怒，要求决战一场。汉王不接受挑战，项羽埋伏的弓箭手射中了汉王。汉王受伤，跑进城皋。

　　项王闻淮阴侯已举河北，破齐、赵，且欲击楚，乃使龙且往击之。淮阴侯与战，骑将灌婴击之，大破楚军，杀龙且。韩信因自立为齐王。项王闻龙且军破，则恐，使盱台人武涉往说淮阴侯。淮阴侯弗听。是时，彭越复反，下梁地，绝楚粮。项王乃谓海春侯大司马曹咎等曰："谨守成皋，则汉欲挑战，慎①勿与战，毋令得东②而已。我十五日必诛彭越，定梁地，复从将军。"乃东，行击陈留、外黄。

◎**注释**　①〔慎〕千万。②〔毋令得东〕不要让汉军得以东进。
◎**大意**　项羽听说淮阴侯韩信已占领河北，打败了齐国、赵国，并且将要攻打楚国，于是派龙且前往迎击。淮阴侯韩信与龙且交战，骑将灌婴出战，大败楚军，杀了龙且。韩信于是自立为齐王。项羽得知龙且军败，便惊恐起来，派盱台人武涉去游说淮阴侯韩信。淮阴侯不听。这时，彭越又起兵，攻克梁地，断绝楚军粮食。项羽就对海春侯大司马曹咎等人说："小心地守住成皋，即便汉军挑战，也千万不要出战，只要不使汉军东进就行了。我十五天内必定诛杀彭越，平定梁地，再与将军会合。"于是东进，攻打陈留、外黄。

外黄不下。数日，已降，项王怒，悉令男子年十五已（以）上诣城东，欲坑之。外黄令舍人①儿年十三，往说项王曰："彭越强劫外黄，外黄恐，故且降，待大王。大王至，又皆坑之，百姓岂有归心？从此以东，梁地十余城皆恐，莫肯下矣。"项王然其言②，乃赦外黄当坑者。东至睢阳，闻之皆争下③项王。

◎**注释** ①〔舍人〕门客。②〔然其言〕以其言为然，认为他的话对。③〔争下〕争着降服。

◎**大意** 一开始，外黄没能攻下。过了几天，全城投降，项羽愤怒不已，命令所有十五岁以上的男子都到城东去，要挖坑活埋他们。外黄县令的一个门客有个十三岁的儿子，去劝说项羽道："彭越强力威逼外黄，外黄人人恐惧，所以权且投降，等待大王来解救。大王来了，又要全部坑杀，百姓怎能有归顺之心？从此向东，梁地十余座城邑无不恐惧，不会愿意投降了。"项羽认为他的话是对的，就赦免了要坑杀的外黄人。向东直到睢阳等地的人，听到这个情况无不争相投顺项羽。

汉果数挑楚军战，楚军不出。使人辱之，五六日，大司马怒，渡兵汜水。士卒半渡，汉击之，大破楚军，尽得楚国货赂①。大司马咎、长史翳、塞王欣皆自刭汜水上。大司马咎者，故蕲狱掾，长史欣亦故栎阳狱吏，两人尝有德于项梁，是以项王信任之。当是时，项王在睢阳，闻海春侯军败，则引兵还。汉军方围钟离眛于荥阳东，项王至，汉军畏楚，尽走险阻②。

◎**注释** ①〔货赂〕财货。②〔险阻〕指山高路险之地。

◎**大意** 汉军果然不断向楚军挑战，楚军不出。汉王派人辱骂楚军，五六天后，大司马发怒，挥兵渡汜水。士兵刚渡过一半，汉军攻击他们，大败楚军，缴获了楚军全部的货物、钱财。大司马曹咎、长史董翳、塞王司马欣都自刎于汜水岸边。大司马曹咎是以前的蕲县狱掾，长史司马欣也是以前的栎阳狱吏，两人曾对项梁有过恩，所以项羽信任他们。当时，项羽在睢阳，听到海春侯兵败，就率兵返回。汉军正在荥阳之东包围钟离眛，项羽到来，汉军畏惧楚军，全部逃到险要地带。

是时，汉兵盛食多，项王兵罢（疲）食绝。汉遣陆贾说项王，请太公，项王弗听。汉王复使侯公往说项王，项王乃与汉约，中分天下，割鸿沟以西者为汉，鸿沟而东者为楚。项王许之，即归汉王父母妻子。军皆呼万岁。汉王乃封侯公为平国君。匿弗肯复见①。曰："此天下辩士，所居倾国②，故号为平国君。"项王已约，乃引兵解而东归。

◎**注释** ①〔匿弗肯复见〕侯公藏起来不愿再露面。②〔所居倾国〕指因侯公口才好，他在哪个国家，就会使哪个国家倾覆。

◎**大意** 这时，汉军兵盛粮多，项羽兵疲粮断。汉王就派遣陆贾去劝说项羽，请求放回太公，项羽不听。汉王又派侯公前去劝说项羽，于是项羽和汉王订约，平分天下，划分鸿沟以西的地方为汉，鸿沟以东的地方为楚。项羽答应侯公，马上归还汉王的父母妻子。军中兵将无不呼喊万岁。于是汉王封侯公为平国君。侯公隐藏起来不愿再露面。汉王说："这位是天下的才辩之士，所到之处能倾覆其国，所以称他为平国君。"项羽订约后，就偃旗息鼓，率军回国。

　　汉欲西归，张良、陈平说曰："汉有天下太半①，而诸侯皆附之。楚兵罢（疲）食尽，此天亡楚之时也，不如因其机而遂取之。今释弗击，此所谓'养虎自遗患'也。"汉王听之。汉五年，汉王乃追项王至阳夏南，止军，与淮阴侯韩信、建成侯彭越期会而击楚军。至固陵，而信、越之兵不会。楚击汉军，大破之。汉王复入壁，深堑②而自守。谓张子房曰："诸侯不从约，为之奈何？"对曰："楚兵且破，信、越未有分地，其不至固宜③。君王能与共分天下，今可立致④也。即⑤不能，事未可知也。君王能自陈以东傅⑥海，尽与韩信；睢阳以北至穀城，以与彭越：使各自为战，则楚易败也。"汉王曰："善。"于是乃发使者告韩信、彭越曰："并力击楚。楚破，自陈以东傅海与齐王，睢阳以北至穀城与彭相国。"使者至，韩信、彭越皆报曰："请今进兵。"韩信乃从齐往，刘贾军从寿春并行，屠城父，至垓下。大司马周殷叛楚，以舒屠六，举九江兵，随刘贾、彭越皆会垓下，诣⑦项王。

◎**注释**　①〔太半〕大半。②〔深堑〕挖深壕沟。③〔固宜〕本来应该。④〔致〕招来。⑤〔即〕如果。⑥〔傅〕附着。这里是近的意思。⑦〔诣〕往，到……去，这里有逼近的意思。

◎**大意**　汉王想往西回国，张良、陈平劝说他："汉已拥有大半个天下，而诸侯无不归顺于汉。楚军兵疲粮尽，这正是天要灭楚的时候，不如乘此机会攻灭它。现在放走楚军，这就是常说的'养虎给自己留下祸患'呀。"汉王听从了他们的意见。汉王五年，汉王追赶项羽到了阳夏之南，驻扎下来，与淮阴侯韩信、建成侯彭越约定日期共击楚军。到达固陵后，韩信、彭越的军队却没有来会合。楚军攻打汉军，汉军大败。汉王又进入营垒，深挖壕沟防守。他对张良说："诸侯不守约，怎么办呢？"张良回答说："楚军将败，韩信、彭越没有分到领地。他们不来本在情理之中。君王若能和他们共分天下，现在即可招他们前来。若不能，事情就难以预料了。君王若能将自陈以东到近海之地，都给韩信；睢阳往北至穀城的地区，给彭越：使他们各为自身利益而战，楚国就容易打败了。"汉王说：

"好。"于是派遣使者告诉韩信、彭越说："合力攻打楚军。楚败后，自陈以东到滨海地区给齐王，睢阳以北至穀城给彭相国。"使者到后，韩信、彭越都答复说："请求立即出兵。"韩信于是从齐国前往，刘贾军从寿春并进，屠灭城父，到达垓下。大司马周殷背叛楚国，以舒县之兵屠灭六县，发动九江兵，随同刘贾、彭越会合于垓下，追击项羽。

　　项王军壁垓下，兵少食尽，汉军及诸侯兵围之数重。夜闻汉军四面皆楚歌，项王乃大惊曰："汉皆已得楚乎？是何^①楚人之多也！"项王则夜起，饮帐中。有美人名虞，常幸从；骏马名骓^②，常骑之。于是项王乃悲歌慷慨，自为诗曰："力拔山兮气盖世，时不利兮骓不逝^③。骓不逝兮可奈何，虞兮虞兮奈若何^④！"歌数阕^⑤，美人和之。项王泣数行下，左右皆泣，莫能仰视。

◎**注释**　①〔何〕为何。②〔骓（zhuī）〕毛色黑白相杂的马。③〔逝〕跑。④〔奈若何〕把你怎么办。⑤〔阕〕乐曲每终了一次叫一阕。"数阕"就是几遍。
◎**大意**　项羽在垓下扎起营寨，兵少粮尽，汉军及诸侯军将他们包围数重。夜间听到汉军四面都唱起楚歌，项羽于是大惊道："汉军已夺取楚国了吗？为什么楚人这样多呢？"项羽便晚上起来，在帐中饮酒。有一个名叫虞的美姬，常受宠幸随从项羽，有一匹名叫骓的骏马，项羽经常骑它。于是项羽就慷慨悲歌，自己作诗吟唱道："力能拔山啊，豪气盖世；时运不利啊，骏马难驰。骏马难驰啊，又有何妨？虞姬啊虞姬啊，如何安放！"连唱了几遍，美姬给他伴唱。项羽泪流数行，左右侍从无不哭泣，难以抬头观看。

　　于是项王乃上马骑，麾下壮士骑从者八百余人，直^①夜溃围南出，驰走。平明，汉军乃觉之，令骑将灌婴以五千骑追之。项王渡淮，骑能属^②者百余人耳。项王至阴陵，迷失道，问一田父^③，田父绐^④曰"左"。左，乃陷大泽中。以故汉追及之。项王乃复引兵而东，至东城，乃有二十八骑。汉骑追者数千人。项王自度不得脱。谓其骑曰："吾起兵至今八岁矣，身七十余战，所当者破，所击者服，未尝败北，遂霸有天下。然今卒⑤困于此，此天之亡我，非战之罪也。今日固决死，愿为诸君快战⑥，必三胜之，为诸君溃围，斩将，刈⑦旗，令诸君知天亡我，非战之罪也。"乃分其骑以为四队，四向⑧。汉军围之数重。项王谓其骑曰："吾为公取彼一将。"令四面骑驰下，期山东为三处。于是项王大呼驰下，汉军皆披靡⑨，遂斩汉一将。是时，赤泉侯为骑将，追项王，项王瞋目而叱之，赤泉侯人马俱惊，辟易⑩数里。与其骑会为三处。汉军不知项王所在，乃分军为三，复围之。项王乃驰，复斩汉一都尉，杀数十百人，复聚其骑，亡其两骑耳。乃谓其骑曰："何如？"骑皆伏曰："如大王言。"

◎**注释**　①〔直〕当，趁。②〔属〕连接，这里指跟上。③〔田父（fǔ）〕老农。④〔绐（dài）〕欺骗。⑤〔卒〕终于。⑥〔快战〕痛快地打一仗。⑦〔刈（yì）〕割，砍。⑧〔四向〕面向四方。⑨〔披靡〕原指草木随风倒伏，这里比喻军队溃败。⑩〔辟易〕倒退的样子。

◎**大意**　于是项羽就骑上马，部下壮士骑马相随的有八百多人，半夜里向南冲破重围，驱马而奔。天亮了，汉军才发觉，命骑将灌婴率五千骑兵追赶。项羽渡过淮河，能追随他的骑兵仅一百多人而已。项羽到达阴陵，迷失了道路，问一个老农夫，老农夫骗他说"向左"。左行，就陷入了大沼泽地。因此汉军追上了他们。项羽于是又率兵向东跑，到达东城，只有二十八名骑兵了。汉军骑兵追赶的有几千人。项羽自己估计不能逃脱了。于是对他的骑兵说："我起兵到现在八年了，身经七十余战，所挡之敌败，所攻之敌降，未曾败过，这才称霸天下。然而今天终于被困在这里，这是天要亡我，并非打仗的过错。今日本当决死，愿为诸君痛快地打一仗，一定连胜三次，为诸君突围、斩将、砍旗，让诸君知道是天要亡我，而不是打仗的过错。"于是把他的人马分作四队，四个方向。汉军重重包围了他们。项羽对他的骑兵说："我为你们斩他一将。"命令四个方向的骑兵冲下去，约定在山的东面分三处会合。于是项羽高声呼喊着冲杀下去，汉军惊惧四散，于是斩杀一员汉将。这时，赤泉侯杨喜任骑将，追击项羽，项羽对他怒目呵斥，赤泉侯人马俱惊，倒退了几里，项羽与他的骑兵在三处会合。汉军不知道项羽在哪里，就将部队分为三路，重新包围项王。项羽于是冲杀，又斩杀汉军一个都尉，杀了近百人，再次聚合他的骑兵，仅仅损失两名而已。于是问他的骑兵说："怎么样？"骑兵都敬佩地说："正如大王所说。"

　　于是项王乃欲东渡乌江。乌江亭长檥^①船待，谓项王曰："江东虽小，地方千里，众数十万人，亦足王也。愿大王急渡。今独臣有船，汉军至，无以渡。"项王笑曰："天之亡我，我何渡为^②！且籍与江东子弟八千人渡江而西，今无一人还，纵江东父兄怜而王我，我何面目见之？纵彼不言，籍独不愧于心乎？"乃谓亭长曰："吾知公长者。吾骑此马五岁，所当无敌，尝一日行千里，不忍杀之，以赐公。"乃令骑皆下马步行，持短兵接战。独籍所杀汉军数百人。项王身亦被^③十余创。顾见汉骑司马吕马童，曰："若非吾故人^④乎？"马童面之^⑤，指王翳曰："此项王也。"项王乃曰："吾闻汉购^⑥我头千金，邑万户，吾为汝德^⑦。"乃自刎而死。王翳取其头，余骑相蹂践争项王，相杀者数十人。最其后，郎中骑杨喜，骑司马吕马童，郎中吕胜、杨武各得其一体^⑧。五人共会其体，皆是。分其地为五：封吕马童为中水侯，封王翳为杜衍侯，封杨喜为赤泉侯，封杨武为吴防侯，封吕胜为涅阳侯。

◎**注释**　①〔檥（yǐ）〕停船靠岸。②〔何渡为〕还渡江干什么。③〔被〕遭受。④〔故人〕旧友。⑤〔面之〕跟项王面对面。⑥〔购〕悬赏征求。⑦〔为汝德〕意思是送给你点儿好处。⑧〔体〕身体的部分，四肢加头合称五体。

◎**大意**　项羽这时想东渡乌江浦。乌江亭长移船靠岸等着，对项羽说："江东虽小，但地方千里，民众几十万，也足可称王了。希望大王赶快渡江。现在就我有船，汉军到来，也无船可渡。"项羽笑着说："天要亡我，我渡江干什么！况且我与八千江东子弟一起渡过长江西进，今天没有一人回来，即使江东父老兄弟怜爱而以我为王，我有何面目去见他们？即使他们不说，我能不愧疚于心吗？"于是他对亭长说："我知道你是一个有德行的人，我骑这匹马五年了，所向无敌，曾经日行千里，不忍杀它，赏赐给你吧。"就命令骑兵都下马步行，持短小的兵器交战。仅项羽所杀的汉军就有几百人。项羽也身受十余处伤。回头看见了汉骑司马吕马童，说："你不是我的老朋友吗？"吕马童面对项羽，指给王翳说："这就是项王。"项羽于是说："我听说汉王悬赏千金、封地万户，买我的人头，我为你做件好事吧。"就自刎而死了。王翳割取了项羽的头，其余的骑兵互相践踏争抢项羽的尸体，相互残杀的达几十人。最后，郎中骑杨喜，骑司马吕马童，郎中吕胜、杨武各得项羽身体的一部分。五人所得肢体能合并在一起，确是项羽。所以将悬赏的万户邑分为五份：封吕马童为中水侯，封王翳为杜衍侯，封杨喜为赤泉侯，封杨武为吴防侯，封吕胜为涅阳侯。

项王已死，楚地皆降汉，独鲁不下。汉乃引天下兵欲屠之，为其守礼义，为主死节①，乃持项王头视②鲁，鲁父兄乃降。始，楚怀王初封项籍为鲁公，及其死，鲁最后下，故以鲁公礼葬项王穀城。汉王为发哀，泣之而去。

◎**注释** ①〔死节〕为节操而死。②〔视〕给……看。
◎**大意** 项羽死后，楚地都投降了汉，只有鲁不投降。于是汉王想率天下兵马屠灭他们，后来考虑到鲁人不降是因为他们谨守礼义，能为主而死，就拿项羽的头给鲁人看，鲁父老兄弟这才投降。当初，楚怀王初封项羽为鲁公，到他死后，鲁又是最后投降，所以按鲁公的礼仪将项羽葬于穀城。汉王为他送葬，挥泪而去。

诸项氏枝属①，汉王皆不诛。乃封项伯为射阳侯。桃侯、平皋侯、玄武侯皆项氏，赐姓刘氏。

◎**注释** ①〔枝属〕宗族。

◎**大意** 项羽各支宗族，汉王都不诛杀。还封项伯为射阳侯。桃侯、平皋侯、玄武侯都是项氏一宗，赐为刘姓。

太史公曰：吾闻之周生①曰"舜目盖②重瞳子③"，又闻项羽亦重瞳子。羽岂其苗裔④邪？何兴之暴⑤也！夫秦失其政，陈涉首难，豪杰蜂起，相与并争，不可胜数。然羽非有尺寸⑥，乘势起陇（垄）亩之中⑦，三年，遂将五诸侯⑧灭秦，分裂天下，而封王侯，政由羽出，号为"霸王"，位虽不终⑨，近古以来未尝有也。及羽背关⑩怀楚，放逐义帝而自立，怨王侯叛己，难矣。自矜功伐⑪，奋⑫其私智而不师古⑬，谓霸王之业，欲以力征⑭经营天下，五年卒亡其国，身死东城，尚不觉寤（悟），而不自责，过矣。乃引⑮"天亡我，非用兵之罪也"，岂不谬哉！

◎**注释** ①〔周生〕汉代儒者，姓周。②〔盖〕大概。③〔重瞳子〕两个瞳仁。④〔苗裔〕后代。⑤〔暴〕突然。⑥〔非有尺寸〕指没有根基。⑦〔陇亩之中〕田野之中，指民间。陇，同"垄"。⑧〔五诸侯〕指战国时的齐、赵、韩、魏、燕五个诸侯国。⑨〔位虽不终〕位，指王位。不终，指没有维持到最后。⑩〔背关〕舍弃关中。背，弃。⑪〔自矜功伐〕矜，夸。功伐，功劳，"伐"与"功"同义。⑫〔奋〕振，这里有极力施展的意思。⑬〔师古〕效法古人。⑭〔力征〕以武力征伐。⑮〔引〕拿过来，这里有找借口的意思。

◎**大意** 太史公说：我听周生说"舜的眼睛大概有双瞳子"，又听说项羽也是双瞳子。项羽难道是舜的后裔吗？为什么兴起那样突然呢！秦朝暴虐无道，陈胜首先发难，英雄豪杰蜂拥而起，相互争斗，不可胜数。然而项羽并无尺寸之权势可借，却乘势兴起于民间，仅三年，就率领五诸侯灭亡了秦朝，分割天下，封授王侯，政令由项羽发布，号称"霸王"，王位虽未善终，近古以来也是未曾有过的。等到项羽放弃关中回归楚国，驱逐义帝而自立为王，怨恨诸侯王背叛自己，其处境就困难了。他自夸功劳，逞个人机智而不效法古人，认为霸王大业，要以武力来夺取经营，仅五年时间就丢掉了自己的国家，身死东城，还不觉悟，也不责备自己，这已是大错特错了。竟然找借口"天要亡我，并非用兵的过错"，岂不荒谬！

◎ 知识拓展

众所周知，项羽并未称帝，终其一生最高的称谓也仅为"西楚霸王"，司马迁却将其列入本纪之中，这明显是一次破例。唐代司马贞认为："项羽崛起，争雄一朝，假号西楚，竟未践天子之位，而身首别离，斯亦不可称本纪，宜降为世家。"刘知几也认为："项羽僭盗而死，未得成君，求之于古，则齐无知、卫州吁类也，安得讳其名字，呼之曰王者乎？况其名曰西楚，号止霸王者乎！霸王者，即当时诸侯。诸侯而称本纪，求名责实，再三乖谬。"他们不认可司马迁的处理方式。维护司马迁的一方则从历史现实角度出发，肯定项羽在秦末动乱及楚汉之争中的实际历史地位。郝敬曰："羽与高帝并起，灭秦之功略相当，而羽以霸王主盟，尤一时之雄也。秦灭六国，楚灭秦，秦既纪矣，可绌楚乎？故并尊羽于秦汉间，不欲以成败论英雄也。扬子云谓嬴政二十六载而天下嬗秦，秦十五载而楚，楚五载而汉，五十载之际而天下三嬗，与子长之意正同。方羽分封诸侯，已嬗天下为帝王，为之本纪，非过也。"若如郝敬所言，将项羽列入本纪是基于秦末楚政权的现实存在性。然而楚政权君主为楚怀王心，为何司马迁不为楚怀王心立本纪而选择将项羽列入本纪？不可否认，将项羽列入本纪包含着司马迁基于历史现实的考量，体现着司马迁在选择传主上的现实指向原则；除此之外，更重要的原因其实是司马迁对项羽本人的无比崇敬与深切同情，这种感情直接促使他将项羽列入本纪之中。吴汝煜说："项羽，这位'喑呜叱咤，千人皆废'的盖世英雄，在秦汉之际的历史舞台上虽然只活动了短短八个年头，但他以自己的满腔热血，写下了一首最悲壮慷慨的诗。这首诗，在他生前就使天下人民的心弦为之激荡、振奋；在他身后，更使无数人为之吟咏、唱叹。司马迁是个好奇心很强又特别富于感情的历史学家。通过对项羽短暂而又不平凡的一生的考察，他被项羽性格的悲剧性和项羽形象的英雄色彩深深地打动了。因此，在项羽形象的塑造上，他'以全神付之'，倾注了自己的全部热情，奉献了自己最杰出的艺术才华。"司马迁对项羽的这份特殊情感，很可能是促使其将项羽列入本纪的主要原因。

高祖本纪

第八

《高祖本纪》是有关汉代开创者刘邦的传记，依次记录了刘邦神异的出生和经历、灭秦和楚汉战争中的事件以及夺取天下之后的历史。《高祖本纪》包括了高祖早期事迹、秦纪年内容和汉纪年内容三部分。高祖早期事迹以故事的形式出现，并不按照纪年的方式排列。编年记事内容从秦二世元年开始，也是从此时期开始记载刘邦破秦的过程。破秦之后，文本开始采用汉纪年方式，依次记录汉元年到十二年的历史事件，其后包括了楚汉之争和汉初的政治、军事事件。《高祖本纪》有关刘邦早期事迹的文本与编年记事的文本有一个共同点，即都侧重刘邦私人细节故事的展露。不同的是，刘邦形象在早期故事文本中表面展露的是一位天命注定的政治宠儿，背后则是一个阴谋的政治家；编年记事文本则从光辉的一面展示了一个懂得选贤任能、从谏如流、颇具英雄气概的大丈夫形象。司马迁并不彻底否定刘邦。尽管司马迁在《项羽本纪》以及萧何、曹参等其他功臣列传中对刘邦有讽刺性记载，但《高祖本纪》作为刘邦的正传，主要还是从正面写刘邦，刘邦是作为开国者形象出现的。司马迁肯定刘邦灭秦和统一天下的伟大功业，尽管刘邦早期故事文本带有很大的神异色彩，但其背后隐约表现出的对刘邦的讽刺正表明司马迁正视了刘邦从一个市井顽劣之徒成长为一个统治者的过程。功成名就之后返乡，正是得意之时。《高祖本纪》写刘邦返乡时却带着一丝丝愁绪。《大风歌》最后归于对人才的渴求。刘邦起舞，又"慷慨伤怀，泣数行下"，流露出对故乡深切的情感。这是《高祖本纪》中仅有的一次记载刘邦深情的流露，展现了一个真真切切的暮年英雄。这与《项羽本纪》最后记录项羽垓下悲歌与美人凄婉别离有异曲同工之妙。司马迁在《高祖本纪》中有意采录刘邦军国大事之外的故事内容，成功地展现出刘邦夺取天下的个人原因。与项羽相比，他更懂得选贤任能，更易于采言纳谏。《高祖本纪》里的刘邦是一个有真情、有智慧的鲜活的人物，又是一个具有英雄气概的帝王。本篇在叙事上将楚汉之争诸事纷纷抖碎，组织而成，整中见乱，乱中见整。司马迁用"是时""当是时""于是"等词，采用多种叙事顺序，东穿西插，纵横不乱，绝无痕迹，表现出极高的叙事技巧。在写人上，只在篇首、篇后几个细节处刻画刘邦的豁达本色，语语入神。

高祖，沛丰邑中阳里人，姓刘氏，字季。父曰太公①，母曰刘媪②。其先③刘媪尝息大泽之陂④，梦与神遇。是时⑤雷电晦冥⑥，太公往视，则见蛟龙于其上。已而⑦有身，遂产高祖。

◎**注释** ①〔太公〕古代对于老年男子的尊称。②〔媪（ǎo）〕古代对于老年女子的尊称。③〔其先〕起初。④〔陂（bēi）〕水边，岸边。⑤〔是时〕这时候。⑥〔晦冥〕昏暗。⑦〔已而〕不久。

◎**大意** 高祖，沛县丰邑中阳里人。姓刘，表字季。父亲叫太公，母亲叫刘媪。当初刘媪曾在大湖岸边休息，梦中与神相遇。这时雷鸣电闪天昏地暗，太公前去看她，便看到蛟龙在刘媪身上。此事发生后不久刘媪就怀孕了，于是生了高祖。

高祖为人，隆准①而龙颜②，美须髯③，左股④有七十二黑子⑤。仁而爱人，喜施⑥，意豁如⑦也。常有大度，不事⑧家人⑨生产作业。及壮，试为吏，为泗水亭长，廷⑩中吏无所不狎侮⑪。好酒及色。常从王媪、武负贳⑫酒，醉卧，武负、王媪见其上常有龙，怪之。高祖每酤⑬留饮，酒雠⑭数倍。及见怪，岁竟⑮，此两家常折券弃责（债）⑯。

◎**注释** ①〔隆准〕高鼻梁。准，鼻梁。②〔龙颜〕像龙一样的面貌。③〔须髯〕胡子。髯，两颊上的胡须。④〔股〕大腿。⑤〔黑子〕黑痣。⑥〔施〕施舍，布施。⑦〔豁如〕豁达豪放的样子。⑧〔事〕从事，参加。⑨〔家人〕平常人家。⑩〔廷〕官署。⑪〔狎侮〕狎，亲近而不庄重。侮，欺侮，捉弄。⑫〔贳（shì）〕租赁，赊欠。⑬〔酤（gū）〕买酒。⑭〔雠〕售，卖出去。⑮〔岁竟〕年终。⑯〔折券弃责（zhài）〕毁去债据，不再讨债。券，赊欠的字据。责，同"债"。

◎**大意** 高祖这个人，长得隆鼻龙额，胡须很好看，左大腿上有七十二颗黑痣。他对人亲善宽厚，喜欢予人恩惠，性情豁达。他一向胸怀大志，不做平常人家所从事的生产劳动。到了壮年，他被用为吏，担任泗水亭长，县衙里的吏员没有不被他轻侮的。他爱好酒与女色，常常到王媪、武负的酒馆赊酒喝，喝醉了便睡倒，武负、王媪常看到他的上方有龙盘旋，深感奇怪。高祖每次来买酒或留下喝酒，卖出去的酒总是平时的几倍。发现怪异现象后，年终时，这两家酒店常销毁他的欠据，舍去他的酒债。

高祖常（尝）繇（徭）咸阳，纵观①，观秦皇帝，喟然太息②曰："嗟乎，大丈夫当如此也！"

◎**注释** ①〔纵观〕指许可百姓观看皇帝的车驾。②〔喟（kuì）然太息〕喟然，感叹的样子。太息，深深地叹息。

◎**大意** 高祖曾经在咸阳服劳役，有一天允许百姓观看皇帝的车驾，他看到了秦始皇，感慨地长叹说："啊，大丈夫应当这样啊！"

单父人吕公善①沛令，避仇从之客，因家沛②焉。沛中豪桀③吏闻令有重客，皆往贺。萧何为主④吏，主进⑤，令诸大夫⑥曰："进不满千钱，坐之堂下。"高祖为亭长，素易诸吏⑦，乃绐为谒⑧曰"贺钱万"，实不持一钱。谒入，吕公大惊，起，迎之门。吕公者，好相人⑨，见高祖状貌，因重敬之，引入坐。萧何曰："刘季固多大言，少成事。"高祖因狎侮诸客，遂坐上坐，无所诎⑩。酒阑⑪，吕公因目固留⑫高祖。高祖竟⑬酒，后。吕公曰："臣少好相人，相人多矣，无如季相，愿季自爱⑭。臣有息女⑮，愿为季箕帚妾⑯。"酒罢，吕媪怒吕公曰："公始常欲奇⑰此女，与贵人。沛令善公，求之不与，何自妄⑱许与刘季？"吕公曰："此非儿女子⑲所知也。"卒与刘季。吕公女乃吕后也，生孝惠帝、鲁元公主。

◎**注释** ①〔善〕友善，跟……要好。②〔家沛〕把家安在沛县。家，这里是安家的意思。③〔豪桀〕即豪杰，才能出众的人。④〔主〕主管，主持。⑤〔进〕指收入的钱财。⑥〔大夫〕对宾客的尊称。⑦〔素易诸吏〕素，平素，向来。易，轻视，瞧不起。⑧〔绐为谒〕绐，欺骗。谒，名帖。⑨〔相人〕给人看相。⑩〔诎〕卑屈谦让貌。⑪〔酒阑〕酒快喝完了。阑，残尽。⑫〔因目固留〕目，用眼色示意。固，坚决。⑬〔竟〕尽，完。⑭〔自爱〕自己珍重。⑮〔息女〕亲生女儿。息，生。⑯〔箕帚妾〕谦辞，做从事洒扫等事的婢妾，这里指做妻子。⑰〔奇〕使……奇。即使之显贵之意。⑱〔妄〕随便。⑲〔儿女子〕等于说妇孺之辈，有蔑视之意。

◎**大意** 单父人吕公与沛县令交好，为避仇到沛县令家客居，就在沛县安家了。沛县的豪杰官吏听说县令家有贵客，都奉送礼物前往道贺。萧何任主吏，主管接收礼品，对来贺的宾客说："贺礼不满千钱的，请坐在堂下。"高祖担任亭长，一向看不起这班官吏，就在名帖上哄骗道"贺钱一万钱"，实际没带一个钱。名帖递进去，吕公大惊，急忙起身，到门口迎接。吕公这个人，善于给人相面，一见高祖相貌，就十分敬重他，将他领到堂上坐下。萧何说："刘季一向爱说大话，很少能说到做到。"高祖趁机要戏侮这些宾客，就坐了上座，毫不谦让。酒快喝完了，吕公用眼色示意高祖一定留下。高祖一直等到席散，留到最后。吕公说："我年轻时就喜欢给人相面，相过的人很多，没有像你这样的贵相，希望你自爱。我有一个亲生女儿，愿意给你做洒扫的婢妾。"酒宴结束后，吕媪生气地对吕公说："你以前常想让女儿显贵，要将她嫁给贵人。沛县令和你交情好，要娶她你不肯，你怎么胡乱许给刘季呢？"吕公说："这不是你们这些女流之辈能懂的。"最终把女儿嫁给了刘季。吕公的女儿就是吕后，生了孝惠帝、鲁元公主。

高祖为亭长时，常告归之田①。吕后与两子②居田中耨③，有一老父④过请饮⑤，吕后因餔⑥之。老父相吕后曰："夫人天下贵人。"令相两子，见孝惠，曰："夫人所以贵者，乃此男也。"相鲁元，亦皆贵。老父已去，高祖适⑦从旁舍⑧来，吕后具⑨言客有过，相我子母皆大贵。高祖问，曰："未远。"乃追及，问老父。老父曰："乡（向）者夫人婴儿皆似君，君相贵不可言。"高祖乃谢曰："诚⑩如父言，不敢忘德。"及高祖贵，遂不知老父处。

◎**注释** ①〔告归之田〕告，告假，请假。之，往，到……去。②〔子〕孩子，古代儿子和女儿都称子。③〔居田中耨（nòu）〕居，在。耨，锄草。④〔老父〕对老年男子的尊称。⑤〔请饮〕要水喝。请，求。⑥〔餔（bū）〕拿食物给人吃。⑦〔适〕正巧。⑧〔旁舍〕邻居。⑨〔具〕全都，原原本本地。⑩〔诚〕果真，如果。

◎**大意**　高祖做亭长时，常常休假回家种田。吕后和两个孩子在田中锄草，有个过路的老人向她讨水喝，吕后便给他食物。老人仔细看了吕后的相貌说："夫人是天下的贵人。"吕后让他给两个孩子看相，见了孝惠，说："夫人所以相贵，就因为这个男孩。"又相鲁元，也是贵人之相。老人走了，高祖恰巧从邻居家过来，吕后给他详述了刚才路过这里的老人认为其母子都是大贵之相的事。高祖问有多久了，吕后说："没走多远。"于是高祖便追去，问老人。老人说："方才那位夫人和小孩的命相都像你，你的命相贵不可言。"高祖便道谢说："若能真如老先生所言，我不会忘记你的恩德。"等到高祖显贵时，就不知道老人的去向了。

高祖为亭长，乃以竹皮为冠，令求盗①之薛治之，时时冠之，及贵常冠②，所谓"刘氏冠"乃是也。

◎**注释**　①〔求盗〕亭长手下专管追捕盗贼的差役。②〔常冠〕经常戴。冠，戴帽子。

◎**大意**　高祖做亭长时，喜欢戴用竹皮做的帽子，让负责捕盗的卒吏到薛县定做，时常戴着它。到了显贵时他还常常戴，人们常说的"刘氏冠"就是这种帽子。

高祖以亭长为县送徒①郦山，徒多道亡②。自度③比至④皆亡之，到丰西泽中，止饮，夜乃解纵⑤所送徒。曰："公等皆去，吾亦从此逝⑥矣！"徒中壮士愿从者十余人。高祖被酒⑦，夜径⑧泽中，令一人行前。行前者还报曰："前有大蛇当径⑨，愿还。"高祖醉，曰："壮士行，何畏！"乃前，拔剑击斩蛇。蛇遂分为两，径开。行数里，醉，因卧。后人来至蛇所⑩，有一老妪⑪夜哭。人问何哭，妪曰："人杀吾子，故哭之。"人曰："妪子何为见杀⑫？"妪曰："吾子，白帝子⑬也，化为蛇，当道，今为赤帝子⑭斩之，故哭。"人乃以妪为不诚，欲笞⑮之，妪因忽不见。后人至，高祖觉⑯。后人告高祖，高祖乃心独喜，自负。

诸从者日益畏之。

◎**注释** ①〔徒〕壮丁。②〔道亡〕半路逃跑。亡，逃。③〔度（duó）〕估计，揣摩。④〔比至〕等到了（郦山）。⑤〔解纵〕解放，放走。纵，放。⑥〔逝〕走，离去。这里指逃亡。⑦〔被酒〕带有几分酒意。被，加。⑧〔径〕小路，这里作动词，从小路走。⑨〔当径〕横在小径当中。⑩〔所〕处，处所。⑪〔老妪〕老妇人。⑫〔见杀〕被杀。见，被。⑬〔白帝子〕暗喻秦朝的帝王。白帝，古代传说的五天帝之一，西方之神。秦朝祭祀白帝。⑭〔赤帝子〕赤帝，五天帝之一，南方之神。汉代自称赤帝子孙。⑮〔笞〕鞭打。⑯〔觉〕醒，睡醒。

◎**大意** 高祖以亭长的身份替县里往郦山押送役夫，不少役夫在途中逃走。高祖估计等到了郦山役夫会跑光，到了丰邑西边的一片洼地中，停下来饮酒，夜里便放了所押送的役夫。说："你们都走吧，我也从这里逃亡了！"役夫中愿意跟随他的有十几人。高祖带着醉意，连夜抄小路穿过洼地，命一个人在前边探路。前行的人回来报告说："前面有条大蛇挡路，请回转吧。"高祖已醉，说："壮士行走，怕什么！"于是赶上前去，拔出剑斩蛇。蛇随即被分为两段，路被开通。往前走了几里，高祖大醉，就躺下了。后面的人来到斩蛇的地方，有一个老妇在那里哭泣。这些人问她为什么哭，老妇人说："有人杀了我的儿子，所以才哭。"这些人说："你的儿子为什么被杀？"老妇人说："我儿子是白帝的儿子，变成蛇，挡在路上，现在被赤帝的儿子杀了，所以哭他。"人们便以为老妇的话不真实，要抽打她，老妇忽然不见了。后边的人赶到时，高祖已睡醒。这些人告诉高祖刚才的事，高祖暗自欢喜，自命不凡。那些追随他的人对他越来越敬服了。

秦始皇帝常曰"东南有天子气①"，于是因东游以厌②之。高祖即自疑，亡匿③，隐于芒、砀山泽岩石之间。吕后与人俱求④，常得⑤之。高祖怪问之。吕后曰："季所居上常有云气，故从往⑥常得季。"高祖心喜。沛中子弟或⑦闻之，多欲附者矣。

◎**注释** ①〔天子气〕古代方士称可以通过观云气预知吉凶祸福。所谓"天子气",就是预示将有天子出现之气。②〔厌(yā)〕压住,镇住。③〔亡匿〕逃跑藏起来。④〔求〕寻找。⑤〔得〕找到。⑥〔从往〕顺着云气的方向前往。⑦〔或〕有人。

◎**大意** 秦始皇帝常说"东南方有天子气",为此他巡游东方予以震慑。高祖怀疑此事与自己有关,跑出去躲避,隐藏在芒、砀一带的山泽岩石间。吕后跟别人一起去找他,常能找到。高祖奇怪地问她原因。吕后说:"你所住的地方上面经常有云气,所以依着云气去找,就常能找到你。"高祖由衷地高兴。沛县的年轻人听说了此事,很多人想去追随他。

秦二世元年秋,陈胜等起①蕲,至陈而王②,号为"张楚"。诸郡县皆多杀其长吏③以应陈涉。沛令恐,欲以沛应涉。掾、主吏萧何、曹参乃曰:"君为秦吏,今欲背之,率沛子弟,恐不听。愿君召诸亡在外者,可得数百人,因劫众④,众不敢不听。"乃令樊哙召刘季。刘季之众已数十百人矣。

◎**注释** ①〔起〕指起事,起义。②〔王〕称王。③〔长吏〕高级官吏。④〔因劫众〕因,借,依。劫,劫迫,威胁。

◎**大意** 秦二世元年秋天,陈胜等在蕲县起义,到陈县后自立为王,号称"张楚"。各个郡县大都杀其官员以响应陈涉。沛县县令害怕,想要带领沛县响应陈涉。狱掾、主吏萧何、曹参于是说:"你是秦朝的官吏,如今要背叛它,率领沛县子弟,恐怕他们不会听从你。希望你招引那些逃亡在外的人,可以得到几百人。利用他们挟持县中的民众,民众不敢不听命于你。"县令于是派樊哙去召唤刘季。刘季的追随者已有近百人了。

于是樊哙从刘季来。沛令后悔,恐其有变,乃闭城城守①,欲诛萧、曹。萧、曹恐,逾城保②刘季。刘季乃书帛③射城上,谓沛父老曰:"天下苦秦④久矣。今父老虽为沛令守,诸侯并起,今屠沛。沛今共诛令，择子弟可立者立之，以应诸侯，则家室完⑤。不然，父子俱屠，无为⑥也。"父老乃率子弟共杀沛令，开城门迎刘季，欲以为沛令。刘季曰："天下方扰⑦，诸侯并起，今置将不善，一败涂地。吾非敢自爱⑧，恐能⑨薄，不能完父兄子弟。此大事，愿更相推择⑩可者。"萧、曹等皆文吏，自爱，恐事不就⑪，后秦种族⑫其家，尽让刘季。诸父老皆曰："平生⑬所闻刘季诸珍怪，当贵，且卜筮⑭之，莫如刘季最吉。"于是刘季数让。众莫敢为，乃立季为沛公。祠黄帝、祭蚩尤于沛庭，而衅鼓旗⑮，帜皆赤。由所杀蛇白帝子，杀者赤帝子，故上（尚）赤。于是少年豪吏如萧、曹、樊哙等皆为收沛子弟二三千人，攻胡陵、方与，还守丰。

◎**注释**　①〔城守〕凭借城墙防守。②〔保〕归附。③〔书帛〕在帛上书写，这里是指在帛上写信。④〔苦秦〕等于说"苦于秦"，即为秦所苦的意思。⑤〔完〕完整，保全。⑥〔无为〕无谓，无意义，不值得。⑦〔扰〕乱。⑧〔自爱〕吝惜自己的性命，爱，吝惜。⑨〔能〕才能，能力。⑩〔更相推择〕更，重新。相，共同。推择，推选。⑪〔不就〕不能成功。就，成。⑫〔种族〕灭族。⑬〔平生〕平时，平素。⑭〔卜筮（shì）〕占卜。⑮〔衅鼓旗〕把牲畜的血涂在鼓和旗上。衅，古代的一种祭祀仪式，将牲畜的血涂在新制的器物上。

◎**大意**　就这样樊哙随刘季来到沛县。沛县令又后悔了，害怕他们发生变故，于是关上城门加以防守，想要杀掉萧何、曹参。萧、曹二人恐惧，翻越城墙投靠刘季。刘季于是用帛写了一封信射到城上，对沛县的父老说："天下人受秦朝暴政之苦太久了。现在大家虽然在为沛县令防守城池，但各方诸侯都已起兵，很快就会屠灭沛县。如果大家现在一起杀掉县令，推举一位可做首领的沛县子弟主事，以响应诸侯，那么诸位的家室就可以保全。不然，老少都被屠杀，就不值得了。"父老便率领子弟一起杀掉沛县令，打开城门迎刘季入城，想让他做沛县令。刘季说："当今天下大乱，诸侯并起，现在如若首领选择不当，一旦失败就不可收拾。我不是要保全自己，而是怕能力浅薄，不能保全父老兄弟。这是大事，希望大家另推举一位可以胜任的人。"萧何、曹参都是文吏，只求自保，害怕事情不成功，日后会被秦朝灭族，尽可能地让给刘季。各位父老都说："平时听说刘季各种奇闻逸事，应当显贵，况且占卜此事，没有比刘季更吉利的人了。"这时刘季还是再三谦让。大家没人敢应，于是拥立刘季为沛公。在沛县衙门祭祀了黄帝、蚩尤，又杀牲取血涂鼓祭旗，旗帜都是红色。因为以前所杀的蛇是白帝的儿子，而杀它的是赤帝的儿子，所以崇尚红色。于是年轻的豪杰如萧何、曹参、樊哙等人都去征召沛县的青年，聚集了两三千人，攻打胡陵、方与，之后回军驻守丰邑。

秦二世二年，陈涉之将周章军西至戏而还。燕、赵、齐、魏皆自立为王。项氏起吴。秦泗川监平将兵围丰，二日，出与战，破之。命雍齿守丰，引兵之薛。泗川守壮败于薛，走①至戚，沛公左司马得②泗川守壮，杀之。沛公还军亢父，至方与，周市来攻方与③，未战。陈王使魏人周市略地④。周市使人谓雍齿曰："丰，故梁徙⑤也。今魏地已定者数十城。齿今下魏，魏以齿为侯守丰。不下⑥，且⑦屠丰。"雍齿雅⑧不欲属沛公，及魏招之，即反为魏守丰。沛公引兵攻丰，不能取。沛公病，还之沛。沛公怨雍齿与丰子弟叛之，闻东阳宁君、秦嘉立景驹为假王⑨，在留，乃往从⑩之，欲请兵以攻丰。是时秦将章邯从陈⑪，别将司马㑊将兵北定楚地，屠相，至砀。东阳宁君、沛公引兵西⑫，与战萧西，不利。还收兵聚留，引兵攻砀，三日乃取砀。因收砀兵，得五六千人。攻下邑，拔之。还军丰。闻项梁在薛，从骑⑬百余往见之。项梁益⑭沛公卒五千人、五大夫将十人。沛公还，引兵攻丰。

◎**注释** ①〔走〕逃亡。②〔得〕俘获。③〔周市来攻方与〕疑衍文。④〔略地〕夺取土地。⑤〔徙〕迁徙，这里指迁徙地。⑥〔下〕投降。⑦〔且〕将要。⑧〔雅〕向来。⑨〔假王〕代理的王。⑩〔从〕追随，投奔。⑪〔从陈〕追赶陈胜军。⑫〔西〕向西，西进。⑬〔从骑〕带着随从骑兵。从，使跟随。⑭〔益〕增加。

◎**大意** 秦二世二年，陈胜的将领周章率部西进到戏水而回。燕、赵、齐、魏诸国都自立为王。项梁、项羽在吴县起兵。秦朝泗川郡监平率兵围攻丰邑，两天后，沛公出去应战，打败了秦军。沛公命令雍齿坚守丰邑，自己引兵去攻打薛县。泗川郡守壮在薛县被打败，跑到戚邑，沛公左司马擒获泗川郡守壮，杀死了他。沛公回军亢父，到了方与，周市来攻打方与，没有交战。陈胜派魏国人周市攻城略地。周市派人对雍齿说："丰邑，曾是梁国迁都之地。现在魏国已平定了几十座城邑。你如果投降魏国，魏国就封你为侯驻守丰邑。不投降的话，就要血洗丰邑。"雍齿向来不想隶属沛公，等魏国一招引，马上背叛沛公而替魏国防守丰邑。沛公率军攻打丰邑，未能攻克。沛公生了病，回到沛县。沛公怨恨雍齿和丰邑的子弟都背叛自己，听说东阳宁君、秦嘉拥立景驹代理楚王，在留县，就前去投靠他们，想借兵攻打丰邑。这时秦将章邯围追陈胜，偏将司马尸（yí）率军北进平定楚地，屠灭了相县，来到砀县。东阳宁君、沛公引兵西进，在萧县西面交战，打得不顺利。回到留县聚集散兵，率军攻打砀县，三天就攻克了砀县。趁机收服砀县兵员，获得五六千人。又攻打下邑，攻了下来。回军丰邑。听说项梁在薛县，沛公带百余名随从骑兵去见他。项梁给沛公增拨士兵五千人、五大夫级的将官十人。沛公返回，率军攻打丰邑。

　　从项梁月余，项羽已拔①襄城还。项梁尽召别将居薛。闻陈王定死，因立楚后怀王孙心为楚王，治盱台②。项梁号武信君。居数月，北攻亢父，救东阿，破秦军。齐军归，楚独追北③，使沛公、项羽别攻城阳，屠之。军④濮阳之东，与秦军战，破之。

◎**注释**　①〔拔〕攻克，打下。②〔治盱台〕在盱台定都。治，设置治所，这里指定都。③〔追北〕追击败逃的军队。北，败逃。④〔军〕驻军，驻扎。

◎**大意**　沛公跟随项梁一个多月时，项羽攻取了襄城而回。项梁把各部将领都召集到薛县，听说陈王确实死了，于是拥立楚国后人怀王的孙子心为楚王，建都盱台。项梁号为武信君。过了几个月，楚军北进攻打亢父，救援东阿，打败了秦军。齐军回归本国，楚军单独追击败逃的秦军，派沛公、项羽从另一路攻打城阳，屠灭了城阳。驻扎于濮阳东面，与秦军交战，打败了秦军。

秦军复振，守濮阳，环水①。楚军去而攻定陶，定陶未下。沛公与项羽西略地至雍丘之下，与秦军战，大破之，斩李由。还攻外黄，外黄未下。

◎**注释** ①〔环水〕引水环城。

◎**大意** 秦军重整旗鼓，固守濮阳，引水环城作为屏障。楚军撤离而转攻定陶，没有攻下。沛公和项羽西进到雍丘城下，与秦军交战，大破秦军，杀了李由。接着回军攻打外黄，没有攻克。

项梁再破秦军，有骄色。宋义谏，不听。秦益章邯兵，夜衔枚①击项梁，大破之定陶，项梁死。沛公与项羽方攻陈留，闻项梁死，引兵与吕将军俱东②。吕臣军彭城东，项羽军彭城西，沛公军砀。

◎**注释** ①〔衔枚〕枚，像筷子一样的东西，两头有绳子。古人作战，为防止喧哗，就命士兵把"枚"衔在嘴里，绳子结在脑后颈项上，叫作"衔枚"。②〔东〕向东，东进。

◎**大意** 项梁又一次打败了秦军，有骄傲的神色。宋义劝诫，他不听。秦派兵增援章邯，于夜间衔枚偷袭项梁，在定陶大败楚军，项梁战死。沛公和项羽正在攻打陈留，听说项梁死了，率军与将军吕臣一起东退。吕臣驻扎在彭城东面，项羽驻扎在彭城西面，沛公驻扎在砀县。

章邯已破项梁军，则以为楚地兵不足忧，乃渡河，北击赵，大破之。当是之时，赵歇为王，秦将王离围之巨鹿城，此所谓河北之军也。

◎**大意** 章邯打垮了项梁的军队，便以为楚地战事不用担心了，就渡过黄河，北进攻打赵国，大破赵军。这时，赵歇为赵王，秦将王离把他围困在巨鹿城，这就是所谓的"河北之军"。

秦二世三年，楚怀王见项梁军破，恐，徙盱台都彭城，并吕臣、项羽军自将之。以沛公为砀郡长，封为武安侯，将砀郡兵。封项羽为长安侯，号为鲁公。吕臣为司徒，其父吕青为令尹。

◎**大意**　秦二世三年，楚怀王看到项梁的军队已垮，十分害怕，从盱台迁都彭城，合并吕臣、项羽的军队亲自统率。他任命沛公为砀郡长，封其为武安侯，统领砀郡的军队。封项羽为长安侯，号为鲁公。吕臣任司徒，他的父亲吕青为令尹。

赵数请救，怀王乃以宋义为上将军，项羽为次将，范增为末将，北救赵。令沛公西略地入关。与诸将约，先入定关中者王①之。

◎**注释**　①〔王（wàng）〕使……为王。
◎**大意**　赵国多次请求救援，楚怀王便任命宋义为上将军，项羽为次将，范增为末将，北进救援赵国。命令沛公向西进军关中。并与各路将领约定，先平定关中的做关中王。

当是时，秦兵强，常乘胜逐北，诸将莫利①先入关。独项羽怨秦破项梁军，奋②，愿与沛公西入关。怀王诸老将皆曰："项羽为人僄悍③猾贼④。项羽尝攻襄城，襄城无遗类⑤，皆坑之，诸所过无不残灭⑥。且楚数进取，前陈王、项梁皆败。不如更遣长者扶义⑦而西，告谕⑧秦父兄。秦父兄苦其主久矣，今诚得长者往，毋侵暴⑨，宜可下⑩。今项羽僄悍，今不可遣。独沛公素宽大长者，可遣。"卒不许项羽，而遣沛公西略地，收陈王、项梁散卒⑪。乃道⑫砀至成阳，与杠里秦军夹壁⑬，破魏二军。楚军出兵击王离，大破之。

◎**注释** ①〔利〕以为有利。②〔奋〕气愤、愤激。③〔慓悍〕轻捷勇猛。④〔猾贼〕狡猾残忍。⑤〔遗类〕残存者。⑥〔残灭〕杀光。⑦〔扶义〕扶持仁义，等于说实行仁义。⑧〔告谕〕通告，告知。⑨〔侵暴〕侵害，欺凌。⑩〔宜可下〕宜，应该。下，使降服，攻下。⑪〔散卒〕散兵，残兵。⑫〔道〕取道。⑬〔夹壁〕对垒。壁，营垒。

◎**大意** 这时候，秦军强盛，常常乘胜追击败军，各路将领没人认为先入关是有利的。只有项羽怨恨秦军打败了项梁，愤激难捺，愿和沛公西进入关。怀王手下的老将都说："项羽为人勇猛凶残。他曾经攻克襄城，襄城军民没有留下一人，全都被活埋了。凡他所过之处，没有不被彻底毁灭的。况且楚军多次进攻，以前陈胜、项梁都失败了。不如另派一位忠厚的人实行仁义，向西进发，使秦地的父老兄弟明白。秦地的父老兄弟受其君主的苦已很久了，如今若真能有一位宽厚之人前去，不欺凌暴虐，应能攻克。而今项羽慓悍，不可派遣。只有沛公向来是宽厚的长者，可以派遣。"怀王最终没有答应项羽，而派遣沛公西进攻取秦地。沛公收集陈王、项梁的散兵，路经砀，到达成阳，与杠里的秦军对垒，打败了秦军的两支部队。楚军出兵攻击王离，把他的军队打得大败。

　　沛公引兵西，遇彭越昌邑，因与俱攻秦军，战不利。还至栗，遇刚武侯，夺其军，可①四千余人，并之。与魏将皇欣、魏申徒武蒲之军并攻昌邑，昌邑未拔。西过高阳。郦食其为监门，曰："诸将过此者多，吾视沛公大人②长者。"乃求见说沛公。沛公方踞床③，使两女子洗足。郦生不拜④，长揖⑤，曰："足下必欲诛无道秦，不宜踞见长者。"于是沛公起，摄衣谢之⑥，延⑦上坐。食其说沛公袭陈留，得秦积粟。乃以郦食其为广野君，郦商为将，将陈留兵，与偕⑧攻开封，开封未拔。西与秦将杨熊战白马，又战曲遇东，大破之。杨熊走之荥阳，二世使⑨使者斩以徇⑩。南攻颍阳，屠之。因张良遂略韩地轘辕。

◎**注释** ①〔可〕将近，大约。②〔大人〕德行高尚的人。③〔踞床〕伸开腿坐在床上。这是非常不礼貌的姿势。踞，伸开腿坐。④〔拜〕行敬礼。古时为下跪叩头及打恭作揖的通称。⑤〔长揖〕古时一种不分尊卑的相见礼。拱手高举，自上而下。⑥〔摄衣谢之〕摄，整理。谢，道歉。⑦〔延〕引入，请入。⑧〔偕〕一起。⑨〔使〕派。⑩〔徇〕示众。

◎**大意**　沛公引兵西进，在昌邑遇见彭越，就和他一起攻打秦军，打得不顺利。他回到栗县，和刚武侯相遇，夺取了他的军队，有四千多人，并入了自己的军队。与魏将皇欣、魏申徒武蒲的军队联合攻打昌邑，没有攻克。向西进军路过高阳。郦食其（yì jī）任监门，说："经过这里的将领很多，我看沛公是一个有德行的贵人。"于是请求进见游说沛公。沛公正坐在床上，让两个女子给他洗脚。郦食其见了不下拜，只是深深拱手行礼，说："足下如果一定要诛讨无道的秦朝，就不应该蹲坐着接见长者。"于是沛公站了起来，整理衣服向他道歉，请他坐上座。郦食其劝说沛公袭击陈留，获得秦军的储粮。沛公于是封郦食其为广野君，郦商为将，统率陈留的兵马，与他一起攻打开封，没有攻克。西进与秦将杨熊在白马交战，又在曲遇东面打了一仗，大败秦军。杨熊逃去荥阳，秦二世派使者将他斩首示众。沛公南进攻打颍阳，屠杀全城。凭借张良夺取了韩国的镮（huán）辕关。

　　当是时，赵别将司马卬方欲渡河入关，沛公乃北攻平阴，绝河津①。南，战雒阳东，军不利，还至阳城，收军中马骑，与南阳守齮战犨东，破之。略南阳郡，南阳守齮走，保城守宛。沛公引兵过而西。张良谏曰："沛公虽欲急入关，秦兵尚众，距（拒）险②。今不下宛，宛从后击，强秦在前，此危道也。"于是沛公乃夜引兵从他道还，更旗帜，黎明，围宛城三匝。南阳守欲自刭③。其舍人陈恢曰："死未晚也。"乃逾城见沛公，曰："臣闻足下约，先入咸阳者王之。今足下留守宛。宛，大郡之都也，连城数十，人民众，积蓄多，吏人自以为降必死，故皆坚守乘④城。今足下尽日止攻⑤，士死伤者必多；引兵去宛，宛必随足下后：足下前则失咸阳之约，后又有强宛之患。为足下计，莫若约降，封其守，因使止守⑥，引其甲卒与之西。诸城未下者，闻声争开门而待，足下通行无所累⑦。"沛公曰："善。"乃以宛守为殷侯，封陈恢千户。引兵西，无不下者。至丹水，高武侯鳃、襄侯王陵降西陵。还攻胡阳，遇番君别将梅鋗，与皆（偕）⑧，降析、郦。遣魏人宁昌使秦，使者未来。是时章邯已以军降项羽于赵矣。

◎**注释**　①〔绝河津〕绝，横渡。津，渡口。②〔距险〕凭借险要地势来抵抗。③〔自刭（jǐng）〕自刎。④〔乘〕防守，守卫。⑤〔尽日止攻〕尽日，整日。止攻，停止前进，留下来攻城。⑥〔止守〕留下来在那里防守。⑦〔累〕牵累，牵挂。⑧〔与皆〕和……一起，这里指并军作战。

◎**大意**　这时，赵国偏将司马卬正要渡过黄河进军关中，沛公于是在北边攻打平阴，封锁黄河渡口。继而南进，在雒阳东面交战，战斗不利，回到阳城，集聚军中骑兵，与南阳郡守齮在犨（chōu）东交战，打败了齮军。攻取南阳郡，南阳郡守齮逃走，坚守宛城。沛公率军放过宛城而西进。张良规劝他说："你虽然想迅速入关，但秦兵还很多，又据守险要。现在不夺取宛城，宛城守军从背后攻击，强大的秦军在前面阻挡，这是很危险的。"于是沛公连夜率军从另一条路返回，更换旗帜，黎明时分，把宛城重重包围。南阳郡守想要自刎。他的门客陈恢说："现在寻死未免太早。"就越过城墙去见沛公，说："我听说足下有盟约，先攻入咸阳的就在关中称王。现在足下停留下来攻打宛城。宛城是个大郡的都城，连城几十座，人民众多，储备丰足，吏民自以为投降必死，所以都登城固守。如果足下整日停留在此攻城，士兵伤亡必会很多；如果引兵放弃宛城而去，宛城守军必定从背后攻击足下：足下前边会失去先入咸阳的盟约，后边又有强大的宛城守军的祸患。为足下设想，不如订约使其投降，封南阳郡守为侯，让他留守于此，率其军和他们一道西进。那些未被攻下的城邑听到这个消息，定会争先打开城门等待招降，足下便能通行无阻了。"沛公说："好。"于是封宛城守为殷侯，封赏陈恢一千户。沛公引兵西进，所过城邑无不降服。到达丹水，高武侯鳃、襄侯王陵在西陵投降。沛公回军攻打胡阳，遇到番君的部将梅鋗，与其并军作战，迫使析县、郦县投降。他又派遣魏国人宁昌出使秦朝，使者尚未回来。这时章邯已率军在赵地投降项羽了。

初，项羽与宋义北救赵，及项羽杀宋义，代为上将军，诸将黥布皆属，破秦将王离军，降章邯，诸侯皆附。及赵高已杀二世，使人来，欲约分王关中。沛公以为诈，乃用张良计，使郦生、陆贾往说秦将，啖①以利，因袭攻武关，破之。又与秦军战于蓝田南，益张②疑兵旗帜，诸所过毋得掠卤（虏），秦人憙（喜），秦军解（懈），因大破之。又战其北，大破之。乘胜，遂破之。

◎**注释** ①〔啖〕吃，这里是设诱的意思。②〔张〕张开，指悬挂。

◎**大意** 当初，项羽和宋义北进救援赵国，等到项羽杀了宋义，取代他做了上将军，各路将领如黥布等都从属于他，继而打败秦将王离，迫使章邯投降，诸侯也都归附了他。等到赵高杀了秦二世，派人前来，想和沛公定约分割关中而治之。沛公以为是个骗局，就采用张良的计策，派郦生、陆贾去游说秦将，诱之以利，趁机袭击武关，攻占了它。又与秦军在蓝田县的南面交战，广设疑兵，多树旗帜大造声势，命令各部凡所过之处不许抢掠，关中百姓很高兴，秦军斗志松懈，沛公趁机大败秦军。继而又在蓝田北面交战，也大获全胜。沛公乘胜追击，彻底消灭了秦军。

汉元年十月，沛公兵遂先诸侯至霸上。秦王子婴素车白马，系颈以组，封①皇帝玺、符、节，降轵道旁。诸将或言诛秦王。沛公曰："始怀王遣我，固以能宽容；且人已服降，又杀之，不祥。"乃以秦王属吏②，遂西入咸阳。欲止宫休舍③，樊哙、张良谏，乃封秦重宝财物府库，还军霸上。召诸县父老豪桀曰："父老苦秦苛法④久矣，诽谤⑤者族，偶语者弃市⑥。吾与诸侯约，先入关者王之，吾当王关中。与父老约法三章耳：杀人者死，伤人及盗抵罪⑦。余悉⑧除去秦法。诸吏人皆案堵⑨如故。凡⑩吾所以来，为父老除害，非有所侵暴，无恐！且吾所以还军霸上，待诸侯至而定约束⑪耳。"乃使人与秦吏行县乡邑，告谕之。秦人大喜，争持牛羊酒食献飨⑫军士。沛公又让不受，曰："仓粟多，非乏，不欲费人⑬。"人又益喜，唯恐沛公不为秦王。

◎**注释**　①〔封〕封闭，封起来。②〔属吏〕交付给吏人。属，交付，托付。③〔止宫休舍〕停留在宫中休息。④〔苛法〕苛虐的法令。⑤〔诽谤〕指批评朝政之得失。⑥〔偶语者弃市〕偶语，相对私语。弃市，处死刑。古代处犯人死刑，多在街市上执行，表示与众共弃。⑦〔抵罪〕当罪。⑧〔悉〕全部，都。⑨〔案堵〕同"安堵"，安居，安定。堵，墙。⑩〔凡〕总共。⑪〔定约束〕制定规矩、制度。约束，规约。⑫〔飨〕用酒食款待人。⑬〔费人〕让别人花费。费，花费，破费。

◎**大意**　汉王元年十月，沛公的军队终于先于各路诸侯到达霸上。秦王子婴乘坐素车白马，用丝带系着脖子，捧着封合的皇帝玉玺、兵符、使节，在轵道亭旁投降。有的将领主张杀掉秦王。沛公说："当初怀王派我入关，本来是因为我宽大容人；况且人家已经降服，再杀他，不吉利。"便将秦王交给司法官员看管，就向西进入咸阳。沛公想住在秦王宫中休息，樊哙、张良劝谏，于是将秦宫里的珍贵财宝物器以及所有府库封闭起来，回军驻扎在霸上。沛公召集各县的父老豪杰说："父老受秦朝的酷刑苛法已经很久了，指责朝政的要灭族，相聚私语的要斩首于市。我和各路诸侯受怀王的约定，先入关中的做关中王，我应当做关中王。现在同父老约定，立法三章：杀人者处以死刑，伤人和抢劫的按情节轻重判罪。除此之外的秦法全部废除。所有的官吏百姓依旧各安其位。总的来说，我来这里就是为父老除害的，不是要损害欺凌你们，不要害怕！况且我之所以回军霸上，是要等各路诸侯的军队到来以决定如何处置而已。"于是派人与秦朝官吏一起巡行县城乡间，使家喻户晓。秦地百姓十分高兴，争相拿牛羊酒食慰劳士兵。沛公一再谦让不受，说："仓库里有很多粮食，并不缺乏，不想使大家破费。"百姓更加高兴，唯恐沛公不做秦王。

　　或说沛公曰："秦富十倍天下①，地形强。今闻章邯降项羽，项羽乃号为雍王，王关中。今则②来，沛公恐不得有此。可急使兵守函谷关，无内（纳）诸侯军，稍征关中兵以自益③，距（拒）之。"沛公然其计，从之。十一月中，项羽果率诸侯兵西，欲入关，关门闭。闻沛公已定关中，大怒，使黥布等攻破函谷关。十二月中，遂至戏。沛公左司马曹无伤闻项王怒，欲攻沛公，使人言项羽曰："沛公欲王关中，令子婴为相，珍宝尽有之。"欲以求封。亚父劝项羽击沛公。方飨士，旦日合战④。是时项羽兵四十万，号百万。沛公兵十万，号二十万，力不敌。会⑤项伯欲活⑥张良，夜往见良，因以文⑦谕项羽，项羽乃止。沛公从百余骑，驱⑧之鸿门，见谢⑨项羽。项羽曰："此沛公左司马曹无伤言之。不然，籍何以生此！"沛公以樊哙、张良故，得解⑩归。归，立诛曹无伤。

◎**注释**　①〔十倍天下〕十倍于天下。②〔则〕如果。③〔稍征关中兵以自益〕稍，渐渐。征，征集。自益，指增加自己的兵力。④〔合战〕交战，会战。⑤〔会〕正赶上，恰好。⑥〔活〕使……活命。⑦〔文〕言辞。⑧〔驱〕赶马。⑨〔谢〕道歉。⑩〔解〕解脱，逃脱。

◎**大意**　有人劝说沛公："关中地区富饶十倍于天下，地势险要。现在听说章邯投降了项羽，项羽就给他加封号为雍王，让他在关中称王。现在他假若来了，你恐怕就不能占有这个地方了。应赶快派兵把守函谷关，不让诸侯军进关，慢慢在关中征兵以增强实力，以抗拒他们。"沛公认为他的计策是对的，照着做了。十一月中旬，项羽果然率领诸侯军西来，要进入函谷关，关门闭着。听说沛公已平定关中，项羽大怒，派黥布等攻破了函谷关。十二月中旬，就到了戏水。沛公的左司马曹无伤听说项王发怒，要攻打沛公，派人告诉项羽："沛公想在关中称王，任命子婴为丞相，所有的珍宝都被他占有了。"想借此向项羽求得封赏。亚父劝项羽进攻沛公。项羽准备以酒食招待士卒，第二天与沛公交战。这时项羽拥兵四十万，号称百万。沛公拥兵十万，号称二十万，兵力不如项羽。恰巧项伯要救张良，连夜去见他，沛公趁机通过他对项羽好言相劝，项羽这才取消了进攻的计划。沛公带了一百多骑兵，驰至鸿门，当面向项羽表示歉意。项羽说："这是你的左司马曹无伤说的。不然，我怎么会有这

样的误会！"沛公借助樊哙、张良的保护，才得以脱身返回。回去后，立刻杀
了曹无伤。

项羽遂西，屠烧咸阳秦宫室，所过无不残破。秦人大失望，然
恐，不敢不服耳。

◎**大意**　项羽于是西进，在咸阳大肆屠杀并焚毁秦王朝的宫殿，所过之处无不遭
到摧残破坏。关中百姓大失所望，然而因为害怕，又不敢不服从他。

项羽使人还报①怀王。怀王曰："如约②。"项羽怨怀王不肯令与沛
公俱西入关，而北救赵，后天下约③。乃曰："怀王者，吾家项梁所立
耳，非有功伐④，何以得主约⑤！本定天下，诸将及籍也。"乃详（佯）
尊怀王为义帝，实不用其命。

◎**注释**　①〔报〕汇报请示。②〔如约〕遵照以前的约定。③〔后天下约〕按
照天下诸侯的约定自己落后面了，就是没能率先进入关中。④〔功伐〕功劳。
"功""伐"同义。⑤〔主约〕主持盟约。
◎**大意**　项羽派人回去报告楚怀王。怀王说："按照约定办事。"项羽怨恨怀王
不肯让他与沛公一起西进入关，而派他北上救援赵国，以致他后一步入关，未能
实现誓约。他于是说："怀王是我家项梁所扶立，并没有什么功劳，怎么能主持
订约！本来平定天下的，是诸位将领和我项羽。"便表面上尊怀王为义帝，实际
上不听从他的命令。

正月，项羽自立为西楚霸王，王梁、楚地九郡，都①彭城。负
约②，更立沛公为汉王，王巴、蜀、汉中，都南郑。三分关中，立秦
三将：章邯为雍王，都废丘；司马欣为塞王，都栎阳；董翳为翟王，

都高奴。楚将瑕丘申阳为河南王，都雒阳。赵将司马卬为殷王，都朝歌。赵王歇徙③王代。赵相张耳为常山王，都襄国。当阳君黥布为九江王，都六。怀王柱国共敖为临江王，都江陵。番君吴芮为衡山王，都邾。燕将臧荼为燕王，都蓟。故燕王韩广徙王辽东。广不听，臧荼攻杀之无终。封成安君陈馀河间三县，居南皮。封梅鋗十万户。

◎**注释**　①〔都〕建都，定都。②〔负约〕失约，背约。③〔徙〕调职，改任。
◎**大意**　正月，项羽自立为西楚霸王，统领梁、楚地区的九个郡，建都彭城。他违背誓约，改封沛公为汉王，统领巴、蜀、汉中，建都南郑。把关中分为三份，封给原秦朝的三个将领：章邯为雍王，建都废丘；司马欣为塞王，建都栎阳；董翳为翟王，建都高奴。封楚将瑕丘申阳为河南王，建都雒阳。封赵将司马卬为殷王，建都朝歌。赵王歇迁往代地为王。赵相国张耳封为常山王，建都襄国。当阳君黥布封为九江王，建都六县。怀王的柱国共敖封为临江王，建都江陵。番郡吴芮封为衡山王，建都邾县。燕将臧荼封为燕王，建都蓟县。原燕王韩广迁往辽东为王。韩广不听从，臧荼将他杀死在无终。封赏成安君陈馀河间附近三个县，住在南皮。封赏梅鋗十万户。

　　四月，兵罢戏（麾）下①，诸侯各就国②。汉王之国，项王使卒三万人从，楚与诸侯之慕从者数万人，从杜南入蚀中③。去辄④烧绝栈道，以备诸侯盗兵袭之，亦示项羽无东意。至南郑，诸将及士卒多道亡归，士卒皆歌思东归。韩信说汉王曰："项羽王诸将之有功者，而王独居南郑，是迁⑤也。军吏士卒皆山东之人也，日夜跂而望归⑥，及其锋⑦而用之，可以有大功。天下已定，人皆自宁⑧，不可复用。不如决策东乡（向）⑨，争权天下。"

◎**注释**　①〔戏（huī）下〕大将军的旗帜之下。戏，通"麾"，将帅的大旗。②〔就国〕到自己的封国去。③〔蚀（lì）中〕山间谷道名。④〔辄〕便，就。⑤〔迁〕

流放。⑥〔跂而望归〕形容思归心切。跂，踮起脚后跟。⑦〔锋〕锐势，势头。
⑧〔宁〕安宁，安定。⑨〔决策东乡〕决策，决定策略或办法。东乡，向东进发。

◎**大意**　四月，各路兵马在项羽麾下撤离，诸侯各自回到封国。汉王去自己
的封国时，项王派兵三万跟随，楚军与诸侯军中敬仰汉王而跟随他的有几万人。
他们从杜县南边进入蚀中谷道。汉军一过去就烧断栈道，以防止诸侯军和匪徒的
袭击，也是向项羽表示没有东进的意图。到达南郑，不少将领和士卒在中途逃亡
回去，士卒都唱着思乡的歌曲想回东方。韩信劝汉王说："项羽封有功的部将到
好地方为王，而唯独将你封在南郑，简直是流放。军中吏卒都是山东人，日夜盼
望东归，趁着他们的锐气加以利用，可以建立功业。若天下平定后，人人安居乐
业，就不能再利用了。不如下决心东进，争夺天下。"

　　项羽出关①，使人徙②义帝。曰："古之帝者地方千里③，必居上
游。"乃使使徙义帝长沙郴县，趣④义帝行，群臣稍倍（背）叛之，乃
阴令衡山王、临江王击之，杀义帝江南。项羽怨田荣，立齐将田都为
齐王。田荣怒，因自立为齐王，杀田都而反楚；予彭越将军印，令反
梁地。楚令萧公角击彭越，彭越大破之。陈馀怨项羽之弗王己也，令
夏说说田荣，请兵击张耳。齐予陈馀兵，击破常山王张耳，张耳亡归
汉。迎赵王歇于代，复立为赵王。赵王因立陈馀为代王。项羽大怒，
北击齐。

◎**注释**　①〔出关〕指出函谷关。②〔徙〕迁离。③〔地方千里〕土地纵横各千
里。方，指土地面积，"方千里"即纵横各千里。④〔趣〕催促。

◎**大意**　项羽出了函谷关，派人去迁徙义帝。说："古代帝王的领地方圆千里，
必定居住于上游。"于是让使者把义帝迁徙到长沙郴（chēn）县，催促义帝上路，
群臣渐渐背叛了义帝，项羽就暗地里让衡山王、临江王击杀他，在江南杀死了义
帝。项羽怨恨田荣，封齐将田都为齐王。田荣很愤怒，自立为齐王，杀死田都而
反叛楚国，授予彭越将军印信，让他在梁地反叛。楚命令萧公角攻打彭越，被彭
越打得大败。陈馀埋怨项羽不封自己为王，派夏说去游说田荣，请求他发兵攻打

张耳。齐借兵给陈馀，击败了常山王张耳，张耳逃去依附汉王。陈馀将赵王歇从代地接回来，恢复赵王原来的地位。赵王于是立陈馀为代王。项羽大为恼怒，北进攻打齐国。

八月，汉王用韩信之计，从故道还，袭雍王章邯。邯迎击汉陈仓，雍兵败，还走；止战好畤，又复败，走废丘。汉王遂定雍地。东至咸阳，引兵围雍王废丘，而遣诸将略定陇西、北地、上郡。令将军薛欧、王吸出武关，因王陵兵南阳，以迎太公、吕后于沛。楚闻之，发兵距（拒）之阳夏，不得前。令故吴令郑昌为韩王，距（拒）汉兵。

◎**大意**　八月，汉王采用韩信的计策，从故道县回军，袭击雍王章邯。章邯在陈仓迎击汉军，被打败，溃退；在好畤停下来再次交战，又被打败，逃到废丘。汉王于是平定了雍地。汉王东进到咸阳，率军把雍王围困在废丘，而分派诸将攻取了陇西、北地、上郡。让将军薛欧、王吸出武关，借助王陵的南阳驻军，以便从沛县迎接太公、吕后。楚国听到这一消息，派兵在阳夏阻挡，汉军不能前进。任命前吴县县令郑昌为韩王，抵抗汉军。

二年，汉王东略地，塞王欣、翟王翳、河南王申阳皆降。韩王昌不听，使韩信击破之。于是置陇西、北地、上郡、渭南、河上、中地郡，关外置河南郡。更立韩太尉信为韩王。诸将以万人若[1]以一郡降者，封万户。缮治[2]河上塞。诸故秦苑囿园池[3]，皆令人得田之[4]，正月，虏雍王弟章平。大赦罪人。

◎**注释**　[1]〔若〕或，或者。[2]〔缮治〕修治。[3]〔苑囿园池〕畜养禽兽、种植花草的地方，为帝王游玩和打猎的园林。[4]〔田之〕在那里种田。田，这里是种田、耕种的意思。

◎**大意**　二年，汉王东进攻城略地，塞王司马欣、翟王董翳、河南王申阳都投降了。韩王郑昌不愿意投降，汉王派韩信打败了他。于是在关内设置陇西、北地、上郡、渭南、河上、中地等郡，在关外设置河南郡。改封韩国太尉韩信为韩王。各地将领能带领万人或一郡之地投降的，封为万户侯。修筑河上郡的要塞。原来秦朝皇家的园林猎场，都让百姓耕种。正月，俘虏了雍王的弟弟章平。大赦罪犯。

汉王之出关至陕，抚①关外父老，还，张耳来见，汉王厚遇②之。

◎**注释** ①〔抚〕安抚。②〔厚遇〕厚待，重礼款待。

◎**大意** 汉王出关到陕县，安抚关外百姓，回来后，张耳来拜见，汉王对待他很优厚。

二月，令除①秦社稷②，更立汉社稷。

◎**注释** ①〔除〕废除。②〔社稷〕土神和谷神，也指祭祀土神和谷神的地方，即社稷坛。古代帝王诸侯都要祭祀土神和谷神，因而用为国家的代称。

◎**大意** 二月，汉王下令废掉秦朝的社稷，改立汉的社稷。

三月，汉王从临晋渡，魏王豹将兵从。下河内，虏殷王，置河内郡。南渡平阴津，至雒阳。新城三老①董公遮②说汉王以义帝死故。汉王闻之，袒③而大哭。遂为义帝发丧，临④三日。发使者告诸侯曰："天下共立义帝，北面事之。今项羽放杀义帝于江南，大逆无道。寡人亲为发丧，诸侯皆缟素⑤。悉发关内兵，收三河士，南浮江汉以下，愿从诸侯王击楚之杀义帝者。"

◎**注释** ①〔三老〕乡官名，掌教化。②〔遮〕阻遏，拦住。③〔袒〕袒露左臂。一种丧礼仪式。④〔临（lìn）〕哭吊死者。⑤〔缟素〕指穿白色丧服。古代礼俗，为死者发丧时皆穿白戴孝。缟，白色的丝织物。素，没有染色的丝绸，也指白色。

◎**大意** 三月，汉王从临晋关渡黄河，魏王豹率兵随从，攻下河内，俘虏了殷王，设置河内郡。继而向南渡过平阴津，到达雒阳。新城邑的三老董公拦路向汉王诉说义帝被杀的情由。汉王听了，袒臂大哭。随即为义帝发丧，公祭三天。汉王分派使者通告诸侯说："天下共同拥立义帝，对他北面称臣。现在项羽驱逐义帝并在江南把他杀死，实为大逆不道。我亲自为义帝发丧，希望诸侯都穿丧服。我将尽发关内兵马，聚集三河士卒，向南沿长江汉水而进，愿跟随各诸侯王一起讨伐楚国那个杀害义帝的不义之徒。"

是时项王北击齐，田荣与战城阳。田荣败，走平原，平原民杀之。齐皆降楚。楚因焚烧其城郭，系虏①其子女。齐人叛之。田荣弟横立荣子广为齐王，齐王反楚城阳。项羽虽闻汉东②，既已③连齐兵，欲遂破之而击汉。汉王以故④得劫五诸侯兵，遂入彭城。项羽闻之，乃引兵去齐，从鲁出胡陵，至萧，与汉大战彭城灵壁东睢水上，大破汉军，多杀士卒，睢水为之不流。乃取汉王父母妻子于沛，置之军中以为质⑤。当是时，诸侯见楚强汉败还，皆去汉复为楚⑥。塞王欣亡入楚。

◎**注释** ①〔系虏〕掳掠。系，用绳索捆绑。②〔东〕向东，东进。③〔既已〕已经。④〔以故〕因此。⑤〔质〕这里指人质。⑥〔为楚〕助楚。
◎**大意** 这时项王北进攻打齐国，田荣和他在城阳交战。田荣被打败，逃奔平原郡，平原民众杀了他。齐举国向楚国投降。楚军趁机焚毁齐国的城邑，掳掠他们的子女。齐国人又反叛楚国。田荣的弟弟田横拥立田荣的儿子田广为齐王，齐王在城阳反叛楚国。项羽虽然得悉汉军东进，但已与齐兵交战，想打垮齐军后再攻打汉军。汉王因此得以挟持五诸侯的兵力，顺利地进入彭城。项羽听说后，就率军离开齐国，由鲁地出胡陵，抵达萧县，与汉军在彭城灵壁东面的睢水上激战，大败汉军，杀死很多士卒，以致睢水堵塞不流。于是到沛县掳走了汉王的父母妻子，把他们留置军中当人质。这时，各路诸侯见到楚军强盛而汉军衰败，纷纷反过来叛汉投靠楚军。塞王司马欣也逃到楚国。

　　吕后兄周吕侯为汉将兵，居下邑。汉王从之，稍收士卒，军砀。汉王乃西过梁地，至虞。使谒者①随何之九江王布所，曰："公能令布举兵叛楚，项羽必留击之。得留数月，吾取天下必矣。"随何往说九江王布，布果背楚。楚使龙且往击之。

◎**注释**　①〔谒者〕官名，掌管官中传达通报之事。这里或指使者。
◎**大意**　吕后的哥哥周吕侯为汉带一支军队，驻扎在下邑。汉王跑到他那里，渐渐收拢到一些散兵，驻扎在砀县。汉王于是向西经过梁地，到了虞县。他派谒者随何到九江王黥布那里，说："你若能使黥布举兵反叛楚国，项羽必定会停留下来攻打他。能使项羽停留几个月，我就一定能夺取天下。"随何前去游说九江王黥布，黥布果然反叛了楚国，楚国派龙且去攻打他。

　　汉王之败彭城而西，行使人求家室，家室①亦亡，不相得②。败后乃独得孝惠，六月，立为太子，大赦罪人。令太子守栎阳，诸侯子在关中者皆集栎阳为卫。引水灌废丘，废丘降，章邯自杀。更名废丘为槐里。于是令祠官祀天地四方上帝山川，以时祀之。兴关内卒乘塞③。

◎**注释**　①〔家室〕指家中父母妻儿。②〔不相得〕没有找到他们。③〔乘塞〕守卫边塞。
◎**大意**　汉王于彭城失败后西退，途中派人去寻找家眷，家眷也已逃亡，没有找到。随后仅找到了孝惠，六月，立他为太子，大赦罪犯。命令太子防守栎阳，所有在关中的诸侯之子都聚集到栎阳守卫。又引水淹废丘，废丘举城投降，章邯自杀。把废丘改名为槐里。于是命令祠官祭祀天地四方上帝山川，以后定时祭祀。发动关内士卒去守卫边塞。

是时九江王布与龙且战，不胜，与随何间行①归汉。汉王稍收士卒，与诸将及关中卒益②出，是以兵大振荥阳，破楚京、索间。

◎**注释**　①〔间行〕抄小路。②〔益〕渐渐。

◎**大意**　这时九江王黥布与龙且作战，未能取胜，和随何一起抄小路去归附汉王。汉王渐渐聚拢散兵，加上各路将领和关中兵员渐渐出动，因此在荥阳又军威大振，在京、索一线击破楚军。

三年，魏王豹谒归视亲疾①，至即绝②河津，反为楚③。汉王使郦生说豹，豹不听。汉王遣将军韩信击，大破之，虏豹。遂定魏地，置三郡，曰河东、太原、上党。汉王乃令张耳与韩信遂东下井陉击赵，斩陈馀、赵王歇。其明年，立张耳为赵王。

◎**注释**　①〔视亲疾〕探望生病的父母。②〔绝〕切断。③〔反为楚〕背叛汉而投降楚。

◎**大意**　三年，魏王豹请假回家探望生病的父母，一到就阻断了黄河渡口，背叛汉而投降了楚。汉王派郦生劝说魏豹，魏豹不听。汉王派遣将军韩信去攻打，大破魏军，俘虏了魏豹。于是平定了魏地，设置三个郡，名叫河东、太原、上党。汉王于是命令张耳和韩信接着东进夺取井陉攻打赵国，杀了陈馀、赵王歇。第二年，封张耳为赵王。

汉王军荥阳南，筑甬道属①之河，以取敖仓②。与项羽相距岁余。项羽数③侵夺汉甬道，汉军乏食，遂围汉王。汉王请和，割荥阳以西者为汉。项王不听。汉王患之，乃用陈平之计，予陈平金四万斤，以间疏④楚君臣。于是项羽乃疑亚父。亚父是时劝项羽遂下荥阳，及其见疑⑤，乃怒，辞老⑥，愿赐骸骨归卒伍，未至彭城而死。

◎ **注释**　①〔属〕连接。②〔敖仓〕秦朝所建粮仓名，在今河南荥阳西北。③〔数〕多次，屡次。④〔间疏〕离间。⑤〔见疑〕被怀疑。⑥〔辞老〕托辞年老。辞，托辞，借口。

◎ **大意**　汉王驻军在荥阳南面，修筑一条直达黄河岸边的甬道，用以取得敖仓的粮食。就这样与项羽对抗了一年多。项羽多次侵夺汉军甬道，汉军缺少粮食，于是项羽包围了汉王。汉王请求讲和，划荥阳以西的土地归汉。项王不接受。汉王忧虑，就采用陈平的计策，给陈平四万斤黄金，用来离间楚君臣的关系。于是项羽就对亚父范增产生了怀疑。亚父这时劝项羽趁机攻下荥阳，当他知道自己被怀疑后，非常气愤，托辞年老，请求项羽恩准他回去做平民，还没有走到彭城就死了。

　　汉军绝食①，乃夜出②女子东门二千余人，被甲③，楚因四面击之。将军纪信乃乘王驾④，诈为汉王，诳⑤楚，楚皆呼万岁，之城东观，以故汉王得与数十骑出西门遁⑥。令御史大夫周苛、魏豹、枞公守荥阳。诸将卒不能从者，尽在城中。周苛、枞公相谓曰："反国之王⑦，难与守城。"因杀魏豹。

◎ **注释**　①〔绝食〕断了粮食。②〔出〕使……出，放出。③〔被甲〕身披铠甲。指伪装成士兵。④〔王驾〕汉王所乘的车子。⑤〔诳〕骗。⑥〔遁〕逃。⑦〔反国之王〕反叛过的侯国之王。指魏豹。

◎ **大意**　汉军粮食断绝，于是晚上在东门派出两千余名妇女，披着铠甲，楚军便四面围击。将军纪信于是乘坐王车，伪装成汉王，迷惑楚军，楚军都高呼万岁，跑去城东观看，汉王得以趁机与几十名骑兵出西门潜逃。汉王命令御史大夫周苛、魏豹、枞公坚守荥阳。诸将卒不能跟随汉王的官兵，都在城中。周苛、枞公商量说："叛国之王，难以和他一起守城。"就杀了魏豹。

　　汉王之出荥阳，入关收兵，欲复东。袁生说汉王曰："汉与楚相距（拒）荥阳数岁，汉常困。愿君王出武关，项羽必引兵南走，王深壁①，令荥阳成皋间且②得休。使韩信等辑③河北赵地，连④燕齐，君王乃复走荥阳，未晚也。如此，则楚所备者多，力分，汉得休，复与之战，破楚必矣。"汉王从其计，出军宛叶间，与黥布行收兵⑤。

◎**注释**　①〔深壁〕加深壁垒坚守。壁，营壁。②〔且〕暂且，暂时。③〔辑〕联合，聚集。④〔连〕联合。⑤〔行收兵〕一边行军，一边收集兵卒。

◎**大意**　汉王逃出荥阳进入关中，聚集兵马准备再次东进。袁生劝说汉王："汉与楚在荥阳相持了几年，汉军常常被困。希望君王从武关出兵，项羽必定率军南进，大王深沟高垒坚守不战，使荥阳成皋一线暂且得到休整。派韩信等安定黄河以北的赵地，与燕、齐联合，君王这时再直驱荥阳，也为时不晚。这样，楚军要防备的地方就多了，军力分散，汉军则得到休整，再与楚军作战，必定能打败楚军。"汉王采纳他的计策，出兵宛城与叶县之间，与黥布一道沿路收拢兵马。

项羽闻汉王在宛，果引兵南。汉王坚壁①不与战。是时彭越渡睢水，与项声、薛公战下邳，彭越大破楚军。项羽乃引兵东击彭越。汉王亦引兵北军成皋。项羽已破走②彭越，闻汉王复军成皋，乃复引兵西，拔荥阳，诛周苛、枞公，而虏韩王信，遂围成皋。

◎**注释**　①〔坚壁〕坚守营垒。②〔破走〕破，击破。走，使……走，赶跑。

◎**大意**　项羽听说汉王在宛县，果然带兵南下。汉王坚壁固守，不和他交战。这时彭越渡过睢水，与项声、薛公战于下邳，彭越大败楚军。于是项羽率军向东攻打彭越，汉王也引兵向北驻军成皋。项羽打败并赶走彭越后，得知汉军又驻扎在成皋，就又领兵西进，攻克荥阳，杀了周苛、枞公，俘虏了韩王信，于是进围成皋。

汉王跳（逃），独与滕公共车①出成皋玉门，北渡河，驰宿修武。

自称使者，晨驰入张耳、韩信壁，而夺之军②。乃使张耳北益收兵赵地，使韩信东击齐。汉王得韩信军，则复振。引兵临河，南飨军小修武南，欲复战。郎中郑忠乃说止汉王，使高垒深堑③，勿与战。汉王听其计，使卢绾、刘贾将卒二万人，骑数百，渡白马津，入楚地，与彭越复击破楚军燕郭西，遂复下梁地十余城。

◎**注释** ①〔共车〕同乘一车。②〔夺之军〕夺了他们的军队。③〔高垒深堑〕高垒，加高壁垒。深堑，挖深壕沟。堑，护城河，壕沟。

◎**大意** 汉王急逃，只身与滕公乘车出了成皋城北的玉门，向北渡过黄河，奔往修武住宿。汉王自称使者，早晨策马进入张耳、韩信的营中，从而夺取了他们的军队。于是派张耳北上赵地大量征集兵马，派韩信东进攻打齐国。汉王得到韩信的军队，声势又大振起来。他率军来到黄河岸边，驻扎在小修武南面，想要再战。郎中郑忠劝阻汉王，让他坚守，不要和楚军交战。汉王采用了他的计策，派卢绾、刘贾率兵两万人和几百名骑兵，渡过白马津，进入楚地，与彭越一起在燕城之西再次打败楚军，接着又攻下梁地十多座城邑。

淮阴已受命东，未渡平原。汉王使郦生往说齐王田广，广叛楚，与汉和，共击项羽。韩信用蒯通计，遂袭破齐。齐王烹郦生，东走高密。项羽闻韩信已举河北兵破齐、赵，且欲击楚，则使龙且、周兰往击之。韩信与战，骑将灌婴击，大破楚军，杀龙且。齐王广奔彭越。当此时，彭越将兵居梁地，往来苦楚兵①，绝其粮食。

◎**注释** ①〔苦楚兵〕使楚兵苦，即骚扰楚兵。

◎**大意** 淮阴侯受命东进后，尚未渡平原津。汉王派郦生游说齐王田广，田广背叛楚国，与汉和好，一起攻打项羽。韩信采用蒯（kuǎi）通的计策，便打败了齐国。齐王烹杀了郦生，向东逃奔高密。项羽听说韩信已发动河北军打败了齐军、赵军，将要攻打楚国，就派龙且、周兰去迎击他。韩信与他们交战，骑将灌婴出击，大败楚军，杀了龙且。齐王田广投奔彭越。当时，彭越领兵驻扎在梁地，来回骚扰楚军，断绝楚军的粮食。

四年，项羽乃谓海春侯大司马曹咎曰："谨守①成皋。若汉挑战，慎勿与战，无令得东而已。我十五日必定梁地，复从将军。"乃行击陈留、外黄、睢阳，下之。汉果数挑②楚军，楚军不出，使人辱之五六日，大司马怒，度兵汜水。士卒半渡，汉击之，大破楚军，尽得楚国金玉货赂③。大司马咎、长史欣皆自刭汜水上。项羽至睢阳，闻海春侯破，乃引兵还。汉军方围钟离眜于荥阳东，项羽至，尽走险阻。

◎**注释**　①〔谨守〕慎守，严守。②〔挑〕向……挑战。③〔货赂〕财货。赂，财物。

◎**大意**　四年，项羽对海春侯大司马曹咎说："严守成皋。如果汉军挑战，千万不要应战，只要不让汉军东进就行了。我十五天内一定平定梁地，再与将军会合。"于是沿途攻打陈留、外黄、睢阳，全部攻克。汉军果然不断向楚军挑战，楚军不出战。汉军派人辱骂了楚军五六天，大司马十分气愤，挥兵强渡汜水。士卒刚渡过一半，汉军出击，大败楚军，获得楚军全部的货物钱财。大司马曹咎、长史司马欣都在汜水岸边自刎。项羽到了睢阳，听说海春侯兵败，就带兵返回。汉军正在荥阳东面围攻钟离眜，项羽到来，都急奔险要地带。

韩信已破齐，使人言曰："齐边①楚，权轻，不为假王，恐不能安齐。"汉王欲攻之。留侯曰："不如因而立之，使自为守。"乃遣张良操印绶立韩信为齐王。

◎**注释**　①〔边〕邻近。

◎**大意**　韩信攻克齐国后，派人对汉王说："齐国邻近楚国，我的权力小，如不立为代理齐王，恐怕不能安定齐国。"汉王要去攻打他。留侯张良说："不如就此立他为王，让他独守一方。"于是派张良带着印绶去封韩信为齐王。

项羽闻龙且军破，则恐，使盱台人武涉往说①韩信。韩信不听。

◎**注释** ①〔说〕游说，说服。

◎**大意** 项羽听说龙且的军队被打败，就恐惧起来，派盱台人武涉前去游说韩信。韩信不肯听从。

楚汉久相持未决①，丁壮苦军旅②，老弱罢（疲）转饷③。汉王项羽相与临广武之间而语。项羽欲与汉王独身挑战。汉王数④项羽曰："始与项羽俱受命怀王，曰先入定关中者王之，项羽负约，王我于蜀汉，罪一。项羽矫⑤杀卿子冠军而自尊⑥，罪二。项羽已救赵，当还报，而擅劫诸侯兵入关，罪三。怀王约入秦无暴掠，项羽烧秦宫室，掘始皇帝冢，私收其财物，罪四。又强杀秦降王子婴，罪五。诈坑秦子弟新安二十万，王其将，罪六。项羽皆王诸将善地，而徙逐故主，令臣下争叛逆，罪七。项羽出逐义帝彭城，自都之，夺韩王地，并王梁楚，多自予⑦，罪八。项羽使人阴弑义帝江南，罪九。夫为人臣而弑其主，杀已降，为政不平⑧，主约不信，天下所不容，大逆无道，罪十也。吾以义兵从诸侯诛残贼⑨，使刑余罪人⑩击杀项羽，何苦乃与公挑战！"项羽大怒，伏弩射中汉王。汉王伤匈（胸），乃扪⑪足曰："虏⑫中吾指⑬！"汉王病创卧⑭，张良强请汉王起行劳军⑮，以安士卒，毋令楚乘胜于汉。汉王出行军⑯，病甚，因驰入成皋。

◎**注释** ①〔未决〕未分胜负。②〔苦军旅〕苦于战争。军旅，指战争、战事。③〔转饷〕运输军粮。转，车运，这里指运输。饷，粮草给养。④〔数〕历数罪状。⑤〔矫〕假托王命。⑥〔自尊〕使自己尊贵，即抬高自己的意思。⑦〔多自予〕多给自己。⑧〔平〕公平，公正。⑨〔残贼〕指残害人的人。⑩〔刑余罪人〕指受过刑的罪犯。⑪〔扪〕摸。⑫〔虏〕对敌人的蔑称。⑬〔指〕指足趾。⑭〔病创卧〕因箭伤而卧病。⑮〔劳军〕慰问士兵，视察部队。⑯〔行军〕巡视军队。

◎**大意**　楚汉长期相持未分胜负，青壮年苦于行军打仗，老弱者疲于转运粮草。汉王和项羽隔着广武涧说话。项羽要与汉王单挑。汉王历数项羽的罪过说："当初我和你一起受命于怀王，说先入关中者为王，你违背约定，让我到蜀汉做王，这是第一罪。你假托怀王命令杀了卿子冠军而抬高自己的地位为上将军，这是第二罪。你救赵以后，应当回去报告，你却擅自挟持诸侯军入关，这是第三罪。怀王约定入关后不得烧杀掠夺，你却焚烧秦朝宫室，掘毁始皇帝陵墓，私自收取墓中财物，这是第四罪。你又强行杀掉已经投降的秦王子婴，这是第五罪。你在新安用欺骗的手段坑杀了二十万秦兵，封秦将为王，这是第六罪。你把各路将领封到好地方做王，而迁徙驱逐原来的诸侯王，使他们的臣下争相反叛，这是第七罪。你把义帝驱逐出彭城，自己在那里建都，强取韩王封地，吞并梁、楚之地，扩大自己的势力范围，这是第八罪。你派人在江南暗杀义帝，这是第九罪。你作为臣下而杀害主上，杀害已经投降的人，为政不公允，立约不守信，天理难容，可谓大逆不道，这是第十罪。我以正义之师跟随诸侯一道讨伐凶暴之贼，派受过刑的罪犯来击杀你就可以了，我何苦要与你单挑！"项羽大怒，埋伏的弓弩手射中了汉王。汉王胸部受伤，却摸着脚说："这个贼人射中了我的脚趾！"汉王因伤重而卧床不起，张良请汉王勉强起来去慰劳士卒，以安定军心，不让楚军乘机取胜于汉。汉王出来巡视军队，伤势严重，于是驱马进入成皋。

病愈，西入关，至栎阳，存问①父老，置酒，枭②故塞王欣头栎阳市。留四日，复如③军，军广武。关中兵益出。

◎**注释**　①〔存问〕慰问。"存""问"同义。②〔枭〕悬头示众。③〔如〕往，到……去。
◎**大意**　箭伤痊愈后，汉王西入关中，来到栎阳，慰问当地父老，设置了酒宴，并将原塞王司马欣的头悬挂在街市示众。停了四天，又回到军中，驻扎在广武。

关中不断发出援兵。

当此时，彭越将兵居梁地，往来苦楚兵，绝其粮食。田横往从之。项羽数击彭越等，齐王信又进击楚。项羽恐，乃与汉王约，中分天下，割鸿沟而西者为汉，鸿沟而东者为楚。项王归汉王父母妻子，军中皆呼万岁，乃归而别去。

◎**大意**　这个时候，彭越带兵驻扎梁地，不断骚扰楚军，断绝楚军的粮食。田横前去归附他。项羽不得不经常回击彭越等人，齐王韩信又进攻楚军。项羽害怕了，于是与汉王约定，平分天下，划分鸿沟以西归汉，鸿沟以东归楚。项王归还了汉王的父母妻子，士兵都高呼万岁，于是撤军返回。

项羽解①而东归。汉王欲引而西归，用留侯、陈平计，乃进兵追项羽，至阳夏南止军，与齐王信、建成侯彭越期会②而击楚军。至固陵，不会。楚击汉军，大破之。汉王复入壁，深堑而守之。用张良计，于是韩信、彭越皆往。及刘贾入楚地，围寿春，汉王败固陵，乃使使者召大司马周殷举九江兵而迎武王，行屠城父，随刘贾、齐梁诸侯皆大会垓下。立武王布为淮南王。

◎**注释**　①〔解〕收兵。②〔期会〕约定日期会合。
◎**大意**　项羽收兵东归回国。汉王想率军西归，后来采用留侯、陈平的计策，进兵追击项羽，到阳夏南面屯驻下来，与齐王韩信、建成侯彭越约定日期合击楚军。汉王到达固陵，韩信、彭越没有会合。楚军攻打汉军，大败汉军。汉王又进入营垒，挖深壕沟防守。汉王使用张良的计策，于是韩信、彭越都前来会合。等到刘贾进入楚地，围攻寿春，汉王败于固陵，于是派使者去招引大司马周殷发动九江兵马会合武王黥布，途中屠灭了城父，随刘贾、齐梁诸侯齐聚垓下。汉王封武王黥布为淮南王。

　　五年，高祖与诸侯兵共击楚军，与项羽决胜垓下。淮阴侯将三十万自当之^①，孔将军居左，费将军居右，皇帝在后，绛侯、柴将军在皇帝^②后。项羽之卒可十万。淮阴先合^③，不利，却。孔将军、费将军纵^④，楚兵不利，淮阴侯复乘之，大败垓下。项羽卒闻汉军之楚歌，以为汉尽得楚地，项羽乃败而走，是以兵大败。使骑将灌婴追杀项羽东城，斩首八万，遂略定楚地。鲁为楚坚守不下。汉王引诸侯兵北，示^⑤鲁父老项羽头，鲁乃降。遂以鲁公号葬项羽穀城。还至定陶，驰入齐王壁，夺其军。

◎**注释**　①〔当之〕面对楚军，与楚军正面对阵。当，面对。②〔皇帝〕指刘邦。③〔合〕交战。④〔纵〕指纵兵攻击楚军。⑤〔示〕给……看。

◎**大意**　五年，高祖与诸侯军合击楚军，与项羽在垓下决战。淮阴侯韩信率领三十万兵马与楚军正面对阵，孔将军居左翼，费将军居右翼，皇帝跟随在后，绛侯、柴将军则跟在皇帝后面。项羽的士卒大约十万。淮阴侯首先交战，没有打胜，撤退了。孔将军、费将军纵兵冲杀，楚军失利，淮阴侯又趁势反攻，于垓下大败楚军。项羽忽然听到汉军中的楚地歌声，以为汉军占领了楚地，便败逃，因此其军大败。汉王派骑将灌婴追杀项羽直到东城，斩首八万，终于夺取平定了楚地。鲁县为楚坚守不肯投降。汉王率诸侯军北上，把项羽的头给鲁县父老看，鲁县这才投降。汉王于是用鲁公的称号把项羽安葬在穀城。回到定陶，驱马进入齐王的营垒，夺取了他的军队。

　　正月，诸侯及将相相与共^①请尊汉王为皇帝。汉王曰："吾闻帝贤者有也，空言虚语，非所守^②也，吾不敢当帝位。"群臣皆曰："大王起微细^③，诛暴逆，平定四海，有功者辄裂地^④而封为王侯。大王不尊号，皆疑不信^⑤。臣等以死守^⑥之。"汉王三让，不得已，曰："诸君必以为便^⑦，便国家。"甲午，乃即皇帝位氾水之阳。

◎**注释** ①〔相与共〕一块儿，共同。②〔非所守〕守不住。③〔微细〕卑微，指平民。④〔裂地〕分地。⑤〔疑不信〕指对裂地封侯疑而不信。⑥〔守〕这里是坚持的意思。⑦〔便〕便利，有利于。

◎**大意** 正月，诸侯和将相一致请求尊奉汉王为皇帝。汉王说："我听说皇帝之号只有贤能的人才可以享有，徒有虚名而无实际的人，是守不住皇帝之位的，我不敢占取皇帝之位。"群臣都说："大王兴起于平民，诛暴灭逆，平定四海，对有功者总要分地封王。大王不称帝，人们都会疑虑不安。我们誓死坚持尊您为皇帝。"汉王再三谦让，不得已，说："你们一定坚持我称帝有利，那我只好从有利于国家的角度考虑，接受你们的意见了。"甲午，在氾水北岸登上了帝位。

皇帝曰义帝无后，齐王韩信习①楚风俗，徙为楚王，都下邳。立建成侯彭越为梁王，都定陶。故韩王信为韩王，都阳翟。徙衡山王吴芮为长沙王，都临湘。番君之将梅鋗有功，从入武关，故德②番君。淮南王布、燕王臧荼、赵王敖皆如故。

◎**注释** ①〔习〕熟悉，习惯。②〔德〕感恩，感激。

◎**大意** 皇帝说义帝没有后代，齐王韩信熟悉楚地风俗，调封为楚王，建都下邳。封建成侯彭越为梁王，建都定陶。原韩王信仍为韩王，建都阳翟。调衡山王吴芮为长沙王，建都临湘。吴芮的将领梅鋗有功，跟随进入武关，所以感激吴芮。淮南王黥布、燕王臧荼、赵王张敖都保持过去的封号。

天下大定。高祖都雒阳，诸侯皆臣属①。故临江王骓为项羽叛汉，令卢绾、刘贾围之，不下。数月而降，杀之雒阳。

◎**注释** ①〔臣属〕称臣归从。

◎**大意** 天下安定。高祖建都雒阳，诸侯无不归附称臣。原临江王共骓（huān）仍忠于项羽，反叛汉室，高祖命令卢绾、刘贾围攻他，没有攻克。他几个月后投降了，在雒阳杀了他。

五月，兵皆罢^①归家。诸侯子在关中者复^②之十二岁，其归者复之六岁，食^③之一岁。

◎**注释**　①〔罢〕遣去，遣归。②〔复〕免除赋税徭役。③〔食〕供养。
◎**大意**　五月，士卒都被遣散回家。诸侯子弟留在关中的免除十二年的赋税徭役，回去的免除徭役六年，由国家供养一年。

高祖置酒雒阳南宫。高祖曰："列侯诸将无敢^①隐朕，皆言其情^②。吾所以有天下者何？项氏之所以失天下者何？"高起、王陵对曰："陛下慢^③而侮人，项羽仁而爱人。然陛下使人攻城略地，所降下者因以予之，与天下同^④利也。项羽妒贤嫉能，有功者害^⑤之，贤者疑之，战胜而不予人功，得地而不予人利，此所以失天下也。"高祖曰："公知其一，未知其二。夫运筹策帷帐之中^⑥，决胜于千里之外，吾不如子房。镇国家，抚百姓，给馈饷^⑦，不绝粮道，吾不如萧何。连百万之军，战必胜，攻必取，吾不如韩信。此三者，皆人杰也，吾能用之，此吾所以取天下也。项羽有一范增而不能用，此其所以为我擒也。"

◎**注释**　①〔无敢〕不能。②〔情〕真情，这里指心里话。③〔慢〕简慢无礼。④〔同〕同享，共享。⑤〔害〕忌妒，嫉恨。⑥〔运筹策帷帐之中〕筹策，谋求，计谋。帷帐，军帐，幕府。⑦〔给馈饷〕向前方供应粮饷。
◎**大意**　高祖在雒阳南宫摆设酒席。高祖说："各位列侯将军不要瞒我，都说实情。我能取得天下是什么原因？项氏失去天下是什么原因？"高起、王陵回答说："陛下傲慢而戏侮别人，项羽亲善而爱惜别人。然而陛下派人攻城略地，所攻取的地方就分给他，与天下人共享利益。项羽却嫉贤妒能，对有功的人加以陷害，对贤能的人加以怀疑，打了胜仗而不授予功勋，取得土地而不给人好处，这就是他失去天下的原因。"高祖说："你只知其一，不知其二。运筹谋策于军帐之中，决定胜负于千里之外，我不如子房。安定国家，抚慰百姓，供给军粮，保证粮道不断，我不如萧何。统领百万大军，战必胜，攻必克，我不如韩信。这三个人，都是人中俊杰，我能任用他们，这就是我取得天下的原因。项羽仅有一个范增，还不能任用，这就是他被我打败的原因。"

高祖欲长^①都雒阳，齐人刘敬说，及留侯劝上入都关中，高祖是日驾^②，入都关中。六月，大赦天下。

◎**注释**　①〔长〕长时间，长久地。②〔驾〕驾车，这里指起驾。
◎**大意**　高祖想长久以雒阳为都，齐人刘敬劝谏，加上留侯张良劝说高祖进入关中建都，高祖即日起驾，进入关中建都。六月，大赦天下。

十月，燕王臧荼反，攻下代地。高祖自将^①击之，得燕王臧荼。即立太尉卢绾为燕王。使丞相哙将兵攻代。

◎**注释**　①〔自将〕亲自带兵。
◎**大意**　十月，燕王臧荼反叛，攻占了代地。高祖亲自带兵攻打，俘获了燕王臧荼，马上立太尉卢绾为燕王。派丞相樊哙领兵攻打代地。

其秋，利几反，高祖自将兵击之，利几走。利几者，项氏之将。项氏败，利几为陈公，不随项羽，亡降高祖，高祖侯之^①颍川。高祖至雒阳，举通侯籍^②召之，而利几恐，故反。

◎**注释**　①〔侯之〕封给他侯位。②〔通侯籍〕一般诸侯的名册。通侯，即列侯，本叫"彻侯"，为避汉武帝刘彻讳而改为"通侯"。籍，名册。
◎**大意**　这年秋天，利几造反，高祖亲自带兵攻打他，利几逃跑。利几这个人，原是项羽的部将。项羽失败时，利几在陈县做县令，没有跟随项羽，逃去投降了高祖，高祖封他做颍川侯。高祖到雒阳后，召见所有在册的通侯，而利几害怕，所以反叛。

六年，高祖五日一朝太公，如家人父子礼。太公家令①说太公曰："天无二日，土无二王。今高祖虽子，人主也；太公虽父，人臣也。奈何令人主拜人臣！如此，则威重②不行。"后高祖朝，太公拥彗③，迎门却行④。高祖大惊，下扶太公。太公曰："帝，人主也，奈何以我乱天下法！"于是高祖乃尊太公为太上皇。心善⑤家令言，赐金五百斤。

◎**注释**　①〔家令〕代为掌管家事的官吏。②〔威重〕威望，威严。③〔拥彗（huì）〕拥，抱，持，彗，扫帚。④〔迎门却行〕面朝门口倒退着走，表示十分恭敬。⑤〔善〕认为善，赞赏。

◎**大意**　六年，高祖每五天拜见一次太公，按照平民百姓家父子之间的礼节。太公的家令劝说太公："天无二日，地无二主。现在皇上虽是您的儿子，但是天下君主；您虽是他的父亲，但是皇上的臣子。怎么能让君主拜见臣下呢！这样的话，皇帝的权威就难行于国。"后来高祖拜见时，太公抱着扫帚，迎到门口并倒退着行走。高祖大惊，下去扶太公。太公说："皇帝是人间君主，怎么能因我而乱了天下法度！"于是高祖就尊奉太公为太上皇。心里觉得那个家令的话很好，赏赐他五百斤黄金。

十二月，人有上变事①告楚王信谋反，上问左右，左右争欲击之。用陈平计，乃伪游云梦，会诸侯于陈，楚王信迎，即因执②之。是日，大赦天下。田肯贺，因说高祖曰："陛下得韩信，又治秦中。秦，形胜③之国，带河山④之险，县（悬）隔千里⑤，持戟百万，秦得百二焉。地势便利，其以下兵于诸侯，譬犹居高屋之上建瓴水也⑥。夫齐，东有琅邪、即墨之饶，南有泰山之固⑦，西有浊河之限⑧，北有勃海之利。地方二千里，持戟百万，县隔千里之外，齐得十二焉。故此东西秦也。非亲子弟，莫可使王齐矣。"高祖曰："善。"赐黄金五百斤。

◎**注释** ①〔上变事〕呈上作乱谋反的汇报。②〔执〕捉拿，拘捕。③〔形胜〕指形势险要。④〔带河山〕以河山为带，即河山环绕的意思。⑤〔县（xuán）隔千里〕指土地纵横千里。⑥〔居高屋之上建瓴（líng）水也〕在高屋脊上把瓶水向下倾倒。喻指居高临下、不可阻遏的形势。建，倾覆，倾倒。瓴，一种盛水的瓶子。⑦〔固〕险要。⑧〔限〕险阻。

◎**大意** 十二月，有人上书告发楚王韩信谋反，高祖问左右大臣，大臣争着要去攻打。高祖采用了陈平的计策，于是假装巡游云梦，在陈县会见诸侯，楚王韩信去迎接，就趁机将他拘捕。当天，大赦天下。田肯来祝贺，以此劝说高祖："陛下擒获了韩信，又建都于关中。关中是形势险要的地方，以险要的黄河崤山为屏障，沃野千里，天下有雄兵百万，关中有两万就足以抵挡。如此有利的地势，假使对诸侯用兵，其势就像从高高的屋脊上向下倒水一样不可阻挡。而齐地，东有琅邪、即墨的富饶，南有泰山的险固，西有黄河的阻隔，北有渤海的物产之利，纵横两千里，若天下有雄兵百万，齐地相隔不下千里，以十分之二的兵力就足以抵挡。因此这两个地方堪称东秦、西秦了。不是嫡亲子弟，陛下不可以分封到齐地做王。"高祖说："好。"赏赐他五百斤黄金。

后十余日，封韩信为淮阴侯，分其地为二国。高祖曰将军刘贾数有功，以为荆王，王淮东。弟交为楚王，王淮西。子肥为齐王，王七十余城，民能齐言①者皆属齐。乃论功②，与诸列侯剖符行封③。徙韩王信太原。

◎**注释** ①〔齐言〕说齐国话，即说齐方言。②〔论功〕评定功绩。③〔剖符行封〕把符节剖为两半，作为分封的信物。

◎**大意** 十多天后，（刘邦释放了韩信）封韩信为淮阴侯，把他原来的封地分作两个侯国。高祖说将军刘贾屡建战功，封他为荆王，管辖淮河以东地区。弟弟刘交为楚王，管辖淮河以西地区。儿子刘肥为齐王，统领七十余座城邑，凡能讲齐国话的百姓都归属齐国。于是论功行赏，与诸侯王剖分符节作为分封的信物。调迁韩王信到太原。

　　七年，匈奴攻韩王信马邑，信因与同谋反太原。白土曼丘臣、王黄立故赵将赵利为王以反，高祖自往击之。会天寒，士卒堕指^①者什二三^②，遂至平城。匈奴围我平城，七日而后罢去。令樊哙止^③定代地。立兄刘仲为代王。

◎**注释**　①〔堕指〕被冻掉手指。②〔什二三〕十分之二三。③〔止〕留下来。
◎**大意**　七年，匈奴在马邑攻打韩王信，韩王信趁机与匈奴勾结在太原谋反。白土县的曼丘臣、王黄拥立原赵将赵利为王，也反叛朝廷，高祖亲自去讨伐。恰逢天气寒冷，士卒手指被冻掉的有十分之二三，于是到了平城。匈奴包围了平城，七天后才撤兵离去。高祖命令樊哙留下来平定代地。封哥哥刘仲为代王。

　　二月，高祖自平城过赵、雒阳，至长安。长乐宫^①成，丞相已（以）下徙治长安。

◎**注释**　①〔长乐宫〕汉宫名，在今陕西长安西北。
◎**大意**　二月，高祖从平城经赵国、雒阳，到了长安。长乐宫已经建成，丞相以下官员迁到了长安。

　　八年，高祖东击韩王信余反寇于东垣。

◎**大意**　八年，高祖东进到东垣追剿韩王信叛军的残部。

　　萧丞相营作^①未央宫，立东阙^②、北阙、前殿、武库、太仓^③。高

祖还，见宫阙壮甚，怒，谓萧何曰："天下匈匈④苦战数岁，成败未可知，是何治宫室过度也？"萧何曰："天下方未定⑤，故可因遂就⑥宫室。且夫天子以四海为家，非壮丽无以重威，且无令后世有以加⑦也。"高祖乃说（悦）。

◎**注释** ①〔营作〕营建，建造。②〔阙〕皇宫前面两边的楼台，中间有道路。③〔太仓〕京城粮仓。④〔匈匈〕纷乱的样子。⑤〔方未定〕还没有安定。方，正。⑥〔就〕成，指建成。⑦〔加〕增加，这里指超越。

◎**大意** 丞相萧何营建未央宫，建造了东阙、北阙、前殿、武库、太仓。高祖回来后，看见宫阙极为壮丽，很生气，对萧何说："天下纷乱苦战数年，成败尚难预料，为什么修建过于豪华的宫殿呢？"萧何说："正因为天下尚未安定，才要趁机建好宫殿。况且天子以四海为家，不壮丽不足以显示威严，而且不能让后世超过这个规模。"高祖这才高兴起来。

高祖之东垣，过柏人，赵相贯高等谋弑高祖，高祖心动，因不留。代王刘仲弃国亡，自归①雒阳，废以为合阳侯。

◎**注释** ①〔自归〕私自返回。

◎**大意** 高祖到东垣，经过柏人县时，赵相贯高等图谋杀害高祖，高祖觉得心跳异常，就没有在那里停留。代王刘仲弃国逃跑，私自返回雒阳，被废为合阳侯。

九年，赵相贯高等事发觉，夷三族。废赵王敖为宣平侯。是岁，徙贵族楚昭、屈、景、怀、齐田氏关中。

◎**大意** 九年，赵相贯高等人的事情被发觉，诛灭了他们的三族。废赵王张敖为宣平侯。这一年，将楚国昭氏、屈氏、景氏、怀氏、齐国田氏等贵族迁徙到关中。

未央宫成。高祖大朝诸侯群臣，置酒未央前殿。高祖奉玉卮^①，起为太上皇寿^②，曰："始大人常以臣无赖^③，不能治产业，不如仲力^④。今某之业所就孰与^⑤仲多？"殿上群臣皆呼万岁，大笑为乐。

◎**注释** ①〔卮（zhī）〕古代酒器。②〔为太上皇寿〕为……寿，献酒致祝寿词。③〔无赖〕没有才能，无可依仗。④〔力〕努力。⑤〔孰与〕与……相比。

◎**大意** 未央宫落成。高祖接受诸侯群臣的盛大朝贺，在未央宫前殿摆设酒宴。高祖手捧玉杯，起身为太上皇祝寿，说："当初您常认为我没出息，不能经营产业，不如二哥勤劳。现在我成就的事业与二哥相比谁的多呢？"殿上群臣都高呼万岁，大笑作乐。

十年十月，淮南王黥布、梁王彭越、燕王卢绾、荆王刘贾、楚王刘交、齐王刘肥、长沙王吴芮皆来朝^①长乐宫。春夏无事。

◎**注释** ①〔朝〕朝见。

◎**大意** 十年十月，淮南王黥布、梁王彭越、燕王卢绾、荆王刘贾、楚王刘交、齐王刘肥、长沙王吴芮都来长乐宫朝见高祖。这年春夏平安无事。

七月，太上皇崩栎阳宫。楚王、梁王皆来送葬。赦栎阳囚。更命^①郦邑曰新丰。

◎**注释** ①〔更命〕改名。

◎**大意** 七月，太上皇在栎阳宫去世。楚王、梁王都赶来送葬。赦免栎阳的囚犯。把郦邑改名为新丰。

八月，赵相国陈豨反代地。上曰："豨尝为吾使，甚有信。代地吾所急①也，故封豨为列侯，以相国守代，今乃②与王黄等劫掠代地！代地吏民非有罪也。其赦代吏民。"九月，上自东往击之。至邯郸，上喜曰："豨不南据邯郸而阻漳水，吾知其无能为也。"闻豨将皆故贾人③也，上曰："吾知所以与④之。"乃多以金啖⑤豨将，豨将多降者。

◎**注释** ①〔急〕以为急迫，认为重要的意思。②〔乃〕竟然。③〔贾（gǔ）人〕商人。④〔与〕对付。这里指对付的方法。⑤〔啖〕利诱。

◎**大意** 八月，赵相国陈豨（xī）在代地反叛。高祖说："陈豨曾经为我做过事，很讲信用。代地是我很重视的地方，所以封陈豨为列侯，以相国的身份镇守代地，现在他竟和王黄之流劫掠代地！代地的吏民没有罪过，赦免他们。"九月，高祖亲自东进征讨陈豨。到了邯郸，高祖高兴地说："陈豨不向南据守邯郸却靠漳水来阻挡，我断定他已不能有所作为了。"听说陈豨的部将原来都是商人，高祖说："我知道用什么方法对付他们了。"于是以重金利诱陈豨的部将，陈豨的部将不少都投降了。

十一年，高祖在邯郸诛豨等未毕，豨将侯敞将万余人游行①，王黄军曲逆，张春渡河击聊城。汉使将军郭蒙与齐将击，大破之。太尉周勃道太原入，定代地。至马邑，马邑不下，即攻残②之。

◎**注释** ①〔游行〕指流动不定地作战，略等于游击。②〔残〕摧毁。

◎**大意** 十一年，高祖在邯郸讨伐陈豨等尚未结束，陈豨的部将侯敞带领一万多人流动作战，王黄驻扎在曲逆，张春渡过黄河进攻聊城。汉军派将军郭蒙与齐国将领一并出击，把他们打得大败。太尉周勃从太原出兵，平定代地。到马邑时，马邑叛军不投降，周勃遂将马邑摧毁。

豨将赵利守东垣，高祖攻之，不下。月余，卒骂高祖，高祖怒。

城降，令出骂者斩之，不骂者原①之。于是乃分赵山北，立子恒以为代王，都晋阳。

◎**注释**　①〔原〕宽赦。

◎**大意**　陈狶的部将赵利防守东垣，高祖率军攻打，没有攻下。持续了一个多月，城内守卒辱骂高祖，高祖十分气愤。全城投降后，高祖命令将骂自己的人检举出来处斩，没有骂的人赦免。于是把赵国常山以北的地方划分出来，立儿子刘恒为代王，建都于晋阳。

春，淮阴侯韩信谋反关中，夷①三族。

◎**注释**　①〔夷〕诛灭。

◎**大意**　春天，淮阴侯韩信在关中谋反，被诛灭三族。

夏，梁王彭越谋反，废①迁蜀；复欲反，遂夷三族。立子恢为梁王，子友为淮阳王。

◎**注释**　①〔废〕废黜。

◎**大意**　夏天，梁王彭越谋反，被废黜并流放到蜀地；再次企图谋反，于是被诛灭三族。立儿子刘恢为梁王，儿子刘友为淮阳王。

秋七月，淮南王黥布反，东并①荆王刘贾地，北渡淮，楚王交走②入薛。高祖自往击之。立子长为淮南王。

◎**注释**　①〔并〕并吞。②〔走〕逃亡。

◎**大意**　秋天七月，淮南王黥布反叛，东进并吞了荆王刘贾的封地，又向北渡过淮水，楚王刘交逃入薛县。高祖亲自去征讨他。封儿子刘长为淮南王。

十二年，十月，高祖已击布军会甀，布走，令别将追之。

高祖还归，过沛，留。置酒沛宫，悉召故人父老子弟纵酒①，发沛中儿得百二十人，教之歌。酒酣②，高祖击筑③，自为歌诗曰："大风起兮云飞扬，威加海内兮归故乡，安得猛士兮守四方！"令儿皆和习④之。高祖乃起舞，慷慨伤怀，泣数行下。谓沛父兄曰："游子悲⑤故乡。吾虽都关中，万岁后⑥吾魂魄犹乐思沛⑦。且朕自沛公以诛暴逆，遂有天下，其以沛为朕汤沐邑⑧，复⑨其民，世世无有所与⑩。"沛父兄诸母故人日乐饮极欢，道旧故⑪为笑乐。十余日，高祖欲去，沛父兄固请留高祖。高祖曰："吾人众多，父兄不能给⑫。"乃去。沛中空县⑬皆之邑西献⑭。高祖复留止，张（帐）⑮饮三日。沛父兄皆顿首曰："沛幸得复，丰未复，唯⑯陛下哀怜之。"高祖曰："丰吾所生长，极不忘耳，吾特⑰为其以雍齿故反我为魏。"沛父兄固请，乃并复丰，比⑱沛。于是拜沛侯刘濞为吴王。

◎**注释** ①〔纵酒〕纵情饮酒。②〔酒酣〕酒喝得很畅快。③〔筑〕古代乐器名，形状像瑟。④〔和习〕学习跟着唱。⑤〔悲〕思念，眷恋。⑥〔万岁后〕是死后的避讳说法。⑦〔乐思沛〕喜欢和思念沛。⑧〔汤沐邑〕周制，诸侯朝见天子，天子赐以王畿内的供住宿和斋戒沐浴的封邑，叫作"汤沐邑"。后来皇帝、皇后、公主等收取赋税的私邑也称"汤沐邑"。⑨〔复〕免除赋税徭役。⑩〔无有所与〕不必交纳赋税、服徭役。与，参与。⑪〔道旧故〕谈起旧事。⑫〔给（jǐ）〕供给，供应。⑬〔空县〕县中空无一人。⑭〔献〕指献牛酒等礼品。⑮〔张（zhàng）〕通"帐"，搭设帷帐。⑯〔唯〕希望。⑰〔特〕只是。⑱〔比〕并列，跟……一样。

◎**大意** 十二年十月，高祖在会甀（zhuì）击败黥布的军队，黥布逃走，高祖命令部将追击。

高祖率军归还，路过沛县时，停留下来。在沛宫摆设酒宴，将老朋友和父老兄弟都招来纵情畅饮，在沛县选出一百二十名儿童，教他们唱歌。酒喝得很畅快，高祖击着筑，吟唱起自编的诗歌："大风起兮云飞扬，威加海内兮归故乡，安得猛士兮守四方！"并让孩子们跟着学唱。高祖于是跳起舞来，心情激昂难抑，流下行行热泪。高祖对沛县父兄说："游子思念故乡。我虽然定都关中，但即使万岁之后我的魂魄还会喜欢、怀念沛县的。况且我以沛县县令的身份开始诛暴讨逆，终于取得了天下，就将沛县作为我的私人领地，免除沛县百姓的赋税徭役，世世代代不再有缴纳赋税的事。"沛县的父老兄弟及各位亲戚朋友，天天畅饮尽欢，叙说往事逗笑取乐。十多天后，高祖要离去，沛县父老兄弟百般挽留高祖。高祖说："我的侍从众多，乡亲们难以负担。"这才离开。沛县空巷而出，到城西献奉酒食。高祖又停留下来，搭起帐篷饮宴三天。沛县父兄都叩头请求说："沛县有幸得以免除徭役，丰邑却没有免除，请陛下怜爱他们。"高祖说："丰邑是我生长的地方，绝不会忘记，我只是恨他们曾跟随雍齿反叛我而依附魏。"沛县父兄一再请求，这才一并免除了丰邑的徭役，和沛县享受一样的待遇。于是封沛侯刘濞为吴王。

汉将别①击布军洮水南北，皆大破之，追得斩布鄱阳。

◎**注释**　①〔别〕分别。

◎**大意**　汉军将领分别在洮（dào）水南北攻打黥布，都大破叛军，追到鄱阳擒杀了黥布。

樊哙别将①兵定代，斩陈豨当城。

◎**注释**　①〔别将〕另带一军。

◎**大意**　樊哙另带一支军队平定代地，在当城将陈豨斩首。

十一月，高祖自布军至长安。十二月，高祖曰："秦始皇帝、楚隐王陈涉、魏安釐王、齐湣王、赵悼襄王皆绝无后①，予守冢②各十家，秦皇帝二十家，魏公子无忌五家。"赦代地吏民，为陈豨、赵利所劫掠者皆赦之。陈豨降将言豨反时，燕王卢绾使人之豨所，与阴谋③。

上使辟阳侯迎绾，绾称病。辟阳侯归，具言绾反有端④矣。二月，使樊哙、周勃将兵击燕王绾，赦燕吏民与反者。立皇子建为燕王。

◎**注释** ①〔绝无后〕子孙断绝，没有继承人。②〔守冢〕守护坟墓的人。③〔阴谋〕暗中谋划。④〔端〕头绪。

◎**大意** 十一月，高祖从黥布的驻地回到长安。十二月，高祖说："秦始皇帝、楚隐王陈涉、魏安釐（xī）王、齐湣（mǐn）王、赵悼襄王都绝嗣无后，各给他们十户人家看守坟墓，秦始皇帝二十家，魏公子无忌五家。"赦免代地的官吏和庶民，受陈豨、赵利胁迫而叛乱者都予以赦免。陈豨的降将说陈豨反叛时，燕王卢绾曾派人到陈豨的处所，与他暗中谋划。高祖派辟阳侯去接卢绾，卢绾托病不来。辟阳侯返回，将卢绾有反叛苗头的情况一五一十做了陈述。二月，高祖派樊哙、周勃率军攻打燕王卢绾。赦免参与造反的燕地吏民。封皇子刘建为燕王。

高祖击布时，为流矢①所中，行道病。病甚，吕后迎良医。医入见，高祖问医，医曰："病可治。"于是高祖嫚骂②之曰："吾以布衣③提三尺剑取天下，此非天命乎？命乃在天，虽扁鹊何益！"遂不使治病，赐金五十斤罢之。已而④吕后问："陛下百岁后⑤，萧相国即⑥死，令谁代之？"上曰："曹参可。"问其次，上曰："王陵可。然陵少戆⑦，陈平可以助之。陈平智有余，然难以独任。周勃重厚少文⑧，然安刘氏者必勃也，可令为太尉。"吕后复问其次，上曰："此后亦非而⑨所知也。"

◎**注释** ①〔流矢〕飞箭。②〔嫚骂〕辱骂。嫚，轻慢，侮辱。③〔布衣〕指平民。④〔已而〕不久。⑤〔百岁后〕死的避讳说法。⑥〔即〕如果，一旦。⑦〔少戆（zhuàng）〕少，稍微。戆，愚而刚直。⑧〔少文〕缺少文才。⑨〔而〕你。

◎**大意** 高祖攻打黥布时，被飞箭射中，回来的路上就病了。后来病情加重，吕后请来一位名医。医生进去看完病，高祖询问医生，医生说："病可以治。"于是高祖骂医生说："我以一个平民的身份提着宝剑取得天下，这难道不是天命吗？命运既然在天，就是扁鹊来了又有什么用！"就不让医生治病，赏赐黄金五十斤打发他离去。过后吕后问道："陛下百年以后，萧相国如果死了，让谁接替他？"高祖说："曹参可以。"问曹参以后谁来接替，高祖说："王陵可以。但王陵稍显粗疏而认死理，可以让陈平帮助他。陈平才智有余，但难以独任。周勃稳重厚道而缺少文才，但安定刘氏天下的一定是周勃，可以让他做太尉。"吕后又问以后的人选，高祖说："这以后也不是你所能知道的。"

卢绾与数千骑居塞下候伺①，**幸**②**上病愈自入谢。**

◎**注释**　①〔候伺〕窥伺，等待机会。②〔幸〕希望。

◎**大意**　卢绾带着几千人马住在边境上探查观望，希望高祖病愈后亲自去请罪。

四月甲辰，高祖崩长乐宫。四日不发丧。吕后与审食其谋曰："诸将与帝为编户民①**，今北面为臣，此常怏怏**②**，今乃事少主，非尽族是**③**，天下不安。"人或闻之，语郦将军。郦将军往见审食其，曰："吾闻帝已崩，四日不发丧，欲诛诸将。诚如此，天下危矣。陈平、灌婴将十万守荥阳，樊哙、周勃将二十万定燕、代，此闻帝崩，诸将皆诛，必连兵还乡以攻关中。大臣内叛，诸侯外反，亡可翘足而待**④**也。"审食其入言之，乃以丁未发丧，大赦天下。**

◎**注释**　①〔编户民〕登记在户口簿上的平民。②〔怏怏〕不满意、不服气的样子。③〔是〕这些人。④〔翘足而待〕一举足的工夫就可等到，形容很快。翘，举。

◎**大意**　四月甲辰，高祖在长乐宫逝世。过了四天还不发丧。吕后和审食其商量说："诸将和皇帝一样出身于普通百姓，后来向皇帝北面称臣，这些人时常怏怏不乐，现在要让他们侍奉年少的皇帝，若不把他们全部诛灭，天下不会安定。"有人听到这个消息，告诉了郦将军。郦将军前去拜见审食其，说："我听说皇帝已经驾崩，四天了还不发丧，想要诛杀诸位将领。真是这样的话，天下就危险了。陈平、灌婴带兵十万驻守荥阳，樊哙、周勃率军二十万平定燕、代之地，这时如果听到皇帝驾崩，诸将都被诛杀，必定会联合起来攻打关中。大臣在朝内反叛，诸侯在朝外造反，灭亡就很快了。"审食其进宫告诉吕后，这才在丁未日发丧，大赦天下。

卢绾闻高祖崩，遂亡①入匈奴。

◎**注释** ①〔亡〕逃亡。
◎**大意** 卢绾听说高祖已驾崩，就逃到匈奴去了。

丙寅，葬。己巳，立太子，至太上皇庙。群臣皆曰："高祖起微细，拨乱世反（返）之正①，平定天下，为汉太祖，功最高。"上尊号为高皇帝。太子袭号为皇帝，孝惠帝也。令郡国诸侯各立高祖庙，以岁时祠②。

◎**注释** ①〔拨乱世反之正〕治平乱世，使之恢复正常。拨，治理。②〔以岁时祠〕每年按时祭祀。
◎**大意** 丙寅，安葬高祖。己巳日，立太子，来到太上皇庙。群臣都说："高祖起于平民，拨乱反正，平定天下，是汉的开国皇帝，功劳最高。"上尊号为高皇帝。太子继位做了皇帝，即孝惠帝。命令各郡国诸侯都建立高祖庙，每年按照一定的时令祭祀。

及孝惠五年，思高祖之悲乐沛，以沛宫为高祖原庙①。高祖所教歌儿百二十人，皆令为吹乐，后有缺，辄补之。

◎**注释** ①〔原庙〕第二所庙宇。
◎**大意** 到了孝惠帝五年，孝惠帝想到高祖生前那么怀念和喜欢沛县，就把沛宫作为高祖原庙。高祖曾教过唱歌的一百二十名儿童，让他们都到庙里吹奏演唱，以后一有缺额，就立刻补上。

　　高帝八男：长庶①齐悼惠王肥；次孝惠，吕后子；次戚夫人子赵隐王如意；次代王恒，已立为孝文帝，薄太后子；次梁王恢，吕太后时徙为赵共王；次淮阳王友，吕太后时徙为赵幽王；次淮南厉王长；次燕王建。

◎**注释**　①〔长庶〕意思是长子非正妻所生。
◎**大意**　高祖有八个儿子：庶出的长子齐悼惠王肥；次子孝惠帝，吕后所生；三子是戚夫人生的赵隐王如意；四子代王恒，后被立为孝文帝，薄太后所生；五子梁王恢，吕太后当政时调迁为赵共王；六子淮阳王友，吕太后时调迁为赵幽王；七子淮南厉王长；八子燕王建。

　　太史公曰：夏之政忠①。忠之敝（弊），小人以野②，故殷人承之以敬。敬之敝，小人以鬼③，故周人承之以文。文之敝，小人以僿④，故救僿莫若以忠。三王之道若循环，终而复始。周秦之间，可谓文敝矣。秦政不改，反酷刑法，岂不缪乎？故汉兴，承敝易变，使人不倦，得天统⑤矣。朝以十月。车服黄屋左纛。葬长陵。

◎**注释**　①〔忠〕真诚。②〔小人以野〕小人，指老百姓，这是一种蔑称。野，粗鄙，缺少礼节。③〔鬼〕指迷信鬼神。④〔僿（sài）〕不诚恳。⑤〔天统〕等于说天道，自然的规律。
◎**大意**　太史公说：夏朝的政治质朴。质朴的弊病，是使百姓缺少礼节，所以殷人以敬奉天地、鬼神、祖先取而代之。恭敬的弊病，是使百姓崇拜鬼神，所以周人以礼仪文明取而代之。礼仪文明的弊病，是使百姓虚伪，所以救治虚伪弊病的良方莫过于质朴。三个王朝的治国之道好像是循环往复、终而复始的。周朝到秦朝之间，可以说弊病在于繁缛的礼仪。秦朝政治不予改变，反而使用酷刑苛法，岂不荒谬？因此汉朝兴起，沿袭前朝弊政而加以改变，让人民休养生息，得到了天命。规定每年十月朝觐。皇帝的车驾用黄缯做顶并在车衡的左边插以饰有毛羽的旗帜。安葬高祖于长陵。

◎ 知识拓展

《高祖本纪》在叙事上有意与《项羽本纪》参照。明代学者茅坤曰："读《高祖纪》须参《项羽纪》，两相得失一一入手。"在刘、项二人早期故事中，都有关于见秦始皇出行的细节记录，项羽曰："彼可取而代也。"同样的情形，刘邦却叹息曰："嗟乎，大丈夫当如此也！"这两则故事明显出自传闻。司马迁将其分别编入两人传记中，一方面借此显示了两个人的不俗，另一方面也从细微处体现了两人的不同——与项羽的耿直冲动相比，刘邦要内敛很多。秦二世元年陈涉起兵，同年项羽、刘邦分别在会稽、沛县起事。《高祖本纪》与《项羽本纪》都对传主如何起事做了详细记录。刘邦和项羽在起事模式上很相近，都是杀了原先的地方长官，赢得支持，成为首领。只是与项羽直接"拔剑斩守头"相比，刘邦"乃书帛射城上"煽动沛县父老子弟"共杀沛令"更具策略。并且在杀沛令之后，刘邦是在"萧、曹等皆文吏，自爱，恐事不就，后秦种族其家，尽让刘季""刘季数让"的情况下被推举成为沛令的。两者对比，从起事开始，刘邦就比项羽准备得充分，也比项羽更懂得用人。秦二世三年，在项羽等人大破秦将王离军队，收降章邯，诸侯都归附项羽的情况下，刘邦先后在武关、蓝田南、蓝田北大破秦军，最终彻底打败了秦军。其后秦王子婴投降，刘邦、项羽先后入关。《史记》对二人入关后的行为都进行了详细记载。《高祖本纪》写刘邦如何宽待子婴，《项羽本纪》写项羽"杀秦降王子婴"；《高祖本纪》写刘邦"欲止宫休舍，樊哙、张良谏，乃封秦重宝财物府库"，与关中父老约法三章，《项羽本纪》记项羽"烧秦宫室，火三月不灭；收其货宝妇女而东"；《高祖本纪》记"秦人大喜，争持牛羊酒食献飨军士""人又益喜，唯恐沛公不为秦王"，《项羽本纪》记"说者曰：'人言楚人沐猴而冠耳，果然'"。别人建议立足关中，刘邦"然其计，从之"，项羽却说"富贵不归故乡，如衣绣夜行，谁知之者！"可以看出，《高祖本纪》与《项羽本纪》有意识地进行了对比。汉五年，刘邦与项羽决战垓下，楚汉之争进入尾声。两篇传记分别借助传主之口对自己的成败进行总结。项羽将自己的失败归为天意，而刘邦将自己的成功归为人力。尽管这种自我总结的历史真实性很值得怀疑，但是自我总结的设置，无疑有助于人物传记的完整性，且出自传主之口的总结，对刻画传主性格起到了重要作用。项羽的慷慨悲壮，刘邦的志得意满借此被表现得淋漓尽致。起事前、起事过程、反秦胜利、楚汉之争结束，这四个具有标志性的时间点（段），刘邦与项羽的传记都存在可以彼此参照的现象。吴见思《史记论文》评论道："先写《项羽》一纪，接手又写《高祖》一纪，一节事分两处写，安得不同？乃《羽纪》中字字是写项羽，《高纪》中字字是写高祖。两篇对看，始见其妙。"读者于此可以参照阅读，细心体会传记编写者司马迁有意识的参照编排。

吕太后本纪

第九

　　《吕太后本纪》叙事内容承接《高祖本纪》，是汉高祖到汉文帝之间的重要一环。将本非帝王的吕后列入本纪，是《史记》的一次破例，历代学者对此有不同看法。从内容上看，吕后时期的历史的确是汉初历史不可回避的一部分。司马迁将其置于"本纪"之体，显示了其对这一史实的正视。《吕太后本纪》中共出现两种纪年，第一种为孝惠帝纪年，共包含七年内容。虽然此处包含了孝惠帝全部的纪年，但从具体内容来看，其核心仍为吕后。孝惠帝纪年文本在《吕太后本纪》中并不具有独立性，孝惠帝只是作为吕后故事的一环而出现。孝惠帝之后，先后有两位皇帝即位。第一位即位的皇帝，并不按照惯例于其即位之初记录其具体信息，而是在"太后幽杀之"之前对其背景及事迹进行追述。第二位皇帝更是以"五月丙辰，立常山王义为帝，更名曰弘"一笔带过。司马迁在两位皇帝即位时就交代了其所处时期的政治状况，第一位皇帝即位时记载："元年，号令一出太后。"突出了吕后在这一时期的政治地位。在第二位皇帝即位时，直接解释了"不称元年者，以太后制天下事也"。由此可见，虽然这部分内容并不明确写为"吕后……年"，但实是以吕后纪年而进行的记事。《吕太后本纪》中吕后崩后的文本内容十分丰富，约占整个文本的一半，包括了大臣诛灭诸吕、谋立新帝王，乃至孝文帝继承帝位的过程。这部分内容集中发生在吕后崩后的八月、九月，叙事十分详细。不仅在事件上包括了"八月丙午""八月庚申旦""九月晦日己酉"这些具体到日期的记事内容，而且包含了大量的人物对话。这部分所有的记事内容都围绕着主题而展开。大臣诛灭诸吕主题下，分别记录了汉廷外部齐王起兵，内部绛侯、朱虚侯智谋夺取南北二君，一举诛杀诸吕的事件。其后诸臣谋立帝王的主题则载录了诸位大臣的对话，借助对话交代了不立齐王、淮南王，而立代王的原因。代王之立主题记录了东牟侯兴居主动请得除宫及谒者阻拦的细节性内容。这部分文本前后连贯，情节发展激荡人心，显示出高超的叙事技巧。

吕太后者，高祖微时①妃也，生孝惠帝、女鲁元太后。及高祖为汉王，得定陶戚姬，爱幸，生赵隐王如意。孝惠为人仁弱，高祖以为不类②我，常欲废太子，立戚姬子如意，如意类我。戚姬幸，常从上之关东，日夜啼泣，欲立其子代太子。吕后年长，常留守，希（稀）见上，益疏。如意立为赵王后，几代太子者数③矣，赖大臣争④之，及留侯策，太子得毋废。

◎**注释**　①〔微时〕贫贱的时候。②〔类〕像。③〔数（shuò）〕屡次。④〔争〕谏争，劝阻。

◎**大意**　吕太后是汉高祖贫贱时的妻子，生了孝惠帝、女儿鲁元太后。高祖做汉王时，得到定陶戚姬，非常宠爱她，她生了赵隐王如意。孝惠为人仁爱而懦弱，高祖认为不像自己，常想废掉太子，立戚姬的儿子如意，认为如意像自己。戚姬受到宠爱，常常伴随高祖到关东，日夜哭泣，想要立自己的儿子而取代太子。吕后年龄大了，经常留守在家，很少见到高祖，二人渐渐地疏远了。如意被立为赵王后，有几次差点取代了太子，有赖大臣净谏，以及留侯张良的计策，太子才没被废掉。

吕后为人刚毅，佐高祖定天下，所诛大臣多吕后力。吕后兄二人，皆为将。长兄周吕侯死事①**，封其子吕台为郦侯，子产为交侯；次兄吕释之为建成侯。**

◎**注释**　①〔死事〕死于战事。

◎**大意**　吕后性格刚毅，辅佐高祖平定天下，所诛杀的大臣多得力于吕后。吕后有两个兄长，都是将领。长兄周吕侯死于战事，他的儿子吕台被封为郦侯，吕产为交侯；次兄吕释之为建成侯。

高祖十二年四月甲辰，崩长乐宫，太子袭号为帝。是时高祖八子：长男肥，孝惠兄也，异母，肥为齐王；余皆孝惠弟，戚姬子如意为赵王，薄夫人子恒为代王，诸姬子子恢为梁王，子友为淮阳王，子长为淮南王，子建为燕王。高祖弟交为楚王，兄子濞为吴王。非刘氏功臣番君吴芮子臣为长沙王。

◎**大意**　高祖十二年四月甲辰在长乐宫驾崩，太子继承帝位。当时高祖有八个儿子：长子刘肥，是孝惠帝的哥哥，异母所生，刘肥为齐王；其余都是孝惠帝的弟弟，戚姬的儿子刘如意为赵王，薄夫人的儿子刘恒为代王，其他姬妾的儿子刘恢为梁王，刘友为淮阳王，刘长为淮南王，刘建为燕王。高祖的弟弟刘交为楚王，长兄的儿子刘濞为吴王。不是刘氏而有大功的番君吴芮的儿子吴臣被封为长沙王。

　　吕后最怨戚夫人及其子赵王，乃令永巷①囚戚夫人，而召赵王。使者三反（返），赵相建平侯周昌谓使者曰："高帝属②臣赵王，赵王年少。窃闻太后怨戚夫人，欲召赵王并诛之，臣不敢遣王。王且亦病，不能奉诏。"吕后大怒，乃使人召赵相。赵相征至长安，乃使人复召赵王。王来，未到。孝惠帝慈仁，知太后怒，自迎赵王霸上，与入宫，自挟③与赵王起居饮食。太后欲杀之，不得间④。孝惠元年十二月，帝晨出射。赵王少，不能蚤（早）起。太后闻其独居，使人持鸩⑤饮之。犁明⑥，孝惠还，赵王已死。于是乃徙淮阳王友为赵王。夏，诏赐郦侯父追谥为令武侯。太后遂断戚夫人手足，去眼，辉（熏）耳⑦，饮喑药⑧，使居厕中，命曰"人彘"。居数日，乃召孝惠帝观人彘。孝惠见，问，乃知其戚夫人，乃大哭，因病，岁余不能起。使人请太后曰："此非人所为。臣为太后子，终不能治天下。"孝惠以此日饮为淫乐，不听政，故有病也。

◎**注释**　①〔永巷〕后宫所居长巷，设有牢狱。此处指其官员永巷令。②〔属（zhǔ）〕嘱托。后作"嘱"。③〔自挟〕亲自携带、保护。④〔间〕时机。⑤〔鸩（zhèn）〕传说中的一种毒鸟，后多指毒酒。⑥〔犁明〕等到天明。犁，及，等到。⑦〔辉（xūn）耳〕熏聋耳朵。辉，通"熏"。⑧〔饮喑（yīn）药〕灌哑药。喑，哑。

◎**大意**　吕后最怨恨戚夫人和她的儿子赵王，于是将戚夫人囚禁在永巷，又召赵王来都城。使者往返了多次，赵相国建平侯周昌对使者说："高祖将赵王委托给我，赵王年幼。我私下听说太后怨恨戚夫人，想要招引赵王一并诛杀，我不敢让赵王去。况且赵王也有病，不能奉命。"吕后大怒，于是派人去召周昌。周昌被召至长安，吕后又派人去召赵王。赵王启程，尚未到京。孝惠帝仁慈，知道太后恼恨，亲自到霸上迎接赵王，和他一起进宫，亲自保护赵王并和他一同起居饮食。太后想要杀他，没有机会。孝惠帝元年十二月，孝惠帝早晨出去射猎。赵王年龄小，不能早起。太后得悉他独自在家，派人拿毒酒给他喝了。等到天大亮以后，孝惠帝回来，赵王已经死了。于是他就将淮阳王刘友调迁为赵王。夏天，下诏追谥郦侯的父亲为令武侯。吕后竟砍断了戚夫人的手脚，剜去眼睛，熏聋耳朵，给她灌了哑药，让她居住在厕所里，取名"人彘"。过了几天，吕后竟然叫孝惠帝去观看人彘。孝惠帝看到了，一问，这才知道是戚夫人，于是放声大哭起来，从而病倒，一年多不能起来。孝惠帝派人去对太后说："这不是人所做的事。我作为太后的儿子，至死也不能治理天下了。"孝惠帝从此整天饮酒作乐，不问朝政，因此生了病。

二年，楚元王、齐悼惠王皆来朝。十月，孝惠与齐王燕饮①太后前，孝惠以为齐王兄，置上坐，如家人之礼。太后怒，乃令酌两卮鸩，置前，令齐王起为寿。齐王起，孝惠亦起，取卮欲俱为寿。太后乃恐，自起泛②孝惠卮。齐王怪之，因不敢饮，详（佯）醉去。问，知其鸩，齐王恐，自以为不得脱长安，忧。齐内史士说王曰："太后独有孝惠与鲁元公主。今王有七十余城，而公主乃食数城。王诚以一郡上太后，为公主汤沐邑，太后必喜，王必无忧。"于是齐王乃上城阳之郡，尊公主为王太后。吕后喜，许之。乃置酒齐邸③，乐饮，罢，归齐王。三年，方筑长安城，四年就半，五年六年城就。诸侯来会。十月朝贺。

◎**注释** ①〔燕饮〕家常宴饮。②〔泛〕倾覆，倒掉。③〔齐邸〕齐王在京城的官邸。
◎**大意** 二年，楚元王、齐悼惠王都来朝见。十月，孝惠帝与齐王在太后面前宴饮，孝惠帝因为齐王是兄长，让他坐在上首的位置，如同家庭的礼节。太后很气愤，就让人斟了两杯毒酒，摆到齐王面前，让齐王起来给她敬酒。齐王站起来，孝惠帝也站了起来，取过一杯要一起向太后敬酒。太后这才惊慌了，亲自起来倒掉孝惠帝杯中的酒。齐王对此惊疑，就没敢喝这杯酒，装醉而去。后来一问，知道那是毒酒，齐王害怕起来，自以为不能脱离长安，很忧愁。齐国的内史士劝说齐王："太后只有孝惠帝和鲁元公主。现在大王你拥有七十多座城，而鲁元公主才有几座城的食邑。你如果能把一个郡的封地献给太后，作为公主的私邑，太后必定高兴，大王你一定没有忧愁了。"于是齐王就献出城阳郡，尊奉鲁元公主为王太后。吕后很高兴，答应了他，就在齐王官邸设置酒席，开怀畅饮，席散，让齐王回国了。三年，开始修建长安城，四年，完成了一半，五年六年时全部完工。诸侯来京聚会。十月朝觐并向皇帝祝贺。

七年秋八月戊寅，孝惠帝崩。发丧，太后哭，泣不下。留侯子张辟彊为侍中，年十五，谓丞相曰："太后独有孝惠，今崩，哭不悲，君知其解①乎？"丞相曰："何解？"辟彊曰："帝毋壮子，太后畏君等。君今请拜吕台、吕产、吕禄为将，将兵居南北军，及诸吕皆入宫，居中用事，如此则太后心安，君等幸得脱祸矣。"丞相乃如辟彊计。太后说（悦），其哭乃哀。吕氏权由此起。乃大赦天下。九月辛丑，葬。太子即位为帝，谒②高庙。元年，号令一③出太后。

◎**注释** ①〔解〕缘由。②〔谒〕祭祀，朝拜。③〔一〕全，统一。

◎**大意** 七年秋八月戊寅，孝惠帝驾崩。发丧时，太后干哭，眼泪流不下来。留侯张良的儿子张辟彊担任侍中，年方十五，对丞相陈平说："太后只有孝惠帝一个儿子，现在驾崩了，她只哭而不悲伤，你知道其中的缘故吗？"丞相问："什么缘故？"张辟彊说："皇帝没有年龄大的儿子，太后害怕你们。你现在请求太后拜吕台、吕产、吕禄为将军，统领南北二军，并让吕家的人都进宫，在朝中掌权，这样的话太后就会心安，你们就有希望摆脱灾难了。"丞相于是按照张辟彊的计策做了。太后心喜，这才哭得哀痛起来。吕氏掌权由此开始。于是大赦天下。九月辛丑，孝惠帝被安葬。太子即位称帝，到高祖庙朝拜。元年，号令全都出自太后。

太后称制①，议欲立诸吕为王，问右丞相王陵。王陵曰："高帝刑白马盟②曰'非刘氏而王，天下共击之'。今王吕氏，非约也。"太后不说（悦）。问左丞相陈平、绛侯周勃。勃等对曰："高帝定天下，王子弟，今太后称制，王昆弟③诸吕，无所不可。"太后喜，罢朝。王陵让④陈平、绛侯曰："始与高帝啑（歃）血⑤盟，诸君不在邪？今高帝崩，太后女主，欲王吕氏，诸君纵欲阿意⑥背约，何面目见高帝地下？"陈平、绛侯曰："于今面折廷争，臣不如君；夫全社稷，定刘氏之后，君亦不如臣。"王陵无以应之。十一月，太后欲废王陵，乃拜为帝太傅，夺之相权。王陵遂病免归。乃以左丞相平为右丞相，以辟阳侯审食其为左丞相。左丞相不治事，令监宫中，如郎中令。食其故得幸太后，常用事，公卿皆因而决事。乃追尊郦侯父为悼武王，欲以王诸吕为渐⑦。

◎**注释**　①〔称制〕行使皇帝的职权。②〔刑白马盟〕古人盟誓为表庄重，杀牲以血涂口。③〔王昆弟〕使兄弟称王。④〔让〕责备。⑤〔啑（shà）血〕公盟时以牲血涂于口旁，表示诚信。⑥〔阿（ē）意〕曲意献媚。⑦〔渐〕开头，铺垫。

◎**大意**　吕太后行使了皇帝的职权，与大臣商议，想要立诸吕氏为王，询问右丞相王陵。王陵说："高祖曾杀白马与大臣盟誓说：'不是刘氏而称王的，天下人可一起击杀他。'如今封吕氏为王，是违背盟誓的。"太后很不高兴。问左丞相陈平、绛侯周勃。周勃等回答说："高祖皇帝平定天下，封自己的子弟为王，现在太后行使皇帝的职权，封自己的吕氏兄弟为王，没有什么不可以。"太后很高兴，散了朝。王陵责备陈平、周勃说："当初与高帝歃血盟誓时，你们不在吗？现在高祖皇帝驾崩了，太后作为女君主，想要封吕氏为王，你们纵容太后的欲望而曲意献媚违背誓约，将来有什么脸面去地下见高祖？"陈平、绛侯说："如今当面驳斥，于朝廷上公开谏诤，我们不如你；然而保全国家，安定刘氏子孙，你就不如我们了。"王陵无言以对。十一月，太后想要废黜王陵，就拜他为皇帝的太傅，夺去了他的丞相职权。王陵于是托病去职回家了。吕后于是拜左丞相陈平为右丞相，辟阳侯审食其为左丞相。左丞相不管分内事务，让他监督宫中之事，像郎中令一样。审食其因此受到太后宠信，常常专权用事，朝廷大臣处理政务都要通过他才能决定。追尊郦侯的父亲为悼武王，想以此作为分封吕氏为王的开端。

四月，太后欲侯^①诸吕，乃先封高祖之功臣郎中令无择为博城侯。鲁元公主薨，赐谥为鲁元太后。子偃为鲁王。鲁王父，宣平侯张敖也。封齐悼惠王子章为朱虚侯，以吕禄女妻^②之。齐丞相寿为平定侯。少府延为梧侯。乃封吕种为沛侯，吕平为扶柳侯，张买为南宫侯。

◎**注释**　①〔侯〕使……为侯。②〔妻〕嫁给。
◎**大意**　四月，吕后想封诸吕氏为侯，于是先封高祖的功臣郎中令冯无择为博城侯。鲁元公主去世，赐谥号为鲁元太后。封她的儿子张偃为鲁王。鲁王的父亲，是宣平侯张敖。封齐悼惠王的儿子刘章为朱虚侯，把吕禄的女儿嫁给他。齐国的丞相齐寿为平定侯。少府阳成延为梧侯。这才封吕种为沛侯，吕平为扶柳侯，张买为南宫侯。

太后欲王吕氏，先立孝惠后宫子^①彊为淮阳王，子不疑为常山王，子山为襄城侯，子朝为轵侯，子武为壶关侯。太后风^②大臣，大臣请立郦侯吕台为吕王，太后许之。建成康侯释之卒，嗣子有罪，废，立其弟吕禄为胡陵侯，续^③康侯后。二年，常山王薨，以其弟襄城侯山为常山王，更名义。十一月，吕王台薨，谥为肃王，太子嘉代立为王。三年，无事。四年，封吕婴为临光侯，吕他为俞侯，吕更始为赘其侯，吕忿为吕城侯，及诸侯丞相五人。

◎**注释**　①〔后宫子〕后宫嫔妃、美人所生之子。②〔风（fěng）〕暗示。③〔续〕继承。
◎**大意**　太后想封吕氏为王，先封孝惠帝后宫妃嫔所生的儿子刘彊为淮阳王，刘不疑为常山王，刘山为襄城侯，刘朝为轵（zhǐ）侯，刘武为壶关侯。吕后暗示大臣，大臣请求封郦侯吕台为吕王，吕后答应了。建成康侯吕释之去世，继承侯位的儿子有罪，被废黜，立他的弟弟吕禄为胡陵侯，延续康侯的香火。二年，常山王去世，封他的弟弟襄成侯刘山为常山王，改名刘义。十一月，吕王吕台去世，谥号为肃王，他的儿子吕嘉接替为王。三年，平安无事。四年，封吕婴（xū）为临光侯，吕他为俞侯，吕更始为赘其侯，吕忿为吕成侯，另有五名诸侯的丞相被封为侯。

宣平侯女为孝惠皇后时，无子，详（佯）为有身，取美人①子名之②，杀其母，立所名子为太子。孝惠崩，太子立为帝。帝壮，或闻③其母死，非真皇后子，乃出言曰："后安能杀吾母而名我？我未壮，壮即为变。"太后闻而患之，恐其为乱，乃幽之永巷中，言帝病甚，左右莫得见。太后曰："凡有天下治为万民命者④，盖之如天，容之如地，上有欢心以安百姓，百姓欣然以事其上，欢欣交通⑤而天下治。今皇帝病久不已，乃失惑惛乱⑥，不能继嗣奉宗庙祭祀，不可属天下，其代之。"群臣皆顿首言："皇太后为天下齐民计所以安宗庙社稷甚深，群臣顿首奉诏。"帝废位，太后幽杀⑦之。五月丙辰，立常山王义为帝，更名曰弘。不称元年者，以太后制天下事也。以轵侯朝为常山王。置太尉官，绛侯勃为太尉。五年八月，淮阳王薨，以弟壶关侯武为淮阳王。六年十月，太后曰吕王嘉居处骄恣，废之，以肃王台弟吕产为吕王。夏，赦天下。封齐悼惠王子兴居为东牟侯。

◎**注释**　①〔美人〕嫔妃称号之一。②〔名之〕名义上称为惠帝子。③〔或闻〕偶然听说。④〔有天下治为万民命者〕拥有天下管理万民的人，指皇帝。⑤〔交通〕相通。⑥〔失惑惛（hūn）乱〕指神志糊涂惑乱。⑦〔幽杀〕暗中杀害。

◎**大意**　宣平侯的女儿做孝惠皇后时，没有儿子，假装怀了孕，将后宫美人所生的儿子抱来称是自己所生，杀了他的母亲，立这个孩子为太子。孝惠帝驾崩后，太子被立为皇帝。皇帝稍大一点，偶然听说他的母亲已死，自己不是皇后的儿子，就放出话来说："皇后怎么能杀死我的生母而把我当作她的儿子呢？我尚未长大，长大了就要造她的反。"太后知道后很忧虑，害怕他将来变乱，就把他幽禁在永巷中，声称皇帝病重，左右大臣都不能见到他。吕后说："凡拥有天下管理万民的，需要像天一样有覆盖之能，像地一样有容载之能，皇帝能以愉悦之心安抚百姓，百姓才能以高兴之情侍奉其君，君臣欢欣相通才能天下大治。现在皇帝久病不愈，竟致神志不清，不能继承帝业尊奉宗庙祭祀，不能把天下交付给他，应找人取而代之。"群臣都叩头说："皇太后为天下百姓着想以使宗庙社稷长久安定，我们谨遵诏命。"皇帝被废黜，吕后暗中将他杀了。五月丙辰，立常山王刘义为皇帝，改名刘弘。之所以不改称元年，是因为太后行使着皇帝的职权。将轵侯刘朝封为常山王。设置太尉官职，绛侯周勃被任命为太尉。五年八月，淮阳王去世，将他的弟弟壶关侯刘武封为淮阳王。六年十月，太后说吕王吕嘉行为骄横放纵，废黜了他，将肃王吕台的弟弟吕产封为吕王。夏天，大赦天下。封齐悼惠王的儿子刘兴居为东牟侯。

七年正月，太后召赵王友。友以诸吕女为后，弗爱，爱他姬，诸吕女妒，怒去，谗之于太后，诬以罪过，曰："吕氏安得王！太后百岁后，吾必击之。"太后怒，以故召赵王。赵王至，置邸不见，令卫①围守之，弗与食。其群臣或窃馈②，辄捕论③之，赵王饿，乃歌曰："诸吕用事兮刘氏危，迫胁王侯兮强授我妃。我妃既妒兮诬我以恶，谗女乱国兮上曾④不寤。我无忠臣兮何故弃国？自决⑤中野⑥兮苍天举直！于嗟不可悔兮宁蚤（早）自财（裁）。为王而饿死兮谁者怜之！吕氏绝理兮托天报仇。"丁丑，赵王幽死，以民礼⑦葬之长安民冢次。

◎**注释** ①〔卫〕卫卒。②〔窃馈〕偷偷送食物。③〔论〕论罪。④〔曾（zēng）〕乃，竟然。⑤〔自决〕自裁，自杀。⑥〔中野〕朝外。⑦〔民礼〕普通百姓的葬礼。

◎**大意** 七年正月，吕太后征召赵王刘友。刘友以吕家的女儿为王后，不喜欢她，喜欢其他姬妾。吕家女儿妒忌，生气而去，向太后进谗言，给刘友捏造罪状，称他说："吕氏怎么能封王！太后百年以后，我一定要杀他们。"太后大怒，因此而召赵王。赵王到京后，吕后将他晾置官邸不予召见，命令卫兵把他围困在那里，不给他饭吃。赵王的臣下有的偷偷送食物，总是被逮捕判罪。赵王饥饿难忍，于是作歌唱道："吕氏专权啊刘氏受危，胁迫王侯啊强授我妃。我妃嫉妒啊诬我以罪，谗女乱国啊上竟不察。我无忠臣啊何故失国？自杀朝外啊苍天可鉴！既然不悔啊宁早自裁。为王饿死啊谁来可怜！吕氏灭绝天理啊托天报仇。"丁丑日，赵王被幽禁致死，按照平民的葬礼把他埋葬在长安郊外民坟的旁边。

己丑，日食，昼晦^①。太后恶之，心不乐，乃谓左右曰："此为我也。"

◎**注释** ①〔昼晦〕白天天色昏暗。
◎**大意** 己丑日，日食，天色昏暗。太后对此感到厌恶，心里不高兴，于是对身边的人说："这是因为我呀。"

二月，徙梁王恢为赵王。吕王产徙为梁王，梁王不之^①国，为帝太傅。立皇子平昌侯太为吕王。更名梁曰吕，吕曰济川。太后女弟吕嬃有女为营陵侯刘泽妻，泽为大将军。太后王诸吕，恐即崩后刘将军为害，乃以刘泽为琅邪王，以慰^②其心。

◎**注释** ①〔之〕到。②〔慰〕安，宽慰。
◎**大意** 二月，调迁梁王刘恢为赵王。调迁吕王吕产为梁王，梁王不到封国去，担任皇帝的太傅。立皇子平昌侯刘太为吕王。将梁国改名叫吕国，吕国叫济川。太后的妹妹吕嬃有个女儿是营陵侯刘泽的妻子，刘泽担任大将军。太后封诸吕为王，害怕将来自己死后刘泽作乱，于是封刘泽为琅邪王，以安其心。

梁王恢之徙王赵，心怀不乐。太后以吕产女为赵王后。王后从官皆诸吕，擅权^①，微伺^②赵王，赵王不得自恣^③。王有所爱姬，王后使人鸩杀之。王乃为歌诗四章，令乐人歌之。王悲，六月即自杀。太后闻之，以为王用妇人弃宗庙礼，废其嗣。

◎**注释** ①〔擅权〕越权，指独断专横。②〔微伺〕暗中监视。③〔自恣〕自由。

◎**大意** 梁王刘恢被迁为赵王，心里很不高兴。太后将吕产的女儿给赵王做王后。王后的随从官员都是吕家的人，个个独断专横，暗中监视赵王，赵王不能自由。赵王只要有了爱姬，王后就派人用毒酒杀掉。赵王于是作了四首诗歌，让乐工歌唱。赵王悲愤，六月就自杀了。太后听说此事后，认为赵王为了妇人而丢弃祭祀宗庙的职责，废除了他后代的继承权。

宣平侯张敖卒，以子偃为鲁王，敖赐谥为鲁元王。

◎**大意** 宣平侯张敖死了，因为他的儿子张偃为鲁王，被赐谥号为鲁元王。

秋，太后使使告代王，欲徙王赵。代王谢①，愿守代边。

◎**注释** ①〔谢〕谢绝。

◎**大意** 秋天，太后派使者告诉代王，想要迁他为赵王。代王谢绝了，愿意在代地守卫边疆。

太傅产、丞相平等言，武信侯吕禄上侯，位次第一，请立为赵王。太后许之，追尊禄父康侯为赵昭王。九月，燕灵王建薨，有美人子，太后使人杀之，无后，国除①。八年十月，立吕肃王子东平侯吕通为燕王，封通弟吕庄为东平侯。

◎**注释** ①〔国除〕封国被撤销。

◎**大意**　太傅吕产、丞相陈平等提出，武信侯吕禄是上等侯爵，位居第一，请求立他为赵王。太后应允了，追尊吕禄的父亲康侯为赵昭王。九月，燕灵王刘建去世，他有一个姬妾生的儿子，太后派人杀了他，绝了他的后代，他的封国被废除。八年十月，封吕肃王的儿子东平侯吕通为燕王，封吕通的弟弟吕庄为东平侯。

　　三月中，吕后被①，还过轵道，见物如苍犬②，据高后掖（腋），忽弗复见。卜之，云赵王如意为祟③。高后遂病掖伤。

◎**注释**　①〔被（fú）〕为除灾祛邪而举行的祭礼。②〔苍犬〕黑狗。③〔祟〕鬼魂作怪。

◎**大意**　三月中旬，吕后举行被祭，回来时经过轵道亭，看见一个状如黑狗的东西，它钻到吕后的腋下，忽然又不见了。她让人占卜，说是赵王如意的鬼魂作怪。吕后随即腋下生病痛起来。

　　高后为外孙鲁元王偃年少，蚤（早）失父母，孤弱，乃封张敖前姬两子，侈为新都侯，寿为乐昌侯，以辅鲁元王偃。及封中大谒者①张释为建陵侯，吕荣为祝兹侯。诸中宦者令丞皆为关内侯，食邑②五百户。

◎**注释**　①〔中大谒者〕谒者，主管为皇帝接收文件、传达诏命、接待宾客等事宜，加"中"字，系宦官任谒者。②〔食邑〕采邑。受封者可在领地征收赋税。

◎**大意**　吕太后因为外孙鲁元王张偃年少，很早就失去父母，势孤力弱，于是分封张敖前姬生的两个儿子，张侈为新都侯，张寿为乐昌侯，以辅助鲁元王张偃。又封中大谒者张释为建陵侯，吕荣为祝兹侯。她将由宦官充任的各部令丞都封为关内侯，赏赐他们食邑五百户。

　　七月中，高后病甚，乃令赵王吕禄为上将军，军北军①；吕王产居南军。吕太后诫产、禄曰："高帝已定天下，与大臣约，曰'非刘氏王者，天下共击之'。今吕氏王，大臣弗平②。我即崩，帝年少，大臣恐为变。必据兵卫宫，慎毋送丧，毋为人所制。"辛巳，高后崩，遗诏赐诸侯王各千金，将相列侯郎吏皆以秩赐金。大赦天下。以吕王产为相国，以吕禄女为帝后。

◎**注释**　①〔军北军〕统帅并镇守北军。②〔弗平〕心中不平。
◎**大意**　七月中旬，吕太后病重，于是任命赵王吕禄为上将军，统率并进驻北军；吕王吕产驻镇南军。吕太后告诫吕产、吕禄说："高祖平定天下后，与大臣立下约誓，说'不是刘氏而称王的，天下人共同攻击他'。现在吕家人称了王，大臣心中不平。假如我死了，皇帝年少，大臣恐怕会变乱。必须掌握军队保卫皇宫，千万不要为我送丧，不要为人所制。"辛巳，吕太后去世，留下诏书赏赐诸侯王千斤黄金，将、相、列侯、郎吏都按职位赏赐黄金。大赦天下。任命吕王吕产为相国，以吕禄的女儿为皇后。

高后已葬，以左丞相审食其为帝太傅。

◎**大意**　吕太后被安葬以后，以左丞相审食其担任皇帝的太傅。

朱虚侯刘章有气力①，东牟侯兴居其弟也，皆齐哀王弟，居长安。当是时，诸吕用事擅权，欲为乱，畏高帝故大臣绛、灌②等，未敢发。朱虚侯妇，吕禄女，阴知③其谋。恐见诛，乃阴令人告其兄齐王，欲令发兵西，诛诸吕而立。朱虚侯欲从中与大臣为应。齐王欲发兵，其相弗听。八月丙午，齐王欲使人诛相，相召平乃反，举兵欲围王，王因杀其相，遂发兵东，诈夺琅邪王兵，并将之而西。语在《齐王》语中。

◎**注释**　①〔气力〕气节与勇力。②〔绛、灌〕指绛侯周勃、颍阴侯灌婴。③〔阴知〕暗知。

◎**大意**　朱虚侯刘章有气节与勇力，东牟侯刘兴居是他的弟弟，他俩都是齐哀王的弟弟，住在长安。当时，诸吕氏专权用事，想要叛乱，但害怕高祖时的老臣周勃、灌婴等人，没敢发动。朱虚侯的妻子是吕禄的女儿，暗中知道了他们阴谋叛乱的事。刘章害怕被诛杀，于是秘密派人告诉其兄齐王，想让他派军西进，诛灭吕氏，自立为帝。刘章准备在朝中和大臣当内应。齐王想要发兵，他的丞相不听从。八月丙午，齐王打算派人诛杀丞相，丞相召平于是反叛，发动士兵要围攻齐王，齐王于是杀了召平，继而发兵东进，施计夺取了琅邪王的军队，合兵一处，率军西进。事详见《齐悼惠王世家》。

齐王乃遗诸侯王书曰："高帝平定天下，王诸子弟，悼惠王王齐。悼惠王薨，孝惠帝使留侯良立臣为齐王。孝惠崩，高后用事，春秋①高，听诸吕，擅废帝更立，又比杀三赵王，灭梁、赵、燕以王诸吕，分齐为四。忠臣进谏，上惑乱弗听。今高后崩，而帝春秋富②，未能治天下，固恃大臣诸侯。而诸吕又擅自尊官③，聚兵严威，劫列侯忠臣，矫制以令天下，宗庙④所以危。寡人率兵入诛不当为王者。"汉闻之，相国吕产等乃遣颍阴侯灌婴将兵击之。灌婴至荥阳，乃谋曰："诸吕权兵⑤关中，欲危刘氏而自立。今我破齐还报，此益⑥吕氏之资⑦也。"乃留屯荥阳，使使谕⑧齐王及诸侯，与连和⑨，以待吕氏变，共诛之。齐王闻之，乃还兵西界待约。

◎**注释**　①〔春秋〕年岁。②〔春秋富〕指年少。③〔尊官〕提高官职。④〔宗庙〕代指刘氏天下。⑤〔权兵〕拥兵。⑥〔益〕增加。⑦〔资〕资本。⑧〔谕〕告知。⑨〔连和〕联合。

◎**大意**　齐王于是写信给诸侯王说："高祖平定天下，分封子弟为王，悼惠王被封于齐国。悼惠王去世后，孝惠帝派留侯张良立我为齐王。孝惠帝驾崩后，吕太后执掌朝政，年纪大了，听从诸吕，擅自废立皇帝，又接连杀了三个赵王，灭掉梁、赵、燕三个刘氏国家而封给吕氏为王，将齐国分为四部分。忠臣进言规劝，太后受蛊惑而不听。如今吕太后驾崩，而皇帝年少，不能治理天下，本当依靠大臣诸侯。而诸吕又随意提高官职，掌握兵权以扩大权威，威逼列侯忠臣，假传圣旨以号令天下，刘氏天下因此面临危险。我率军入关是要诛灭不应该称王的人。"朝廷听说后，相国吕产等人就派遣颍阴侯灌婴率军去迎击齐王。灌婴到了荥阳，与诸将商议道："诸吕拥兵关中，想要推翻刘氏而自立为帝。现在我如果打败齐军回去报告，这样会增加吕氏的资本。"于是留驻荥阳，派使者去告诉齐王与诸侯，和他们联合起来，等待吕氏内变，一起诛灭他们。齐王听说后，就回兵齐国西部边界等待约定之机。

吕禄、吕产欲发乱关中，内惮①绛侯、朱虚等，外畏齐、楚兵，又恐灌婴畔（叛）之，欲待灌婴兵与齐合②而发，犹豫未决。当是时，济川王太、淮阳王武、常山王朝名为少帝弟，及鲁元王吕后外孙，皆年少未之国，居长安。赵王禄、梁王产各将兵居南北军，皆吕氏之人。列侯群臣莫自坚③其命。

◎**注释**　①〔惮〕忌惮，害怕。②〔合〕交合，交战。③〔自坚〕自保。
◎**大意**　吕禄、吕产想要在关中发动叛乱，但是朝内畏惧绛侯、朱虚侯等人，朝外害怕齐、楚的军队，又担心灌婴背叛他们，想等灌婴的军队与齐军交战后再发动变乱，犹豫未决。当时，所谓的皇帝的弟弟济川王刘太、淮阳王刘武、常山王刘朝，以及吕太后的外孙鲁元王，都因年纪小没到封国去，住在长安。赵王吕禄、梁王吕产各自带兵驻镇南北军，都是吕氏的人。列侯群臣没有人能掌握自己的命运。

太尉绛侯勃不得入军中主兵。曲周侯郦商老病，其子寄与吕禄善。绛侯乃与丞相陈平谋，使人劫①郦商。令其子寄往绐②说吕禄曰："高帝与吕后共定天下，刘氏所立九王，吕氏所立三王，皆大臣之议，事已布告诸侯，诸侯皆以为宜。今太后崩，帝少，而足下佩赵王印，不急之国守藩③，乃为上将，将兵留此，为大臣诸侯所疑。足下何不归将印，以兵属④太尉，请梁王归相国印，与大臣盟而之国？齐兵必罢，大臣得安，足下高枕而王千里，此万世之利也。"吕禄信然其计，欲归将印，以兵属太尉。使人报吕产及诸吕老人，或以为便，或曰不便，计犹豫未有所决。吕禄信郦寄，时与出游猎。过其姑吕嬃，嬃大怒，曰："若⑤为将而弃军，吕氏今无处矣。"乃悉出珠玉宝器散堂下，曰："毋为他人守也。"

◎**注释**　①〔劫〕威胁、挟持。②〔绐（dài）〕欺骗。③〔守藩〕保守封地为藩臣。④〔属（zhǔ）〕托付，交给。⑤〔若〕你。

◎**大意**　太尉绛侯周勃不能到军队中掌管军事。曲周侯郦商年老多病，他的儿子郦寄和吕禄关系很好。绛侯于是与丞相陈平商量，派人挟持郦商。让他的儿子郦寄去欺骗吕禄说："高祖和吕后一起平定天下，刘氏所立九个王，吕氏所立三个王，都是大臣的主张，事情通告诸侯后，诸侯都认为应该。现在太后驾崩，皇帝年少，而足下佩带赵王印信，不赶快到封地守卫封国做藩臣，却做上将军，带兵留在京城，被大臣诸侯猜疑。足下为什么不归还将印，把军队交给太尉，请梁王也归还相国印信，与大臣订约后到自己的封国去呢？齐王必定撤军，大臣得以安心，足下也可高枕无忧而做千里封国之王，这是万代之利啊。"吕禄相信郦寄的策略是对的，想要归还将印，把军权交给太尉。他派人报告给吕产和吕氏的各位老人，他们有的认为有利，有的说不利，意见纷纷犹豫不决。吕禄相信郦寄，经常和他出外游玩打猎。他去探望姑母吕嬃时，吕嬃很生气，说："你身为上将军而放弃军队，吕氏今后要无处安身了。"于是将珠玉宝器全都扔到院子里，说："不为别人保管了。"

左丞相食其免①。

八月庚申②旦，平阳侯窋行御史大夫事，见相国产计事③。郎中令贾寿使从齐来，因数④产日："王不蚤（早）之国，今虽欲行，尚可得邪？"具以灌婴与齐楚合从⑤欲诛诸吕告产，乃趣⑥产急入宫。平阳侯颇闻其语，乃驰告丞相、太尉。太尉欲入北军，不得入。襄平侯通尚⑦符节。乃令持节矫内（纳）太尉北军。太尉复令郦寄与典客刘揭先说吕禄日："帝使太尉守北军，欲足下之国，急归将印辞去，不然，祸且起。"吕禄以为郦兄不欺己，遂解印属典客，而以兵授太尉。太尉将之入军门，行令军中日："为吕氏右袒，为刘氏左袒。"军中皆左袒为刘氏。太尉行至，将军吕禄亦已解上将印去，太尉遂将北军。

◎**注释**　①〔免〕被罢免。②〔八月庚申〕此处应为九月庚申。③〔计事〕商议政事。④〔数〕责备，责怪。⑤〔合从〕联合。⑥〔趣（cù）〕催促。⑦〔尚〕主管。

◎**大意**　左丞相审食其被罢免。

　　九月庚申的早晨，代理御史大夫职务的平阳侯曹窋（zhú）拜见相国吕产商议政事。郎中令贾寿从齐出使回来，就责怪吕产说："大王不早些到封国去，现在纵然想走，还能走得了吗？"他将灌婴与齐、楚联合，要诛灭诸吕的事都告诉了吕产，于是催促吕产赶快占据皇宫。平阳侯清楚地听到了他们的话，就跑去告诉丞相陈平和太尉周勃。太尉想入据北军，却进不去。襄平侯纪通为皇帝掌兵符印信。太尉就让他带着符节假传皇帝诏令使北军接纳太尉。太尉又让郦寄和典客刘揭先去劝说吕禄道："皇帝派太尉统率北军，想要足下到封国去，赶快交出将印离开，不然，大祸将要来临。"吕禄觉得郦寄不会欺骗自己，于是解下将印交给典客，将兵权交给太尉。太尉接受兵权进入北军营门，下令军中说："拥护吕氏的袒露右臂，拥护刘氏的袒露左臂。"军中将士都袒露左臂表示拥护刘氏。太尉将要来北军时，吕禄也已交出上将印离开了军营，太尉于是掌管了北军。

　　然尚有南军。平阳侯闻之，以吕产谋告丞相平，丞相平乃召朱虚侯佐太尉。太尉令朱虚侯监军门。令平阳侯告卫尉①："毋入②相国产殿门。"吕产不知吕禄已去北军，乃入未央宫，欲为乱，殿门弗得入，徘徊往来。平阳侯恐弗胜，驰语太尉。太尉尚恐不胜诸吕，未敢讼（公）言③诛之，乃遣朱虚侯谓曰："急入宫卫帝。"朱虚侯请卒，太尉予卒千余人。入未央宫门，遂见产廷中。日餔时④，遂击产。产走，天风大起，以故其从官乱，莫敢斗。逐产，杀之郎中府吏厕中。

◎**注释**　①〔卫尉〕九卿之一，掌宫门警卫。②〔入〕使……入。③〔讼（gōng）言〕公开宣言。讼，通"公"。④〔日餔时〕傍晚时分。

◎**大意**　然而还有南军。平阳侯听说后，把吕产的阴谋告诉了丞相陈平，丞相陈平于是招朱虚侯辅助太尉。太尉命令朱虚侯监守军门。他命令平阳侯去告诉卫尉："不要让相国吕产进入殿门。"吕产不知吕禄已经离开了北军，竟然进入未央宫，准备发动叛乱，却进不去殿门，徘徊不定。平阳侯担心不能取胜，跑去报告太尉。太尉还害怕不能战胜诸吕，没敢公开宣布诛杀吕氏，于是下令给朱虚侯说："赶快进宫保卫皇帝。"朱虚侯请求带兵去，太尉给了他一千多名士兵。朱虚侯进了未央宫门，就看见吕产在宫里。傍晚的时候，朱虚侯向吕产发动进攻，吕产逃走。这时狂风骤起，致使吕产的随从官吏乱作一团，无人敢参战。朱虚侯追赶吕产，把他杀死在郎中府吏的厕所里。

朱虚侯已杀产，帝命谒者持节劳①朱虚侯。朱虚侯欲夺节信，谒者不肯，朱虚侯则从与载，因②节信驰走，斩长乐卫尉吕更始。还，驰入北军，报太尉。太尉起，拜贺朱虚侯曰："所患独吕产，今已诛，天下定矣。"遂遣人分部悉捕诸吕男女，无少长皆斩之。辛酉，捕斩吕禄，而笞杀③吕媭。使人诛燕王吕通，而废鲁王偃。壬戌，以帝太傅食其复为左丞相。戊辰，徙济川王王梁，立赵幽王子遂为赵王。遣朱虚侯章以诛诸吕氏事告齐王，令罢兵。灌婴兵亦罢荥阳而归。

◎**注释**　①〔劳〕慰劳。②〔因〕凭借。③〔笞（chī）杀〕用小棍棒或小竹板将人打死。

◎**大意**　朱虚侯杀死吕产后，皇帝派谒者拿着符节去慰劳他。朱虚侯想要夺取符节，谒者不愿意，朱虚侯就与谒者一起乘车，凭借谒者的符节奔走，斩了长乐宫的卫尉吕更始。回来时，奔入北军，报告给太尉。太尉站起身，向朱虚侯拜贺说："所担心的只是吕产，现在他被杀掉了，天下可定了。"于是派人分批将吕氏的男女全部逮捕，不分老少一律处死。辛酉日，捕获并杀了吕禄，用竹板将吕媭打死。派人诛杀了燕王吕通，废黜了鲁王张偃。壬戌日，恢复了皇帝的太傅审食其的左丞相之职。戊辰日，将济川王改封为梁王，立赵幽王的儿子刘遂为赵王。派遣朱虚侯刘章把诛除诸吕的事情告诉齐王，让他罢兵。灌婴也从荥阳撤军返回。

诸大臣相与阴谋①曰："少帝及梁、淮阳、常山王，皆非真孝惠子也。吕后以计诈名他人子，杀其母，养后宫，令孝惠子之，立以为后，及诸王，以强吕氏。今皆已夷灭诸吕，而置②所立，即长用事③，吾属无类④矣。不如视诸王最贤者立之。"或言"齐悼惠王高帝长子，今其適（嫡）子为齐王，推本言之，高帝適（嫡）长孙，可立也"。大臣皆曰："吕氏以外家⑤恶而几危宗庙，乱功臣。今齐王母家驷，驷钧，恶人也。即立齐王，则复为吕氏。"欲立淮南王，以为少，母家又恶。乃曰："代王方今高帝见子⑥最长，仁孝宽厚。太后家薄氏谨良。且立长故顺，以仁孝闻于天下，便。"乃相与共阴使人召代王。代王使人辞谢。再反（返），然后乘六乘传⑦。后九月晦日⑧己酉，至长安，舍代邸。大臣皆往谒，奉天子玺上代王，共尊立为天子。代王数让，群臣固请，然后听。

◎**注释**　①〔阴谋〕暗地商量。②〔置〕留下。③〔长用事〕指长大掌权。④〔无类〕绝种，指灭族。⑤〔外家〕皇家的外戚。⑥〔见子〕还在世的儿子。⑦〔六乘（shèng）传（zhuàn）〕六匹马拉的驿车。⑧〔晦日〕阴历月终。

◎**大意**　各位大臣暗地相互商量说："少帝和梁王、淮阳王、常山王，都不是孝惠帝真正的儿子。吕后以欺骗的手段用别人的儿子冒称，杀掉孩子的母亲，养于后宫，让孝惠帝把他们认作儿子，立为太子，或封为诸侯王，以增强吕氏的势力。现在吕氏已全被杀掉，却留下了吕氏所立的人，等到他们长大掌权，我们会被灭族的。不如选择一个最贤能的诸侯王立为皇帝。"有的说"齐悼惠王是高帝的长子，现在他的嫡子是齐王，从根源上推论，齐王是高祖的嫡长孙，可以立为皇帝"。大臣都说："吕氏以外戚的身份作恶几乎断送刘家江山，害苦了功臣。现在齐王的母亲家姓驷，齐王的舅父驷钧是个坏人，如果立齐王为帝，就成了又一个吕氏。"想要立淮南王，又认为他年轻，母家人凶恶。于是说："代王是现在高祖还在世的儿子，最年长，为人宽厚仁孝。太后薄夫人娘家人谨慎善良。况且立长名正言顺，代王以仁孝闻名于天下，适合立为皇帝。"就共同秘密派人去接引代王。代王派人推辞。使者再次去迎请，他这才乘着六匹马拉的驿车来京。闰九月晦日己酉，他到达长安，住在代王官邸。大臣都前往拜见，捧着皇帝玉玺献给代王，一致尊立他为皇帝。代王再三推让，大臣一再请求，代王这才答应。

　　东牟侯兴居曰："诛吕氏吾无功，请得除宫①。"乃与太仆汝阴侯滕公入宫，前②谓少帝曰："足下非刘氏，不当立。"乃顾麾③左右执戟者掊兵④罢去。有数人不肯去兵，宦者令张泽谕告，亦去兵。滕公乃召乘舆车载少帝出。少帝曰："欲将我安之乎？"滕公曰"出就舍。"舍少府。乃奉天子法驾⑤，迎代王于邸。报曰："宫谨除。"代王即夕入未央宫。有谒者十人持戟卫端门⑥，曰："天子在也，足下何为者而入？"代王乃谓太尉。太尉往谕，谒者十人皆掊兵而去。代王遂入而听政。夜，有司分部诛灭梁、淮阳、常山王及少帝于邸。

◎**注释**　①〔除宫〕清理宫室，指清除少帝等吕氏残余势力。②〔前〕上前。③〔麾〕挥手示意。④〔掊（pū）兵〕放下兵器。⑤〔法驾〕天子举行隆重典礼所乘的车驾。⑥〔端门〕宫殿正南门。

◎**大意**　东牟侯刘兴居说："诛灭吕氏我没有功劳，请让我来清理宫室。"就与太仆汝阴侯滕公进宫，前去对少帝说："足下不是刘氏子孙，不应立为皇帝。"

于是回头挥手示意少帝的卫士放下兵器离去。有几个人不肯放下武器，宦官让张泽向他们说明，他们也放下了武器。滕公于是叫来车驾载着少帝出宫。少帝说："要把我弄到哪里去？"滕公说："到宫外去住。"住在少府。这才用皇帝乘坐的车驾，到官邸去迎接代王。报告说："宫室已认真清理了。"代王当天傍晚进入未央宫。有十名谒者持戟守卫端门，说："皇上还在，足下进去干什么？"代王就给太尉打招呼。太尉上前说明情况，十名谒者全都放下兵器离去。代王于是进宫执政。晚上，有关部门的官吏分头去官邸杀了梁王、淮阳王、常山王和少帝。

代王立为天子。二十三年崩，谥为孝文皇帝。

◎**大意**　代王被立为皇帝。他在位二十三年驾崩，谥号为孝文皇帝。

太史公曰：孝惠皇帝、高后之时，黎民得离①战国之苦，君臣俱欲休息乎无为，故惠帝垂拱②，高后女主称制，政不出房户，天下晏然③。刑罚罕用，罪人是希（稀）。民务稼穑，衣食滋殖④。

◎**注释**　①〔离〕脱离。②〔垂拱〕垂衣拱手，指不干预政事。③〔晏然〕安然，太平的样子。④〔滋殖〕丰足。

◎**大意**　太史公说：孝惠皇帝、吕太后时期，百姓得以脱离战争的苦难，君臣都想施行清静无为的政治而使人民休养生息，所以孝惠帝垂衣拱手，吕太后以女主摄行皇帝职权，发布政令不出房户，而天下安然。刑罚罕用，而罪人稀少。人民致力于农业生产，衣食丰足。

◎**知识拓展**

　　《吕太后本纪》包含了孝惠帝和吕后时期的历史。《汉书》分列《惠帝纪》和《高后纪》。《史记》与《汉书》在有关吕后的记事内容上表现出明显的不同。通过这种比较，有助于我们认识《吕太后本纪》文本的特殊性。《惠帝纪》

以编年的形式记录了惠帝时期的各项历史事件，包括诸侯王、宗亲、大臣的去世、封立，政策，城建，以及地震、干旱、雨血等异象。然而并没有详细的故事性内容。《吕太后本纪》所记惠帝内容集中在吕后鸩杀赵王、齐王二事的详细经过，旨在记录吕后的凶残行径，并不以此一时期整体的历史记事为目的。《高后纪》记载吕后崩后大臣诛杀诸吕的文本与《吕太后本纪》文本十分相似，都详细记叙了事件的经过。有关吕后称制的文本却大为不同。《高后纪》以编年形式记录吕后时期的国家大事，分王诸吕只是其中的部分内容；此外还包括了这一时期的民事、政策、灾异等内容。其中载录了三份诏书内容。记事十分客观，并没有明显的价值判断。《吕太后本纪》叙事的核心便围绕吕后如何分王诸吕事而展开。"太后称制，议欲立诸吕为王""太后欲侯诸吕，乃先封高祖之功臣郎中令无择为博城侯""太后欲王吕氏，先立孝惠宫子彊为淮阳王"……"王吕"成为《吕太后本纪》文本编排的线索。吕后时期的全部政事都是围绕"王吕"展开，其过程如吴见思评论："欲王之，先侯之，欲侯之，先封功臣。"可见，《汉书》中《惠帝纪》《高后纪》是较为完整的历史记录，而《史记》中《吕太后本纪》只是有关吕后争夺权势的详细记录。二者在撰史目的上不同。《汉书》中《惠帝纪》《高后纪》旨在全一代之史，而《史记》中《吕太后本纪》则旨在总结历史的经验教训。

孝文本纪

第十

　　《孝文本纪》是汉文帝刘恒的传记，记录其由代王到汉文帝的过程，而对代王十七年的内容一笔带过，记录的重心是汉文帝在帝位的二十三年的政事。本篇传记主要采用实录的方式，载录了汉文帝时期的大量诏书。司马迁在《太史公自序》中称："汉既初兴，继嗣不明，迎王践祚，天下归心；蠲除肉刑，开通关梁，广恩博施，厥称太宗。作《孝文本纪》第十。"《孝文本纪》可分为汉文帝被立为皇帝的过程和其任上的作为两部分内容。《孝文本纪》的文本，也包含了代王之立文本和汉文帝纪年文本两部分，这与《太史公自序》所言内容是相符的。《孝文本纪》最大的特点是载录了大量诏令，这些诏令内容可分为赏赐、分封诸侯大臣，赏赐百姓，减轻刑罚，建太子，罪己，重视农业生产，用兵，和亲，遗诏等。其中对建太子事和废除肉刑事记载尤其详细。该篇以诏书的形式对汉文帝时期的政事活动进行了历史再现，真实地展现了一位杰出的帝王形象。陈仁子曰："帝自代来，辞让再三，初无一毫垂涎鼎玺之心。最是卑词而和匈奴，软语而谕南越，视名位若将晚焉。有司请建太子，而帝曰'另则贤'，彼岂其为私哉？后立景帝，特以身履诸吕之变，不容不早定耳。西汉有帝王气象，文帝一人而已。"在《史记》所载的几位西汉帝王中，汉文帝是司马迁评价最高的。司马迁的这种思想，体现在《孝文本纪》的文本上，便是《孝文本纪》与《五帝本纪》的互文性关系。《五帝本纪》的核心思想是"德"。司马迁说"轩辕乃修德振兵""（尧）能明驯德，以亲九族""（舜）命十二牧论帝德，行厚德，远佞人""天下明德皆自虞帝始"，并总结说："自黄帝至舜、禹，皆同姓而异其国号，以章明德。"有"德"是司马迁总结五帝时期所得出的最大的政治经验。《孝文本纪》与此十分相似，汉文帝的尚德思想通过具体的诏书真实地表现出来，《孝文本纪》的最后还载录了一篇特殊的诏书，这一诏书出自汉景帝，司马迁特意将这篇诏书置于《孝文本纪》中，有着特殊用意。《五帝本纪》记载从尧到舜，从舜到禹，从禹到启的政权变更方式皆为禅让。《孝文本纪》中两处提到汉文帝之"让"。此外《五帝本纪》的核心思想是尚德，汉景帝的诏书开篇即从"德"谈起，并列举总结了汉文帝在位的种种德政举措，最终"为孝文皇帝庙为昭德之舞，以明休德"。可以说汉景帝以"德"字总结了汉文帝的一生。而丞相等人也提出了"德莫盛于孝文皇帝"的观点。司马迁在本篇论赞中也谈到"汉兴，至孝文四十有余载，德至盛也"的观点。齐树楷曰："各本纪言'德'者，唯此为最多，计通篇言'德'共四十有三，而以'德莫盛于孝文'为'德'字总结。赞又言'德至盛也'以咏叹之。"司马迁在《五帝本纪》中塑造了一类理想的人君形象，而《孝文本纪》则记录了一个近乎完美的真实的人间帝王。换句话说，司马迁在《五帝本纪》中宣扬的是一种政治理想，而在《孝文本纪》中，这种政治理想成为一种政治实践。司马迁正是在这种思想基础上组织材料，最终撰写了《孝文本纪》。

　　孝文皇帝，高祖中子①也。高祖十一年春，已破陈豨军，定代地，立为代王，都中都②。太后薄氏子。即位十七年，高后八年七月，高后崩。九月，诸吕吕产等欲为乱，以危刘氏，大臣共诛之，谋召立代王，事在《吕后》语中。

◎**注释**　①〔中子〕排行居中的儿子。子弟众多时，长为伯，少为季，其余皆可称为中子。汉文帝刘恒为高祖第四子。②〔中都〕故城在今山西平遥西南。

◎**大意**　孝文皇帝，是高祖的中子。高祖十一年春天，打败陈豨的叛军，平定代地后，他被立为代王，建都于中都。他是太后薄氏的儿子。做代王的第十七年，即吕太后八年七月，吕太后去世。九月，吕氏家族吕产等企图叛乱，以夺取刘氏政权，众大臣一起诛灭了他们，谋划迎立代王为皇帝，这件事记载在《吕太后本纪》中。

　　丞相陈平、太尉周勃等使人迎代王。代王问左右①郎中令张武等。张武等议曰："汉大臣皆故高帝时大将，习兵，多谋诈，此其属意非止此也，特畏高帝、吕太后威耳。今已诛诸吕，新喋血京师②，此以迎大王为名，实不可信。愿大王称疾毋往，以观其变。"中尉宋昌进曰："群臣之议皆非也。夫秦失其政，诸侯豪桀并起，人人自以为得之者以万数，然卒践天子之位者，刘氏也，天下绝望，一矣。高帝封王子弟，地犬牙相制，此所谓盘石之宗③也，天下服其强，二矣。汉兴，除秦苛政，约法令，施德惠，人人自安，难动摇，三矣。夫以吕太后之严，立诸吕为三王，擅权专制，然而太尉以一节④入北军，一呼士皆左袒，为刘氏，叛诸吕，卒以灭之。此乃天授，非人力也。今大臣虽欲为变，百姓弗为使，其党宁能专一邪？方今内有朱虚、东牟之亲，外畏吴、楚、淮南、琅邪、齐、代之强。方今高帝子独淮南王与大王，大王又长，贤圣仁孝，闻于天下，故大臣因天下之心而欲迎立大王，大王勿疑也。"代王报太后计之，犹与未定。卜之龟，卦兆得大横⑤。占曰："大横庚庚⑥，余为天王，夏启以光⑦。"代王曰："寡人固已为王矣，又何王？"卜人⑧曰："所谓天王者乃天子。"于是代王乃遣太后弟薄昭往见绛侯，绛侯等具为昭言所以迎立王意。薄昭还报曰："信矣，毋可疑者。"代王乃笑谓宋昌曰："果如公言。"乃命宋昌参乘⑨，张武等六人乘传诣长安⑩。至高陵休止⑪，而使宋昌先驰之长安观变。

◎**注释**　①〔左右〕左右之人。②〔喋血京师〕指平定诸吕之乱。喋血，踏血而走。③〔盘石之宗〕比喻汉宗庙社稷坚如磐石。盘石，即磐石。④〔节〕符节。⑤〔大横〕卜兆名。⑥〔庚〕更换。指更换帝位。⑦〔夏启以光〕夏启践帝位光大大禹的事业，喻刘恒继承刘邦君位。⑧〔卜人〕指太卜令。⑨〔参乘〕陪乘。古代乘车，御者居中，主人居左，陪乘居右。⑩〔乘传诣长安〕乘坐官家驿车到长安。⑪〔休止〕暂停休息。

◎**大意**　丞相陈平、太尉周勃等派人去迎接代王。代王询问左右近臣郎中令张武等人的意见。张武等人议论说："朝廷大臣都是过去高祖皇帝时的大将，惯于用兵，多奇谋诡计，这样看来他们的意图并不满足于做大臣，只不过是害怕高祖皇帝、吕太后的威势罢了。如今已经诛灭了吕氏宗族，刚刚喋血京城，名义上是迎接大王，其实不可轻信。希望大王托病不去，以观事态的变化。"中尉宋昌进言说："他们的意见都不对。秦朝政治失控，诸侯豪杰一并发难，自以为能夺取天下的人数以万计，然而最终登上天子之位的，是刘氏，天下豪杰断绝了做皇帝的期望，这是第一点。高祖分封子弟为王，封地犬牙交错而相互牵制，这就是所说的坚如磐石的宗庙社稷，天下人无不敬服于刘氏的强大，这是第二点。汉朝建立后，废除秦的苛政，简化法令，施德惠于民，人人安居乐业，心难动摇，这是第三点。以吕太后的威严，立吕氏子弟三人为王，独断专行，然而太尉仅凭一个符节进入北军，呼唤声中将士无不袒露左臂，拥护刘氏，背叛吕氏，最终消灭了吕氏宗族。这是天意所授，不是人力所能及的。如今这些大臣即使想要作乱，百姓不为其所用，他们一个小集团难道还能独立存在吗？眼下朝内有朱虚侯、东牟侯这样的宗亲，朝外又畏惧吴、楚、淮南、琅邪、齐、代等诸侯王的强大。现在高祖皇帝的儿子只有淮南王和大王你了，大王又年纪居长，贤圣仁孝，闻名于天下，所以大臣顺应天下民心而想迎立大王为帝，大王不要疑虑。"代王报告给太后商议此事，犹豫未定。用龟甲占卜，卦象呈现大横。卜辞说："大横预示着更替，我将成为天王，像夏启一样登天子位光大父业。"代王说："我本已是王了，还要做什么王呢？"太卜令说："所说的天王是天子。"于是代王就派太后的弟弟薄昭去见绛侯，绛侯等人都向薄昭说明迎立代王的意思。薄昭回去报告说："可以相信了，没有什么可怀疑的。"代王这才笑着对宋昌说："果然像你说的那样。"于是让宋昌陪乘，张武等六人乘坐驿车前往长安。到高陵时停了下来，而派宋昌驱马先去长安观察局势变化。

　　昌至渭桥，丞相以下皆迎。宋昌还报。代王驰至渭桥，群臣拜谒称臣。代王下车拜。太尉勃进曰："愿请间言①。"宋昌曰："所言公，公言之；所言私，王者不受私。"太尉乃跪上天子玺符。代王谢曰："至代邸②而议之。"遂驰入代邸。群臣从至。丞相陈平、太尉周勃、大将军陈武、御史大夫张苍、宗正刘郢、朱虚侯刘章、东牟侯刘兴居、典客刘揭皆再拜言曰："子弘等皆非孝惠帝子，不当奉宗庙。臣谨请与阴安侯、列侯顷王后与琅邪王、宗室、大臣、列侯、吏二千石议曰：'大王高帝长子，宜为高帝嗣。'愿大王即天子位。"代王曰："奉高帝宗庙，重事也。寡人不佞③，不足以称宗庙。愿请楚王④计宜者，寡人不敢当。"群臣皆伏固请。代王西乡（向）让者三，南乡让者再。丞相平等皆曰："臣伏计之，大王奉高帝宗庙最宜称，虽天下诸侯万民以为宜。臣等为宗庙社稷计，不敢忽。愿大王幸听臣等。臣谨奉天子玺符再拜上。"代王曰："宗室将相王列侯以为莫宜寡人，寡人不敢辞。"遂即天子位。

◎**注释** ①〔间言〕秘密进言。②〔代邸〕代王在都城的馆驿。③〔不佞〕无德。这是代王的谦辞。④〔楚王〕楚王刘交，高祖弟，当时在皇族地位最尊贵。

◎**大意** 宋昌到了渭桥，丞相以下的官员都来迎接。宋昌返回报告。代王驰马到达渭桥，群臣都拜见称臣。代王下车回礼。太尉周勃近前说："希望单独跟您说话。"宋昌说："要谈公事，就公开说；要谈私事，做王的不受私事。"太尉于是跪着进献天子的大印和符信。代王推辞说："到府邸再商议此事。"于是驱车进入代王府邸。群臣跟随而至。丞相陈平、太尉周勃、大将军陈武、御史大夫张苍、宗正刘郢、朱虚侯刘章、东牟侯刘兴居、典客刘揭都再行礼说："皇子刘弘等都不是孝惠帝的儿子，不应当奉祀宗庙。我们曾慎重地请阴安侯、列侯顷王后以及琅邪王、宗室、大臣、列侯、二千石以上官员商议说：'大王现在是高祖皇帝最年长的儿子，适合做高祖的继承人。'希望大王就天子位。"代王说："尊奉高祖皇帝宗庙，是大事。我没有才德，不足以奉祀宗庙。希望请楚王考虑一个合适的人，我不敢当此重任。"群臣都伏在地上再三请求。代王以宾主礼向西让了三次，又以君臣礼向南让了两次。丞相陈平等说："我们在下面商议，大王奉祀高帝宗庙是最合适的，就是天下诸侯百姓也认为是合适的。我们是为宗庙和国家着想，不敢草率。希望大王能接受我们的建议。我们谨再次奉上皇帝的玺印和符信。"代王说："既然宗室、将相、诸王、列侯都认为没有比我更合适的，那我就不敢推辞了。"这才登天子位。

群臣以礼次侍①。乃使太仆婴与东牟侯兴居清宫②，奉天子法驾③，迎于代邸。皇帝即日夕入未央宫。乃夜拜宋昌为卫将军，镇抚南北军。以张武为郎中令，行殿中。还坐前殿。于是夜下诏书曰："间者诸吕用事擅权，谋为大逆，欲以危刘氏宗庙，赖将相列侯宗室大臣诛之，皆伏其辜④。朕初即位，其赦天下，赐民爵一级，女子百户牛酒，酺五日。"

◎**注释** ①〔以礼次侍〕用朝见帝王的礼仪，依照品秩排班伺候。②〔清宫〕汉仪，皇帝起居，先要索室清宫。这里指驱逐少帝。③〔法驾〕天子出行的一种规格。京兆尹、执金吾、长安令引导，侍中参乘，属车三十六乘。④〔伏其辜〕受到了应有的惩罚。辜，罪。

◎**大意** 群臣按礼仪各依品秩排班伺候。于是派太仆夏侯婴和东牟侯刘兴居去清理宫室，用天子的法驾到代邸迎接皇帝。文帝当天晚上入主未央宫。晚上就拜宋昌为卫将军，统领南北军。任命张武为郎中令，巡行于殿中。文帝回到前殿坐朝。于是当天夜里他下诏书说："近来吕氏子弟专权用事，阴谋叛乱，想要取代刘氏政权，幸亏将相列侯和宗室大臣诛灭了他们，使他们得到了应有的惩罚。我刚即帝位，大赦天下，赏赐平民成年男子爵位一级，女子每百户一头牛十石酒，允许聚会饮酒五天。"

孝文皇帝元年十月庚戌，徙立故琅邪王泽为燕王。

◎**大意** 孝文皇帝元年十日庚戌，改封原琅邪王刘泽为燕王。

辛亥，皇帝即阼①，谒高庙②。右丞相平徙为左丞相，太尉勃为右丞相，大将军灌婴为太尉。诸吕所夺齐楚故地，皆复与之。

◎**注释** ①〔即阼〕即位。阼，殿前台阶。②〔高庙〕高祖刘邦之庙。
◎**大意** 辛亥，文帝即位，拜谒高祖庙。右丞相陈平改任左丞相，太尉周勃任右丞相，大将军灌婴担任太尉。吕氏夺取的齐、楚原封地，都归还原主。

壬子，遣车骑将军薄昭迎皇太后于代。皇帝曰："吕产自置为相国，吕禄为上将军，擅矫①遣灌将军婴将兵击齐，欲代刘氏，婴留荥阳

弗击，与诸侯合谋以诛吕氏。吕产欲为不善，丞相陈平与太尉周勃谋夺吕产等军。朱虚侯刘章首先捕吕产等。太尉身率襄平侯通持节承诏入北军。典客刘揭身夺赵王吕禄印。益封太尉勃万户，赐金五千斤。丞相陈平、灌将军婴邑各三千户，金二千斤。朱虚侯刘章、襄平侯通、东牟侯刘兴居邑各二千户，金千斤。封典客揭为阳信侯，赐金千斤。"

◎**注释**　①〔擅矫〕滥用职权，假借皇帝名义发布命令。

◎**大意**　壬子，文帝派车骑将军薄昭去代地迎接皇太后。文帝说："吕产自任为相国，吕禄为上将军，自作主张假托皇帝诏令派将军灌婴带兵攻打齐国，妄图取代刘氏，灌婴停留在荥阳不打，与诸侯合谋诛灭吕氏。吕产想要变乱，丞相陈平和太尉周勃用计夺取了吕产等人的兵权。朱虚侯刘章首先捕获吕产等人。太尉亲自率领襄平侯纪通持符节奉诏进入北军。典客刘揭亲手夺下了赵王吕禄的印信。加封太尉周勃万户食邑，赏赐黄金五千斤。丞相陈平、将军灌婴各加食邑三千户，赏赐黄金二千斤。朱虚侯刘章、襄平侯纪通、东牟侯刘兴居食邑各二千户，黄金千斤。封典客刘揭为阳信侯，赏赐黄金一千斤。"

　　十二月，上曰："法者，治之正也，所以禁暴而率善①人也。今犯法已论，而使毋罪之父母妻子同产②坐之，及为收帑（孥）③，朕甚不取。其议之。"有司皆曰："民不能自治，故为法以禁之。相坐坐收④，所以累其心，使重犯法，所从来远矣。如故便。"上曰："朕闻法正则民悫⑤，罪当则民从。且夫牧民而导之善者，吏也。其既不能导，又以不正之法罪之，是反害于民为暴者也。何以禁之？朕未见其便，其孰（熟）计⑥之。"有司皆曰："陛下加大惠，德甚盛，非臣等所及也。请奉诏书，除⑦收帑（孥）诸相坐律令。"

◎**注释**　①〔禁暴而率善〕禁止邪暴，引导向善。②〔同产〕犹言"同胞"，即兄弟。③〔收帑〕即"收孥"。指一人犯法时，妻子儿女也一并治罪。④〔相坐坐收〕互相牵连治罪。⑤〔悫（què）〕朴实。⑥〔孰计〕认真考虑。⑦〔除〕废除。

◎**大意** 十二月，文帝说："法律是治国的准则，是为了禁止暴邪而引导人们从善。现在犯法的既已判罪，还要让无罪的父母、妻子、兄弟连坐，将他们一并治罪，我很不赞同。大家讨论一下此事。"官员都说："百姓不能自己约束自己，所以制定法律来约束他们。互相牵连治罪，是为了束缚他们的心理，使他们不敢轻易触犯法律，这种做法由来已久。还是依旧不变合适。"文帝说："我听说法律公正百姓就朴实，判罪适当百姓就顺从。况且管理百姓并引导他们向善的，是官吏。如果既不能引导他们向善，又用不公正的法律惩治他们，反而会促使他们去做暴邪之事。怎么谈得上禁止百姓犯罪呢？我看不出这种法律有什么好处，你们再认真考虑一下吧。"众官员都说："陛下为百姓施恩加惠，功德盛大，不是我们所能想到的。愿意遵奉诏书，废除逮捕罪犯亲属这些连坐的法令。"

正月，有司言曰："蚤（早）建太子，所以尊宗庙。请立太子。"上曰："朕既不德，上帝神明未歆享①，天下人民未有嗛（慊）志②。今纵不能博求天下贤圣有德之人而禅天下焉，而曰豫（预）建太子，是重吾不德也。谓天下何？其安之。"有司曰："豫建太子，所以重宗庙社稷，不忘天下也。"上曰："楚王，季父也，春秋③高，阅④天下之义理多矣，明于国家之大体。吴王于朕，兄也，惠仁以好德。淮南王，弟也，秉德以陪朕。岂为不豫哉！诸侯王宗室昆弟有功臣，多贤及有德义者，若举有德以陪朕之不能终，是社稷之灵，天下之福也。今不选举焉，而曰必子，人其以朕为忘贤有德者而专于子，非所以忧天下也。朕甚不取也。"有司皆固请曰："古者殷周有国，治安皆千余岁，古之有天下者莫长焉，用此道也。立嗣必子，所从来远矣。高帝亲率士大夫，始平天下，建诸侯，为帝者太祖。诸侯王及列侯始受国者皆亦为其国祖。子孙继嗣，世世弗绝，天下之大义也，故高帝设之以抚海内。今释宜建而更选于诸侯及宗室，非高帝之志也。更议不宜⑤。子某⑥最长，纯厚慈仁，请建以为太子。"上乃许之。因赐天下民当代父后者⑦爵各一级。封将军薄昭为轵侯。

◎**注释** ①〔歆享〕愉快地享用祭祀，即护佑祭祀者的意思。②〔嗛（qiè）志〕嗛，通"慊"，满足。志，心意。③〔春秋〕指年岁。④〔阅〕经历，见识。⑤〔更议不宜〕变更立太子之事不宜再讨论了。⑥〔子某〕指文帝长子刘启。⑦〔当代父后者〕应当继承父业的嫡长子。

◎**大意** 正月，官员进言说："早日确定太子，是尊奉宗庙的需要。请确立太子。"文帝说："我的德行浅薄，上帝神明尚未欣然接受我的祭享，天下人民尚未称心如意。现在我虽不能广求天下贤圣有德之人而禅让给他，但说要我预先确立太子，是加重我的失德。怎么能对得起天下人民呢？还是安守现状吧。"官员说："预先确立太子，是为了敬重宗庙和国家，不忘记天下。"文帝说："楚王是我的叔父，年龄大，见识的天下事理很多了，明了国家大局。吴王是我的兄长，仁惠德厚。淮南王是我的弟弟，以其德义补我之不足。难道这些不是预先有了准备吗！诸侯王、宗室兄弟以及有功之臣，多是有才能和有德义的人。如果能推举有才德的人来继承我未能完成的事业，这就是国家的威灵，天下人的福气了。现在不推举这些人，而说一定要确立太子，人们会认为我忘记了贤能有德义的人而只寄望于儿子，这不是为天下着想。我很不赞同这样。"众官员都坚持请求说："以前殷周建立国家，都能长治久安一千多年，古代王朝没有比他们更长远的，就是因为殷周能早立太子。确立继承人必须是自己的儿子，由来已久了。高祖皇帝亲自率领文臣武将，首先平定了天下，分封诸侯，成为本朝开国皇帝。诸侯王及列侯第一个受封的也都成为各自封国的始祖。子孙继承，世世不绝，这是天下大义，所以高祖皇帝设立太子制度以安定国人之心。现在如果丢开应立为太子的人选，而另从诸侯和宗室中选择，是违背高祖本意的。变更立太子的事不宜再讨论了。陛下的儿子某最年长，醇厚仁慈，请立他为太子。"文帝这才答应。于是赐给天下百姓应继承父业的嫡长子每人一级爵位。封将军薄昭为轵侯。

三月，有司请立皇后。薄太后曰："诸侯皆同姓，立太子母为皇后。"皇后姓窦氏。上为立后故，赐天下鳏寡孤独穷困及年八十已（以）上、孤儿九岁已（以）下布帛米肉各有数。上从代来，初即位，施德惠天下，填（镇）抚诸侯四夷皆洽欢^①，乃循^②从代来功臣。上曰："方大臣之诛诸吕迎朕，朕狐疑^③，皆止朕，唯中尉宋昌劝朕，朕以得保奉宗庙。已尊昌为卫将军，其封昌为壮武侯。诸从朕六人，官皆至九卿。"

◎**注释**　①〔洽欢〕融洽。②〔循〕安排，安抚。③〔狐疑〕因怀疑而犹豫。
◎**大意**　三月，官员请求封立皇后。薄太后说："诸侯都是刘姓，就立太子的母亲为皇后吧。"皇后姓窦。文帝因为立皇后，赏赐天下无妻、无夫、无父、无母、穷困以及年纪八十以上的老人和九岁以下的孤儿一定数量的布帛米肉。文帝由代地来京，刚刚即位，对天下百姓广施德惠，安抚诸侯国和周边民族而使大家都很融洽，这才安排从代来的有功之臣。文帝说："在朝中大臣诛灭诸吕而来迎接我的时候，我心中犹豫，左右大臣都劝阻我，只有中尉宋昌劝我进京，我才得以守持祖宗基业。已拜宋昌为卫将军，再封宋昌为壮武侯。跟随我来京的六个人，官都升至九卿。"

上曰："列侯从高帝入蜀、汉中者六十八人皆益^①封各三百户，故吏二千石以上从高帝颍川^②守尊等十人食邑六百户，淮阳守申徒嘉等十人五百户，卫尉定等十人四百户。封淮南王舅父赵兼为周阳侯，齐王舅父驷钧为清郭侯。"秋，封故常山丞相蔡兼为樊侯。

◎**注释**　①〔益〕增加。②〔颍川〕郡名，在今河南禹州。
◎**大意**　文帝说："跟随高帝进入蜀地、汉中的六十八位列侯都加封食邑三百户，原来二千石以上的官吏跟随高帝的，颍川郡守尊等十人食邑六百户，淮阳郡守申徒嘉等十人食邑五百户，卫尉定等十人食邑四百户。封淮南王的舅父赵兼为周阳侯，齐王的舅父驷钧为清郭侯。"秋天，封原常山国丞相蔡兼为樊侯。

人或说右丞相曰："君本诛诸吕，迎代王，今又矜^①其功，受上赏，处尊位，祸且^②及身。"右丞相勃乃谢病免罢^③，左丞相平专为丞相。

◎**注释** ①〔矜〕夸耀。②〔且〕将要。③〔谢病免罢〕托病辞官。

◎**大意** 有人劝告右丞相周勃说:"你当初诛灭吕氏,迎立代王,现在又夸耀此功,受皇上封赏,处在尊贵之位,大祸将要临身了。"周勃于是称病请求免职,左丞相陈平独任丞相。

　　二年十月,丞相平卒,复以绛侯勃为丞相。上曰:"朕闻古者诸侯建国千余,各守其地,以时入贡,民不劳苦,上下欢欣,靡有遗德①。今列侯多居长安,邑远,吏卒给输费苦,而列侯亦无由教驯(训)其民。其令列侯之国,为吏及诏所止者,遣太子。"

◎**注释** ①〔靡有遗德〕没有过失。

◎**大意** 二年十月,丞相陈平去世,又任命绛侯周勃为丞相。文帝说:"我听说古代诸侯建立的国家有一千多个,各守自己的封地,按时进贡,民众不劳苦,上下欢欣,没有过失。现在列侯大多住在长安,远离食邑,吏卒运送给养既费力又劳苦,而列侯也没有办法教导他们封地的人民。现在命令列侯到自己的封国去,在朝中任职以及奉诏留下的,派太子去。"

　　十一月晦①,日有食之。十二月望②,日又食。上曰:"朕闻之,天生蒸民③,为之置君以养治之。人主不德,布政不均,则天示之以菑(灾),以诫不治。乃十一月晦,日有食之,适(谪)见于天④,菑(灾)孰大焉!朕获保宗庙,以微眇之身托于兆民君王之上,天下治乱,在朕一人,唯二三执政犹吾股肱也。朕下不能理育群生⑤,上以累三光之明⑥,其不德大矣。令至,其悉思朕之过失,及知见思之所不及,丐⑦以告朕。及举贤良方正能直言极谏者,以匡⑧朕之不逮⑨。因各饬其任职,务省繇(徭)费以便民。朕既不能远德⑩,故惘然⑪念外人之有非⑫,是以设备未息⑬。今纵不能罢边屯戍,而又饬兵厚卫⑭,其罢卫将军军。太仆见马遗财（才）足⑮，余皆以给传⑯置。"

◎**注释**　①〔晦〕阴历月的最后一天。②〔望〕月满为望。即阴历十五日。③〔蒸民〕众民，百姓。④〔适见于天〕上天责罚。适，通"谪"，罚。⑤〔理育群生〕治理养育百姓。⑥〔三光之明〕日月星的光明。⑦〔丐〕乞求。⑧〔匡〕匡正。⑨〔不逮〕不到之处。⑩〔远德〕恩德远播，使远人来服。⑪〔惘（xiàn）然〕心神不安的样子。⑫〔非〕为非作歹，指侵扰。⑬〔设备未息〕没有解除军备。⑭〔饬兵厚卫〕整治兵器，加强战备。⑮〔财足〕刚刚够用。⑯〔传〕驿站。

◎**大意**　十一月的最后一天，出现日食。十二月十五日，又出现日食。文帝说："我听说，上天降生众民，设置君主来教育治理他们。君主不仁德，施政不公平，那么上天就会以灾害相示，告诫他治理得不好。十一月最后一天，出现日食，正是显示了上天对我的责罚，没有比这更大的灾象了！我得以守持宗庙，以渺小的个人处于亿万民众和诸侯王之上，天下的兴衰在我一人，只有几个执政大臣做我的助手。我下不能治理养育万民，上牵连日月星三光失明，我的过失太大了。诏令到达后，希望大家都想想我的过失，以及我所知所见所思的不到之处，请你们告诉我。并推荐贤良方正能直言极谏的人，以纠正我的过失。各级官吏就此认真整治自己的本职工作，务必减少徭役花费以便利民众。我不能使恩德远播，所以我不安地忧虑外族有侵扰的企图，因此没有解除军事戒备。现在既然不能撤除边防守军，而又得整治兵器加强战备，所以命令撤除卫将军的部队。太仆现有的马匹只留下够用的就行了，多余的都送给驿站使用。"

正月，上曰："农，天下之本，其开籍田①，朕亲率耕，以给宗庙粢盛②。"

◎**注释**　①〔籍田〕天子亲耕之田。借以劝农。②〔粢（zī）盛〕祭祀时将黍、稷放在祭器中。

◎**大意**　正月，文帝说："农业是天下的根本，要开辟天子亲耕之田，我要亲自带头耕作，以供宗庙祭祀所需的黍、稷。"

三月，有司请立皇子为诸侯王。上曰："赵幽王幽死①，朕甚怜之，已立其长子遂为赵王。遂弟辟彊及齐悼惠王子朱虚侯章、东牟侯兴居有功，可王。"乃立赵幽王少子辟彊为河间王，以齐剧郡②立朱虚侯为城阳王，立东牟侯为济北王，皇子武为代王，子参为太原王，子揖为梁王。

◎**注释** ①〔幽死〕指赵王刘友被吕太后囚禁饿死。②〔剧郡〕大郡。
◎**大意** 三月，官员请求立皇子为诸侯王。文帝说："赵幽王被囚禁而死，我很怜悯他，已经立他的大儿子刘遂为赵王。刘遂的弟弟刘辟彊和齐悼惠王的儿子朱虚侯刘章、东牟侯刘兴居有功劳，可以封王。"于是封赵幽王的小儿子刘辟彊为河间王，以齐国大郡封朱虚侯为城阳王，封东牟侯为济北王，皇子刘武为代王，皇子刘参为太原王，皇子刘揖为梁王。

上曰："古之治天下，朝有进善之旌①，诽谤之木②，所以通治道而来谏者。今法有诽谤妖言之罪，是使众臣不敢尽情，而上无由闻过失也。将何以来远方之贤良？其除之。民或祝诅③上以相约结④而后相谩⑤，吏以为大逆，其有他言，而吏又以为诽谤。此细民⑥之愚无知抵死⑦，朕甚不取。自今以来，有犯此者勿听治⑧。"

◎**注释** ①〔进善之旌〕传说尧设旌旗于路口，进善言者可立于旌旗之下陈说意见。②〔诽谤之木〕传说尧立诽谤之木，人们可以将整治缺失的建议刻于木上表达政见。③〔祝诅〕诅咒。④〔约结〕结伙。⑤〔谩〕抵赖。⑥〔细民〕小民，普通百姓。⑦〔抵死〕触犯死罪。⑧〔听治〕审理。
◎**大意** 文帝说："古代明君治理天下，朝廷设有进献善言的旌旗和供人们提意见的木柱，用以畅通治国之道并招来进谏的人。现在的法律中对批评朝政和传播妖言的人治罪的规定，致使众臣不敢畅所欲言，而皇帝无从知道自己的过失。这怎么能招来远方的贤良之士呢？应该废除这些律令。百姓中有人结伙咒诅皇帝后来又互相抵赖的，官吏处以大逆之罪，或有其他牢骚言论，而官吏又判以诽谤之罪。这是由于小民愚昧无知而触犯了死罪，我很不赞成这样。从今以后，有触犯这些律令的不要审理。"

九月，初与郡国守相为铜虎符①、竹使符②。

◎**注释**　①〔铜虎符〕兵符，铜铸虎形，长六寸，右留京师，左留郡守，左右合符发兵。②〔竹使符〕信符，竹制，长五寸，可做出入征发的凭证。
◎**大意**　九月，开始将铜虎符、竹制信符发给各郡郡守和封国丞相。

三年十月丁酉晦，日有食之。十一月，上曰："前日诏①遣列侯之国，或辞未行。丞相朕之所重，其为朕率列侯之国。"绛侯勃免丞相就国，以太尉颍阴侯婴为丞相。罢太尉官，属丞相②。四月，城阳王章薨。淮南王长与从者魏敬杀辟阳侯审食其。

◎**注释**　①〔前日诏〕先前的诏书。②〔罢太尉官，属丞相〕裁撤太尉官职，职权由丞相兼领。
◎**大意**　三年十月丁酉日，出现日食。十一月，文帝说："先前下诏让列侯回自己的封国去，有的推辞没有走。丞相是我所倚重的人，让他为我带领列侯到封国去。"绛侯周勃免去丞相之职回到封国，拜太尉颍阴侯灌婴为丞相。裁撤太尉官职，职权由丞相兼领。四月，城阳王刘章去世。淮南王刘长与他的随从魏敬杀死了辟阳侯审食其。

五月，匈奴入北地①，居河南为寇。帝初幸甘泉。六月，帝曰："汉与匈奴约为昆弟，毋使害边境，所以输遗匈奴甚厚。今右贤王离其国，将众居河南降地，非常故②，往来近塞，捕杀吏卒，驱保塞蛮夷，令不得居其故，陵轹边吏，入盗，甚敖无道③，非约④也。其发边吏骑八万五千诣高奴⑤，遣丞相颍阴侯灌婴击匈奴。"匈奴去，发中尉材官⑥属卫将军军长安。

◎**注释** ①〔北地〕郡名，郡治马领，在今甘肃庆阳西北。②〔非常故〕不正常。③〔甚敖无道〕傲慢无礼。④〔非约〕不合双方约定。⑤〔高奴〕汉县名，在今陕西延安延河东。⑥〔材官〕步卒。

◎**大意** 五月，匈奴侵入北地郡，占据黄河以南为害。文帝初次幸临甘泉宫。六月，文帝说："汉朝和匈奴结为兄弟，使其不为害边境，因此赠送匈奴很多财物。现在右贤王离开了他的国土，率部侵占已属我们的河南地区，这是不正常的，在边塞附近往来横行，捕杀吏卒，驱逐守边民族，不让他们住在原地，欺凌我边防官吏，侵入内地抢劫，非常傲慢无道，违背过去的约定。调遣八万五千名边防官兵到高奴去，派遣丞相颍阴侯灌婴攻打匈奴。"匈奴撤离，调遣中尉材官归卫将军指挥并驻守长安。

辛卯，帝自甘泉之高奴，因幸太原，见故群臣，皆赐之。举功行赏，诸民里赐牛酒。复①晋阳中都民三岁。留游太原十余日。

◎**注释** ①〔复〕免除赋税。
◎**大意** 辛卯，文帝从甘泉宫去高奴，顺便驾临太原，召见在代国时的故臣，都给以赏赐。论功行赏，赏赐百姓牛和酒。免除晋阳中都百姓三年的赋税。在太原游历了十多天。

济北王兴居闻帝之代，欲往击胡，乃反，发兵欲袭荥阳。于是诏罢丞相兵，遣棘蒲侯陈武为大将军，将十万往击之。祁侯贺为将军，军荥阳。七月辛亥，帝自太原至长安。乃诏有司曰："济北王背德反上，诖误①吏民，为大逆。济北吏民兵未至先自定，及以军地邑降者，皆赦之，复官爵。与王兴居去来，亦赦之。"八月，破济北军，虏其王。赦济北诸吏民与王反者。

◎**注释** ①〔诖（guà）误〕连累。

◎**大意** 济北王刘兴居听说文帝去了代地，准备击打匈奴，于是反叛，派遣军队打算袭击荥阳。于是文帝诏令丞相撤兵，派遣棘蒲侯陈武为大将军，率兵十万前去攻打叛军。祁侯缯（zēng）贺任将军，驻扎在荥阳。七月辛亥，文帝从太原回到长安。就对官员下诏说："济北王违背道德反叛皇帝，连累其官吏百姓，是大逆不道的。济北吏民在平叛大军未到就已反正的，以及率部或以城邑投降的，都予以赦免，恢复原来的官职爵位。与济北王刘兴居有过往来的人，也予以赦免。"八月，打败了济北叛军，俘虏了济北王。赦免济北参与济北王叛乱的官吏和百姓。

六年，有司言淮南王长废先帝法，不听天子诏，居处毋度^①，出入拟^②于天子，擅为法令，与棘蒲侯太子奇谋反，遣人使闽越及匈奴，发其兵，欲以危宗庙社稷。群臣议，皆曰"长当弃市^③"。帝不忍致法于王，赦其罪，废勿王。群臣请处王蜀严道、邛都，帝许之。长未到处所，行病死，上怜之。后十六年，追尊淮南王长谥为厉王，立其子三人为淮南王、衡山王、庐江王。

◎**注释** ①〔居处毋度〕生活起居没有节制。毋，无。②〔拟〕比拟。③〔弃市〕腰斩于闹市。

◎**大意** 六年，官员报告淮南王刘长废弃先帝成法，不听皇帝诏令，生活起居逾越制度，出入仿照天子，私定法令，和棘蒲侯的太子陈奇图谋叛乱，派人出使闽越和匈奴，让他们发兵，想要危害国家宗庙。群臣讨论，都说"刘长应当腰斩于闹市"。文帝不忍心对淮南王用法，赦免了他的罪行，废去他的王位。群臣请求将他流放到蜀郡的严道、邛都一带，文帝同意了。刘长还未到流放地，就在路上病死了，文帝怜悯他。后来第十六年，追尊淮南王刘长谥号为厉王，封他的三个儿子为淮南王、衡山王、庐江王。

十三年夏，上曰："盖闻天道祸自怨起而福繇（由）德兴①。百官之非，宜由朕躬。今秘祝②之官移过于下，以彰吾之不德，朕甚不取。其除之。"

◎**注释**　①〔福繇德兴〕福从德中生发。繇，通"由"。②〔秘祝〕掌管禁内祝祷的官名。

◎**大意**　十三年夏天，文帝说："听说祸从怨起而福由德兴，这是天道。百官的过失，应由我一人负责。现在秘祝官将过错推给臣下，更显出我的失德，我很不赞成。应取消这种做法。"

五月，齐太仓令淳于公有罪当刑，诏狱①逮徙系长安。太仓公无男，有女五人。太仓公将行会逮，骂其女曰："生子不生男，有缓急非有益也！"其少女缇萦自伤泣，乃随其父至长安，上书曰："妾父为吏，齐中皆称其廉平，今坐法当刑。妾伤夫死者不可复生，刑者不可复属②，虽复欲改过自新，其道无由也。妾愿没入为官婢，赎父刑罪，使得自新。"书奏天子，天子怜悲其意，乃下诏曰："盖闻有虞氏之时，画衣冠异章服以为僇（戮）③，而民不犯。何则？至治也。今法有肉刑三④，而奸不止，其咎安在？非乃朕德薄而教不明欤？吾甚自愧。故夫驯道不纯而愚民陷焉。《诗》曰'恺悌⑤君子，民之父母'。今人有过，教未施而刑加焉，或欲改行为善而道毋由也。朕甚怜之。夫刑至断支（肢）体，刻肌肤，终身不息⑥，何其楚痛而不德也，岂称为民父母之意哉！其除肉刑。"

◎**注释** ①〔诏狱〕朝廷直属法庭，处理要案。②〔复属〕指受刑砍断肢体不能再接上。属，连接。③〔僇〕通"戮"，侮辱，惩罚。④〔肉刑三〕指黥、劓、刖三种肉刑。⑤〔恺悌〕和乐平易。⑥〔不息〕不再生长。

◎**大意** 五月，齐国的太仓令淳于公有罪应当受刑罚，诏狱逮捕他并押往长安关押。太仓公没有儿子，有五个女儿。太仓公被捕临走时，骂他的女儿说："生孩子而没有生男孩，急难时没有一点用！"他的小女儿缇萦独自伤心地哭起来，于是跟随他的父亲到了长安，她上书说："我父亲为官，齐国的人都称赞他廉洁公平，现在犯了法应当受刑罚。我悲伤的是人死了不能复生，受了刑罚不能复原，即便想改过自新，也无法可补了。我愿意被收入官府做奴婢，来抵赎父亲的刑罚，使他得以改过自新。"上书上奏给文帝，文帝同情她的心意，于是下诏说："听说有虞氏时期，只是让罪犯穿上画有标记的衣服使之感到耻辱，然而民众没有犯法的。为什么能这样呢？因为天下得到了大治。现在的刑罚有三种肉刑，而犯法的邪恶之人不断，过失在哪里呢？难道不是因为我德薄以致教化不明吗？我深感惭愧。所以教育方法不纯正会导致民众愚昧而犯罪。《诗经》中说'平易近人的官长，是保护人民的父母'。现在人们有了过错，还没有施行教育就对他们施加刑罚，有的人想改过从善也没有机会了。我很同情他们。施加刑罚使犯人肢体断裂，皮肉损坏，终生不再生长，这是多么使人痛苦而又不道德啊，难道这符合为民父母的要求吗！应废除肉刑。"

上曰："农，天下之本，务莫大焉。今勤身从事而有租税之赋，是为本末者毋以异①，其于劝农之道未备。其除田之租税。"

◎**注释** ①〔毋以异〕没有加以区别。
◎**大意** 文帝说："农业是天下的根本，没有比这更重要的事了。现在百姓辛勤地从事农业生产却要负担租税，这是没有把务本的人和逐末的人区别对待，对于劝民务农是不利的。要免除农田的租税。"

十四年冬，匈奴谋入边为寇，攻朝那塞①，杀北地都尉印。上乃遣三将军军陇西、北地、上郡，中尉周舍为卫将军，郎中令张武为车骑将军，军渭北，车千乘，骑卒十万。帝亲自劳军，勒兵②申教令，赐军吏卒。帝欲自将击匈奴，群臣谏，皆不听。皇太后固要③帝，帝乃止。于是以东阳侯张相如为大将军，成侯赤为内史，栾布为将军，击匈奴。匈奴遁走④。

◎**注释** ①〔朝那塞〕县名，在今宁夏固原东南。②〔勒兵〕检阅军队。③〔固要〕坚决制止。要，要求，制止。④〔遁走〕逃走。

◎**大意** 十四年冬天，匈奴图谋入侵边境掳掠，攻打朝那塞，杀死了北地郡都尉孙卬。文帝于是派遣三位将军驻守陇西、北地、上郡，中尉周舍任卫将军，郎中令张武任车骑将军，驻扎于渭北，拥有战车千乘，骑兵十万。文帝亲自慰劳军队，检阅部队申明教令，赏赐全军官兵。文帝要亲自率军攻打匈奴，群臣纷纷劝阻，他都不听。皇太后坚决制止文帝，文帝才没去。于是任命东阳侯张相如为大将军，成侯董赤为内史，栾布为将军，攻打匈奴。匈奴逃走。

春，上曰："朕获执①牺牲珪币②以事上帝宗庙，十四年于今，历日县长，以不敏不明而久抚临天下，朕甚自愧。其广增诸祀墠场③珪币。昔先王远施不求其报，望祀④不祈其福，右贤左戚⑤，先民后己，至明之极也。今吾闻祠官祝釐（禧）⑥，皆归福朕躬，不为百姓，朕甚愧之。夫以朕不德，而躬享独美其福，百姓不与焉，是重吾不德。其令祠官致敬，毋有所祈。"

◎**注释** ①〔获执〕获得祭祀权，指即皇帝位。②〔珪币〕宝玉钱币。③〔墠（shàn）场〕祭祀用的坛场。④〔望祀〕祭名，遥祭山川。⑤〔右贤左戚〕右为上，左为下。这里指祈福要先为贤人而后为亲戚。⑥〔祝釐〕祝祷求福。釐，同"禧"，吉祥。

◎**大意** 春天，文帝说："我登上帝位，得以奉牺牲、宝玉钱币祭祀上帝宗庙，至今已十四年了，经过了很长时间，以我这样迟钝不明之人长久地做皇帝，我深感惭愧。应该增设祭祀坛场并增加祭祀的珪玉和钱物。以前先王远施恩德而不求报答，遥祭山川而不为自己求福，先为贤人后为亲戚，先为民众后为自己，圣明到了极点。现在我听说祠官祝祷求福，都只为我一人，不为百姓，我对此很愧疚。以我的失德，却要一人独享神灵所降之福，而百姓不能分享，这是加重我的失德。应让祠官今后祭祀时，不要只为我一人求福。"

是时北平侯张苍为丞相，方（旁）明①律历。鲁人公孙臣上书陈终始传五德事，言方今土德时，土德应黄龙见，当改正朔服色制度。天子下其事与丞相议。丞相推②以为今水德，始明正十月上（尚）黑事，以为其言非是，请罢之。

◎注释　①〔方明〕旁通。方，通"旁"。②〔推〕推演。
◎大意　这时北平侯张苍任丞相，旁通历法。鲁国人公孙臣上书陈述五德终始的循环论与朝代更替的事，说现今是土德，而土德应有黄龙出现，应该改变历法和服色制度。文帝将此事下交给丞相讨论。丞相推算后认为现在是水德，这才明确规定十月为正月并崇尚黑色，认为公孙臣的说法不对，请求不予采纳。

十五年，黄龙见成纪①，天子乃复召鲁公孙臣，以为博士，申明土德事。于是上乃下诏曰："有异物之神见于成纪，无害于民，岁以有年②。朕亲郊祀③上帝诸神。礼官议，毋讳以劳④朕。"有司礼官皆曰："古者天子夏躬亲礼祀上帝于郊，故曰郊。"于是天子始幸雍，郊见五帝⑤，以孟夏⑥四月答礼⑦焉。赵人新垣平以望气⑧见，因说上设立渭阳五庙。欲出周鼎，当有玉英⑨见。

◎注释　①〔成纪〕汉县名，在今甘肃通渭东。②〔岁以有年〕连年丰收。③〔郊祀〕古代祭祀天地之礼，在每年夏至日于南郊举行，故曰郊祀。④〔劳〕劳累。⑤〔五帝〕五天帝。东方苍龙青帝，南方朱雀赤帝，西方白虎白帝，北方玄武黑帝，中央麒麟黄帝。⑥〔孟夏〕夏季第一个月。⑦〔答礼〕举行祭祀以报答上天的恩德。
⑧〔望气〕观察天上云气的变化来解释吉凶祸福。⑨〔玉英〕美玉。

◎**大意**　十五年，黄龙在成纪出现，文帝于是召见鲁国人公孙臣，拜他为博士，
阐明土德的理论。于是文帝下诏说："有奇异的神物在成纪出现，对民众没有危
害，还连年丰收。我要亲自去郊祀上帝与诸神灵。礼官讨论后制定出郊祀的成
规，不要怕我劳累而有所隐讳。"大臣和礼官都说："古时候天子在夏天亲自到
南郊祭祀上帝，所以叫郊祀。"于是文帝开始巡幸雍县，郊祀五帝，以孟夏四月
举行祭祀以报答上天的恩德。赵国人新垣平以善于观察天上云气的变化来解释吉
凶祸福而被文帝召见，他趁机劝说文帝在渭阳建立五帝庙。并说要想找出周朝的
传国宝鼎，应当有美玉出现。

　　十六年，上亲郊见渭阳五帝庙，亦以夏答礼而尚赤①。

◎**注释**　①〔尚赤〕崇尚红色，指以红色为正色。
◎**大意**　十六年，文帝亲自到渭阳郊祀五帝庙，也在夏天举行答谢之礼并崇尚
红色。

　　十七年，得玉杯，刻曰"人主延寿"。于是天子始更①为元年，令
天下大酺。其岁，新垣平事觉②，夷三族。

◎**注释**　①〔更〕更改，变更。②〔觉〕被发觉。
◎**大意**　十七年，得到了一个玉杯，上面刻着"人主延寿"。于是文帝将这年改
为元年，诏令天下民众聚会饮酒。这一年，新垣平诈献玉杯的事被发觉，被诛灭
三族。

　　后二年，上曰："朕既不明，不能远德，是以使方外之国①或不宁
息。夫四荒之外②不安其生，封畿之内③勤劳不处，二者之咎④，皆自于

朕之德薄而不能远达也。间者累年⑤匈奴并暴边境，多杀吏民，边臣兵吏又不能谕⑥吾内志，以重吾不德也。夫久结难连兵，中外之国将何以自宁？今朕夙兴夜寐，勤劳天下，忧苦万民，为之怛惕⑦不安，未尝一日忘于心，故遣使者冠盖相望⑧，结轶⑨于道，以谕朕意于单于。今单于反古之道，计社稷之安，便万民之利，亲与朕俱弃细过，偕之大道⑩，结兄弟之义，以全天下元元之民。和亲已定，始于今年。"

◎**注释**　①〔方外之国〕政教达不到的地方，这里指匈奴。②〔四荒之外〕四方边境之外，指外国。③〔封畿之内〕封域之内，指国内。④〔咎〕过失。⑤〔间者累年〕近来连年。⑥〔谕〕明白。⑦〔怛（dá）惕〕惊恐害怕的样子。⑧〔冠盖相望〕极言使者之多。冠，使者的帽子。盖，使者的车盖。⑨〔结轶〕犹"结辙"，车辙交错，形容车辆络绎不绝。⑩〔偕之大道〕共同走上和睦的大道。

◎**大意**　后元二年，文帝说："我并不英明，不能将恩德传播到远方，所以使得外族不断侵扰。四方边境之外的民众不能安定生活，国内民众辛勤劳动难以安居乐业，两者的罪过，都在于我的恩德浅薄不能传于远方。连年以来，匈奴不断侵扰边境，杀害了很多官吏百姓，边地将官又不能明了我的内心，更加重了我的失德。长期兵连祸结，中外各国怎样才能安宁呢？现在我早起晚睡，为天下操劳，为万民担忧痛苦，为这些惶恐不安，没有一天不记于心，所以派出的使臣冠盖相望，道路上车辙交错，以使单于明白我的心意。现在单于愿意恢复过去的友好交往，为国家的安定着想，替万民的利益提供条件，亲自和我一起抛弃细小的过失，共同走上和睦的大道，结交兄弟情谊，来保全天下的善良百姓。和亲的国策已定，从今年开始。"

后六年冬，匈奴三万人入上郡，三万人入云中①。以中大夫令勉为车骑将军，军飞狐②；故楚相苏意为将军，军句注③；将军张武屯北地；河内守周亚夫为将军，居细柳④；宗正刘礼为将军，居霸上；祝兹侯军棘门⑤：以备胡。数月，胡人去，亦罢。

◎**注释** ①〔云中〕汉郡名，在今内蒙古呼和浩特西南。②〔飞狐〕地名，在今河北蔚县。③〔句（gōu）注〕山名，有险关，在今山西代县。④〔细柳〕地名，在今陕西咸阳西。⑤〔棘门〕地名，在当时长安城北。

◎**大意** 后元六年冬天，匈奴三万人侵入上郡，三万人侵入云中郡。文帝任命中大夫令勉为车骑将军，驻扎在飞狐；原楚国丞相苏意为将军，驻军句注；将军张武屯驻北地郡；河内郡守周亚夫为将军，据守细柳；宗正刘礼为将军，据守霸上；祝兹侯驻军棘门，以防备匈奴。几个月后，匈奴军离去，文帝也撤了守军。

天下旱，蝗。帝加惠：令诸侯毋入贡，弛山泽①，减诸服御狗马②，损③郎吏员，发仓庾④以振（赈）贫民，民得卖爵⑤。

◎**注释** ①〔弛山泽〕解除山泽之禁。弛，放松，指解禁。②〔狗马〕供玩赏的狗马宠物。③〔损〕精减。④〔发仓庾〕发，开仓。仓庾，梁库谷仓。⑤〔卖爵〕用爵位换钱。

◎**大意** 天下大旱，蝗虫成灾。文帝广施恩惠：诏令诸侯不要向朝廷进贡，解除不许民众开采山泽的禁令，裁减宫中服御狗马等奢玩之物，精减郎官，发放仓库中的存粮赈济贫民，允许民间买卖爵位。

孝文帝从代来，即位二十三年，宫室苑囿狗马服御无所增益，有不便，辄弛以利民。尝欲作露台①，召匠计之，直②百金。上曰："百金中民十家之产，吾奉先帝宫室，常恐羞之，何以台为！"上常衣绨衣③，所幸慎夫人，令衣不得曳地④，帏帐不得文绣⑤，以示敦朴，为天下先。治霸陵皆以瓦器，不得以金银铜锡为饰，不治坟，欲为省，毋烦民。南越王尉佗自立为武帝，然上召贵尉佗兄弟，以德报之，佗遂去帝称臣。与匈奴和亲，匈奴背约入盗，然令边备守，不发兵深入，恶烦苦百姓。吴王诈病不朝，就赐几杖。群臣如袁盎等称说虽切，常假借⑥用之。群臣如张武等受赂遗金钱，觉，上乃发御府金钱赐之，以愧其心，弗下吏。专务以德化民，是以海内殷富，兴于礼义。

◎**注释** ①〔露台〕赏景的楼台。②〔直〕花费。③〔绨（tì）衣〕粗丝制成的衣服。④〔曳地〕拖到地上。⑤〔文绣〕绣花雕饰。⑥〔假借〕以他事缓解，即宽容对待诸侯。

◎**大意** 孝文帝从代国来，即位二十三年，宫室、苑囿、狗、马、服饰、御用器具没有什么增加，凡没有好处的政策，总是废弃以利于百姓。他曾想建造一个赏景的楼台，召来工匠计算，需要花费百金。文帝说："百金相当于十户中等人家的产业，我守持着先帝建造的宫室，一直害怕不能守业而使先帝蒙羞，还建造露台干什么呢！"文帝经常穿着粗丝衣，他所宠爱的慎夫人，穿的衣服也不准长到拖地，使用的帷帐不准绣花，以表示俭朴，为天下人做榜样。他营建自己的陵墓霸陵时都用瓦器，不准用金、银、铜、锡等装饰，不修建高大的封墓堆，为的是节省开支，不烦扰百姓。南越王尉佗自立为武帝，文帝却将尉佗的兄弟召来，使他们显贵，以恩德去回报他们的反叛行为，尉佗于是取消帝号向朝廷称臣。文帝与匈奴和亲，匈奴违背盟约入侵汉境，文帝也只是命令边防军队加强守备，不派军队深入匈奴境内，害怕烦扰百姓。吴王假托有病不来朝觐，就赏赐给他小几和手杖，免除他的朝觐之礼。尽管群臣如袁盎等言辞尖刻，文帝仍然宽容对待。群臣如张武等接受金钱贿赂，事情被发觉后，文帝就把皇宫府库中的钱赏赐给他们，使他们从内心感到愧疚，而不交给官吏治罪。文帝一心用恩德感化人民，因此国内富足，礼义兴盛。

后七年六月己亥，帝崩于未央宫。遗诏曰："朕闻盖天下万物之萌生，靡不有死。死者天地之理，物之自然者，奚①可甚哀。当今之时，世咸嘉生而恶死，厚葬以破业，重服②以伤生③，吾甚不取。且朕既不德，无以佐百姓；今崩，又使重服久临，以离寒暑之数，哀人之父子，伤长幼之志，损其饮食，绝鬼神之祭祀，以重吾不德也，谓天下何！朕获保宗庙，以眇眇之身托于天下君王之上，二十有余年矣。赖天地之灵，社稷之福，方内④安宁，靡有兵革⑤。朕既不敏，常畏过行，以羞先帝之遗德；维年之久长，惧于不终⑥。今乃幸以天年⑦，得复供养于高庙，朕之不明与嘉之，其奚哀悲之有！其令天下吏民，令到出临三日，皆释服⑧。毋禁取妇嫁女祠祀饮酒食肉者。自当给丧事服临者，皆无践⑨。经带⑩无过三寸，毋布车及兵器，毋发民男女哭临宫殿。宫殿中当临者，皆以旦夕各十五举声，礼毕罢。非旦夕临时，禁毋得擅哭。已下，服大红⑪十五日，小红⑫十四日，纤⑬七日，释服。佗（他）⑭不在令中者，皆以此令比率从事⑮。布告天下，使明知朕意。霸陵山川因其故，毋有所改。归夫人以下至少使⑯。"令中尉亚夫为车骑将军，属国悍为将屯将军，郎中令武为复土将军，发近县见卒万六千人，发内史卒万五千人，藏郭（椁）穿复土⑰属将军武。

◎**注释** ①〔奚〕何，为什么。②〔重服〕服丧过度。服，服丧。③〔伤生〕破坏生者的家业。④〔方内〕指中外。方，外。内，中。⑤〔靡有兵革〕靡有，没有。兵革，指战争。⑥〔不终〕不得善终。⑦〔天年〕自然的寿命，指寿终正寝。⑧〔释服〕除去丧服。⑨〔践〕跣，即光脚，表示哀切。⑩〔经（dié）带〕头上、腰间系的麻制的带子。⑪〔大红〕指大功，如礼应服丧九个月。⑫〔小红〕指小功，如礼应服丧五个月。⑬〔纤〕即禫（dàn），缌（sī）麻衣，如礼应服丧三十六日。⑭〔佗〕通"他"，其他。⑮〔比率从事〕类比照办。⑯〔少使〕汉代官中女官名。⑰〔藏郭穿复土〕指挖坑、下棺椁、填土等。郭，通"椁"，外棺。

◎**大意** 后元七年六月己亥，文帝在未央宫驾崩。他在遗诏中说："我听说天下万物的出生，没有不死亡的。死亡是天地常理，生物的自然现象，没有什么可特别悲痛的。现今这个时代，世人都好生而恶死，对死者倾家荡产进行厚葬，过度服丧以致伤害了身体，我很不赞成这样。况且我的德行浅薄，对百姓没有什么帮助；现今死后，又让百姓长久服丧痛哭，经历寒来暑往的漫长时日，使百姓父子哀伤，老幼的身心都受到损害，减少饮食，断绝祭祀鬼神，这只能增加我的不德，怎么对得起天下人呢！我得以奉守宗庙，以渺小之躯依靠在天下诸侯王之上，已经二十多年了。有赖天地神灵，国家洪福，使得国内外太平，没有战乱。我知道自己不聪敏，常常担心有错误的行为，有辱于先帝的美好形象；年长日久，害怕不能善终。如今我竟然得享天年，又能在高庙里享受供品，以我的不圣明而得到这样好的结果，还有什么可悲哀的呢！因此命令全国官吏百姓，遗诏到达后只哭吊三天，然后全部脱掉丧服。不要禁止娶妻、嫁女、祭祀、饮酒、吃肉。应当服丧的人，也都不要光着脚。孝带不要超过三寸宽，不要在车子和兵器上挂丧布，不要发动男女民众来宫殿哭吊。宫殿中应当哭吊的人，都在早晨和晚上各哭十五声，尽礼之后就停止。不是早晚哭丧的时间，不得擅自哭吊。下葬以后，服大功丧服十五天，小功丧服十四天，缌麻丧服七天，即除去丧服。其他不在诏令规定之内的，一律按此诏令类比执行。通告全国，让大家都知道我的意愿。霸陵所在的山水保持原貌，不得有所改变。把后宫女子从夫人到少使都放回家。"任命中尉周亚夫为车骑将军，典属国悍为将屯将军，郎中令张武为复土将军，调发京师附近各县服现役的士兵一万六千人，调发京师卫队士兵一万五千人，由将军张武统领进行挖土、安放棺椁、填土等事。

乙巳，群臣皆顿首上尊号曰孝文皇帝。

◎**大意** 乙巳，群臣都叩首进献尊号为孝文皇帝。

太子即位于高庙。丁未，袭号①曰皇帝。

◎**注释** ①〔袭号〕继承帝号。
◎**大意** 太子在高庙即位。丁未，继承帝号称皇帝。

孝景皇帝元年十月，制诏御史："盖闻古者祖有功而宗有德，制礼乐各有由。闻歌者，所以发德也；舞者，所以明功也。高庙酎①，奏《武德》《文始》《五行》之舞。孝惠庙酎，奏《文始》《五行》之舞。孝文皇帝临天下，通关梁，不异远方。除诽谤，去肉刑，赏赐长老，收恤孤独，以育群生。减嗜欲，不受献②，不私其利也。罪人不咎（孥），不诛无罪。除肉刑，出美人，重绝人之世③。朕既不敏，不能识。此皆上古之所不及，而孝文皇帝亲行之。德厚侔④天地，利泽施四海，靡不获福焉。明象乎日月，而庙乐不称，朕甚惧焉。其为孝文皇帝庙为《昭德》之舞，以明休德⑤。然后祖宗之功德著于竹帛⑥，施于万世，永永无穷，朕甚嘉之。其与丞相、列侯、中二千石、礼官具为礼仪奏。"丞相臣嘉等言："陛下永思孝道，立《昭德》之舞以明孝文皇帝之盛德，皆臣嘉等愚所不及。臣谨议：世功莫大于高皇帝，德莫盛于孝文皇帝，高皇庙宜为帝者太祖之庙，孝文皇帝庙宜为帝者太宗之庙。天子宜世世献祖宗之庙。郡国诸侯宜各为孝文皇帝立太宗之庙。诸侯王列侯使者侍祠，天子岁献祖宗之庙。请著之竹帛，宣布天下。"制曰："可。"

◎**注释**　①〔酎（zhòu）〕用于祭祀的醇酒。②〔不受献〕不接受臣民郡国的献礼。③〔重绝人之世〕十分看重使人绝嗣的事情。④〔侔（móu）〕相当，相比。⑤〔休德〕美德。⑥〔竹帛〕指史册。

◎**大意**　孝景皇帝元年十月，对御史下诏说："我听说古代帝王称祖的是有功的人，称宗的是有德的人，制定他们的礼仪和音乐各有所据。听说音乐，是用以歌功颂德的；舞蹈，是用以表明功绩的。用醇酒祭祀高庙，表演《武德》《文始》《五行》之舞。用醇酒祭祀孝惠庙，表演《文始》《五行》之舞。孝文皇帝君临天下，使关卡津梁畅通无阻，远近没有差别。废除诽谤罪，取消肉刑，赏赐长老，抚恤孤独，以养育众生。减少嗜欲，不接受贡礼，不谋私利。不株连罪人的妻儿，不杀无罪的人。废除肉刑，放归后宫女子，很重视绝人后嗣这件事。我本不聪敏，不能完全认识。这些都是上古帝王做不到的，而孝文皇帝亲身实行了。他的恩德能比天地，恩泽施于四海，无处不受其恩惠。文帝的光明宛如日月，而祭文帝的庙乐并不相称，我非常不安。要为孝文皇帝庙作《昭德》之舞，以显示他的美德。然后将祖宗的功德载于史册，流传万世，永无穷尽，我很高兴能够这样。现将此事交给丞相、列侯、中二千石、礼官等商定礼仪并上奏于我。"丞相申屠嘉等人说："陛下常怀孝道，作《昭德》之舞以显扬孝文皇帝的盛德，这都是臣等愚昧而比不上的。我们慎重地建议：开国之功没有大过高皇帝的，德业没有胜过孝文皇帝的，高皇帝庙应该成为本朝皇帝的太祖之庙，孝文皇帝庙应该成为本朝皇帝的太宗之庙。皇帝应当世代献祭祖宗之庙。各郡国诸侯都应为孝文皇帝建立太宗庙。诸侯王及列侯的使者随从天子祭祀，每年祭祀太祖、太宗之庙。请把这些载入文献，公布全国。"景帝下令说："可以。"

太史公曰：孔子言"必世①然后仁。善人之治国百年，亦可以胜残去杀②"。诚哉是言！汉兴，至孝文四十有余载，德至盛也。廪廪③乡改正服封禅矣，谦让未成于今。呜呼，岂不仁哉！

◎**注释**　①〔世〕三十年。②〔胜残去杀〕战胜残暴之人而不用刑杀。③〔廪廪〕逐渐接近。

◎**大意**　太史公说：孔子说"受命之王必经三十年才能成仁政。善良的人治国百年，也可以战胜残暴之人而不用刑杀"。这话说得很对！汉朝建立后，到孝文皇帝有四十多年，德政到达了兴盛的时期。逐渐达到了改历法、易服色、举行封禅大典的地步，但文帝谦让，至今没有完成。啊，难道这不就是仁吗！

◎**知识拓展**

　　《五帝本纪》中尧、舜有关的文本主要通过载录《尚书》中的《尧典》《舜典》而生成。《尧典》《舜典》的文本性质与《孝文本纪》所载汉文帝时期的诏书类似，都属于帝王对臣下所发表的言辞性文书。司马迁十分重视《尚书》，他说"《书》以道事""尧舜之盛，《尚书》载之"。《尚书》是他编写五帝、三代本纪的重要材料来源，是汉代，也是司马迁眼中的经典文献。《孝文本纪》载录诏书的文本生成方式，很可能是受《尚书》影响。而反观《孝文本纪》所载的诏书，也的确具有《尚书》典雅温厚的特征。元代真德秀曰："太史公于高、景二纪，诏皆不书；独文帝纪，凡诏皆称'上曰'，以其出于帝之实意故也。不然山东老癃，扶杖听诏，愿见德化之成，其可以空言动耶？文帝除收帑及肉刑，求直言，除诽谤，祠官、劝农等诏，皆尔雅温厚，有典诰气象。"司马迁这样的撰史方式也就将汉文帝与《五帝本纪》所载的尧、舜摆在了相同的历史高度。李景星曰："太史公于他帝诏令多不载录，独于《孝文本纪》录诏令最详，盖以孝文各诏质古温醇，实属三代之遗；且所行政事又足以副之，非托诸空言者比也。通篇叙事，皆以文胜，写得秩秩楚楚，优柔不迫。既无《高纪》中疏荡之气，亦无《吕纪》中刻挚之笔，又处处与《武纪》中作反面对照。写仁厚守成之主，不得不另用此一副笔墨也。后幅收束，尤为严密：'从代来即位'一段，总叙帝之生平于未崩之前后。'七年六月'一段，详叙帝之遗诏于既崩之后。下又继以景帝之诏、群臣之议，将帝所行之大事再括叙一番，而以'功莫大于高皇帝，德莫大于孝文皇帝'一语作为断定，精确正大，穆然高古。赞语气脉音节俱佳，有似承似转、若断若续之妙。最后点一'仁'字，是全纪眼睛，不可轻易视之。"

孝景本纪

第十一

《孝景本纪》是关于汉景帝的传记，与其后汉武帝的传记《孝武本纪》所记内容切近当世，显得比较特殊。这两篇内容在十二本纪中迥异于其他篇目。历代学者对这两篇传记的今传本多持怀疑态度。班固在《汉书·艺文志》中提出《史记》"十篇有录无书"一说。三国时期张晏说此篇即为"十篇有录无书"之一。唐代司马贞《史记索隐》认为："《景纪》，取班书补之。"明代凌稚隆继承此说："此纪乃元成间褚先生取班书补之，非太史公本书也。"指出了补写的具体人是褚先生。茅坤则持此篇为太史公未定之书的观点，他说："文景间，亦每年仅录所下明诏，与系时事之大者而已，朝廷之大政大议，特条见于将相名臣传记中，不敢详次如《秦纪》，予窃谓太史公未定之书也。"南宋吕祖谦、清代梁玉绳、当代韩兆琦等人则认为此书为司马迁所作。《史记》其他帝王纪，往往秉承古代史官遗法，记言记事兼备，但是此篇只列事目。历代学者都发现了《孝景本纪》与其他帝王纪相比"另一体格"的特点，并对"另一体格"背后的深意进行解读。持"后补"与"未定"说者认为，这种现象不符合太史公的写作习惯和为文惯例，而肯定其为太史公原书者则深刻分析了这种"另一体格"背后的寓意。主张《孝景本纪》为司马迁原书者所持的一个最大的证据，是《孝景本纪》中有《汉书·景帝纪》所不载的记事内容。对比《孝景本纪》与《汉书·景帝纪》会发现，二者尽管有相同的记事内容，彼此的差距却是明显的，特别是在记事内容和记事方式上有很大的互补性。

孝景皇帝者，孝文之中子①也。母窦太后。孝文在代时，前后有三男，及窦太后得幸，前后死，及三子更死，故孝景得立。

◎**注释** ①〔中子〕排行居中的儿子。
◎**大意** 孝景皇帝，是孝文皇帝的中子。母亲是窦太后。孝文皇帝在代国时，原先的王后生有三个男孩，到窦太后受宠时，先前的王后死了，三个儿子也相继死亡，所以孝景帝得以被立为继承人。

元年四月乙卯，赦天下。乙巳，赐民爵一级。五月，除田半租①。为孝文立太宗庙。令群臣无朝贺。匈奴入代，与约和亲。

◎**注释** ①〔除田半租〕减免一半的田租。
◎**大意** 景帝元年四月乙卯，大赦天下。乙巳，赐给民家家长爵位一级。五月，减免一半田租。为孝文帝建立太宗庙。命令大臣不要来朝觐祝贺。匈奴入侵代地，与匈奴定约和亲。

二年春，封故相国萧何孙系为武陵侯。男子二十而得傅①。四月壬午，孝文太后崩。广川、长沙王皆之国。丞相申屠嘉卒。八月，以御史大夫开封侯陶青为丞相。彗星出东北。秋，衡山雨雹，大者五寸，深者②二尺。荧惑③逆行，守北辰。月出北辰间。岁星④逆行天廷中。置南陵及内史，祋祤⑤为县。

◎**注释**　①〔傅〕载于正卒名册服役。旧法男子二十三而傅，景帝改为二十而傅。②〔深者〕指冰雹厚度。③〔荧惑〕火星。④〔岁星〕木星。⑤〔祋祤（duì yǔ）〕县名，县治在今陕西耀州。

◎**大意**　二年春，封原相国萧何的孙子萧系为武陵侯。男子满二十岁要登记在正卒名册上。四月壬午，孝文太后去世。广川王、长沙王都回到自己的封国。丞相申屠嘉去世。八月，任用御史大夫开封侯陶青为丞相。彗星出现在东北方。秋天，衡山冰雹如雨，最大的冰雹有五寸，最厚的地方有二尺。火星反向运行，在北极星附近移动。月亮在北极星天区出现。木星在天廷中间反向运行。将南陵和内史祋祤设置为县。

三年正月乙巳，赦天下。长星①出西方。天火燔雒阳东宫大殿城室。吴王濞、楚王戊、赵王遂、胶西王卬、济南王辟光、菑川王贤、胶东王雄渠反，发兵西乡（向）。天子为诛晁错，遣袁盎谕告，不止，遂西围梁②。上乃遣大将军窦婴、太尉周亚夫将兵诛之。六月乙亥。赦亡军及楚元王子艺等与谋反者。封大将军窦婴为魏其侯。立楚元王子平陆侯礼为楚王。立皇子端为胶西王，子胜为中山王。徙济北王志为菑川王，淮阳王馀为鲁王，汝南王非为江都王。齐王将庐、燕王嘉皆薨。

◎**注释**　①〔长星〕流星。②〔梁〕梁国，汉景帝弟刘武的封国，都睢阳。

◎**大意**　三年正月乙巳，大赦天下。流星在西方出现。天火烧毁了雒阳东宫大殿和城楼。吴王刘濞、楚王刘戊、赵王刘遂、胶西王刘卬、济南王刘辟光、菑川王刘贤、胶东王刘雄渠反叛，发兵西进。天子为安抚他们处死了晁错，派袁盎去告诉他们，但他们仍不罢兵，竟西进围攻梁国。景帝于是派遣大将军窦婴、太尉周亚夫率兵讨伐。六月乙亥，赦免逃跑的士卒及楚元王的儿子刘艺等参与谋反的人。封大将军窦婴为魏其侯。立楚元王的儿子平陆侯刘礼为楚王。立皇子刘端为胶西王，皇子刘胜为中山王。迁济北王刘志为菑川王，淮阳王刘馀为鲁王，汝南王刘非为江都王。齐王刘将庐、燕王刘嘉都去世了。

四年夏，立太子。立皇子彻为胶东王。六月甲戌，赦天下。后九月①，更以弋阳为阳陵。复置津关②，用传出入。冬，以赵国为邯郸郡。

◎**注释** ①〔后九月〕闰九月。②〔津关〕津，水道渡口。关，陆道渡口。
◎**大意** 四年夏天，立皇太子。封皇子刘彻为胶东王。六月甲戌，大赦天下。闰九月，改弋阳为阳陵。重新设置水陆关禁，凭符信出入。冬天，把赵国改置为邯郸郡。

五年三月，作阳陵、渭桥。五月，募徙阳陵，予钱二十万。江都大暴风从西方来，坏城十二丈。丁卯，封长公主子蟜为隆虑侯。徙广川王为赵王。

◎**大意** 五年三月，修建阳陵、渭桥。五月，招募百姓迁居阳陵，拨钱二十万。从西方来的大风暴侵袭江都，毁坏城墙十二丈。丁卯，封长公主的儿子陈蟜为隆虑侯。迁广川王为赵王。

六年春，封中尉赵绾为建陵侯，江都丞相嘉为建平侯，陇西太守浑邪为平曲侯，赵丞相嘉为江陵侯，故将军布为鄃侯。梁楚二王皆薨。后九月，伐驰道树，殖兰池①。

◎**注释** ①〔殖兰池〕填塞兰池。兰池，池名，在咸阳东北，建有秦行宫。
◎**大意** 六年春天，封中尉赵绾为建陵侯，江都丞相程嘉为建平侯，陇西太守公孙浑邪为平曲侯，赵国丞相苏嘉为江陵侯，原将军栾布为鄃（shū）侯。梁王和楚王都去世了。闰九月，砍伐驰道旁的树木，填塞兰池。

七年冬，废栗太子①为临江王。十二月晦，日有食之。春，免徒隶作阳陵②者。丞相青免。二月乙巳，以太尉条侯周亚夫为丞相。四月乙巳，立胶东王太后为皇后。丁巳，立胶东王为太子。名彻。

◎**注释** ①〔栗太子〕景帝栗姬所生子刘荣。②〔阳陵〕景帝陵墓。
◎**大意** 七年冬天，废掉栗太子而将其改封为临江王。十二月末，出现日食。春天，免除在阳陵服劳役的刑徒和奴隶的罪名。丞相陶青被罢免。二月乙巳，拜太尉条侯周亚夫为丞相。四月乙巳，立胶东王太后为皇后。丁巳，立胶东王为皇太子。名叫刘彻。

中元年①，封故御史大夫周苛孙平为绳侯，故御史大夫周昌子左车为安阳侯，四月乙巳，赦天下，赐爵一级。除禁锢②。地动。衡山原都雨雹③，大者尺八寸。

◎**注释** ①〔中元年〕汉景帝中元元年，公元前149年。②〔除禁锢〕废除禁锢之法。禁锢，剥夺政治权利，不准做官。③〔雨雹〕下冰雹。
◎**大意** 景帝中元元年，封原御史大夫周苛的孙子周平为绳侯，原御史大夫周昌的儿子周左车为安阳侯。四月乙巳，大赦天下，赐予民家家长爵位一级。取消禁锢的规定。这年发生了地震。衡山、原都下冰雹，最大的有一尺八寸。

中二年二月，匈奴入燕，遂不和亲。三月，召临江王来，即死中尉府中。夏，立皇子越为广川王，子寄为胶东王。封四侯①。九月甲戌，日食。

◎**注释** ①〔封四侯〕楚相张尚、太傅赵夷吾、赵相建德、内史王悍四人劝谏其王不要反叛而被杀，景帝封四人之子为侯。
◎**大意** 中元二年二月，匈奴入侵燕地，于是停止和亲。三月，召临江王来京，不久他就死在中尉府中。夏天，立皇子刘越为广川王，皇子刘寄为胶东王。封四人为侯。九月甲戌，出现日食。

中三年冬，罢诸侯御史中丞。春，匈奴王二人率其徒来降，皆封为列侯。立皇子方乘为清河王。三月，彗星出西北。丞相周亚夫免，以御史大夫桃侯刘舍为丞相。四月，地动。九月戊戌晦，日食。军东都门①外。

◎**注释** ①〔东都门〕长安东城北头第一门曰宣平门，外曰东都门。
◎**大意** 中元三年冬，废除诸侯国御史中丞之职。春天，匈奴的两个王率其部众前来投降，都被封为列侯。立皇子刘方乘为清河王。三月，彗星出现在西北方。丞相周亚夫被罢免，任命御史大夫桃侯刘舍为丞相。四月，地震。九月末的戊戌日，出现日食。驻军于东都门外。

中四年三月，置德阳宫①。大蝗。秋，赦徒作阳陵者。

◎**注释** ①〔德阳宫〕景帝庙。
◎**大意** 中元四年三月，修建德阳宫。这年出现大规模的蝗虫灾害。秋天，赦免在阳陵做劳役的罪犯。

中五年夏，立皇子舜为常山王。封十侯。六月丁巳，赦天下，赐爵一级。天下大潦（涝）。更命诸侯丞相曰相。秋，地动。

◎**大意**　中元五年夏天，立皇子刘舜为常山王。封十人为列侯。六月丁巳，大赦天下，赐民家爵位一级。全国发生涝灾。将诸侯国的丞相改称为相。秋天，发生地震。

中六年二月己卯，行幸雍，郊见五帝。三月，雨雹。四月，梁孝王、城阳共王、汝南王皆薨。立梁孝王子明为济川王，子彭离为济东王，子定为山阳王，子不识为济阴王。梁分为五。封四侯。更命①廷尉为大理，将作少府为将作大匠，主爵中尉为都尉，长信詹事为长信少府，将行为大长秋，大行为行人，奉常为太常，典客为大行，治粟内史为大农。以大内为二千石，置左右内官，属大内。七月辛亥，日食。八月，匈奴入上郡。

◎**注释**　①〔更命〕改名。
◎**大意**　中元六年二月己卯，景帝巡幸雍县，郊祭五帝。三月，降冰雹。四月，梁孝王、城阳共王、汝南王都去世了。立梁孝王的儿子刘明为济川王，刘彭离为济东王，刘定为山阳王，刘不识为济阴王。梁国被分割成五个国。封四人为列侯。将廷尉改名为大理，将作少府改名为将作大匠，主爵中尉改名为都尉，长信詹事改名为长信少府，将行改名为大长秋，大行改名为行人，奉常改名为太常，典客改名为大行，治粟内史改名为大农。将大内定为二千石级官员，设置左右内官，隶属大内。七月辛亥，出现日食。八月，匈奴入侵上郡。

后元年冬，更命中大夫为卫尉。三月丁酉，赦天下，赐爵一级，中二千石、诸侯相爵右庶长①。四月，大酺。五月丙戌，地动，其蚤（早）食②时复动。上庸地动二十二日，坏城垣。七月乙巳，日食。丞相刘舍免。八月壬辰③，以御史大夫绾为丞相，封为建陵侯。

◎**注释** ①〔右庶长〕秦汉二十级爵位中的第十一级。②〔蚤食〕早饭。③〔八月壬辰〕该年八月丁未朔，无壬辰，存疑。

◎**大意** 后元元年冬天，将中大夫令改名为卫尉。三月丁酉，大赦天下，赏赐民家爵位一级，中二千石级官员、诸侯国丞相被授予右庶长爵位。四月，特许民间聚会饮酒。五月丙戌，发生地震，早饭时又有地震。上庸地震持续了二十二天，毁坏了城墙。七月乙巳，出现日食。丞相刘舍被罢免。八月壬辰，任命御史大夫卫绾为丞相，封为建陵侯。

后二年正月，地一日三动。郅将军击匈奴。酺五日。令内史郡不得食马粟，没入县官。令徒隶衣七缌布①。止马春②。为岁不登③，禁天下食不造岁。省列侯遣之国。三月，匈奴入雁门。十月，租长陵田。大旱。衡山国、河东、云中郡民疫。

◎**注释** ①〔七缌（zōng）布〕古代的一种粗布。②〔止马春〕禁止为马春粟。③〔岁不登〕歉收。

◎**大意** 后元二年正月，一天发生了多次地震。将军郅都攻打匈奴。允许民众聚会饮酒五天。命令内史及各郡不得用粮食喂马，否则由县官没收。下令让刑徒奴隶穿极粗劣的衣服。禁止为马春粟。因为粮食歉收，禁止全国浪费粮食，以免粮食不够一年食用。减少驻京列侯并派遣他们回到自己的封国。三月，匈奴入侵雁门。十月，出租长陵周围的耕地。发生旱灾。衡山国、河东郡、云中郡的民众中流行瘟疫。

后三年十月，日月皆赤五日。十二月晦，雷。日如紫。五星①逆行守太微。月贯天廷中。正月甲寅，皇太子冠。甲子，孝景皇帝崩。遗诏赐诸侯王以下至民为父后爵一级，天下户百钱。出宫人归其家，复无所与②。太子即位，是为孝武皇帝。三月，封皇太后弟蚡为武安侯，弟胜为周阳侯。置阳陵。

◎**注释** ①〔五星〕指金、木、水、火、土五星。②〔复无所与〕免除其赋税。

◎**大意** 后元三年十月，太阳和月亮连续红了五天。十二月的最后一天，出现了雷电天气。太阳呈现紫色。五星逆行于太微星区。月亮横穿天廷。正月甲寅，皇太子行加冠礼。甲子，孝景皇帝驾崩。遗诏赐给诸侯王以下至平民百姓的嫡长子每人爵位一级，全国百姓每户一百钱。将宫中妇女放回家，免除赋役。太子即位，就是孝武皇帝。三月，封皇太后的弟弟田蚡（fén）为武安侯，田胜为周阳侯。设置景帝的阳陵。

　　太史公曰：汉兴，孝文施大德，天下怀安，至孝景，不复忧异姓①，而晁错刻削②诸侯，遂使七国俱起，合从而西乡（向），以诸侯大盛，而错为之不以渐③也。及主父偃言之，而诸侯以弱，卒以安。安危之机，岂不以谋哉？

◎**注释** ①〔异姓〕异姓诸侯王。②〔刻削〕刻，严酷。削，指削夺同姓诸侯王的封地。③〔渐〕渐变，因势利导。

◎**大意** 太史公说：汉朝兴起后，孝文皇帝大施德政，百姓得以安居乐业。到孝景帝时，不再有异姓诸侯王反叛之忧了，然而晁错建议大举削夺同姓诸侯王的封地，导致七国并起，合兵西进，这是因为诸侯王的势力太强大，而晁错没有对他们采取因势利导而逐渐削弱的方法。等到主父偃提出建议，诸侯王的势力才衰弱下来，国家终于安定下来。国家安危的关键，难道不在于谋略吗？

◎**知识拓展**

　　本篇在记事上有如下特点：

　　第一，文本形式为简单的编年记事资料汇编。而其中的纪年方式又分为前、中、后三种，也就是说汉景帝时期曾经过三次改岁，但《孝景本纪》并不记载改岁的原因。总体来看，《孝景本纪》实际上是包括了汉景帝前期七年、中期六年、后期三年，总共十六年的编年文本。不仅如此，本篇并未出现对话以及诏书等内容，而纯粹属于编年记事性文本。

　　第二，对灾异事件表现出重视的态度。本篇中有关天象异变、自然灾异现象的记载多达十三例。虽然对灾异事件的记录并不只出现在《孝景本纪》中，但《高祖本纪》《吕太后本纪》《孝文本纪》与灾异有关的记载总共才五例。可见《孝景本纪》对灾异事件表现出特殊的重视。并且与《高祖本纪》《吕太后本纪》《孝文本纪》中统治者面对灾异的罪己、举贤、赈贫等种种举动相比，《孝景本纪》中并不见统治者对这些灾异现象有任何回应，仅仅只是记载灾异事件。

　　第三，正文与论赞有明显的差距。《孝景本纪》的论赞称："汉兴，孝文施大德，天下怀安，至孝景，不复忧异姓，而晁错刻削诸侯，遂使七国俱起，合从而西乡，以诸侯太盛，而错为之不以渐也。及主父偃言之，而诸侯以弱，卒以安。安危之机，岂不以谋哉？"内容集中在汉景帝时期最大的政治事件——吴楚七国之乱。并且司马迁在《太史公自序》中也概括《孝景本纪》的主旨为"诸侯骄恣，吴首为乱，京师行诛，七国伏辜，天下翕然，大安殷富"。而《孝景本纪》对七国之乱的记载十分简略："吴王濞、楚王戊、赵王遂、胶西王卬、济南王辟光、菑川王贤、胶东王雄渠反，发兵西乡。天子为诛晁错，遣袁盎谕告，不止，遂西围梁。上乃遣大将军窦婴、太尉周亚夫将兵诛之。六月乙亥。赦亡军及楚元王子艺等与谋反者。封大将军窦婴为魏其侯。立楚元王子平陆侯礼为楚王。立皇子端为胶西王，子胜为中山王。徙济北王志为菑川王，淮阳王馀为鲁王，汝南王非为江都王。齐王将庐、燕王嘉皆薨。"这一段便是《孝景本纪》所载关于七国之乱的全部过程，可见《孝景本纪》正文与论赞乃至司马迁的创作意图有着较大的差距。

孝武本纪

第十二

《孝武本纪》在《太史公自序》中作"《今上本纪》"，是汉武帝刘彻的传记。三国时期张晏提出这篇传记在司马迁之后亡佚，汉元帝、汉成帝时期褚先生后补了《孝武本纪》的观点。唐代司马贞认为《孝武本纪》专取《封禅书》补成。近代李长之却认为"焉知道司马迁不是故意地重抄一份《封禅书》，作一个最大的讽刺的？意思是：'瞧吧，你自认为武功了不得，其实你一生也不过只是被一些方士所愚弄罢了，你虽然也偶尔觉悟，但是像吃鸦片一样，不知不觉就为方士的胡话所诱惑了。试想，除了司马迁之外，谁敢在同一部书里把同一篇文章再抄一遍？除了大讽刺家司马迁之外，谁又会这样幽默而痛快？补书的法子尽多，哪有在同一部书里找出一篇现存的东西来顶替的？"今人张大可并不认可这一说法，他评价说："然谓司马迁自抄《封禅书》以为《今上本纪》，实难成立。

若准司马迁互见例，既有《封禅书》，则《今上本纪》对于封禅事更当略述，岂有重屋叠床自抄《封禅》之理？"司马迁在《太史公自序》中说："汉兴五世，隆在建元，外攘夷狄，内修法度，封禅，改正朔，易服色，故作《今上本纪》。"可知司马迁所作的《今上本纪》内容包括了征匈奴、平两越、收朝鲜、开西南夷，以及修儒术、改夏正等事，而非如今本《孝武本纪》仅存的封禅内容。今天我们看到的《孝武本纪》截取了《封禅书》下半篇汉武帝封禅的事情，论赞也全部采用了《封禅书》的后文。这不同于《史记》中褚先生所补其他内容。褚少孙是当时的大儒，以文学经术为郎。他所补的都是《史记》阙失的，虽然意思浅近，但是文辞绝不雷同，也不见有移甲以当乙的现象，可见今本《孝武本纪》可能并非褚先生所补。清代钱大昕《廿二史考异》认为可能是魏晋以后褚少孙所补的篇目亡佚，乡里妄人取以足数。该篇详写汉武帝"尤敬鬼神之祀"，揭露他迷信方士、醉心神仙、乞求长生不老的诸多欲念，以封禅为线索，勾连起汉武帝崇儒、造币、设元、塞河决、伐南越、巡朔方、通朝鲜、改历法等事，既讽刺了汉武帝，也显示了在封禅背景下的政事波澜，最后点出了求神之事"终无所验"，而汉武帝执迷不悟的愚昧。此篇文笔雄健，所涉事件千头万绪，司马迁以封禅为统序，彼此关联，一气呵成。在讽刺艺术上，屡次使用"若""云""盖""或曰""焉"等表述疑虑的词，或实或虚，或影射或对比，十分精彩！因除第一段外，本篇内容又见于《封禅书》（个别字句略有不同），这里只著录原文，注释及大意见于《封禅书》。

孝武皇帝者，孝景中子也。母曰王太后。孝景四年，以皇子为胶东王。孝景七年，栗太子废为临江王，以胶东王为太子。孝景十六年崩，太子即位，为孝武皇帝。孝武皇帝初即位，尤敬鬼神之祀。

元年，汉兴已六十余岁矣，天下乂安，荐（搢）绅之属皆望天子封禅改正度也。而上乡（向）儒术，招贤良，赵绾、王臧等以文学为公卿，欲议古立明堂城南，以朝诸侯。草巡狩封禅改历服色事未就。会窦太后治黄老言，不好儒术，使人微得赵绾等奸利事，召案绾、臧，绾、臧自杀，诸所兴为者皆废。

后六年，窦太后崩。其明年，上征文学之士公孙弘等。

明年，上初至雍，郊见五畤。后常三岁一郊。是时上求神君，舍之上林中蹏氏观。神君者，长陵女子，以子死悲哀，故见（现）神于先后宛若。宛若祠之其室，民多往祠。平原君往祠，其后子孙以尊显。及武帝即位，则厚礼置祠之内中，闻其言，不见其人云。

是时而李少君亦以祠灶、谷道、却老方见（现）上，上尊之。少君者，故深泽侯入以主方。匿其年及所生长，常自谓七十，能使物，却老。其游以方遍诸侯。无妻子。人闻其能使物及不死，更馈遗之，常余金钱帛衣食。人皆以为不治产业而饶给，又不知其何所人，愈信，争事之。少君资好方，善为巧发奇中。尝从武安侯饮，坐中有年九十余老人，少君乃言与其大父游射处，老人为儿时从其大父行，识其处，一坐尽惊。少君见上，上有故铜器，问少君。少君曰："此器齐桓公十年陈于柏寝。"已而案其刻，果齐桓公器。一宫尽骇，以少君为神，数百岁人也。

少君言于上曰："祠灶则致物，致物而丹沙可化为黄金，黄金成以为饮食器则益寿，益寿而海中蓬莱仙者可见，见之以封禅则不死，黄帝是也。臣尝游海上，见安期生，食巨枣，大如瓜。安期生仙者，通蓬莱中，合则见人，不合则隐。"于是天子始亲祠灶，而遣方士入海求蓬莱安期生之属，而事化丹沙诸药齐为黄金矣。

居久之，李少君病死。天子以为化去不死也，而使黄锤史宽舒受其方。求蓬莱安期生莫能得，而海上燕齐怪迂之方士多相效，更言神事矣。

亳人薄诱忌奏祠泰一方，曰："天神贵者泰一，泰一佐曰五帝。古者天子以春秋祭泰一东南郊，用太牢具，七日，为坛开八通之鬼道。"于是天子令太祝立其祠长安东南郊，常奉祠如忌方。其后人有上书，言"古者天子三年一用太牢具祠神三一：天一，地一，泰一"。天子许之，令太祝领祠之忌泰一坛上，如其方。后人复有上书，言"古者天子常以春秋解祠，祠黄帝用一枭破镜，冥羊用羊，祠马行用一青牡马，泰一、皋山山君、地长用牛，武夷君用干鱼，阴阳使者以一牛"。令祠官领之如其方，而祠于忌泰一坛旁。

其后，天子苑有白鹿，以其皮为币，以发瑞应，造白金焉。

其明年，郊雍，获一角兽，若麃然。有司曰："陛下肃祇郊祀，上帝报享，锡一角兽，盖麟云。"于是以荐五畤，畤加一牛以燎。赐诸侯白金，以风符应合于天地。

于是济北王以为天子且封禅，乃上书献泰山及其旁邑。天子受之，更以他县偿之。常山王有罪，迁，天子封其弟于真定，以续先王祀，而以常山为郡。然后五岳皆在天子之郡。

其明年，齐人少翁以鬼神方见上。上有所幸王夫人，夫人卒，少翁以方术盖夜致王夫人及灶鬼之貌云，天子自帷中望见焉。于是乃拜少翁为文成将军，赏赐甚多，以客礼礼之。文成言曰："上即欲与神通，宫室被服不象神，神物不至。"乃作画云气车，及各以胜日驾车辟恶鬼。又作甘泉宫，中为台室，画天、地、泰一诸神，而置祭具以致天神。居岁余，其方益衰，神不至。乃为帛书以饭牛，详弗知也，言此牛腹中有奇。杀而视之，得书，书言甚怪，天子疑之。有识其手书，问之人，果伪书。于是诛文成将军而隐之。

其后则又作柏梁、铜柱、承露仙人掌之属矣。

文成死明年，天子病鼎湖甚，巫医无所不致，不愈。游水发根乃言曰："上郡有巫，病而鬼下之。"上召置祠之甘泉。及病，使人问神君。神君言曰："天子毋忧病。病少愈，强与我会甘泉。"于是病愈，遂幸甘泉，病良已。大赦天下，置寿宫神君。神君最贵者太一，其佐曰大禁、司命之属，皆从之。非可得见，闻其音，与人言等。时去时来，来则风肃然也。居室帷中。时昼言，然常以夜。天子祓，然后入。因巫为主人，关饮食。所欲者言行下。又置寿宫、北宫，张羽旗，设供具，以礼神君。神君所言，上使人受书其言，命之曰"画法"。其所语，世俗之所知也，毋绝殊者，而天子独喜。其事秘，世莫知也。

其后三年，有司言元宜以天瑞命，不宜以一二数。一元曰"建元"，二元以长星曰"元光"，三元以郊得一角兽曰"元狩"云。

其明年冬，天子郊雍，议曰："今上帝朕亲郊，而后土毋祀，则礼不答也。"有司与太史公、祠官宽舒等议："天地牲角茧栗。今陛下亲祀后土，后土宜于泽中圜丘为五坛，坛一黄犊太牢具，已祠尽瘗，而从祠衣上黄。"于是天子遂东，始立后土祠汾阴脽上，如宽舒等议。上亲望拜，如上帝礼。礼毕，天子遂至荥阳而还。过雒阳，下诏曰："三代邈绝，远矣难存。其以三十里地封周后为周子南君，以奉先王祀焉。"是岁，天子始巡郡县，侵寻于泰山矣。

其春，乐成侯上书言栾大。栾大，胶东宫人，故尝与文成将军同师，已而为胶东王尚方。而乐成侯姊为康王后，毋子。康王死，他姬子立为王。而康后有淫行，与王不相中，相危以法。康后闻文成已死，而欲自媚于上，乃遣栾大因乐成侯求见言方。天子既诛文成，后悔恨其早死，惜其方不尽，及见栾大，大悦。大为人长美，言多方略，而敢为大言，处之不疑。大言曰："臣尝往来海中，见安期、羡门之属。顾以为臣贱，不信臣。又以为康王诸侯耳，不足予方。臣数言康王，康王又不用臣。臣之师曰：'黄金可成，而河决可塞，不死之药可得，仙人可致也。'臣恐效文成，则方士皆掩口，恶敢言方哉！"上曰："文成食马肝死耳。子诚能修其方，我何爱乎！"大曰："臣师非有求人，人者求之。陛下必欲致之，则贵其使者，令有亲属，以客礼待之，勿卑，使各佩其信印，乃可使通言于神人。神人尚肯邪不（否）邪。致尊其使，然后可致也。"于是上使先验小方，斗旗，旗自相触击。

是时上方忧河决，而黄金不就，乃拜大为五利将军。居月余，得四金印，佩天士将军、地士将军、大通将军、天道将军印。制诏御史："昔禹疏九江，决四渎。间者河溢皋陆，堤繇（徭）不息。朕临天下二十有（又）八年，天若遗朕士而大通焉。《乾》称'蜚（飞）龙'，'鸿渐于般（磐）'，意庶几与焉。其以二千户封地士将军大为乐通侯。"赐列侯甲第，僮千人。乘舆斥车马帷帐器物以充其家。又以卫长公主妻之，赍金万斤，更名其邑曰当利公主。天子亲如五利之第。使者存问，所给连属于道。自大主将相以下，皆置酒其家，献遗之。于是天子又刻玉印曰"天道将军"，使使衣羽衣，夜立白茅上，五利将军亦衣羽衣，立白茅上受印，以示弗臣也。而佩"天道"者，且为天子道天神也。于是五利常夜祠其家，欲以下神。神未至而百鬼集矣，然颇能使之。其后治装行，东入海，求其师云。大见（现）数月，佩六印，贵振天下，而海上燕齐之间，莫不搤（扼）捥（腕）而自言有禁方，能神仙矣。

其夏六月中，汾阴巫锦为民祠魏脽后土营旁，见地如钩状，掊视得鼎。鼎大异于众鼎，文镂毋款识，怪之，言吏。吏告河东太守胜，胜以闻。天子使使验问巫锦得鼎无奸诈，乃以礼祠，迎鼎至甘泉，从行，上荐之。至中山，晏温，有黄云盖焉。有麃过，上自射之，因以祭云。至长安，公卿大夫皆议请尊宝鼎。天子曰："间者河溢，岁数不登，故巡祭后土，祈为百姓育谷。今年丰庑未有报，鼎曷为出哉？"有司皆曰："闻昔大帝兴神鼎一，一者一统，天地万物所系终也。黄帝作宝鼎三，象天地人也。禹收九牧之金，铸九鼎，皆尝鬺烹上帝鬼神。遭圣则兴，迁于夏商。周德衰，宋之社亡，鼎乃沦伏而不见（现）。《颂》云'自堂徂基，自羊徂牛；鼐鼎及鼒，不虞不骜，胡考之休'。今鼎至甘泉，光润龙变，承休无疆。合兹中山，有黄白云降盖，若兽为符，路弓乘矢，集获坛下，报祠大飨。惟受命而帝者心知其意而合德焉。鼎宜见（现）于祖祢，藏于帝廷，以合明应。"制曰："可。"

入海求蓬莱者，言蓬莱不远，而不能至者，殆不见其气。上乃遣望气佐候其气云。

其秋，上幸雍，且郊。或曰"五帝，泰一之佐也。宜立泰一而上亲郊之"。上疑未定。齐人公孙卿曰："今年得宝鼎，其冬辛巳朔旦冬至，与黄帝时等。"卿有札书曰："黄帝得宝鼎宛侯，问于鬼臾区。区对曰：'黄帝得宝鼎神策，是岁己酉朔旦冬至，得天之纪，终而复始。'于是黄帝迎日推策，后率二十岁得朔旦冬至，凡二十推，三百八十年。黄帝仙登于天。"卿因所忠欲奏之。所忠视其书不经，疑其妄书，谢曰："宝鼎事已决矣，尚何以为！"卿因嬖人奏之。上大说（悦），召问卿。对曰："受此书申功，申功已死。"上曰："申功何人也？"卿曰："申功，齐人也。与安期生通，受黄帝言，无书，独有此鼎书。曰'汉兴复当黄帝之时。汉之圣者在高祖之孙且曾孙也。宝鼎出而与神通，封禅。封禅七十二王，唯黄帝得上泰山封'。申功曰：'汉主亦当上封，上封则能仙登天矣。黄帝时万诸侯，而神灵之封居七千。天下名山八，而三在蛮夷，五在中国。中国华山、首山、太室、泰山、东莱，此五山黄帝之所常游，与神会。黄帝且战且学仙。患百姓非其道，乃断斩非鬼神者。百余岁然后得与神通。黄帝郊雍上帝，宿三月。鬼臾区号大鸿，死葬雍，故鸿冢是也。其后黄帝接万灵明廷。明廷者，甘泉也。所谓寒门者，谷口也。黄帝采首山铜，铸鼎于荆山下。鼎既成，有龙垂胡髯下迎黄帝。黄帝上骑，群臣后宫从上龙七千余人，龙乃上去。余小臣不得上，乃悉持龙髯，龙髯拔，堕黄帝之弓。百姓仰望黄帝既上天，乃抱其弓与龙胡髯号。故后世因名其处曰鼎湖，其弓曰乌号。'"于是天子曰："嗟乎！吾诚得如黄帝，吾视去妻子如脱躧耳。"乃拜卿为郎，东使候神于太室。

上遂郊雍，至陇西，西登空桐，幸甘泉。令祠官宽舒等具泰一祠坛，坛放（仿）薄忌泰一坛，坛三垓。五帝坛环居其下，各如其方，黄帝西南，除八通鬼道。泰一所用，如雍一畤物，而加醴枣脯之属，杀一犛牛以为俎豆牢具。而五帝独有俎豆醴进。其下四方地，为馂食群神从者及北斗云。已祠，胙余皆燎之。其牛色白，鹿居其中，彘在鹿中，水而洎之。祭日以牛，祭月以羊彘特。泰一祝宰则衣紫及绣。五帝各如其色，日赤，月白。

十一月辛巳朔旦冬至，昧爽，天子始郊拜泰一。朝朝日，夕夕月，则揖；而见泰一如雍礼。其赞飨曰："天始以宝鼎神策授皇帝，朔而又朔，终而复始，皇帝敬拜见焉。"而衣上黄。其祠列火满坛，坛旁烹炊具。有司云"祠上有光焉"。公卿言"皇帝始郊见泰一云阳，有司奉瑄玉嘉牲荐飨。是夜有美光，及昼，黄气上属天。"太史公、祠官宽舒等曰："神灵之休，祐福兆祥，宜因此地光域立泰畤坛以明应。令太祝领，秋及腊间祠。三岁天子一郊见。"

其秋，为伐南越，告祷泰一，以牡荆画幡日月北斗登龙，以象天一三星，为泰一锋，名曰"灵旗"。为兵祷，则太史奉以指所伐国。而五利将军使不敢入海，之泰山祠。上使人微随验，实无所见。五利妄言见其师，其方尽，多不雠。上乃诛五利。

其冬，公孙卿候神河南，见仙人迹缑氏城上，有物若雉，往来城上。天子亲幸缑氏城视迹。问卿："得毋效文成、五利乎？"卿曰："仙者非有求人主，人主求之。其道非少宽假，神不来。言神事，事如迂诞，积以岁乃可致。"于是郡国各除道，缮治宫观名山神祠所，以望幸矣。

其年，既灭南越，上有嬖臣李延年以好音见（现）。上善之，下公卿议，曰："民间祠尚有鼓舞之乐，今郊祠而无乐，岂称乎？"公卿曰："古者祀天地皆有乐，而神祇可得而礼。"或曰："泰帝使素女鼓五十弦瑟，悲，帝禁不止，故破其瑟为二十五弦。"于是塞南越，祷祠泰一、后土，始用乐舞，益召歌儿，作二十五弦及箜篌瑟自此起。

其来年冬，上议曰："古者先振兵泽（释）旅，然后封禅。"乃遂北巡朔方，勒兵十余万，还祭黄帝冢桥山，泽兵须如。上曰："吾闻黄帝不死，今有冢，何也？"或对曰："黄帝已仙上天，群臣葬其衣冠。"既至甘泉，为且用事泰山，先类祠泰一。

自得宝鼎，上与公卿诸生议封禅。封禅用希（稀），旷绝莫知其仪礼，而群儒采封禅《尚书》《周官》《王制》之望祀射牛事。齐人丁公年九十余，曰："封者，合不死之名也。秦皇帝不得上封。陛下必欲上，稍上即无风雨，遂上封矣。"上于是乃令诸儒习射牛，草封禅仪。数年，至且行。天子既闻公孙卿及方士之言，黄帝以上封禅，皆致怪物与神通，欲放（仿）黄帝以尝接神仙人蓬莱士，高世比德于九皇，而颇采儒术以文之。群儒既以不能辩明封禅事，又牵拘于《诗》

《书》古文而不敢骋。上为封祠器示群儒，群儒或曰"不与古同"，徐偃又曰"太常诸生行礼不如鲁善"，周霸属图封事，于是上绌（黜）偃、霸，尽罢诸儒弗用。

三月，遂东幸缑氏，礼登中岳太室。从官在山下闻若有言"万岁"云。问上，上不言；问下，下不言。于是以三百户封太室奉祠，命曰崇高邑。东上泰山，山之草木叶未生，乃令人上石立之泰山颠。

上遂东巡海上，行礼祠八神。齐人之上疏言神怪奇方者以万数，然无验者。乃益发船，令言海中神山者数千人求蓬莱神人。公孙卿持节常先行候名山，至东莱，言夜见一人，长数丈，就之则不见，见其迹甚大，类禽兽云。群臣有言见一老父牵狗，言"吾欲见巨公"，已忽不见。上既见大迹，未信，及群臣有言老父，则大以为仙人也。宿留海上，与方士传车及间使求仙人以千数。

四月，还至奉高。上念诸儒及方士言封禅人人殊，不经，难施行。天子至梁父，礼祠地主。乙卯，令侍中儒者皮弁荐（搢）绅，射牛行事。封泰山下东方，如郊祠泰一之礼。封广丈二尺，高九尺，其下则有玉牒书，书秘。礼毕，天子独与侍中奉车子侯上泰山，亦有封。其事皆禁。明日，下阴道。丙辰，禅泰山下阯东北肃然山，如祭后土礼。天子皆亲拜见，衣上黄而尽用乐焉。江淮间一茅三脊为神藉。五色土益杂封。纵远方奇兽蜚（飞）禽及白雉诸物，颇以加祠。兕旄牛犀象之属弗用。皆至泰山然后去。封禅祠，其夜若有光，昼有白云起封中。

天子从封禅还，坐明堂，群臣更上寿。于是制诏御史："朕以眇眇之身承至尊，兢兢焉惧弗任。维德菲薄，不明于礼乐。修祀泰一，若有象景光，屑如有望，依依震于怪物，欲止不敢，遂登封泰山，至于梁父，而后禅肃然。自新，嘉与士大夫更始，赐民百户牛一酒十石，加年八十孤寡布帛二匹。复博、奉高、蛇丘、历城，毋出今年租税。其赦天下，如乙卯赦令。行所过毋有复作。事在二年前，皆勿听治。"又下诏曰："古者天子五载一巡狩，用事泰山，诸侯有朝宿地。其令诸侯各治邸泰山下。"

天子既已封禅泰山，无风雨菑（灾），而方士更言蓬莱诸神山若将可得，于是上欣然庶几遇之，乃复东至海上望，冀遇蓬莱焉。奉车子侯暴病，一日死。上乃遂去，并海上，北至碣石，巡自辽西，历北边至九原。五月，返至甘泉。有司言宝鼎出为元鼎，以今年为元封元年。

其秋，有星茀（孛）于东井。后十余日，有星茀（孛）于三能（台）。望气王朔言："候独见其星出如瓠，食顷复入焉。"有司言曰"陛下建汉家封禅，天其报德星"云。

其来年冬，郊雍五帝，还，拜祝祠泰一。赞飨曰："德星昭衍，厥维休祥。寿星仍出，渊耀光明。信星昭见（现），皇帝敬拜泰祝之飨。"

其春，公孙卿言见神人东莱山，若云"见天子"。天子于是幸缑氏城，拜卿为中大夫。遂至东莱，宿留之数日，毋所见，见大人迹。复遣方士求神怪采芝药以千数。是岁旱。于是天子既出毋名，乃祷万里沙，过祠泰山。还至瓠子，自临塞决河，留二日，沈祠而去。使二卿将卒塞决河，河徙二渠，复禹之故迹焉。

是时既灭南越，越人勇之乃言"越人俗信鬼，而其祠皆见鬼，数有效。昔东瓯王敬鬼，寿至百六十岁。后世谩怠，故衰耗（耗）"。乃令越巫立越祝祠，安台无坛，亦祠天神上帝百鬼，而以鸡卜。上信之，越祠鸡卜始用焉。

公孙卿曰："仙人可见，而上往常遽，以故不见。今陛下可为观，如缑氏城，置脯枣，神人宜可致。且仙人好楼居。"于是上令长安则作蜚廉、桂观，甘泉则作益延寿观，使卿持节设具而候神人，乃作通天台，置祠具其下，将招来神仙之属。于是甘泉更置前殿，始广诸宫室。夏，有芝生殿防内中。天子为塞河，兴通天台，若有光云，乃下诏曰："甘泉防生芝九茎，赦天下，毋有复作。"

其明年，伐朝鲜。夏，旱。公孙卿曰："黄帝时封则天旱，干封三年。"上乃下诏曰："天旱，意干封乎？其令天下尊祠灵星焉。"

其明年，上郊雍，通回中道，巡之。春，至鸣泽，从西河归。

其明年冬，上巡南郡，至江陵而东。登礼灊之天柱山，号曰南岳。浮江，自寻阳出枞阳，过彭蠡，祀其名山川。北至琅邪，并海上。四月中，至奉高修封焉。

初，天子封泰山，泰山东北阯古时有明堂处，处险不敞。上欲治明堂奉高旁，未晓其制度。济南人公玉带上黄帝时明堂图。明堂图中有一殿，四面无壁，以茅盖，通水，圜宫垣，为复道，上有楼，从西南入，命曰昆仑，天子从之入，以拜祠上帝焉。于是上令奉高作明堂汶上，如带图。及五年修封，则祠泰一、五帝于明堂上坐，令高皇帝祠坐对之。祠后土于下房，以二十太牢。天子从昆仑道入，始拜明堂如郊礼。礼毕，燎堂下。而上又上泰山，有秘祠其颠。而泰山下祠五帝，各如其方，黄帝并赤帝，而有司侍祠焉。泰山上举火，下悉应之。

其后二岁，十一月甲子朔旦冬至，推历者以本统。天子亲至泰山，以十一月甲子朔旦冬至日祠上帝明堂，每修封禅。其赞飨曰："天增授皇帝泰元神策，周而复始。皇帝敬拜泰一。"东至海上，考入海及方士求神者，莫验，然益遣，冀遇之。

十一月乙酉，柏梁灾。十二月甲午朔，上亲禅高里，祠后土。临渤海，将以望祠蓬莱之属，冀至殊庭焉。

上还，以柏梁灾故，朝受计甘泉。公孙卿曰："黄帝就青灵台，十二日烧，黄帝乃治明庭。明庭，甘泉也。"方士多言古帝王有都甘泉者。其后天子又朝诸侯甘泉，甘泉作诸侯邸。勇之乃曰："越俗有火灾，复起屋必以大，用胜服之。"于是作建章宫，度为千门万户。前殿度高未央。其东则凤阙，高二十余丈。其西则唐中，数十里虎圈。其北治大池，渐台高二十余丈，名曰泰液池，中有蓬莱、方丈、瀛洲、壶梁，象海中神山龟鱼之属。其南有玉堂、璧门、大鸟之属。乃立神明台、井幹楼，度五十余丈，辇道相属焉。

夏，汉改历，以正月为岁首，而色上黄，官名更印章以五字。因为太初元年。是岁，西伐大宛。蝗大起。丁夫人、雒阳虞初等以方祠诅匈奴、大宛焉。

其明年，有司言雍五畤无牢熟具，芬芳不备。乃命祠官进畤犊牢具，五色食所胜，而以木禺（偶）马代驹焉。独五帝用驹，行亲郊用驹。及诸名山川用驹者，悉以木禺（偶）马代。行过，乃用驹。他礼如故。

其明年，东巡海上，考神仙之属，未有验者。方士有言"黄帝时为五城十二楼，以候神人于执期，命曰迎年"。上许作之如方，名曰明年。上亲礼祠上帝，衣上黄焉。

公王带曰："黄帝时虽封泰山，然风后、封钜、歧伯令黄帝封东泰山，禅凡山，合符，然后不死焉。"天子既令设祠具，至东泰山，东泰山卑小，不称其声，乃令祠官礼之，而不封禅焉。其后令带奉祠候神物。夏，遂还泰山，修五年之礼如前，而加禅祠石闾。石闾者，在泰山下阯南方，方士多言此仙人之闾也，故上亲禅焉。

其后五年，复至泰山修封，还过祭常山。

今天子所兴祠，泰一、后土，三年亲郊祠，建汉家封禅，五年一修封。薄忌泰一及三一、冥羊、马行、赤星，五，宽舒之祠官以岁时致礼。凡六祠，皆太祝领之。至如八神诸神，明年、凡山他名祠，行过则祀，去则已。方士所兴祠，各自主，其人终则已，祠官弗主。他祠皆如其故。今上封禅，其后十二岁而还，遍于五岳、四渎矣。而方士之候祠神人，入海求蓬莱，终无有验。而公孙卿之候神者，犹以大人迹为解，无其效。天子益怠厌方士之怪迂语矣，然终羁縻弗绝，冀遇其真。自此之后，方士言祠神者弥众，然其效可睹矣。

太史公曰：余从巡祭天地诸神名山川而封禅焉。入寿宫侍祠神语，究观方士祠官之言，于是退而论次自古以来用事于鬼神者，具见其表里。后有君子，得以览焉。至若俎豆珪币之详，献酬之礼，则有司存焉。

◎ **知识拓展**

汉代卫宏说汉武帝听闻司马迁作《史记》，下令取景帝和自己的本纪观览，认为其言不当，怒而削去。然而《史记》是司马迁在秘密状态下写成的，完成后也只是"藏之名山，副在京师"，并未流传，汉武帝可能并没有观览《史记》。即便汉武帝得以观览，认为其言不当，也不会仅仅削去《孝景本纪》与《今上本纪》两篇。《史记》中如《平准书》《酷吏列传》等对时政的批评更加激烈，但依然保存完整，可见汉武帝怒削《孝景本纪》《今上本纪》两篇之说并不可信。《今上本纪》亡佚的原因可能与《史记》在抄本时代单篇流传的方式有关。《后汉书·窦融传》载"帝深嘉美之，乃赐融以外属图及太史公《五宗》《外戚世家》《魏其侯列传》"，又《循吏列传》载："（明帝）乃赐景《山海经》《河渠书》《禹贡图》及钱帛衣物。"可见当时《史记》是以单篇的形式流传的，比较容易散佚。另外，这也与《史记》早期传播受到限制有关。《汉书·宣元六王传》记载东平王刘宇上书汉成帝，求《太史公书》，大将军王凤对汉成帝说："《太史公书》有战国纵横权谲之谋，汉兴之初谋臣奇策，天官灾异，地形厄塞，皆不宜在诸侯王。不可予。"最终汉成帝听从王凤的建议，未将《太史公书》给东平王。

尽管司马迁所作的《今上本纪》亡佚，然综合《史记》中《平准书》《封禅书》《魏其武安侯列传》《卫将军骠骑列传》《酷吏列传》等篇，大概可以了解汉武帝的文德武功，也可以认识司马迁对汉武帝的态度。